Bestimmung der Eigenkapit...... ...
Rahmen der wertorientierten
Unternehmenssteuerung von
Kreditinstituten

von

Martin Faust

Tectum Verlag
Marburg 2002

Die Deutsche Bibliothek - CIP-Einheitsaufnahme

Faust, Martin:
Bestimmung der Eigenkapitalkosten im Rahmen der wertorientierten
Unternehmenssteuerung von Kreditinstituten
/ von Martin Faust
- Marburg : Tectum Verlag, 2002
Zugl.: Bochum, Univ. Diss. 2001
ISBN 3-8288-8400-8

Tectum Verlag
Marburg 2002

Meinen lieben Eltern und
meiner Frau Angelika gewidmet

Vorwort

Die Kreditwirtschaft sieht sich in den letzten Jahren und auch zukünftig mit einer Vielzahl von neuen Herausforderungen konfrontiert. Sich immer schneller wandelnde Umweltbedingungen, eine sich verstärkende Wettbewerbsdynamik auf den nationalen und internationalen Märkten sowie sinkende Erträge zwingen daher auch deutsche Kreditinstitute zu einer Neuausrichtung des strategischen Managements hin zu einer stärker rendite-/risikoorientierten Unternehmensführung. Dieses gilt nicht nur für börsennotierte Banken, sondern auch für Genossenschaftsbanken und öffentlich-rechtliche Kreditinstitute. Auch diese stehen angesichts eines weiter zunehmenden Wettbewerbes vor dem Zwang ausreichend Eigenmittel zu erwirtschaften. Aufgrund der besonderen aufsichtsrechtlichen Vorschriften kommt in der Kreditwirtschaft dem effizienter Einsatz der knappen Ressource Eigenkapital eine besondere Bedeutung zu.

Die Unternehmensführung sollte sich aufgrund der wachsenden Bedeutung der institutionellen Investoren sowie des gestiegenen Wettbewerbs um die knappe Ressource Eigenkapital an den Interessen der Eigenkapitalgeber ausrichten. Es ist deshalb notwendig, das bestehende Controlling-Instrumentarium der Kreditinstitute um wertorientierte Steuerungsmethoden zu erweitern und entsprechende Verfahren zur strategischen Planung und operativen Steuerung zu implementieren.

Im Mittelpunkt des Shareholder Value-Ansatzes stehen die finanziellen Interessen der Eigenkapitalgeber. Sämtliche Entscheidungen des Managements sind dahingehend zu beurteilen, inwieweit es gelingt, hierdurch den Wert des Kreditinstitutes für die Eigentümer zu steigern. Dieses betrifft bei Banken sowohl das Kredit- als auch das Einlagengeschäft sowie den wachsenden Anteil der bilanzunwirksamen Aktivitäten und das Beteiligungsportefeuille.

Von zentraler Bedeutung im Rahmen einer wertorientierten Unternehmenssteuerung sind die Eigenkapitalkosten und damit die Renditeforderungen der Bankeigentümer. Sie werden zum einen als Abzinsungsfaktor bei der Diskontierung der zukünftigen Erträge zur Ermittlung des Wertes der Gesamtbank und ihrer Geschäftsbereiche verwendet. Zum anderen bilden sie die Hurdle Rate und damit die Meßlatte an der sämtliche strategischen und operativen Entscheidungen des Managements zu messen sind. Nur wenn das Kreditinstitut eine Rendite in Höhe der Eigenkapitalkosten erwirtschaftet, wird der Wert des Unternehmens gesteigert und werden sich private und institutionelle Anleger am Unternehmen beteiligen.

Obwohl die Eigenkapitalkosten für die wertorientierte Unternehmenssteuerung von zentraler Bedeutung sind, werden sie in der kreditwirtschaftlichen Literatur nicht oder nur am Rande behandelt. Zielsetzung der Arbeit ist es, diese Lücke zu schließen und wichtige Gestaltungshinweise für die Umsetzung in der Praxis zu geben.

Die vorliegende Dissertation entstand im Rahmen meiner Tätigkeit als wissenschaftlicher Mitarbeiter am Lehrstuhl für Angewandte Betriebswirtschaftslehre insbesondere Finanzierung und Kreditwirtschaft, an der Ruhr-Universität Bochum. Gefördert wurde sie durch ein Stipendium des Instituts für Kredit- und Finanzwirtschaft, Bochum.

Nachdem nun die Arbeit (endlich) vollbracht ist, gilt es der Vielzahl von Personen zu danken, ohne deren fachliche aber auch moralische Unterstützung diese Dissertation nicht zu Stande gekommen wäre.

Erste Berührung mit dem Themenbereich Shareholder Value und der wertorientierten Unternehmensteuerung erlangte ich durch die Mitarbeit im Arbeitskreis „Finanzierung" der Schmalenbach-Gesellschaft/Deutsche Gesellschaft für Betriebswirtschaft e.V. Durch den Austausch mit den im Arbeitskreis vertretenden Praktikern und die Mitwirkung an einer Veröffentlichung habe ich wichtige Informationen und Anregungen für meine Dissertation gewinnen können.

Meinem sehr geschätzten akademischen Lehrer, Herrn Prof. Dr. Dr. h.c. Joachim Süchting, bin ich zu besonderen Dank für die Betreuung meiner Arbeit verpflichtet. Mein Dank gilt des weiteren Herrn Prof. Dr. Bernhard Pellens für seine Bereitschaft, das Korreferat zu übernehmen. Ebenfalls danken möchte ich Freunden und Kollegen am Lehrstuhl, die mich bei meiner Arbeit unterstützt und ermutigt haben. Hervorzuheben sind insbesondere mein langjähriger Freund und Kommilitone Herr Thorsten Bieck sowie meine Lehrstuhlkollegen Herr Dietmar Schölisch und Herr Roland Kill sowie Frau Brigitta Nickel, die mir als gute Seele des Lehrstuhls immer interessiert und aufmunternd zur Seite stand.

Ohne die Unterstützung von Seiten der Familie wäre die Erstellung der Dissertation nicht möglich gewesen. Mein tiefer Dank gilt meinen lieben Eltern, die mir meine akademische Ausbildung erst ermöglicht haben, sowie meiner Frau Angelika, die mich trotz vieler Entbehrungen, mit ihrer liebevollen Unterstützung und ihrer Zuversicht durch die Höhen und Tiefen der Promotion begleitet hat.

MARTIN FAUST

Inhaltsverzeichnis

Abbildungsverzeichnis

Abkürzungsverzeichnis

Abb.	Abbildung
AG	Aktiengesellschaft
APT	Arbitrage Pricing Theory
APV	Adjusted Present Value
Aufl.	Auflage
BIZ	Bank für internationalen Zahlungsausgleich
Bsp.	Beispiel
bspw.	Beispielsweise
bzgl.	bezüglich
bzw.	beziehungsweise
CaR	Credit-at-Risk
CAPM	Capital Asset Pricing Model
CDAX	Composite DAX
CFROI	Cash-flow Return on Investment
CVA	Cash Value Added
d. h.	das heißt
DAX	Deutsche Aktienindex
DCF	Discounted Cash-flow
DM	Deutsche Mark
e. V.	eingetragener Verein
EaR	Earnings-at-Risk
EDV	elektronische Datenverarbeitung
etc.	et cetera
EU	Europäische Union
EVA	Economic Value Added
f.	und die folgende Seite
FAZ	Frankfurter Allgemeine Zeitung
FCF	Free Cash-flow
ff.	und die folgenden Seiten
Fn.	Fußnote
gegr.	gegründet
GmbH	Gesellschaft mit beschränkter Haftung
ggf.	gegebenenfalls
HGB	Handelsgesetzbuch
Hrsg.	Herausgeber
i. d. R.	in der Regel
IDW	Institut der Wirtschaftsprüfer in Deutschland e.V.

Jg.	Jahrgang
KGV	Kurs-/Gewinn-Verhältnis
MDAX	Midcap-DAX
Mio.	Million(en)
Mrd.	Milliarde(n)
MSCI	Morgan Stanley Capital International
MVA	Market Value Added
NOPAT	Net Operating Profit after Tax
Nr.	Nummer
NYSE	New York Stock Exchange
o. Jg.	ohne Jahrgang
o. O.	ohne Ortsangabe
o. V.	ohne Verfasser
p. a.	per annum
RAPM	Risk-Adjusted Performance Measurement
RAROC	Risk-Adjusted Return on Capital
RARORAC	Risk-Adjusted Return on Risk-Adjusted Capital
RechKredV	Verordnung über die Rechnungslegung der Kreditinstitute
ROE	Return on Equity
ROI	Return on Investment
RORAC	Return on Risk-Adjusted Capital
S.	Seite(n)
s.	siehe
sog.	sogenannte(n, r, s)
Sp.	Spalte
Tab.	Tabelle
TBE	Teilbetriebsergebnis
u. a.	unter anderem (bei Autoren: und andere)
u. U.	unter Umständen
USA	United States of America
usw.	und so weiter
VaR	Value-at-Risk
vgl.	vergleiche
Vol.	Volume (Jahrgang)
WACC	Weighted Average Cost of Capital
z. T.	zum Teil
z. B.	zum Beispiel

Symbolverzeichnis

cov	Kovarianz
$E(r_j)$	Erwartungswert der Rendite des Wertpapiers j
$E(r_M)$	Erwartungswert der Rendite des Marktportefeuilles
EK	Eigenkapital
FK	Fremdkapital
GK	Gesamtkapital
k_{EK}	Eigenkapitalkostensatz
k_{FK}	Fremdkapitalkostensatz
k_{GK}	Gesamtkapitalkostensatz
n	Länge des Planungshorizontes
r_{EK}	Eigenkapitalrendite
r_{FK}	Fremdkapitalrendite
r_{GK}	Gesamtkapitalrendite
r_f	risikoloser Zinssatz
s	Steuersatz
SÄ	Sicherheitsäquivalent
t	Zeitpunkt
var	Varianz
w	Wachstumsrate
Z_i	Zinsaufwendungen im Jahre i
β_j	Systematische Risiko des Wertpapieres j (Betafaktor)
σ	Standardabweichung (Sigma)
σ^2	Varianz
ρ	Korrelationskoeffizient (Rho)
Δ	Veränderung einer Größe im Betrachtungszeitraum
∞	unendlich

1 Gegenstand und Gang der Untersuchung

1.1 Einführung in die Thematik

Ausgehend von den positiven Erfahrungen in der amerikanischen Unternehmenspraxis gewinnt auch in Deutschland eine kapitalmarktorientierte Unternehmensführung im Rahmen von sogenannten Shareholder Value- bzw. Wertmanagement-Ansätzen zunehmend an Bedeutung.

Die stärkere Ausrichtung der Entscheidungen des Managements an den Interessen der Eigentümer rückte seit Mitte der 80er Jahre zunächst in den Blickpunkt der angelsächsischen Wissenschaft und Unternehmenspraxis. Aufbauend auf den grundlegenden Arbeiten Rappaports[1] ist eine Reihe von Konzepten für eine wertorientierte Unternehmenssteuerung entwickelt worden. Dabei stieß die Thematik auf besonderes Interesse bei Unternehmensberatungsgesellschaften (so u. a. die Boston Consulting Group, McKinsey & Company, Stern Stewart & Company sowie die Alcar Group), die hierzu eigene Ansätze entwickelten und diese in ihr Beratungsprogramm aufnahmen sowie eine Reihe von Veröffentlichungen hervorbrachten.[2] Die gemeinsame Zielsetzung aller Ansätze liegt in der Steigerung des Vermögens der Eigenkapitalgeber unter Ertrags- und Risikogesichtspunkten. Im Mittelpunkt des unternehmerischen Handelns stehen daher das Interesse der Anteilseigner an einer dem Risiko angemessenen Verzinsung ihres investierten Kapitals und die Erhöhung des Marktwertes des Unternehmens. Alle operativen und strategischen Entscheidungen des Managements sind deshalb auf die Erfüllung der vom Kapitalmarkt gestellten Renditeforderungen und die Steigerung des Unternehmenswertes auszurichten.

Auch in Deutschland erlangen wertorientierte Unternehmenssteuerungsansätze eine immer größere Aufmerksamkeit in der wirtschaftswissenschaftlichen Theorie und vor allem in der Unternehmenspraxis. Ausdruck für das gewachsene Interesse ist die Vielzahl von Veröffentlichungen[3], Kongressen[4] und Arbeitskreisen[5] zu dieser Thematik. Bemerkenswert ist, daß die Initiative zunächst fast ausschließlich von der Unternehmenspraxis ausging, und sich die Wissenschaft erst mit einer zeitlichen Verzögerung des Themas annahm.[6] Mittlerweile haben die Begriffe Shareholder Value und Wert-

---

[1] Vgl. *Rappaport* (1981), *Rappaport* (1986).

[2] So u. a. *Copeland/Koller/Murrin* (1990), *Stewart* (1991) und *Lewis* (1994).

[3] Die ersten Veröffentlichungen im deutschen Sprachraum zum Shareholder Value-Konzept stammen von *Hanssmann* (1988), *Gomez/Weber* (1989) und *Bühner* (1990).

[4] So befaßte sich u. a. der 49. Deutsche Betriebswirtschafter-Tag im Jahr 1995 mit dem Thema. vgl. *Schmalenbach-Gesellschaft - Deutsche Gesellschaft für Betriebswirtschaft e.V.* (1996).

[5] So u. a. der aus Wissenschaftlern und Praktikern bestehende Schmalenbach-Arbeitskreis „Finanzierung". Vgl. *Arbeitskreis „Finanzierung"* (1996).

[6] Vgl. *Herter* (1994), S. 13.

1

management auch Einzug in die Wirtschaftspresse gefunden. So werden von den bekannten deutschen Wirtschaftsmagazinen regelmäßig unter diesen Stichworten Rankings – von unterschiedlicher Aussagekraft – zur Wertschaffung und Wertvernichtung von deutschen und europäischen börsennotierten Unternehmen publiziert.[7]

In den letzten Jahren hat auch in Deutschland eine zunehmende Sensibilisierung des Managements für die Interessen der Eigenkapitalgeber eingesetzt.[8] So befaßt sich bereits eine Reihe von börsennotierten Konzernen mit dem Shareholder Value-Konzept und seiner Umsetzung in der Unternehmenssteuerung. Häufig liegen jedoch in der Praxis noch Anspruch und Wirklichkeit weit auseinander. Obwohl fast alle im Deutschen Aktienindex (DAX) vertretenen Unternehmen die herausragende Bedeutung des Shareholder Value betonen,[9] haben erst wenige Gesellschaften ihr bestehendes Controlling-Instrumentarium um wertorientierte Steuerungsmethoden erweitert und entsprechende Ansätze zur strategischen Planung und operativen Steuerung ihrer Geschäftsbereiche implementiert.[10]

Die praktische Anwendung von Shareholder Value-Ansätzen ist in Deutschland bisher weitgehend auf Industrie- und Handelsunternehmen beschränkt. Zwar wird von den deutschen börsennotierten Kreditinstituten ebenfalls die Bedeutung der Thematik und der hohe Stellenwert der Aktionärsinteressen hervorgehoben[11], jedoch befindet

---

[7] So u. a. von Capital und dem Manager Magazin. Darüber hinaus wurden eine Reihe weiterer Untersuchungen veröffentlicht. So nimmt z. B. Bühner eine Analyse von 50 großen deutschen Aktiengesellschaften vor, *Bühner* (1993a). In einer Untersuchung der Deutsche Morgan Grenfell wird ein Shareholder Value-Scoring für 99 deutsche Unternehmen vorgenommen, vgl. *Deutsche Morgan Grenfell* (1996). Die Umsetzung des Shareholder Value-Konzeptes durch die im Deutschen Aktienindex (DAX) sowie die im Dow Jones Euro Stoxx 50 enthaltenen Unternehmen wird von der SGZ-Bank beurteilt, vgl. *SGZ-Bank* (1997), *SGZ-Bank* (1998).

[8] Die wachsende Sensibilisierung des Managements für die Interessen der Eigenkapitalgeber belegen eine Reihe von empirischen Untersuchungen. Vgl. u. a. *o. V.* (1994b), S. 181f., *Rappaport* (1995b), *o. V.* (1996a), S. 481-495, *C&L Deutsche Revision* (1997).

[9] Vgl. *o. V.* (1996a), S. 481-495.

[10] So u. a. Siemens, Bayer und VEBA sowie in jüngster Zeit auch Mannesmann und RWE. Vgl. u. a. *Hartmann* (1994), *Mirow* (1994), *Lauk* (1996), *Nölting* (1998), *Börsig* (2000), *Esser* (2000), *Neubürger* (2000). Von einigen nicht börsennotierten Unternehmen wie z. B. Haniel wird das Konzept ebenfalls angewendet, vgl. *Siegert* (1994).
Die wachsende Bedeutung einer wertorientierten Unternehmenssteuerung bei deutschen börsennotierten Unternehmen, aber auch die noch bestehenden Defizite bei der Umsetzung, belegen empirische Untersuchungen, vgl. *Pellens/Tomaszewski/Weber* (2000), *Pellens/Rockholtz/ Stienemann* (1997), *Peemöller/Bömelburg/Denkmann* (1994).

[11] Vgl. hierzu die Einschätzung von Bankpraktikern beim Arbeitskreis „Wertorientierte Unternehmensteuerung in Kreditinstituten" des Instituts für Kredit- und Finanzwirtschaft sowie die Stellungnahmen der im DAX enthaltenen Aktienbanken im Rahmen einer Befragung der Zeitschrift für die gesamte Kreditwirtschaft, *Faust* (1995), *o. V.* (1996a). Bekenntnisse zu einer stärkeren Berücksichtigung der Aktionärsinteressen und einer wertorientierten Unternehmensführung erfolgen auch in den Geschäftsberichten und auf den Hauptversammlungen. Beispielhaft: *Deutsche Bank* (1999), S. 38, *Dresdner Bank* (1999), S. 4, *HypoVereinsbank* (2000), S. 2.

sich auch in der Kreditwirtschaft die Umsetzung einer wertorientierten Unternehmensführung noch in einem frühen Stadium. Häufig wird das Shareholder Value-Management lediglich als ein Element des Investor Relations gesehen oder nur zur Bewertung größerer Investitionen verwendet und findet keinen Einzug in die strategische Planung und operative Steuerung der Institute. Teilweise bestehen auch Mißverständnisse über die Zielsetzung von Shareholder Value-Ansätzen. So kann der Vorstandsvorsitzende der Commerzbank Martin Kohlhaussen, auf die intensive Diskussion in Deutschland über eine stärkere Berücksichtigung der Aktionärsinteressen angesprochen, „die Diskussion nicht nachvollziehen. Shareholder Value heißt doch nichts anderes, als den Aktionär am Ergebnis beteiligen."[12]

Die Kreditwirtschaft sieht sich in den letzten Jahren und auch zukünftig mit einer Vielzahl von neuen Herausforderungen konfrontiert. Sich immer schneller wandelnde Umweltbedingungen, eine sich verstärkende Wettbewerbsdynamik auf den nationalen und internationalen Märkten sowie sinkende Erträge zwingen daher auch deutsche Kreditinstitute zu einer Neuausrichtung des strategischen Managements hin zu einer stärker rendite-/risikoorientierten Unternehmensführung. Diese sollte sich aufgrund der immer größeren Bedeutung der institutionellen Investoren sowie des gestiegenen Wettbewerbs um die knappe Ressource Eigenkapital an den Interessen der Eigenkapitalgeber ausrichten. Es ist deshalb notwendig, das bestehende Controlling-Instrumentarium der Kreditinstitute um wertorientierte Steuerungsmethoden zu erweitern und entsprechende Verfahren zur strategischen Planung und operativen Steuerung zu implementieren.

---

[12] *O. V.* (1995), S. 172.

1.2 Zielsetzung und Vorgehensweise vor dem Hintergrund der kreditwirtschaftlichen Forschung

Zum Themenbereich Shareholder Value bzw. Wertmanagement wurden in den letzten Jahren eine Reihe von Monographien veröffentlicht. Sie erläutern zumeist die verschiedenen Ansätze oder beziehen sich lediglich auf Industrie- und Handelsunternehmen. Nur wenige Publikationen befassen sich bisher mit der Anwendung von Wertmanagement-Ansätzen in der Kreditwirtschaft. In ihnen wird die Thematik grundlegend behandelt, oder es werden einzelne Aspekte herausgegriffen. So steht bei Kümmel die Bewertung von Kreditinstituten unter besonderer Berücksichtigung des Zinsänderungsrisikos im Mittelpunkt der Untersuchung.[13] Höhmann befaßt sich ebenfalls mit der Bewertung von Kreditinstituten, jedoch aus externer Perspektive anhand der Daten des veröffentlichten Jahresabschlusses.[14] Das strategische Management steht im Zentrum der Ausführungen von Strutz und Vettiger.[15] Beide Autoren gehen hierbei ausführlich auf die Wertgeneratoren und Werthebel zur Steigerung des Shareholder Value ein. Die methodischen Grundlagen und die einzelnen Elemente des Wertmanagement-Ansatzes werden in beiden Arbeiten nur sehr knapp behandelt. Häusermann befaßt sich in seiner Diplomarbeit mit der Anwendung des Shareholder Value-Ansatzes in der Planung von Kreditinstituten.[16] Angesichts des geringen Umfanges der Arbeit kommt der Verfasser über eine allgemeine Darstellung der bekannten Planungsinstrumente nicht hinaus. Schröck stellt in seiner überarbeiteten Diplomarbeit das Risikomanagement anhand von Rentabilitätskennzahlen in den Mittelpunkt der Ausführungen, nimmt jedoch kaum Bezug zum Wertmanagement und den dort verwendeten Methoden.[17] Von den Standardwerken zum Shareholder Value befassen sich lediglich Copeland/Koller/Murrin in einem kurzen Abschnitt mit den Besonderheiten der Kreditwirtschaft.[18] Die Darstellung beschränkt sich im wesentlichen auf die Unternehmensbewertung von Banken.

Vor dem Hintergrund der bisherigen Forschungen liegt ein besonderer Schwerpunkt dieser Arbeit in der Bestimmung der Eigenkapitalkosten sowohl für das Gesamtinstitut als auch für die Unternehmensbereiche und Produkte.

---

[13] Vgl. *Kümmel* (1994).

[14] Vgl. *Höhmann* (1998).

[15] Vgl. *Strutz* (1993), *Vettiger* (1996).

[16] Vgl. *Häusermann* (1994).

[17] Vgl. *Schröck* (1997).

[18] Vgl. *Copeland/Koller/Murrin* (1998), S. 486-524, davon allein über 14 Seiten Tabellen für ein ausführliches Beispiel zur externen Bewertung von Kreditinstituten.

Obwohl die Eigenkapitalkosten für die wertorientierte Unternehmenssteuerung von zentraler Bedeutung sind, werden sie in der kreditwirtschaftlichen Literatur nicht oder nur sehr oberflächlich behandelt.[19] Sie stellen als Renditeforderung der Bankeigentümer eine wesentliche Grundlage für die Ermittlung des Wertes der Gesamtbank bzw. ihrer Geschäftsbereiche dar und bilden als sogenannte Hurdle Rate die Meßlatte sowohl für die strategischen als auch die operativen Entscheidungen des Managements. Lediglich Behm beschäftigt sich ausführlicher mit den Eigenkapitalkosten von Banken.[20] Auf die wertorientierte Steuerung von Geschäftsbereichen und die Bestimmung differenzierter Eigenkapitalkosten geht der Verfasser nicht ein. Seine Ausführungen zur Produktsteuerung bleiben unklar und stellen kein in sich geschlossenen Konzept dar.

Trotz ihrer Bedeutung für die kreditwirtschaftliche Praxis blieben bisher auch die Besonderheiten und Probleme der Steuerung des Treasury-Bereichs und der Handelsabteilungen, des z. T. sehr umfangreichen Beteiligungsportefeuilles sowie der ausländischen Geschäftsbereiche und Tochterunternehmen weitgehend unberücksichtigt. Die Integration der Produktsteuerung und -kalkulation in die wertorientierte Unternehmenssteuerung von Kreditinstituten wurde bislang ebenfalls vernachlässigt. Eine Einbeziehung ist jedoch notwendig, da es im operativen Geschäft des Kreditinstitutes letztendlich die einzelnen Produkte sind, mit denen die zur Erfüllung der Renditeforderungen der Eigentümer notwendigen Ausschüttungen und Wertsteigerungen erwirtschaftet werden. Aufgrund der Bereitschaft der Kreditinstitute im Rahmen des Relationship Banking Preiszugeständnisse in einigen Produkten bzw. bei einzelnen Geschäften vorzunehmen, ist es erforderlich, die wertorientierte Steuerung eines Kreditinstitutes um den Aspekt der Kundenbeziehung zu erweitern.

Zielsetzung der Arbeit ist es, diese in der Forschung zur wertorientierten Unternehmensführung in Kreditinstituten noch bestehenden Lücken zu schließen und wichtige Gestaltungshinweise für die Umsetzung in der Praxis zu geben.

---

[19] So äußert Studer deutliche Kritik an Wissenschaft und Praxis, da sich diese der Bestimmung der Eigenkapitalkosten nur unzureichend annehmen. Vgl. *Studer* (1998), S. 366-370. Rometsch stellt fest: „Schwieriger, weil in allen möglichen Publikationen nicht eindeutig festgelegt . . . geht es bei der Berechnung der Eigenkapitalkosten zu." Vgl. *Rometsch* (1999), S. 811.
Auch in der nicht-kreditwirtschaftlichen Literatur zum Shareholder Value werden die Eigenkapitalkosten nur sehr oberflächlich angesprochen. Lediglich Freygang nimmt eine ausführliche Analyse des Eigenkapitalkostensatzes vor. Vgl. *Freygang* (1993). Von der Veröffentlichung Freygangs unterscheidet sich diese Arbeit u. a. dadurch, daß neben den spezifischen Besonderheiten der Kreditwirtschaft auch neue Verfahren zur Bestimmung differenzierter Kapitalkosten vorgestellt werden. Darüber hinaus wird die Produktkalkulation in die wertorientierte Unternehmenssteuerung miteinbezogen. Ebenfalls wird nicht nur die Preiskomponente der Eigenkapitalkosten, sondern auch die Mengenkomponente, das zu verzinsende Kapital, analysiert.

[20] Vgl. *Behm* (1994).

Die Arbeit ist in sechs Kapitel gegliedert.

Nach der Einführung in die Thematik wird die wachsende Bedeutung einer wertorientierten Unternehmensführung im zweiten Kapitel dargelegt. Veränderte Aktionärsstrukturen und ein gestiegenes Selbstbewußtsein der Anleger führen auch in Deutschland zu einer stärkeren Betonung der Eigentümerinteressen. Diese liegen primär in einer angemessenen, d. h. dem Risiko der Anlage entsprechenden Verzinsung des investierten Kapitals. Die Kreditinstitute sehen sich darüber hinaus mit einem tiefgreifenden Wandel des internationalen Bankgeschäftes konfrontiert. Durch die engen Eigenmittelvorschriften sind sie mehr als andere Branchen gezwungen, zukünftig stärker auf die Interessen der Eigenkapitalgeber einzugehen.

Im Kapitel drei werden zunächst die Grundlagen des Shareholder Value-Konzeptes erläutert und die Hauptkritikpunkte diskutiert. So steht der Wertmanagement-Ansatz insbesondere aufgrund seiner stärkeren Ausrichtung auf die legitimen Interessen der Anteilseigner und der vermeintlichen Vernachlässigung der anderen Interessensgruppen in der Kritik. Ebenfalls wird mit dem Mißverständnis aufgeräumt, daß der Wertmanagement-Ansatz nur zur Steuerung von börsennotierten Unternehmen geeignet ist. In diesem Zusammenhang werden die Vorteile des Ansatzes auch für öffentlich-rechtliche Kreditinstitute und Genossenschaftsbanken aufgezeigt.

Von zentraler Bedeutung für die wertorientierte Unternehmenssteuerung sind die Eigenkapitalkosten. Sie werden daher im Kapitel vier ausführlich analysiert. Die Eigenkapitalkosten setzen sich aus einer Preiskomponente, dem Eigenkapitalkostensatz, und einer Mengenkomponente, dem zu verzinsenden Eigenkapital, zusammen. Zunächst werden verschiedene buchhalterische und marktwertbezogene Ansätze zur Bestimmung des zu verzinsenden Eigenkapitals vorgestellt und kritisch bezüglich ihrer Eignung im Rahmen einer wertorientierten Unternehmenssteuerung in Kreditinstituten beurteilt. Anschließend wird auf die Bestimmung des Eigenkapitalkostensatzes ausführlich eingegangen. Dieser bildet die Vergleichsgröße, an der sämtliche operativen und strategischen Entscheidungen im Kreditinstitut ausgerichtet werden sollten. Der Eigenkapitalkostensatz und damit die Renditeforderung der Bankeigentümer läßt sich auf der Grundlage kapitalmarkttheoretischer Modelle aus der Entwicklung auf den Aktienmärkten ableiten. Hierbei hat sich das Capital Asset Pricing Model in Wissenschaft und Praxis zur Ermittlung des systematischen Risikos durchgesetzt. Ergänzend werden alternative Verfahren kurz dargestellt und bezüglich ihrer Eignung zur Bestimmung der Eigenkapitalkosten von Kreditinstituten untersucht.

Im Zentrum des anschließenden Kapitels fünf steht die wertorientierte Steuerung von Geschäftsbereichen. Aufgrund der unterschiedlichen Risiken der einzelnen Unternehmenseinheiten eines Kreditinstitutes ist es notwendig, differenzierte Renditevorgaben für die einzelnen Geschäftsbereiche vorzunehmen. Zur Bestimmung der geschäftsbereichsspezifischen Eigenkapitalkosten ist es notwendig, die Höhe sowohl des Eigenkapitalkostensatzes als auch des zu verzinsenden Kapitals zu ermitteln. Schwerpunkte der Ausführungen bilden deshalb die Darstellung und Bewertung der verschiedenen Verfahren zur Kapitalallokation und zur Bestimmung des systematischen Risikos der nicht-börsennotierten Unternehmenseinheiten. Anschließend wird ausführlich auf die Bestimmung der Eigenkapitalkosten des Treasury-Bereichs und der Handelsabteilungen sowie von ausländischen Betriebsstellen und des Beteiligungsportefeuilles eingegangen. Ebenfalls werden die vorgestellten Verfahren auf die Produktsteuerung und -kalkulation übertragen. Im Rahmen des Relationship Banking ist es jedoch notwendig, nicht nur das einzelne Produkt zu betrachten, sondern auch die Kundenbeziehung in die wertorientierte Unternehmenssteuerung zu integrieren.

Den Abschluß bildet eine kurze Zusammenfassung der wesentlichen Untersuchungsergebnisse im Kapitel sechs.

Gegenstand und Gang der Untersuchung

Wachsende Bedeutung einer wertorientierten Unternehmensführung

Wertsteigerungsanalyse in der Kreditwirtschaft

- Grundlagen des Shareholder Value-Konzeptes
- Kritik am Shareholder Value-Konzept
- Besonderheiten einer wertorientierten Steuerung von Kreditinstituten
- Eignung des Ansatzes für nicht börsennotierte Kreditinstitute

Eigenkapitalkosten als zentrales Element einer wertorientierten Unternehmenssteuerung in Kreditinstituten

- Bedeutung der Eigenkapitalkosten für die wertorientierte Steuerung von Kreditinstituten
- Bestimmung des Eigenkapitals von Kreditinstituten
- Bestimmung des Eigenkapitalkostensatzes
- Performance deutscher und ausländischer börsennotierter Kreditinstitute im Vergleich

Wertorientierte Steuerung von Geschäftsbereichen und Produkten

- Grundlagen einer wertorientierten Geschäftsbereichssteuerung
- Zurechnung von Kapital auf die Geschäftsbereiche
- Wertorientierte Geschäftsbereichssteuerung in Kreditinstituten mittels differenzierter Eigenkapitalkostensätze
- Besondere Stellung der Unternehmenszentrale sowie des Treasury und der Handelsabteilungen in Kreditinstituten
- Besonderheiten und Probleme der Steuerung des Beteiligungsportefeuilles und des internationalen Geschäftes
- Anpassung der Steuerungsgrößen an endogene und exogene Veränderungen
- Wertorientierte Produktsteuerung und -kalkulation

Zusammenfassung der Ergebnisse und Ausblick

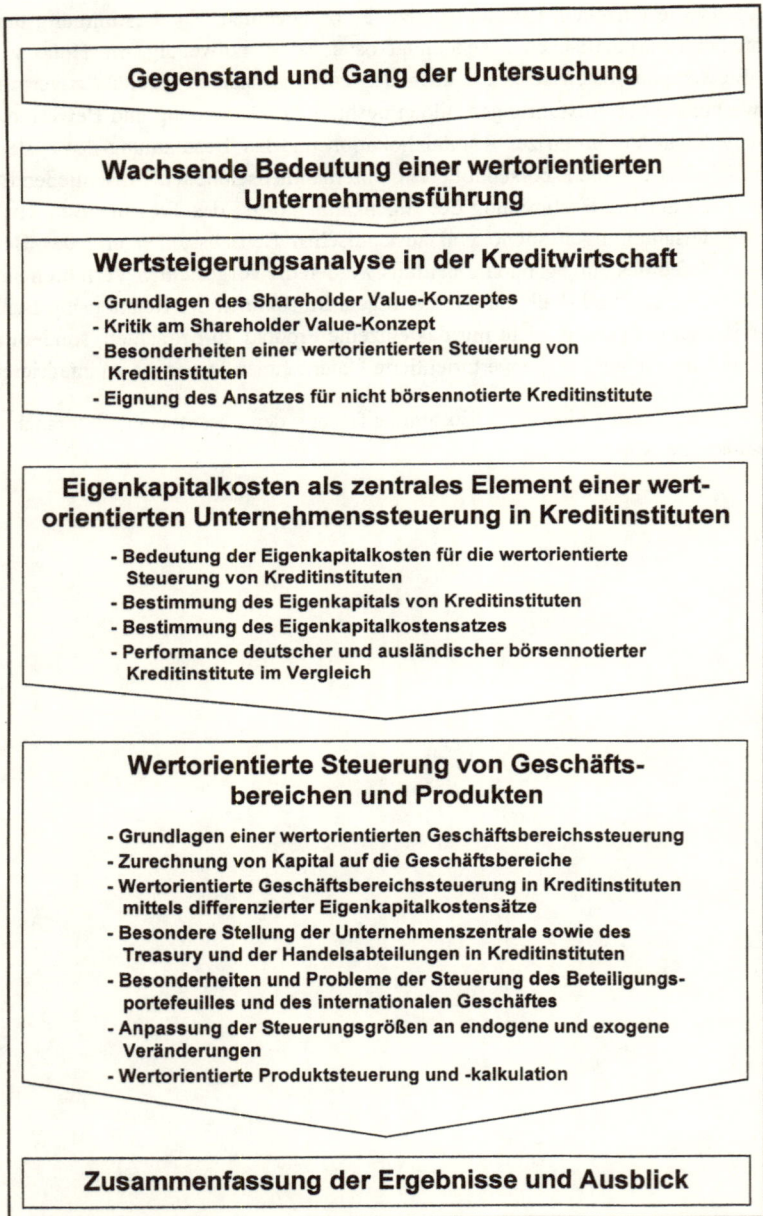

Abbildung 1: Aufbau der Arbeit

2 Wachsende Bedeutung einer wertorientierten Unternehmensführung

2.1 Gründe für die Entwicklung von Wertmanagement-Ansätzen

Die Entwicklung und Umsetzung von Wertmanagement-Verfahren hat ihre Ursache im Principle-Agent-Problem. Bei den in modernen Volkswirtschaften vorherrschenden Gesellschaftsformen für große Unternehmen besteht eine Trennung von Unternehmenseigentum und -leitung. Durch die Übertragung von Verfügungsrechten des Eigentümers auf ein angestelltes Management wird eine Principle-Agent-Beziehung begründet. Diese ist durch häufig divergierende Zielvorstellungen und asymmetrische Informationsverteilung zwischen Principle (Eigentümer/Aktionär) und Agent (Unternehmensleitung) gekennzeichnet.[21] Die Eigentümer haben daher das Interesse, wirksame Kontroll- und Steuerungsmechanismen zu implementieren, um eine ihren Zielvorstellungen entsprechende Unternehmenspolitik zu gewährleisten. Ein solches Steuerungsinstrument stellt der Wertmanagement-Ansatz dar.

Seit Mitte der 80er Jahre sind die Interessen der Eigentümer wieder verstärkt in den Mittelpunkt der Unternehmensführung gerückt. In den Jahrzehnten zuvor hat sich das Management vieler Unternehmen aufgrund unzureichender Kontrollen immer weiter dem Einfluß der Eigenkapitalgeber entzogen.[22] Die Rückbesinnung auf die Rechte der Eigentümer hat mehrere Ursachen. Ein wesentlicher Auslöser war die wenig erfolgreiche Geschäfts- und Investitionspolitik insbesondere der großen Konzerne. So ergab sich eine Vielzahl von Mißerfolgen und Managementfehlern bei Unternehmensakquisitionen mit dem Ziel der Diversifizierung des Konzerns in bisher unternehmensfremde Branchen.[23]

Weitere Gründe liegen in einer veränderten Aktionärsstruktur und einem sich wandelnden Anlageverhalten. Performanceorientierte Privatanleger und institutionelle Investoren gewinnen zunehmend an Einfluß, was eine kritischere Sicht der Geschäfts- und Investitionspolitik sowie des Ausschüttungsverhaltens zur Folge hat. Die stärkere Renditeorientierung und das wachsende Selbstbewußtsein der Anleger führt zur Einforderung von Aktionärsrechten. So verlangen die Eigenkapitalgeber neben einem größeren Einfluß auf die Unternehmenspolitik und einer stärkeren Berücksichtigung ihrer Interessen eine offenere und aussagekräftigere Informations- und Kom-

---

[21] Auf die Principle-Agent-Theorie kann hier nur am Rande eingegangen werden. Es sei daher auf die grundlegende Literatur zur Agency-Theorie verwiesen, vgl. u. a. *Baumol* (1967), *Ross* (1973). Zum Shareholder Value und der Agency-Theorie, vgl. *Elschen* (1991).

[22] Vgl. *Süchting* (1981), S. 31-37, *Ballwieser* (1994), S. 1380f.

[23] Vgl. *Ballwieser* (1994), S. 1380.

munikationspolitik. [24] Da mit einer Investition in Aktien ein unternehmerisches Risiko verbunden ist, erwartet der Investor eine deutlich höhere Verzinsung als bei einer risikolosen Anlage, z. B. in Staatspapiere. Rational handelnde Investoren sind daher nur dann bereit, Aktien einer Gesellschaft zu erwerben oder zu halten, wenn sie eine dem Risiko der Anlage angemessene Rendite des eingesetzten Kapitals erwarten können. Für einen Investor ist eine Anlage in Aktien eines Unternehmens nur dann von Interesse, wenn er hierdurch über einen längeren Zeitraum eine höhere Rendite – in Form von Ausschüttungen und Kurssteigerungen – erzielen kann als durch eine alternative Anlage am Wertpapiermarkt bei gleichem Risiko. Die von den Anlegern erwartete Rendite entspricht den Kosten, die das Unternehmen dem Investor für die Bereitstellung von Eigenkapital zahlen muß. Ist das Unternehmen nicht in der Lage, die erwartete Rendite zu erwirtschaften, wird ein rational handelnder Anleger sein Kapital einem anderen Unternehmen zur Verfügung stellen, das eine dem Risiko angemessene Verzinsung verspricht. Diese Sanktionierung über die Märkte führt zu Kursrückgängen und belastet so die Aufnahme weiterer Eigenmittel.

Eine wesentliche Ursache für die rasche Verbreitung des Shareholder Value-Ansatzes in den USA wird in der Vielzahl der feindlichen Unternehmensübernahmen in den 80er Jahren gesehen. Die Erfolge zahlreicher privater und institutioneller Investoren (Corporate Raider) zeigen, daß teilweise beträchtliche Lücken zwischen der aktuellen Bewertung eines Unternehmens an der Börse und dem realisierbaren Unternehmenswert bei Zerschlagung bestehen.[25] Finanzanalysten und Raider versuchen gerade solche Wertlücken aufzuspüren, um lohnende Übernahmekandidaten ausfindig zu machen. Die potentielle Gefahr einer feindlichen Übernahme reichte aus, um ein stärkeres Wertbewußtsein beim Management vieler Gesellschaften zu bewirken.

---

[24] Es waren zunächst die großen US-amerikanischen Pensionsfonds, die Druck auf das Management von unterperformenden Aktiengesellschaften ausübten. Daß die Kritik von den Unternehmensführungen durchaus ernst genommen wird und geschäftspolitische Konsequenzen hieraus gezogen werden, belegt eine Untersuchung von Nesbitt. So hat die direkte Einflußnahme des größten Pensionsfonds Calpers bei der Mehrzahl der betroffenen Unternehmen zu einer deutlichen Performancesteigerung geführt, vgl. *Nesbitt* (1994).

[25] Berger/Ofek kommen in einer Untersuchung des US-amerikanischen Marktes der Jahre 1986 bis 1991 zu dem Ergebnis, daß der Gesamtwert diversifizierter Unternehmen etwa 13-15 % unter der Summe der einzelnen Unternehmensteile liegt. Ursachen sehen sie insbesondere in der Überkapitalisierung und Quersubventionierungen zwischen den Unternehmensbereichen. Vgl. *Berger/ Ofek* (1995), S. 39-65. Denis/Denis/Sarin ermittelten bei der Bewertung diversifizierter US-Unternehmen einen Conglomerate Discount von 11 %, vgl. *Denis/Denis/Sarin* (1997), S. 75.

2.2 Veränderungen auf dem deutschen Aktienmarkt

Im Gegensatz zum angelsächsischen Wirtschaftsraum war der Kapitalmarktdruck in Deutschland bis vor wenigen Jahren noch sehr gering und erzwang nur in Ausnahmefällen eine Anpassung der Geschäftspolitik und der internen Planungs- und Steuerungs-Instrumente an die Anforderungen des Shareholder Value. Dies läßt sich insbesondere mit der vergleichsweise geringeren Bedeutung der Eigenkapitalfinanzierung über die Börse begründen. In der Bundesrepublik dominiert traditionell die Rechtsform der Einzelfirma und Personengesellschaft sowie die Gesellschaft mit beschränkter Haftung. Es bestanden Ende 1999 lediglich 7.400 Aktiengesellschaften, von denen zu diesem Zeitpunkt nur ca. 1.000 Unternehmen börsennotiert waren.[26]

Obwohl der deutsche Aktienmarkt gemessen am Kurswert der börsennotierten inländischen Aktien der viertgrößte der Welt ist, belegte die Bundesrepublik nur einen der hinteren Plätze, wenn man die Börsenkapitalisierung ins Verhältnis zur wirtschaftlichen Leistung (Bruttoinlandsprodukt) setzt.

Land	Aktienumlauf in Mrd. DM [1]	Börsenkapitalisierungskoeffizient [2]
USA [3]	13.354	122
Japan [4]	4.881	63
Großbritannien	2.544	152
Deutschland	1.002	27
Frankreich	892	38
Kanada [5]	756	88
Schweiz	624	135
Niederlande	555	93
Italien	386	23
Schweden	357	103
Spanien [6]	332	39
Belgien	180	44
Dänemark	105	40
Finnland	90	47
Norwegen	85	38

[1] Kurswert der inländischen börsennotierten Aktien (Ende November 1996)
[2] Aktienumlauf in % des nominalen Bruttoinlandsprodukts von 1995
[3] NYSE und NASDAQ [4] Börse Tokio [5] Börse Toronto [6] Börse Madrid

Abbildung 2: Börsenkapitalisierung in ausgewählten Ländern
Quelle: *Deutsche Bundesbank* (1997), S. 28.

---

[26] Vgl. *Deutsches Aktieninstitut* (2000), Tab. 01-1, 02-1.

Zwischen 1990 und 1998 hat sich in Deutschland ein deutlicher Wandel in der Aktionärsstruktur vollzogen. So ist festzustellen, daß der Anteil der Unternehmen und öffentlichen Haushalte am gesamten Aktienbesitz deutlich gesunken ist, wohingegen die Bedeutung von institutionellen Anlegern stark anstieg. Der Anteil von ausländischen Investoren sowie Kreditinstituten, Versicherungen und Fondsgesellschaften am Aktienbesitz in Deutschland betrug Ende 1998 mehr als 50 %.[27]

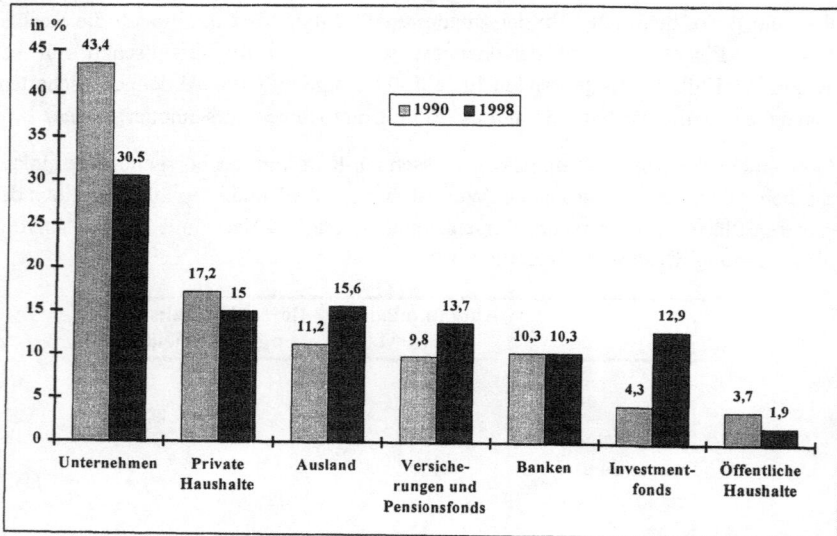

Abbildung 3: Struktur des Aktienbesitzes in Deutschland

Quelle: *Deutsches Aktieninstitut* (1999), Tab. 08.1-3.

Die Beteiligungsquote der privaten Haushalte hat sich zwischen 1992 und 1998 weiter reduziert. Den geringen Stellenwert der Aktie in der Vermögensanlage der privaten Kunden zeigt ein internationaler Vergleich. So nimmt Deutschland mit einem Anteil der privaten Haushalte am Aktienbesitz von 15,0 % Ende 1998 im Vergleich zu den übrigen westlichen Industrieländern eine Schlußposition ein.[28]

Zwar ist bedingt durch die positive Kursentwicklung der letzten Jahre und die Vielzahl von Neuemissionen die Zahl der Aktionäre in Deutschland auf ca. 5 Mio. gestiegen, jedoch bedeutet dies, daß nur jeder vierzehnte Deutsche überhaupt Aktien be-

---

[27] Zur Entwicklung der Aktionärsstruktur von 1990 bis 1998, vgl. *Deutsches Aktieninstitut* (1999), Tab. 08.1-3.

[28] Vgl. *Deutsches Aktieninstitut* (1999), Tab. 08.6-3, -4.

sitzt.[29] Daher werden lediglich 5 % des Geldvermögens der privaten Haushalte direkt in Aktien gehalten.[30] Jedoch ist das Interesse der privaten Haushalte an einer Anlage ihres Vermögens in Aktien über Investmentfonds deutlich gestiegen. So wuchs das Aktienvermögen der Publikumsfonds von 7,3 Mrd. Euro im Jahr 1990 auf 134,0 Mrd. Euro zum Ende 1999.[31] Darüber hinaus haben sich die Anlagen von Versicherungen in Aktien in den letzten vier Jahren nahezu verdoppelt und betrugen Ende 1998 ca. 231 Mrd. Euro.[32]

Durch den Wandel in der Aktionärsstruktur der letzten Jahre findet eine sukzessive Annäherung an die Verhältnisse in den USA und Großbritannien statt. Nachfolgende Abbildung verdeutlicht noch einmal die unterschiedliche Struktur des Aktienbesitzes im internationalen Vergleich und belegt die stärkere Bedeutung von institutionellen Anlegern im angelsächsischen Wirtschaftsraum (Stand 1995).

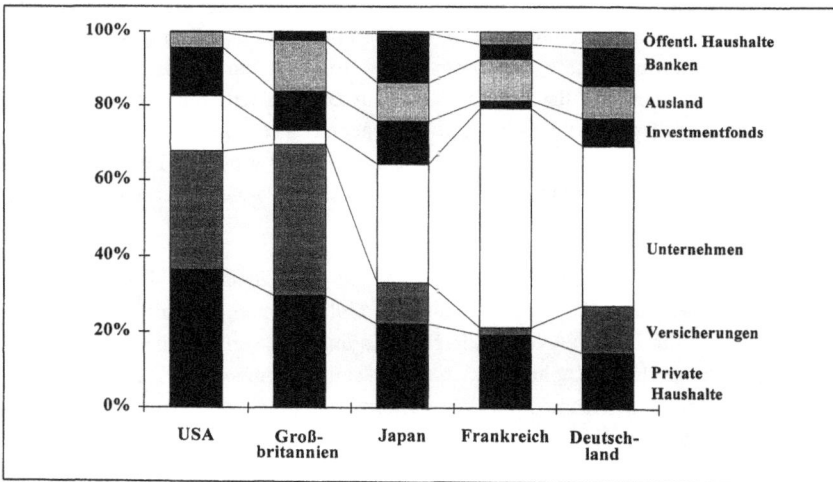

Abbildung 4: Aktienbesitz im internationalen Vergleich
Quelle: Deutsche Bundesbank (1997), S. 29.

---

[29] Demgegenüber besitzen 25,4 % der US-Amerikaner, 23,0 % der Briten und 9 % der Japaner Aktien. Lediglich die Belgier und Österreicher verhalten sich bezüglich einer Aktienanlage zurückhaltender. Vgl. *Deutsches Aktieninstitut* (1999), Tab. 08.6-1. Von den etwa 5 Mio. Aktionären in Deutschland halten ca. 1,4 Mio. lediglich Belegschaftsaktien. Vgl. *Deutsches Aktieninstitut* (1999), Tab. 08.3-1.

[30] Vgl. *Deutsche Bundesbank* (1997), S. 36.

[31] Vgl. *Deutsche Bundesbank* (Kapitalmarktstatistik, April 2000), S. 55. Der Anteil der Publikumsfonds an den gesamten Aktienbeständen betrug Ende 1998 4,3 %. Vgl. *Deutsches Aktieninstitut* (1999), Tab. 08.1-3.

[32] Vgl. *Deutsches Aktieninstitut* (1999), Tab. 08.1-3.

13

Das wachsende Engagement international tätiger institutioneller Anleger, wie Versicherungen, Investmentgesellschaften und Pensionsfonds, führt auch in Deutschland analog zur Entwicklung in den angelsächsischen Ländern zu einer verstärkten Einforderung von Aktionärsrechten.[33] Während Privatanleger kaum Einfluß auf die Geschäftsführung der Gesellschaften nehmen können, setzen Fondsmanager und Analysten die Unternehmensleitung zunehmend unter Performance- und Rechtfertigungsdruck. Neben weitreichenden Informationen zur Geschäftspolitik verlangen sie eine risikoadäquate Verzinsung der investierten Mittel. Der Kapitalmarktdruck auf das eigene Unternehmen zwingt auch Banken und Versicherungen, verstärkt auf eine risikoadäquate Rendite ihres z. T. umfangreichen Beteiligungsportefeuilles zu dringen.

In den letzten Jahrzehnten ist es vielen deutschen Unternehmen gelungen, sich vom (Eigen-)Kapitalmarkt weitgehend zu emanzipieren. Zum einen waren sie durch ihr hervorragendes Standing in der Lage, quasi unbegrenzt Fremdkapital bei Banken und Anlegern zu erhalten. Zum anderen ermöglichte ihnen ihre gute Ertragssituation und niedrige Ausschüttungsquote, das notwendige Eigenkapital durch Thesaurierung selbst zu bilden, ohne auf die Kapitalmärkte zur Beschaffung von Eigenmitteln zurückgreifen zu müssen. Angesichts des gestiegenen Wettbewerbs auf den Absatzmärkten und den gesunkenen Margen sowie dem immer größeren Investitionsvolumina gewinnt die Finanzierung über die Börse auch für diese Unternehmen wieder zunehmend an Gewicht.

Verschärft wird der Wettbewerb um die knappe Finanzressource Eigenkapital in Deutschland durch die wachsende Anzahl von Unternehmen, die mit dem Gang an die Börse durch die Emission von Aktien ihre Kapitalbasis verbreitern wollen. Bereits heute reicht der deutsche Kapitalmarkt aufgrund seiner geringen Marktkapitalisierung kaum aus, um die Unternehmen mit dem notwendigen Eigenkapital auszustatten. Insbesondere bei großen Kapitalerhöhungen und Neuemissionen, wie z. B. Deutsche Telekom, Epcos und Infineon, wird ein großer Teil der Aktien bei ausländischen Anlegern plaziert. Darüber hinaus lassen sich immer mehr deutsche Unternehmen an ausländischen Börsen notieren, um so den Kreis der potentiellen privaten und institutionellen Anleger zu erweitern.[34]

---

[33] Vgl. u. a. *Werner* (1994), S. 88-92, *Buddenbrock* (1994), S. 23, *Strenger* (1994), S. 21. Indizien hierfür sind die zunehmend schärferen Diskussionen auf den Hauptversammlungen zwischen den Aktionären und den Vorständen sowie die verstärkte Bereitschaft, gegen Hauptversammlungsbeschlüsse zu prozessieren. Vgl. hierzu u. a. *Henry/Spiegel* (1998).

[34] Aufgrund ihrer Anlagebestimmungen dürfen viele Investment- und Pensionsfonds nur Aktien von Unternehmen erwerben, die auch an einer Börse des betreffenden Sitzlandes der Fondsgesellschaft notiert werden. Wegen höherer Gebühren bei Auslandsorders ziehen es viele Privatanleger vor, Aktien nur an ihrer Heimatbörse zu handeln. Ende 1996 wurden bereits 44 deutsche Unternehmen im Ausland notiert. Insgesamt wurden deutsche Aktien in 13 Ländern offiziell gehandelt. Vgl. hierzu *Deutsche Börse AG* (1997), S. 69.

Die Gefahr einer gegen den Willen des Managements durchgeführten sog. feindlichen Unternehmensübernahme wurde in Deutschland lange Zeit aufgrund der Aktionärsstruktur als gering angesehen. So bildeten die hohen Anteilsquoten von Banken und Versicherungen sowie Überkreuzbeteiligungen einen wesentlichen Schutz vor einer Übernahme. Die Absicht von Krupp/Hoesch, den größeren Konkurrenten Thyssen zu übernehmen, die Übernahme von Mannesmann durch Vodafone sowie feindliche Übernahmeversuche in anderen europäischen Ländern[35] belegen, daß mittlerweile auch für das Management deutscher Gesellschaften eine Gefahr besteht. Diese wird sich in den nächsten Jahren noch deutlich erhöhen, da ab 2002 Gewinne aus der Veräußerung von Beteiligungen nicht mehr der Besteuerung unterliegen. Nutznießer sind insbesondere Banken und Versicherungen, die bisher aufgrund der hohen Besteuerung der Veräußerungsgewinne auf eine Umschichtung des umfangreichen Beteiligungsportefeuilles weitgehend verzichten.

Darüber hinaus ist in den letzten Jahren auch in Deutschland eine Verstärkung des Renditebewußtseins bei privaten Anlegern zu beobachten. Wesentliche Ursachen hierfür liegen in der größeren ökonomischen Aufgeklärtheit breiter Bevölkerungsschichten und der besseren Versorgung der Anleger mit Marktinformationen. Hierzu beigetragen haben neben den Medien, die intensiv über die Entwicklung an den Finanzmärkten berichten, auch die Verbraucherverbände und durch ihre Beratung die Finanzdienstleister.

Als Ergebnis der aufgezeigten Entwicklung muß auch das Management deutscher Unternehmen auf die Interessen der Anteilseigner intensiver als bisher eingehen und eine aktionärsorientierte Unternehmenspolitik mit dem Ziel der Steigerung des Vermögens der Eigenkapitalgeber betreiben. Dies bedingt eine stärkere Ausrichtung der strategischen Planung an Rentabilitätsgesichtspunkten und damit eine systematische Lenkung der finanziellen Ressourcen in die strategischen Geschäftsfelder mit Wertsteigerungspotential sowie analog ein aktiveres Desinvestitionsmanagement für ertragsschwache Bereiche. Die Erfüllung der Ansprüche und Erwartungen, die von den Kapitalmarktteilnehmern an ein Unternehmen gestellt werden, erfordert ein Umdenken in allen Geschäftsbereichen und auf allen Hierarchiestufen. So rückt die Orientierung an den finanziellen Zielen der Eigentümer und damit die Maximierung des Marktwertes des Eigenkapitals in den Vordergrund aller Managemententscheidungen. Dies gilt, wie nachfolgend aufgezeigt wird, im besonderen Maße für die Kreditwirtschaft, die in den letzten Jahren mit gravierenden Marktveränderungen konfrontiert wurde und auch in Zukunft auf sich immer schneller wandelnde Wettbewerbsbedingungen reagieren muß.

---

[35] Spektakuläre feindliche Übernahmeversuche waren u. a. Telecom Italia durch Olivetti sowie im Bankenbereich Société Génerale und BNP durch PARIBAS.

2.3 Notwendigkeit einer stärker wertorientierten Ausrichtung der Unternehmensführung von Kreditinstituten

In den letzten beiden Jahrzehnten hat sich im internationalen Bankgeschäft ein umfassender Strukturwandel vollzogen, dessen Ende nicht absehbar ist. Im Kern führte dieser zu einer Intensivierung des Bankenwettbewerbes auf dem deutschen Markt, aber insbesondere auf den internationalen Märkten.

Ausgelöst und beschleunigt wurde diese Entwicklung durch die weitgehende Deregulierung und Liberalisierung der Märkte, die einhergeht mit der zunehmenden Globalisierung des Bankgeschäfts, sich wandelnden Kundenbedürfnissen und der Erschließung neuer Vertriebswege.[36]

Der Abbau behördlicher Handlungs- und Zugangsbeschränkungen auf europäischer und internationaler Ebene führte einerseits zu einem zunehmenden Wettbewerb auf dem deutschen Markt durch den Eintritt ausländischer Finanzinstitutionen und branchenfremder Near- or Non-Banks. Andererseits ermöglichte der weitestgehende Verzicht auf Marktzutrittsbeschränkungen aber auch einer Reihe von inländischen Instituten, insbesondere den Großbanken sowie den öffentlich-rechtlichen und genossenschaftlichen Spitzeninstituten, ihre Geschäftsaktivitäten auf ausländische Märkte auszudehnen.[37] Die mit dem Aufbau weltumspannender Niederlassungsstützpunkte verbundene Internationalisierung der Finanzgeschäfte wäre aber ohne die Ausweitung des weltweiten Handels von Gütern und Dienstleistungen und die Fortschritte in der Informations- und Kommunikationstechnik nicht denkbar gewesen.

Die Liberalisierung der Bankenmärkte und die damit verbundenen Geschäftschancen wirken sich jedoch nicht auf alle Kreditinstitute gleichermaßen aus. Mit den KWG-Novellen der letzten Jahre sind die Reregulierungsmaßnahmen insbesondere für Sparkassen und Genossenschaftsbanken sowie kleinere Privatbanken wieder intensiviert worden und stellen heute eine gravierende Einschränkung der Geschäftspolitik und damit des Bankenwettbewerbes dar.[38]

---

[36] Vgl. zu den folgenden Ausführungen *Süchting* (1996), S. 404-415. Zur sinkenden Bedeutung des traditionellen Bankgeschäfts in den USA vgl. *Edwards/Mishkin* (1995).

[37] Die ausländischen Niederlassungen und Tochtergesellschaften der Großbanken tragen im erheblichen Umfang zum Betriebsergebnis bei. So erwirtschaftete die Deutsche Bank 1999 54,7 % der Erträge im Ausland, die Dresdner Bank 37,3 %. Bei der Commerzbank betrug der Anteil des Auslands am Ergebnis der gewöhnlichen Geschäftstätigkeit 49,1 %. Vgl. *Deutsche Bank* (2000), S. 111, *Dresdner Bank* (2000), S. 89, *Commerzbank* (2000), S. 83.
Zur Bedeutung des Auslandsgeschäftes und der hiermit verbunden Schwierigkeiten bei der Steuerung international tätiger Kreditinstitute vgl. Ausführungen in 5.5.2.

[38] Vgl. *Süchting* (2000), S. 67f.

16

Die deutsche Kreditwirtschaft steht von mehreren Seiten unter Druck. So führt das gestiegene Renditebewußtsein der Kunden zu einem Verfall der Margen im Einlagen- und Kreditgeschäft, auf der anderen Seiten sind zum Erhalt der Wettbewerbs- fähigkeit hohe Investitionen in neue Vertriebswege und in die EDV-Ausstattung not- wendig. Verschärft wird die Wettbewerbssituation in den nächsten Jahren durch die zunehmende – als Securitisation bezeichnete – Verbriefung von Forderungen und Einlagen. Hierdurch ist es insbesondere großen Unternehmen möglich, im Rahmen der Disintermediation benötigte Finanzmittel direkt am Kapitalmarkt aufzunehmen, was zu einer Reduzierung des klassischen Firmenkreditgeschäfts führt. Obwohl die Kre- ditinstitute heute noch aus der Plazierung solcher Wertpapiere Provisionserlöse er- zielen, wird in einer zweiten Stufe der Securitisation die Bank als Mittler nicht mehr benötigt.[39] Bisher ist es den deutschen Kreditinstituten nur bedingt gelungen, die notwendige Strukturverlagerung vom kapitalbindenden zum stärker provisions- tragenden Geschäft herbeizuführen.[40]

Darüber hinaus ermöglicht der weitgehende Abbau behördlicher Vorschriften die Entwicklung einer Vielzahl neuer Finanzprodukte, die durch die Kombination tradi- tioneller und derivativer Finanzierungsinstrumente entstehen. Hiermit ist es möglich, flexibler auf die Kundenbedürfnisse zu reagieren und durch das bewußte Eingehen offener Positionen zusätzliche Ertragspotentiale zu erschließen. Jedoch führt der hohe Komplexitätsgrad der Produkte und die in den letzten Jahren gestiegene Volatilität der Finanzmärkte zu erhöhten, nur schwer überschaubaren Risiken. Diese müssen angemessen im Rahmen des Risikomanagements des Kreditinstitutes berücksichtigt und gesteuert werden.

Wie kaum eine andere Branche unterliegt die Kreditwirtschaft aufgrund ihrer heraus- ragenden volkswirtschaftlichen Bedeutung besonderen aufsichtsrechtlichen Bestim- mungen, die im Kern eine dem Geschäftsrisiko angemessene Eigenkapitalausstattung der Institute verlangen. Im Hinblick auf das gestiegene Risikopotential von Finanz- innovationen wurden auf internationaler Ebene die bestehenden Eigenmittelvor- schriften verschärft, nicht zuletzt auch durch die Einbeziehung von Marktrisiken.[41] Eine Ausweitung der Geschäftsaktivitäten ist – bei Beibehaltung der Risikostruktur –

---

[39] Zu den Ursachen und der wachsenden Bedeutung der Disintermediation, vgl. *Paul* (1994), S. 52-117, *Süchting* (1995), S. 414. Seit Ende der 90er Jahre erfährt die Unternehmensanleihe eine Renaissance. Immer mehr Unternehmen begeben zur Reduzierung ihrer Fremdkapitalko- sten und zur Finanzierung von Unternehmensübernahmen eigene Anleihen.

[40] Vgl. hierzu die jährliche Analyse der Deutschen Bundesbank zur Ertragslage der deutschen Kreditinstitute, *Deutsche Bundesbank* (1999), S. 29f.

[41] Zur Neugestaltung der aufsichtsrechtlichen Vorschriften zur Eigenkapitalunterlegung, vgl. *Deutsche Bundesbank* (1998a).

nur bei einer Erweiterung der Eigenkapitalbasis möglich. Neben der Thesaurierung von Gewinnen zur Selbstfinanzierung ist es den börsennotierten Kreditinstituten - und bedingt auch den übrigen Banken und Sparkassen durch die Ausgabe von Genußrechten - möglich, Eigenkapital auf den Finanzmärkten im Rahmen der Beteiligungsfinanzierung aufzunehmen. Nur unter Sicherstellung einer aus Sicht der Eigenkapitalgeber angemessenen Ertragskraft werden Kreditinstitute die erforderlichen Eigenmittel durch Gewinnthesaurierung erwirtschaften bzw. direkt am Markt aufnehmen können. Insoweit kommt in Zukunft einer effizienten Allokation der knappen Ressource Eigenkapital durch eine rentabilitätsorientierte Steuerung eine noch größere Bedeutung zu.

Nur Kreditinstitute, denen es mit Hilfe einer rentabilitätsorientierten Planung und Steuerung gelingt, eine konsequente Risiko-/Renditeausrichtung umzusetzen, werden sich im wachsenden nationalen und internationalen Wettbewerb durchsetzen können. Daher ist es notwendig, das bestehende Controlling-Instrumentarium fortwährend zu verfeinern sowie durch die Entwicklung und Implementierung an den Eigentümerinteressen ausgerichteter wertorientierter Steuerungssysteme zu erweitern.

Bereits heute sind die Auswirkungen der verschärften Wettbewerbssituation und restriktiveren Eigenmittelanforderungen zu erkennen. Indikatoren dieser Entwicklung sind zum einen die weltweite Abkehr vom reinen Volumendenken hin zu einer stärkeren Risiko-/Rendite-Orientierung, zum anderen der wachsende Konzentrationsprozeß in der Kreditwirtschaft.[42] So ist die Zahl der Kreditinstitute in Deutschland in den letzten Jahren von mehr als 4000 in 1992 auf etwa 3000 Ende 1999 gesunken.[43] Für die nächsten Jahre wird auch in Deutschland – analog zur Entwicklung im übrigen Europa – eine steigende Zahl von Fusionen und Übernahmen kleinerer Institute, aber auch in der Gruppe der Großbanken erwartet.[44]

---

[42] Zu den bedeutendsten Unternehmenszusammenschlüssen und -übernahmen in der Kreditwirtschaft gehörten in den der letzten Jahre u. a. Citicorp/Travellers Group zur Citigroup, Deutsche Bank/Bankers Trust, Société Générale und BNP, Schweizer Bankgesellschaft/Schweizer Bankverein zur United Bank of Switzerland. Darüber hinaus finden Konzentrationsprozesse insbesondere in Spanien und Italien statt.

[43] Vgl. *Deutsche Bundesbank* (Bankenstatistik, März 2000), S. 6.

[44] So die Fusion der Bayerischen Vereinsbank und der Bayerischen Hypotheken- und Wechselbank im Jahr 1998, der Zusammenschluß von LG Landesgirokasse, SüdwestLB und L-Bank zur Landesbank Baden-Württemberg Anfang 1999 und die gescheiterte Fusion der Deutschen Bank und der Dresdner Bank im April 2000. Bereits heute sind viele Institute direkt oder über ihre Eigentümer miteinander kapitalmäßig verbunden. Vgl. zur Situation bei den Privatbanken *Luber* (1996).

18

Auch bei Kreditinstituten war über Jahrzehnte eine zunehmende Distanz zwischen den Eigenkapitalgebern und der Bankunternehmung zu beobachten.[45] In den letzten Jahren hat jedoch aufgrund des umfassenden Strukturwandels und der Intensivierung des Bankenwettbewerbes ein – wenn auch zögerlicher – Umdenkungsprozeß eingesetzt. Mehr noch als bei Industrieunternehmen wird das Management von Kreditinstituten durch die engen Eigenmittelvorschriften gezwungen, intensiver auf die Interessen der Eigenkapitalgeber einzugehen und hieran ihre unternehmerischen Entscheidungen auszurichten. Ein finanzieller Nutzen in Form von Kurssteigerungen wird für die Anteilseigner jedoch nur dann erzielt, wenn das Kreditinstitut die ergriffenen wertsteigernden Maßnahmen in adäquater Form publiziert und nicht zuletzt den Marktteilnehmern den erwarteten Erfolg glaubhaft vermittelt. Hierzu reichen reine Lippenbekenntnisse im Geschäftsbericht, auf der Hauptversammlung oder im Gespräch mit Analysten nicht aus. Neben einer an den derzeitigen und potentiellen Eigenkapitalgebern orientierten Kommunikationspolitik bedarf es daher auch einer transparenteren Geschäftspolitik des Kreditinstitutes.[46]

Wer wie Martin Kohlhaussen das Verhalten der Fondsmanager als anmaßend empfindet und ihnen die Legitimation, Druck auf Unternehmen auszuüben, abspricht,[47] verkennt das gestiegene Selbstbewußtsein der Eigenkapitalgeber und ihre Bereitschaft, ihre legitimen Interessen auch gegen den Widerstand des Managements durchzusetzen.

---

[45] Auf die zunehmende Distanz zwischen Eigenkapitalgeber und Bankunternehmung hat Süchting bereits 1981 hingewiesen. Er kommt zu dem Resümee: „Aus der Gemeinschaft der Entscheidungsträger sind die Kapitalgeber weitgehend ausgeschlossen." Vgl. *Süchting* (1981), S. 36.

[46] Diese sollte beispielsweise die Offenlegung stiller Reserven auch in den Beteiligungsportefeuilles sowie ein Überdenken der Ausschüttungs- bzw. Thesaurierungspolitik umfassen.

[47] Vgl. *o. V.* (1995), S. 172.

3 Wertsteigerungsanalyse in der Kreditwirtschaft

3.1 Grundlagen des Shareholder Value-Konzeptes

3.1.1 Begriffliche und theoretische Grundlagen der Wertsteigerungsanalyse und ihre Anwendungsmöglichkeiten

Der Begriff des Shareholder Value hat erst vor einigen Jahren Eingang in die deutsche Sprache gefunden, konnte sich dann jedoch schnell im betriebswirtschaftlichen Sprachgebrauch etablieren.[48] Neben dem Terminus „Shareholder Value" werden im Zusammenhang mit einer an den Eigentümerinteressen ausgerichteten Unternehmenssteuerung und -planung noch eine Reihe weiterer Begriffe in der wissenschaftlichen Literatur und der Unternehmenspraxis verwendet.

Verantwortlich für das uneinheitliche Vokabular sind insbesondere die Unternehmensberatungsgesellschaften, die verschiedene Begriffe sowohl im angelsächsischen als auch deutschen Sprachraum kreiert haben, um ihre Konzepte zumindest sprachlich von anderen differenzieren zu können. So finden in Deutschland je nach thematischer Ausrichtung neben den angelsächsischen Begriffen „Shareholder Value"[49], „Value based planning"[50] und „Value based Management"[51] in Literatur und Praxis auch die Termini „Wertmanagement"[52], „Wertsteigerungsanalyse bzw. -management"[53], „wertorientierte Unternehmensführung bzw. -steuerung"[54], „wertorientiertes strategisches Management"[55], „unternehmenswertorientiertes Management"[56] und „Management-Wert-Konzept"[57] sowie einige weitere Kombinationen der Begriffe Verwendung.

---

[48] So erschien im Jahr 1988 der erste deutschsprachige Text, der sich mit dem Shareholder Value-Ansatz befaßt. Vgl. *Hanssmann* (1988).

[49] Zur Verbreitung des Begriffes in der angelsächsischen Wirtschaftsliteratur haben insbesondere Veröffentlichungen von Fruhan und Rappaport beigetragen. Vgl. *Fruhan* (1979), *Rappaport* (1981).

[50] Vgl. *Stewart* (1991).

[51] Vgl. *Reimann* (1990). Die angelsächsischen Begriffe werden in der deutschen Literatur in den unterschiedlichsten Schreibweisen verwendet.

[52] Vgl. u. a. *Gomez* (1993), *Strutz* (1993), *Schröck* (1997).

[53] Vgl. u. a. *Höfner/Pohl* (1994), *Klien* (1995), *Herdtmann* (1996).

[54] Vgl. u. a. *Arbeitskreis „Finanzierung"* (1996), *C&L Deutsche Revision* (1997), *Bruhn u. a.* (1998).

[55] Vgl. *Hanssmann* (1988).

[56] Vgl. *Herter* (1994).

[57] Vgl. *Bühner* (1990).

Die weiteste Verbreitung haben im deutschen Sprachraum die Begriffe Shareholder-Value und Wertmanagement gefunden. Der Begriff des Shareholder Value ist insoweit irreführend, als der Bezug zum Aktionär impliziert, daß sich das entwickelte Instrumentarium lediglich auf Aktiengesellschaften - insbesondere auf börsennotierte Publikumsgesellschaften - anwenden läßt.[58] Hierdurch werden die Einsatzmöglichkeiten des Ansatzes jedoch unnötig eingeschränkt. So können die entwickelten Verfahren – wie nachfolgend gezeigt wird – auch auf die Bewertung und Steuerung von einzelnen Geschäftsbereichen und von nicht börsennotierten Unternehmen übertragen werden.[59] In dieser Arbeit werden daher überwiegend die neutraleren Begriffe „Wertmanagement" und „wertorientierte Unternehmensführung/-steuerung" verwendet.[60]

Unter Wertmanagement wird die an den Interessen der Eigentümer ausgerichtete Unternehmensführung verstanden. Im Rahmen einer Wertsteigerungsanalyse erfolgt eine zukunftsorientierte Erfolgsbeurteilung von einzelnen Strategien, Geschäftseinheiten und ganzen Unternehmen.[61] Zentrales Beurteilungskriterium bildet hierbei der aus dem zukünftigen erwarteten Zahlungsüberschüssen abgeleitete Wert des Unternehmens. Die Ermittlung erfolgt analog der Bewertung auf den Kapitalmärkten durch die Berücksichtigung der Renditeerwartungen der Kapitalgeber. Somit erweitert der Wertmanagement-Ansatz das strategische Management, in dem es dieses um Elemente der modernen Kapitalmarkttheorie ergänzt.[62] Die bisher vorherrschende Fokussierung der strategischen Planung auf Markt und Wettbewerb wird durch die Einbeziehung des Kapitalmarktes um weitere Erfolgspotentiale wie Finanzierung, Investition und Desinvestment ergänzt. Hierdurch wird es möglich, strategische Entscheidungen, die bisher auf Grund von nur schwer zu quantifizierenden, weichen und eher qualitativ ausgerichteten Faktoren wie z. B. Wettbewerbsposition, Image und Produktqualität getroffen wurden, monetär zu bewerten und damit zu fundieren.[63]

Der Wertmanagement-Ansatz bedient sich im wesentlichen bereits bekannter Methoden zur Unternehmensbewertung.[64] Neu ist jedoch die Übertragung der Bewertungs-

---

[58] Ebenfalls *Hardtmann* (1996), S. 4f.

[59] Vgl. hierzu die Ausführungen im Abschnitt 3.4.

[60] Die im Begriff explizit verankerte Betonung der Aktionärsinteressen ist in Deutschland auf stärkere Kritik gestoßen. Vgl. hierzu Abschnitt 3.2. Die Verwendung des neutralen Begriffes „Wertmanagement" kann daher zu einer Versachlichung der Diskussion beitragen.

[61] Vgl. u. a. *Herter* (1991), S. 336.

[62] Vgl. u. a. *Gomez* (1990), S. 557ff., *Knyphausen* (1992), S. 333, *Börsig* (1993), S. 89, *Mirow* (1994), S. 105, *Becker* (1995), S. 122ff.

[63] Vgl. u. a. *Gomez* (1990), S. 561, *Fickert* (1992), S. 50, *Ballwieser* (1994), S. 1383.

[64] Dies sind insbesondere der im angelsächsischen Wirtschaftsraum vorherrschende Discounted Cash-flow-Ansatz und die in Deutschland verbreitete Ertragswertmethode.

verfahren auf die strategische Steuerung und Kontrolle ganzer Unternehmen und Geschäftsbereiche.[65] Das Gesamtunternehmen und seine einzelnen Geschäftsbereiche werden im Rahmen der wertorientierten Steuerung als Investitionsobjekte betrachtet. Ihre Bewertung erfolgt unter Verwendung von Methoden der Investitionsrechnung auf der Basis moderner Unternehmensbewertungsverfahren. Durch den Vergleich der am Markt realisierten Börsenkapitalisierung mit dem auf der Basis des Wertmanagement-Ansatzes ermittelten Unternehmenswert ist es möglich, bestehende Wertlücken zu erkennen und abzubauen. Hierdurch wird zu einer Annäherung der Zielsetzungen von Management und Eigentümern beigetragen.

Anwendungsgebiete für die Wertsteigerungsanalyse ergeben sich neben der Unternehmensbewertung im Rahmen von Mergers & Acquisitions-Transaktionen und Restrukturierungsmaßnahmen insbesondere in der strategischen Planung, Steuerung und Kontrolle von Geschäftseinheiten.

Die Suche nach wertsteigernden Geschäftsstrategien stellt den wichtigsten Anwendungsbereich des Ansatzes dar. Im Rahmen der strategischen Planung können die Auswirkungen verschiedener Strategien auf den Wert des Unternehmens und seiner Einheiten bestimmt werden. Hierbei erfolgt eine direkte Verknüpfung der strategischen Planung mit der Unternehmens- und Aktienbewertung. Verbunden hiermit ist die Identifikation von Geschäftsbereichen, die Wert generieren, sowie die Offenlegung von wertvernichtenden Unternehmensteilen. Von zentraler Bedeutung sind hierbei die Eigenkapitalkosten des Unternehmens und seiner Geschäftsbereiche.

Der Ansatz eignet sich jedoch nicht nur zur strategischen Planung, sondern auch zur operativen Steuerung der Geschäftseinheiten eines Kreditinstitutes. Auf der Grundlage der Renditeforderungen der Eigenkapitalgeber werden Renditeziele für die einzelnen Unternehmenseinheiten bestimmt, welche von den Bereichsmanagern zu erfüllen sind. Hierdurch wird eine effiziente, an den Zielen der Gesamtunternehmung orientierte operative Steuerung der dezentralen Einheiten ermöglicht.

Insoweit ist nicht die Methodik des Konzeptes als solches neu, jedoch seine konsequente Umsetzung im Rahmen der strategischen Planung und operativen Steuerung von Unternehmen. Es reicht aber nicht aus, lediglich die Berechnung der für die Eigentümer erzielten Wertsteigerung in das bestehende Controlling-Instrumentarium aufzunehmen. Notwendig ist vielmehr die Integration in ein wertorientiertes Gesamt-Controlling-Konzept, das sowohl Aspekte der Informationspolitik (Investor Relations) als auch der Anreiz-/Motivationssysteme (Vergütung) umfaßt.

---

[65] Vgl. *Busse von Colbe* (1995), S. 715.

3.1.2 Anforderungen an ein Steuerungskonzept und einen Erfolgsmaßstab

Ein Steuerungssystem muß eine Vielzahl von Anforderungen erfüllen, die sowohl im methodischen Aufbau des Konzeptes als auch in seiner Umsetzbarkeit in der Praxis liegen.

Wesentliche Anforderungskriterien, auf die nachfolgend näher eingegangen wird, sind:

- Angabe eindeutiger Steuerungssignale,
- eindeutiger Zusammenhang zwischen Unternehmenszielen und Steuerungsgrößen,
- Anwendbarkeit auf alle Unternehmensbereiche,
- einfache Kommunizierbarkeit,
- mögliche Grundlage für ein Anreiz- und Entlohnungssystem,
- Manipulationsfreiheit,
- Frühindikatorfunktion,
- Wirtschaftlichkeit.

Um falsche Steuerungsimpulse zu vermeiden, muß zwischen den Zielen der Unternehmung und der verwendeten Steuerungsgröße ein eindeutiger Zusammenhang bestehen. Nur dann ist sichergestellt, daß eine zielkonforme Steuerung anhand der ausgewählten Kennzahlen erfolgt.

Das Steuerungsinstrumentarium sollte auf alle Geschäftsbereiche eines Unternehmens angewendet werden können. Nur so kann eine Beurteilung und ein Vergleich der unterschiedlichen Geschäftsaktivitäten anhand eines einheitlichen Bewertungsmaßstabs erfolgen. Darüber hinaus muß es die spezifischen Besonderheiten des Unternehmens (z. B. Eigentümerstruktur, Unternehmenskultur bzw. -philosophie und internationale Ausrichtung) angemessen berücksichtigen. Bei international tätigen Unternehmen sollten auch ausländische Geschäftsbereiche und Tochtergesellschaften in das Controllingsystem einbezogen werden können.

Von besonderer Bedeutung für die Akzeptanz, aber auch Handhabung eines Steuerungssystems ist sein einfacher Aufbau und seine leichte Kommunizierbarkeit. Um Mitarbeiter zum gewünschten Verhalten zu motivieren, ist es notwendig, daß nur wenige, leicht verständliche und für den Einzelnen nachprüfbare Kriterien und Kennzahlen verwendet werden.

Wünschenswert wäre ebenfalls, ein auf dem Steuerungsinstrumentarium aufbauendes Anreiz- und Entlohnungssystem zu implementieren.[66] Dafür ist es notwendig, ausreichend Informationen zur Beurteilung der Leistung der Unternehmensleitung und des Management der dezentralen Einheiten zu erhalten. Eine Steuerungsgröße ist nur dann sinnvoll, wenn die Führungskräfte die Möglichkeit besitzen, die Kennzahl positiv durch ihr Verhalten zu beeinflussen, also über entsprechende Kompetenzen verfügen. Um eine zielkonforme Unternehmenssteuerung zu gewährleisten, muß das verwendete Steuerungssystem jedoch weitgehend frei von Manipulationsmöglichkeiten sein.

Ein Lenkungsinstrument soll nicht nur die Auswahl der besten Investitionsobjekte ermöglichen, sondern sollte auch geeignet sein, frühzeitig Problembereiche zu identifizieren.[67] Nur wenn Fehlentwicklungen bereits frühzeitig erkannt werden, ist eine wirksame Gegensteuerung möglich. Ebenfalls sollte ein langfristig orientiertes Handeln gefördert werden.

Wie für alle unternehmerischen Entscheidungen gilt auch hier der Grundsatz der Wirtschaftlichkeit. Das bedeutet, daß der vom Steuerungssystem ausgehende langfristige Nutzen die Kosten für Entwicklung, Einführung, Anwendung und auch Weiterentwicklung übersteigen sollte.

Nur wenn diese Anforderungen vom Steuerungssystem weitestgehend erfüllt werden, ist eine effiziente Unternehmensführung möglich. Nachfolgend soll daher untersucht werden, inwieweit der Wertmanagement-Ansatz diese Bedingungen erfüllt und eine sinnvolle Ergänzung des bestehenden Controlling-Instrumentariums von Kreditinstituten darstellt.

---

[66] Zur Ausgestaltung wertorientierter Entlohnungssysteme vgl. u. a. *Pellens* (1998). Bei der Implementierung eines wertorientierten Vergütungssystems besteht in deutschen börsennotierten Unternehmen noch ein erheblicher Handlungsbedarf, vgl. hierzu die Ergebnisse einer Befragung der DAX 100-Unternehmen durch *Pellens/Tomaszewski/Weber* (2000), S. 1831f.

[67] Vgl. *Siegert* (1995), S. 581.

3.1.3 Merkmale und Vorzüge einer wertorientierten Unternehmenssteuerung

Die grundlegende Idee des Wertmanagement-Ansatzes ist es, für die Allokation der finanziellen Ressourcen im Unternehmen die gleichen Kriterien zu wählen, welche rational handelnde Anteilseigner bei ihren Anlageentscheidungen verwenden.

Der Ansatz ist daher gekennzeichnet durch die konsequente Ausrichtung auf die finanziellen Interessen der Eigenkapitalgeber. Wesentliche Merkmale und Vorzüge gegenüber anderen Steuerungskonzepten sind:

1. Orientierung an den Renditeforderungen der Kapitalgeber,

2. Bewertung anhand von Zahlungsströmen,

3. Zukunftsbezug,

4. explizite Betrachtung des mit einer Investition in ein Unternehmen verbundenen Risikos durch die Orientierung am Kapitalmarkt,

5. Berücksichtigung des Zeitwertes des Geldes,

6. Marktwertorientierung,

7. Implementierung eines aktiven Vermögensmanagements,

8. größere Akzeptanz bei den Mitarbeitern.

(1) Orientierung an den Renditeforderungen der Kapitalgeber

Im Mittelpunkt des Shareholder Value-Ansatzes stehen die finanziellen Interessen der Eigenkapitalgeber. Sämtliche Entscheidungen des Managements werden im Rahmen der strategischen, aber auch operativen Planung dahingehend beurteilt, inwieweit es gelingt, hierdurch den Wert der Unternehmung für die Eigentümer zu steigern. Dieses betrifft bei Kreditinstituten sowohl Aktiv- als auch Passivgeschäfte sowie den wachsenden Anteil der bilanzunwirksamen Aktivitäten und das Beteiligungsportefeuille.

(2) Bewertung anhand von Zahlungsströmen

Zwischen einem möglichen Renditemaßstab und der Performance der Aktie – und damit den Renditeforderungen der Eigenkapitalgeber – muß ein deutlicher Zusammenhang bestehen. Nicht nur bei der Bewertung des Kreditinstitutes durch externe Analysten und Anleger, sondern auch im Rahmen des internen Rechnungswesens besitzt der Gewinn eine herausragende Bedeutung zur Beurteilung des Geschäftserfolges einzelner Unternehmensbereiche oder Mitarbeiter. Von vielen Managern und Analysten werden der Gewinn und die hieraus abgeleiteten Kennzahlen als der bedeutendste Erfolgsindikator gesehen.[68] Jedoch ist der Gewinn durch Gestaltungsmöglichkeiten nur sehr bedingt als Erfolgsmaßstab geeignet. So führen international unterschiedliche Rechnungslegungsvorschriften und umfangreiche Ansatz- und Bewertungswahlrechte dazu, daß der Buchgewinn und hieraus abgeleitete Kennzahlen nur sehr ungenau die tatsächliche Ertragslage des Unternehmens widerspiegeln.[69] Durch die weitreichenden Möglichkeiten der Legung stiller Reserven bestehen besonders bei Kreditinstituten gravierende Unterschiede zwischen dem ausgewiesenen Gewinn und dem tatsächlichen Unternehmenserfolg. Empirische Untersuchungen belegen überdies, daß nur eine schwache Korrelation zwischen der Wertentwicklung des Unternehmens am Kapitalmarkt und der Höhe des ausgewiesenen Gewinns bzw. der erzielten Eigen- und Gesamtkapitalrentabilität besteht.[70] Ebenfalls kaum korreliert mit dem Börsenwert des Unternehmens ist das Gewinnwachstum, obwohl Analysten und Anleger häufig erwarten, daß steigende Gewinne zu höheren Aktienkursen führen würden.[71] Zwar ist es dem internen Anwender möglich, Verzerrungen, z. B. durch bilanzpolitische Maßnahmen, weitgehend zu neutralisieren, jedoch ist die Periodisierung der Aufwendungen und Erträge mit einer Vielzahl von methodischen Problemen verbunden.[72] An die Stelle des Gewinns muß also eine Größe treten, die anzeigt, wie der Wert des Unternehmens durch strategische Maßnahmen langfristig gesteigert werden kann.

Aktionäre bewerten eine Aktie nach den erwarteten Zahlungsströmen aus dem Engagement. Zentrales Erfolgskriterium bildet daher im Rahmen der wertorientierten Unternehmenssteuerung nicht mehr der Gewinn oder hieraus abgeleitete Kennzahlen, sondern der für die Eigentümer erwirtschaftete Cash-flow. Analog zu den Rechenverfahren der Investitionsrechnung läßt sich die Rendite, die ein Kapitalgeber durch eine Anlage in ein Unternehmen erzielt, anhand der Diskontierung der ihm in Zukunft zufließenden Cash-flows aus seiner Finanzinvestition berechnen.

---

[68] Dies belegen eine Reihe von empirischen Untersuchungen. Vgl. u. a. *Peemöller/Bömelburg/ Denkmann* (1994), *Pellens/Rockholtz/Stienemann* (1997), *C&L Deutsche Revision* (1997), *Englert/Scholich* (1998), S. 684f.

[69] Die in der Unternehmenspraxis, der Wirtschaftspresse und der Wertpapieranalyse verwendeten traditionellen Beurteilungsmaßstäbe für den Unternehmenserfolg werden in der Literatur zum Shareholder Value heftig kritisiert. So wird hingewiesen auf die Schwächen der bekannten Instrumente und Größen zur Periodenerfolgsrechnung, die strukturellen Probleme von Erfolgskennzahlen und Kennzahlensystemen sowie dem begrenzten Aussagegehalt der Daten des externen Rechnungswesens. Vgl. u. a.: *Rappaport* (1986), S. 19ff., *Bühner* (1990), S. 13ff., *Stewart* (1991), S. 25-67, *Meyersieck* (1991), S. 235f.; *Copeland/Koller/Murrin* (1998), S. 99ff., *Fickert* (1992), S. 52f., *Gomez* (1993), S. 89f., *Lehmann* (1994), S. 84ff.

[70] Vgl. *Johnson/Natarajan/Rappaport* (1985), S. 54, *Thomas/Lipson* (1985), *Rappaport* (1986), S. 29ff., *Olsen/Thomas* (1987), S. 5, *Finegan* (1991), S. 35ff., *Herter* (1994), S. 32, *Lewis* (1994), S. 47ff., *Lewis/Stelter* (1993), S. 111, *Copeland/Koller/Murrin* (1998), S.106ff.

[71] Vgl. *Copeland/Koller/Murrin* (1998), S. 107.

[72] So bedarf es Annahmen über die Nutzungsdauer und Wertentwicklung von Anlagen.

Verschiedene empirische Analysen kommen zu den Ergebnis, daß Cash-flow orientierte Kennzahlen für eine wertorientierte Unternehmenssteuerung mit dem Ziel der Steigerung des Unternehmenswertes deutlich besser geeignet sind. So konnte ein signifikanter Zusammenhang zwischen der Entwicklung des Aktienkurses und dem Cash-flow der Unternehmen in mehreren Untersuchungen nachgewiesen werden.[73]

(3) Zukunftsorientierung

Im Rahmen der Unternehmenssteuerung gilt es, die zukünftige Entwicklung des Kreditinstitutes und seiner Umwelt abzuschätzen und hieraus Konsequenzen für die strategische Planung und operative Steuerung zu ziehen. Hierbei ist die Vergangenheit nur von untergeordneter Bedeutung. So wie die Aktionäre an der Börse nicht die historische, sondern die zukünftige Entwicklung bewerten, sollte auch die Bewertung und Steuerung eines Unternehmens auf dem prognostizierten Erfolg basieren. Mögliche Fehlsteuerungen ergeben sich insbesondere durch die starke Vergangenheitsorientierung der Daten des Rechnungswesens. Gilt dies naturgemäß im besonderen für das externe Rechnungswesen, so basiert aber auch das interne Steuerungssystem im hohen Maße auf historischen Ergebnissen. Ergänzende Unternehmensplanungen umfassen in aller Regel nur zwei, maximal fünf Jahre.

Indem die Bewertung eines Unternehmens oder Geschäftsbereiches auf Basis der für die nächsten Jahre erwarteten Cash-flows erfolgt, werden die Auswirkungen bereits getätigter, aber auch geplanter Maßnahmen explizit berücksichtigt.[74] Hierdurch lassen sich falsche Steuerungssignale vermeiden. Obwohl Maßnahmen zur Verbesserung der Wettbewerbsposition, wie die Erschließung neuer Vertriebswege und verstärkte Marketingaktivitäten, eine kurzfristigen Senkung des Ergebnisses führen, können sie jedoch die Marktposition des Kreditinstitutes stärken und damit zukünftige Erfolge sichern.[75] Hieraus resultiert eine Erhöhung des Cash-flow in den Folgejahren und damit eine Steigerung des Marktwertes des Kreditinstitutes. Demgegenüber ergeben sich negative Folgen einer auf kurzfristige Erfolgserzielung ausgerichteten Abschöpfungsstrategie für den Unternehmenswert. Da zukünftige Cash-flows verwendet werden, ist es darüber hinaus frühzeitig möglich, negative Trends zu erkennen und Gegenmaßnahmen einzuleiten.

---

[73] Vgl. *Lewis/Stelter* (1993), S. 111, *Lewis* (1994), S. 47ff., *Kaplan* (1996), S. 45f., *Copeland/Koller/Murrin* (1998), S. 111.

[74] Informationen über die Zukunft sind stets mit Unsicherheiten behaftet und bieten daher Ansatzpunkte zur Manipulation. Dieses ist jedoch kein spezifisches Problem des Wertmanagement-Ansatzes, sondern gilt für alle Planungsverfahren.

[75] Vgl. *Stewart* (1991), S. 28f., *Lehmann* (1994), S. 88.

Im Rahmen des Shareholder Value-Ansatzes gilt es nicht, den auf der Basis buchhalterischer Größen ermittelten Erfolg eines Geschäftsjahres zu maximieren, sondern die Renditeziele über mehrere Jahre zu übertreffen.[76] Diese langfristige Perspektive dürfte auch der Sichtweise der Mehrzahl der institutionellen Investoren entsprechen. Durch ihre hohen Anlagevolumina sind sie nicht in der Lage, Investitionsobjekte anhand kurzfristiger Trading-Gesichtspunkte auszuwählen, da ein schneller Aus- und Einstieg bei einzelnen Aktien zu Kursnachteilen führen würde. Daher müssen sie ihre Anlagen an ihren langfristigen Renditeerwartungen ausrichten.[77]

(4) Explizite Betrachtung des mit einer Investition in einem Unternehmen verbundenen Risikos durch die Orientierung am Kapitalmarkt

Der Erfolg einer Kapitalanlage läßt sich nur bestimmen, wenn man neben der erzielten Rendite auch das damit verbundene Risiko betrachtet. So wird ein rational handelnder Investor bei seiner Anlageentscheidung nicht nur die erwartete Rendite, sondern auch das hiermit verbundene Risiko berücksichtigen. Nur wenn diese Größen in einem angemessenen Verhältnis zueinander stehen, wird er bereit sein, in die entsprechenden Wertpapiere zu investieren. Im Rahmen der Wertsteigerungsanalyse kommt daher den Renditeforderungen der Kapitalgeber und damit den Kapitalkosten der Unternehmung eine zentrale Bedeutung zu, da sie, um die Existenz des Unternehmens nicht zu gefährden, über die Dauer verdient werden müssen.

Die wertorientierte Erfolgsmessung unterscheidet sich von der traditionellen Sichtweise dadurch, daß es nicht ausreicht, lediglich einen Gewinn bzw. eine positive Eigenkapitalrendite zu erzielen oder zu steigern. Eine werterhöhende Wirkung wird erst dann erreicht, wenn die erzielte Eigenkapitalrendite oberhalb der Eigenkapitalkosten und damit der Renditeforderung der Eigentümer liegt. Bleibt die Eigenkapitalrentabilität unterhalb dieser Grenze, so wird Aktionärsvermögen vernichtet.

Das Risiko einer Anlage und damit die Höhe der Renditeforderung wird aus dem Kapitalmarkt abgeleitet. Als Opportunitätskostensatz dienen die marktbestimmten Kapitalkosten als sogenannte Hurdle Rate für Investitionsvorhaben der Unternehmung.[78] Indem das Management von Geschäftsbereichen und Tochterunternehmen den Anforderungen des Kapitalmarktes ausgesetzt wird, können zusätzliche Wertsteigerungspotentiale offengelegt und umgesetzt werden.

---

[76] Demgegenüber hält Pfaff die Verwendung von Rechnungswesengrößen zumindest unter restriktiven Modellbedingungen für geeignet und besser als ihr Ruf. Vgl. *Pfaff* (1998), S. 513f.

[77] Vgl. *o. V.* (1994a), S. 3.

[78] Vgl. *Rappaport* (1986), S. 55.

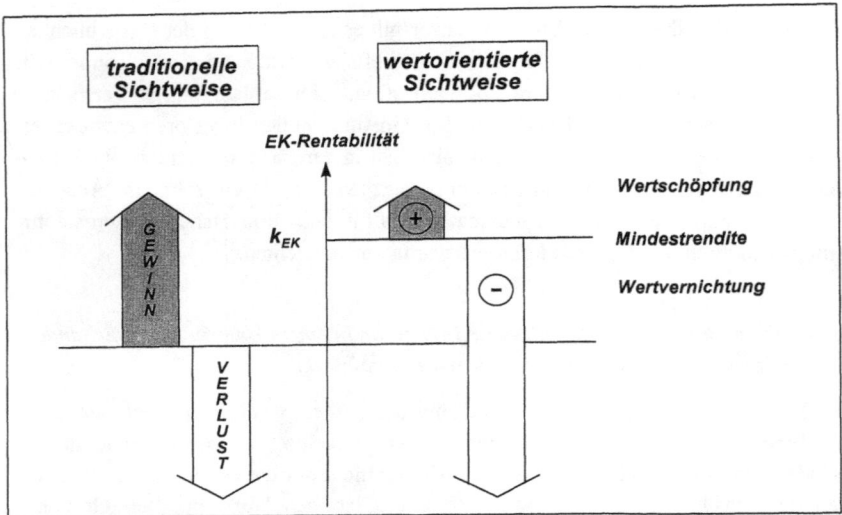

Abbildung 5: Traditionelle versus wertorientierte Erfolgsmessung

Im Rahmen der Gesamtbanksteuerung gilt es, die knappe Ressource Eigenkapital einer möglichst effizienten Verwendung zuzuführen. Es ist daher notwendig, unterschiedlichste Geschäfte bezüglich ihres Erfolgsbeitrages zu bewerten und miteinander zu vergleichen. Die Allokation der finanziellen Mittel ist um so schwieriger, je diversifizierter die Geschäftsaktivitäten eines Kreditinstitutes sind. In der dezentralen Steuerung von diversifizierten Unternehmen liegt eine besondere Stärke des Wertmanagement-Ansatzes. Er ermöglicht, das mit einer Investition in einen Geschäftsbereich verbundene spezifische Risiko zu quantifizieren, hieraus differenzierte Renditeforderungen abzuleiten und die Geschäftsbereiche und Investitionen herauszufiltern, welche zu einer Wertsteigerung des Kreditinstitutes führen. Durch die Berücksichtigung der unterschiedlichen Risiken der verschiedenen Geschäftsbereiche kann eine differenzierte Rendite-/Risikobeurteilung auf der Basis eines institutsweit einheitlichen Steuerungssystems vorgenommen werden. Indem sämtliche Entscheidungen im Kreditinstitut auf die Schaffung von Wert für die Eigentümer ausgerichtet werden, wird eine konsistente Planungs- und Entscheidungsgrundlage geschaffen, welche die Koordination komplexer und stark dezentralisierter Strukturen vereinfacht.

Finanzielle Mittel sollten daher nur in die Investitionsobjekte und Geschäftsbereiche fließen, welche eine risikoadäquate Verzinsung des eingesetzten Kapitals versprechen. In der Praxis wird eine integrierte Rendite-/Risikobetrachtung bei der Allokation der Eigenmittel zumeist nur sehr undifferenziert vorgenommen. Häufig orientiert man sich in Kreditinstituten an den aufsichtsrechtlichen Kriterien. Durch die Verwendung eines einheitlichen, nachprüfbaren und von Manipulationen weitgehend freien Maßstabs gelingt es, Managemententscheidungen auf allen Unternehmensebenen auf eine quantifizierbare Grundlage zu stellen und damit zu versachlichen.[79]

(5) Berücksichtigung des Zeitwertes des Geldes

Die meisten traditionellen Renditemaße basieren auf nominellen Wertgrößen und vernachlässigen hierdurch den Einfluß des Zeitwertes des Geldes auf Einkommen und Vermögen.[80] Indem die nominalen Cash-flows mit einem nominalen Diskontierungsfaktor abgezinst werden, wird dem unterschiedlichen Zeitwert des Geldes Rechnung getragen. So besitzen zukünftige Cash-flows einen geringeren Wert als gegenwärtige Zahlungszuflüsse.[81]

(6) Marktwertorientierung

Ein Anleger beurteilt die Wertpapiere seines Portefeuilles regelmäßig auf der Grundlage seiner zukünftigen Renditeerwartungen. Entscheidungsgrundlage bildet hierbei jedoch nicht der Kaufkurs, sondern der aktuelle Marktpreis der Papiere. Dies ist konsequent, da es dem Anleger frei steht, seine Anteile zu veräußern und den erzielten Erlös anderweitig anzulegen. Im Rahmen der wertorientierten Unternehmenssteuerung bildet daher nicht das vor mehreren Jahren oder Jahrzehnten investierte Kapital die Bezugsbasis für die Renditeberechnung, sondern der aktuell zu erzielende Veräußerungspreis und damit der Marktwert.[82]

---

[79] Vgl. *Wagner* (1997), S. 479.

[80] Vgl. *Siegert* (1995), S. 583f. und *Solomon* (1966), S. 232.

[81] Alternativ ist eine Berechnung anhand inflationsbereinigter Zahlungsüberschüsse und realer Diskontierungsfaktoren möglich. Jedoch ist die Bereinigung um Inflationseinflüsse mit einem erheblichen Erhebungs- und Berechnungsaufwand verbunden und daher nur in Ländern mit einer hohen bzw. stark schwankenden Inflationsrate sinnvoll.

[82] Besonders deutlich wird dies bei der Bewertung des für Kreditinstitute bedeutenden Immobilienvermögens sowie den Beteiligungen an börsennotierten Unternehmen. In aller Regel erfahren diese mit den Jahren beträchtliche Wertsteigerungen. So verfügte allein die Deutsche Bank Ende 1999 über Beteiligungen zu einem Marktwert von 22,7 Mrd. Euro, die in die Bilanz zum Buchwert von 4,7 Mrd. Euro eingingen. Vgl. *Deutsche Bank* (2000), S. 40.

(7) Implementierung eines aktiven Vermögensmanagements in diversifizierten Kreditinstituten

In den letzten Jahrzehnten haben sich die Kreditinstitute zu Anbietern umfassender Finanzdienstleistungen entwickelt. Hierzu wurde die traditionelle Angebotspalette erweitert und neue Unternehmensbereiche gegründet oder erworben. Darüber hinaus werden von den Kreditinstituten umfangreiche Beteiligungen in bankfremden Branchen gehalten. Häufig unterblieb jedoch die notwendige Trennung von unrentablen Bereichen und Beteiligungen oder erfolgte erst mit großer zeitlicher Verzögerung. Durch die Berücksichtigung der unterschiedlichen Risiken ist es möglich, wertvernichtende Unternehmensteile und Beteiligungen zu identifizieren und eine Diskussion über Lösungsmöglichkeiten in Gang zu setzen.

Indem der Ansatz den Blick auf die Interessen der Eigenkapitalgeber lenkt und damit auf die Notwendigkeit, das eingesetzte Kapital angemessen, d. h. dem Risiko entsprechend, zu verzinsen, wird die Unternehmensleitung zu einem aktiveren Vermögensmanagement angehalten. So gilt zu hinterfragen, ob das im Anlage- und Umlaufvermögen gebundene Kapital nicht für rentablere und damit wertsteigernde Zwecke eingesetzt werden kann. Dies schließt in letzter Konsequenz auch ein Desinvestment ein, soweit es dem Bereich nicht gelingt, in angemessener Zeit eine positive Geschäftsentwicklung zu erreichen. Die Beurteilung sollte jedoch nicht isoliert erfolgen, sondern Auswirkungen auf das Gesamtportfolio miteinbeziehen. Hierbei sind Verbundbeziehungen zwischen einzelnen Unternehmensbereichen, wie z. B. bestehende Synergieeffekte durch die Nutzung gemeinsamer Ressourcen oder von Cross-Selling-Möglichkeiten, zu berücksichtigen. Wird zu lange an unrentablen Geschäftsbereichen bzw. Beteiligungen festgehalten und werden hierdurch Mittel für notwendige Investitionen in rentable Geschäfte blockiert, so gefährdet dies die Wettbewerbsfähigkeit und damit die Existenz des gesamten Unternehmens. Ein wertorientiertes Steuerungssystem ermöglicht der Institutsleitung somit, die Kerngeschäftsfelder zu definieren und die Konzentration hierauf zu fördern.[83]

---

[83] So haben eine Reihe breit diversifizierter Konzerne ihre Kerngeschäftsfelder neu definiert und sich von Unternehmensbereichen getrennt. So wurden u. a. Stinnes aus der VEBA AG, Agfa aus dem Bayer-Konzern, und Infineon und Epcos aus dem Siemens-Konzern gelöst und an der Börse plaziert. Ebenfalls trennten sich RWE und VEBA von ihrem Telekommunikationsunternehmen O.tel.O. Waren es zunächst Industrieunternehmen, so gehen nun auch Kreditinstitute und Versicherungsunternehmen vermehrt dazu über, ihr Portefeuille neu zu strukturieren. So hat die Deutsche Bank im Jahr 1999 Teile ihres Privatkundengeschäftes in die Deutsche Bank 24 ausgegliedert.

(8)   Größere Akzeptanz bei den Mitarbeitern

Im Rahmen der Unternehmenssteuerung ist es notwendig, Renditeziele zu setzen. Häufig werden diese nur sehr willkürlich und uneinheitlich definiert. Die hieraus resultierende fehlende Objektivität und die mangelnde Transparenz führen zu einer nur geringen Akzeptanz des Steuerungsinstrumentariums bei den Mitarbeitern. Im Rahmen einer wertorientierten Unternehmenssteuerung werden die Renditeforderungen an die einzelnen Geschäftsbereiche anhand der Vorgaben des Kapitalmarktes festgelegt. Angesichts der Nähe der Produkte und Geschäftsbereiche zum Kapitalmarkt dürften die hieraus abgeleiteten Steuerungsgrößen bei Kreditinstituten eine weitaus größere Akzeptanz erzielen. Bereits im Rahmen ihrer Arbeit und ihrer privaten Anlagegeschäfte sind viele Mitarbeiter täglich mit den Entwicklungen an den Wertpapiermärkten konfrontiert.

Die hohe Transparenz wertorientierter Planungs- und Steuerungssysteme erlaubt eine verstärkte Dezentralisierung der Entscheidungen im Kreditinstitut und erhöht den Gestaltungsspielraum der Mitarbeiter.[84] Darüber hinaus wird die Messung des Wertbeitrages jedes einzelnen Bankmitarbeiters ermöglicht. Dieser kann dann in entsprechenden Vergütungssystemen Berücksichtigung finden.

---

[84]   Vgl. *Roos/Stelter* (1999), S. 302.

3.2 Kritik am Wertmanagement-Konzept

Der Wertmanagement-Ansatz ist nicht ohne Widerspruch aus Theorie und Praxis geblieben. Die Hauptkritik zielt hierbei auf die unterstellte alleinige Fixierung des Ansatzes auf die Eigentümerinteressen. Die Ursachen für die Kritik liegen vielfach in der mangelnden Kenntnis der konzeptionellen Grundlagen des Ansatzes sowie der häufig wenig differenzierten Berichterstattung in den Medien.

Das Management eines Unternehmens sieht sich in seinem gesellschaftlichen und wirtschaftlichen Umfeld einer Reihe von Anspruchsberechtigten und Interessensgruppen – den sogenannten Stakeholdern – gegenüber, die unterschiedlichste Forderungen an die Unternehmung stellen.[85] Zur Gruppe der wichtigsten Stakeholder eines Kreditinstitutes zählen neben den Eigentümern die Mitarbeiter (einschließlich dem Management), die Kunden (Gläubiger und Schuldner), sonstige Fremdkapitalgeber sowie der Staat, die Mitbewerber und die übrige Öffentlichkeit. Darüber hinaus unterliegen Kreditinstitute einer besonderen Überwachung durch Aufsichtsbehörden. In Deutschland sind dies die Bundesaufsichtsämter für das Kreditwesen und für den Wertpapierhandel sowie die Deutsche Bundesbank.

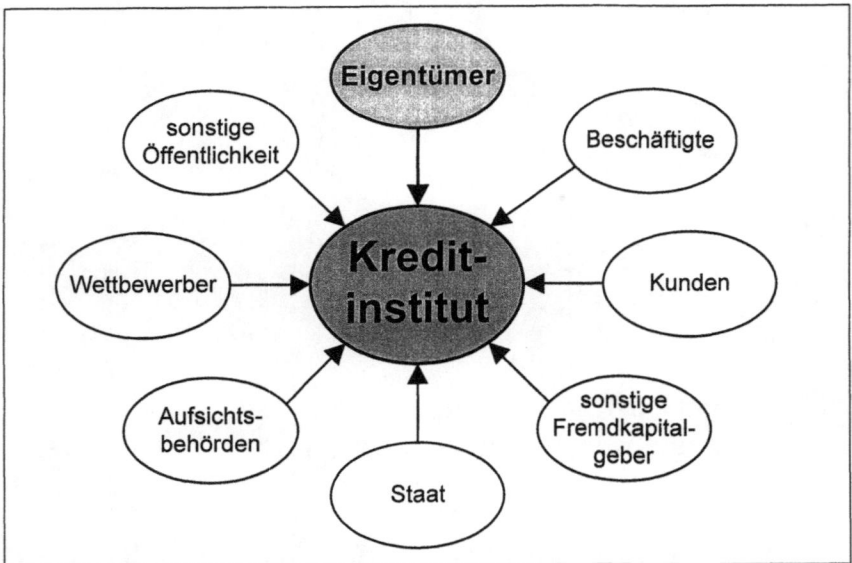

Abbildung 6: Die Interessenssphäre des Kreditinstitutes

---

[85] Zur Identifikation der Anspruchsgruppen und die Berücksichtigung ihrer Interessen durch die Unternehmensleitung, vgl. *Janisch* (1993).

Gerade in Deutschland wird im Bezug auf die Wertmanagement-Ansätze die alleinige Berücksichtigung der Eigentümerinteressen kritisiert, die im Widerspruch zur sozial-marktwirtschaftlichen Ordnung der Bundesrepublik stünde.[86] Besonders heftige Kritik an einer an den Interessen der Eigentümer ausgerichteten Unternehmensführung wird von den Arbeitnehmervertretungen und den Gewerkschaften geübt.[87] Sie befürchten den Abbau von Arbeitsplätzen und die Freisetzung von Mitarbeitern auch in der Kreditwirtschaft. Unterstützung erhalten die Kritiker durch undifferenzierte Berichte und Kommentare in den Medien. So fällt im Zusammenhang mit den jüngsten Unternehmensübernahmen sowie Fusionen und dem damit verbundenen Abbau von Arbeitsplätzen häufig der Begriff des Shareholder Value. Vielfach wird jedoch nicht berücksichtigt, daß Fusionen und Übernahmen dem Kreditinstitut ermöglichen, seine Wettbewerbsfähigkeit zu erhalten oder sogar zu steigern. Hiervon profitieren jedoch nicht nur die Eigentümer, sondern auch die verbleibenden Mitarbeiter des Kreditinstitutes, da hierdurch ihre Arbeitsplätze gesichert werden. Gleiches gilt auch für die Veräußerung von Unternehmensbereichen. Ein rechtzeitiger Verkauf von längerfristig gefährdeten Unternehmensteilen an zur Nutzung der spezifischen Wertpotentiale besser befähigte Investoren vermeidet eine kurzfristige, weil zu lange hinausgezögerte Auflösung des Geschäftsbereiches, mit den entsprechenden Konsequenzen für die Mitarbeiter. Hierdurch werden die Arbeitsplätze nachhaltig gesichert und damit einer Hauptforderung der Mitarbeiter Rechnung getragen.[88] Langfristig ist eine Wertsteigerung für die Eigentümer durch den Abbau von Arbeitsplätzen und der Veräußerung von Unternehmensteilen allein nicht zu erreichen. Notwendig ist die Entwicklung innovativer Produkte und Strategien zur besseren Befriedigung der Kundenbedürfnisse. Nur so können bestehende Kundenverbindungen erhalten und ausgebaut werden sowie neue Märkte und Kundengruppen erschlossen und damit Shareholder Value generiert werden.

Der Kritik an der zu starken Orientierung an den Eigentümerinteressen ist auch deshalb nur bedingt zu folgen, da sie einer zu engen Auslegung des Shareholder Value-Gedankens entspringt. Die Steigerung des Wertes einer Unternehmung ist langfristig nur möglich, wenn es gelingt, die Interessen aller Beteiligten, so auch der Kunden,

---

[86] Vgl. hierzu u. a. *Spremann* (1992), S. 379, *Amely* (1997), S. 279. Wagner macht für die Ablehnung des Shareholder Value in Deutschland eine generelle Kapitalismuskritik verantwortlich. Vgl. *Wagner* (1997), S. 475, 479.

[87] So befürchtet der IG Metall Vorsitzende Zwickel, daß eine am Shareholder Value orientierte Unternehmenspolitik zu einer „Brutalisierung der sozialen Verhältnisse" führt. Vgl. *Hank* (1996). Der Präsident des Bundesarbeitsgerichtes stellt ergänzend fest: „Die Mitbestimmungsidee ist mit dem Shareholder Value als sozialpolitischem Kampfbegriff kaum vereinbar." Vgl. *Dietrich* (1996), S. 57.

[88] Vgl. *von Weizäcker* (1998), S. 15.

der Arbeitnehmer und des Staates, in Einklang zu bringen. Denn nur ein rentables Unternehmen kann durch Investitionen und Wachstum dauerhaft Arbeitsplätze sichern, Steuern zahlen und seine Kunden zufriedenstellend bedienen.[89] Erfolgt keine angemessene Berücksichtigung der Stakeholder-Interessen, so führt dies langfristig zu Wertminderungen im Unternehmen.[90] Es besteht somit auch kein genereller Widerspruch, wenn sich das Unternehmen neben den marktwirtschaftlichen auch gesellschaftlich-sozialen Zielen widmet, wenn diese der Steigerung des Unternehmenswertes dienen.[91] Grundsätzlich sollte jedoch den Anteilseignern die Entscheidung über die Verwendung der Gewinne und damit auch der Verteilung von sozialen Wohltaten obliegen.[92]

Der Stakeholder-Ansatz stellt demgegenüber die Interessen sämtlicher Anspruchsberechtigter in den Mittelpunkt der Unternehmensführung.[93] Bereits die Quantifizierung der Ansprüche einzelner Interessensgruppen und die Messung des geschaffenen Stakeholder Value bereitet gravierende Schwierigkeiten. So liegt es sicherlich nicht im Interesse der Unternehmung, alle Anspruchsgruppen quasi gemäß dem Gießkannenprinzip am Unternehmenserfolg zu beteiligen. Eine operationalisierbare Alternative zur Ausrichtung auf die Eigentümerinteressen besteht somit nicht.[94]

Es stellt sich außerdem die Frage, inwieweit eine besondere Berücksichtigung der Interessen der anderen Anspruchsberechtigten überhaupt notwendig ist. Im Gegensatz zu den Anteilseignern verfügen die übrigen Stakeholder über Verträge mit dem Unternehmen, in denen die gegenseitigen Ansprüche festgelegt werden.[95] Entsprechend

---

[89] So u. a. *Freygang* (1993), S. 75, *Pitman* (1993), S. 8, *Arbeitskreis „Finanzierung"* (1996), S. 545.

[90] Vgl. u. a. *Gomez* (1993), S. 102-105, *Roventa* (1994), S. 196.

[91] So fühlen sich viele US-amerikanische Unternehmen sozial verpflichtet und verfolgen das Konzept des „good corporate citizenship" bzw. haben in der Unternehmensphilosophie soziale Werte in einem „code of conduct" verankert. Vgl. *Feudner* (1999), S. 742. Auch die Deutsche Bank und die Dresdner Bank betonen in ihren Geschäftsberichten ihr soziales, kulturelles und wissenschaftliches Engagement, für das von der Deutschen Bank im Jahr 1999 mehr als 39 Mio. Euro verwendet wurden. Vgl. *Deutsche Bank* (2000), S. 47-49, *Dresdner Bank* (2000), S. 66f.

[92] Vgl. *Süchting* (2000), S. 70.

[93] Zum Stakeholder-Ansatz vgl. u. a. *Cornell/Shapiro* (1987), *Donaldson/Preston* (1995).

[94] Vgl. Ballwieser (1994), S. 1389f. Ballwieser kritisiert besonders das auf die Interessen der Stakeholder ausgerichtete Konzept zum strategischen Anspruchsgruppenmanagement von Janisch.

[95] Das Unternehmen kann somit als ein Geflecht von Kontraktbeziehungen gesehen werden, in dem die Interessenkoordination zwischen den Anspruchsgruppen im Austausch von Vertragsregelungen erfolgt. Der Interessenausgleich wird – im Gegensatz zur Koalitionstheorie – über den Markt vorgenommen. Auf unvollkommenen Märkten kann es jedoch zu einer nur unzureichenden Berücksichtigung der Interessen der Arbeitnehmer, Kunden und Lieferanten kommen. Zur vertragstheoretischen Rekonstruktion des Unternehmens und der damit verbundenen Probleme bei Marktunvollkommenheiten vgl. *Hachmeister* (1995), S. 33.

ihrer Verhandlungsmacht können sie die Konditionen aushandeln und damit ihre Interessen wahren. Lassen sich ihre Vorstellungen nicht durchsetzen, so werden sie in letzter Konsequenz auf einen Vertragsabschluß verzichten. Außerdem werden die Stakeholder durch vielfältige gesetzliche Vorschriften geschützt. Demgegenüber besitzen die Anteilseigner lediglich Residualansprüche an das Unternehmen.[96]

Darüber hinaus liegt der Kritik am Shareholder Value-Konzept ein überkommenes Verständnis über die Interessen der einzelnen Gesellschaftsgruppen zu Grunde. So wurden in den letzten Jahrzehnten von der deutschen Bevölkerung enorme Kapitalvermögen angesammelt, die verstärkt auch in Aktien – direkt oder indirekt über Fondsgesellschaften und Lebensversicherungen – angelegt werden. So hat insbesondere die stärkere Renditeorientierung der privaten Anleger zu einer Erhöhung des Kapitalmarktdruckes und sinkenden Margen geführt. Darüber hinaus sind viele Bankmitarbeiter als Belegschaftaktionäre oder verstärkt auch über Stock Options an ihrem Arbeitgeber beteiligt. Daher sind auch die Arbeitnehmer und Kunden, die Anteile am Kreditinstitut besitzen, in ihrer Position als Shareholder an einer angemessenen Wertentwicklung ihrer Aktienanlagen interessiert.

Kritisiert wird weiterhin, daß bei einer Fokussierung der unternehmerischen Entscheidungen auf finanzielle Größen wie den Shareholder Value wichtige Erfolgsfaktoren, wie die Kundenzufriedenheit, die Produktivität und die Innovationskraft, vernachlässigt würden.[97] Das Gegenteil ist jedoch der Fall. Eine Steigerung des Shareholder Value ist nur möglich, wenn es dem Kreditinstitut gelingt, die Anforderungen des Marktes effizienter zu erfüllen als seine Konkurrenten. Daher fördert eine wertorientierte Unternehmensführung die stärkere Konzentration auf die strategischen Erfolgsfaktoren des Kreditinstitutes.

Häufig wird gegen das Konzept eingewendet, daß es die Unternehmensleitung zu einer kurzfristigen Gewinnmaximierung zu Lasten langfristiger Investitionen verleiten würde. Wer so argumentiert, unterschätzt die Kontrollfähigkeiten eines funktionierenden Aktienmarktes und das Urteilsvermögen der Anleger. Gerade die Berücksichtigung der Zahlungsströme aus dem Unternehmen der nächsten Jahre verhindert eine kurzfristige Orientierung. So verbessert sich durch Einsparungen im Marketing sowie der Aus- und Weiterbildung von Mitarbeitern kurzfristig die finanzielle Unternehmenssituation, langfristig führt dies aber zu sinkenden Erträgen, einem niedrigeren Cash-flow und damit zu einem geringeren Unternehmenswert.[98] Dieses wird auch der

---

[96] Vgl. *Busse von Colbe* (1995), S. 713.
[97] Vgl. *Stewart* (1994), S. 75.
[98] Vgl. *Bühner* (1996), S. 38.

Kapitalmarkt bei seiner grundsätzlich auf die langfristige Unternehmensentwicklung ausgerichteten Bewertung berücksichtigen.[99]

Es ist daher legitim, die Beziehung zu den Eigentümern in den Mittelpunkt unternehmerischen Handelns zu stellen. Somit handelt es sich beim Shareholder Value-Ansatz um kein neues Managementparadigma, sondern „lediglich" um die Rückbesinnung auf die legitimen Rechte der Anteilseigner, die für ihre Bereitschaft, Risikokapital den Unternehmen zur Verfügung zu stellen, eine angemessene Rendite erwarten können.[100] Dies steht, wie aufgezeigt, nicht im grundsätzlichen Widerspruch zu den Interessen der anderen Stakeholder. Vielmehr wird eine auf den Interessenausgleich zwischen den Anspruchsberechtigten ausgerichtete Koalitionspolitik, die Spannungen zwischen den Beteiligten vermeidet oder abbaut (z. B. Streikgefahren, Unzufriedenheit von Kunden), von den Märkten entsprechend honoriert.[101] Wird dies von den Managern beachtet, so ist es abwegig, die stärkere Renditeorientierung der Unternehmen für einen Rückgang des Wirtschaftswachstums oder gar eine Rezession der Volkswirtschaft verantwortlich zu machen.[102]

---

[99] So betonen die im Deutschen Aktienindex DAX vertretenen Kreditinstitute, daß ihre Unternehmenspolitik nicht auf die kurzfristige Maximierung der Gewinne ausgerichtet ist, sondern eine kontinuierliche Steigerung des Unternehmenswertes im Rahmen einer langfristigen Unternehmensstrategie angestrebt wird. Vgl. *o. V.* (1996a).

[100] Vgl. *Süchting* (1996), S. 411.

[101] Vgl. *Süchting* (1996), S. 411.

[102] Vgl. *Höfer* (1996), S. 176.

3.3 Besonderheiten einer wertorientierten Steuerung von Kreditinstituten

Im Rahmen der wertorientierten Unternehmenssteuerung von Kreditinstituten ist es notwendig, die Besonderheiten der Branche angemessen zu berücksichtigen und entsprechende Anpassungen der für die industrielle Steuerung entwickelten Konzepte vorzunehmen.

Nachfolgend sollen die sich aus den wesentlichen Unterschieden zu anderen Wirtschaftszweigen ergebenden grundsätzlichen Konsequenzen für die wertorientierte Unternehmenssteuerung von Kreditinstituten, anhand des Bankmodells von Süchting sowie einer Analyse der Bilanz- und Erfolgsstrukturen erläutert werden.

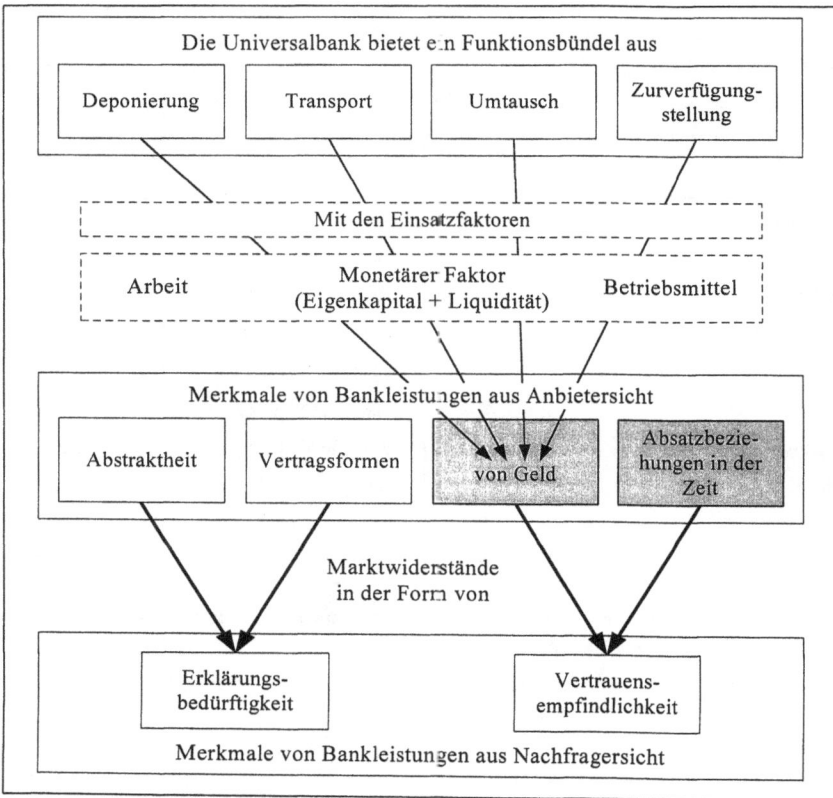

Abbildung 7: Modell der Universalbank

Quelle: *Süchting/Paul* (1998), S. 11, Hervorhebungen durch den Verfasser.

Wie das Bankmodell verdeutlicht, umfaßt das Leistungsspektrum einer Universalbank im Kern die Deponierung, den Transport, den Umtausch und die Zurverfügungstellung liquider Mittel. Gegenstand der Bankleistung ist somit nicht wie in anderen Branchen ein konkretes Produkt, sondern Geld in unterschiedlichen Formen und Qualitäten. Darüber hinaus enthält die Bankleistung in der Regel ein Zeitelement, da Bankgeschäfte nicht in einem einmaligen Absatzakt ihren Abschluß finden, sondern der Kunde eine Absatzbeziehung in der Zeit eingeht.[103] Auch hierin unterscheidet sich die Kreditwirtschaft von der Mehrzahl der anderen Wirtschaftszweige.

Die Aktivitäten der Kreditinstitute im Geldstrom im Gegensatz zu der Position der Industrie- und Handelsunternehmen im Warenstrom der Volkswirtschaft haben Auswirkungen auf die Bilanz- und Erfolgsstrukturen der verschiedenen Wirtschaftszweige.

Vergleicht man die Bilanzstrukturen der – von Unternehmen des verarbeitenden Gewerbes und der Energiewirtschaft dominierten – Nichtbanken[104] und von Kreditinstituten, so ergeben sich deutliche Abweichungen:

Aktiva	Nicht-banken	Banken	Passiva	Nicht-banken	Banken
Sachanlagen	24,3 %	0,7 %	Eigenmittel	18,1 %	3,6 %
Finanzanlagen	11,1 %	1,9 %	Rückstellungen	22,1 %	0,9 %
Vorräte	23,5 %		Verbindlichkeiten:	59,5 %	92,2 %
Forderungen:	32,3 %	75,1 %	– aus Lieferung u. Leistung	13,3 %	
– an Kunden	14,8 %	49,9 %	– gegenüber Kreditinst.	18,2 %	28,5 %
– an Kreditinstitute		25,2 %	– gegenüber Nichtbanken		38,4 %
– sonstige Forderungen	17,5 %		– verbriefte Verbindlich.		23,5 %
Wertpapiere	3,2 %	18,7 %	– sonstige Verbindlichk.	28,0 %	1,8 %
Flüssige Mittel	5,2 %	1,1 %	Wertberichtigungen		0,5 %
Sonstige Aktiva	0,4 %	2,3 %	Sonstige Passiva	0,3 %	3,5 %

Abbildung 8: Vergleich der Bilanzstrukturen von Kreditinstituten und Nichtbanken

Quelle: *Deutsche Bundesbank* (2000), S. 50, *Deutsche Bundesbank* (Bankenstatistik Februar 2000), S. 6-9.

---

[103] Zu den Besonderheiten der Bankleistung vgl. *Süchting/Paul* (1998), S. 620f.

[104] Als Nichtbanken werden hier gemäß der Untersuchung der Deutschen Bundesbank zur Ertragslage und den Finanzierungsverhältnissen westdeutscher Unternehmen neben dem verarbeitenden Gewerbe, der Energie- und Wasserwirtschaft, des Bergbaus, des Bau- und Verkehrsgewerbes auch Unternehmen des Handels erfaßt. Vgl. *Deutsche Bundesbank* (2000).

Bei Nichtbanken dominieren auf der Aktivseite mit einem Anteil von je etwa einem Viertel der Bilanzsumme die Sachanlagen und Vorräte sowie zu einem Drittel die Forderungen, insbesondere an Kunden (Forderungen aus Lieferung und Leistung). Demgegenüber entfällt bei Kreditinstituten mehr als drei Viertel der Aktiva auf Forderungen an Kunden und Kreditinstitute. Sachanlagen sind nur von untergeordneter Bedeutung. Bei den Passiva ergeben sich ebenfalls gravierende Abweichungen. Erfolgt die Finanzierung bei Industrieunternehmen etwa zur Hälfte aus Verbindlichkeiten und je zu einem Viertel aus Eigenmitteln und Rückstellungen, so dominieren bei Kreditinstituten die Verbindlichkeiten und damit die Fremdfinanzierung. Auf Eigenmittel und Rückstellungen entfällt nur ein geringer Anteil der Bankpassiva. Hieraus ergeben sich aber nicht nur Abweichungen im externen Rechnungswesen, sondern auch in der Unternehmenssteuerung und damit auch in der Ausgestaltung eines wertorientierten Controllingsystems.

Eine wesentliche Grundlage des Wertmanagement-Ansatzes bildet die Übertragung der Erkenntnisse der Portfolio-Selection-Theorie auf die Steuerung diversifizierter Unternehmen. So kann das Gesamtrisiko des Unternehmens durch die Zusammenfassung verschiedener Geschäftsbereiche mit unterschiedlichen Renditen und Risiken gesenkt werden. Betrachtet man die in der Abb. 8 dargestellte Bilanzstruktur von Kreditinstituten, so läßt sich erkennen, daß es sich bei der Mehrzahl der Anlagen eines Kreditinstitutes um sogenannte near-money assets handelt. Durch die größere Nähe zum Kapitalmarkt sind Kreditinstitute für eine kapitalmarktorientierte Unternehmenssteuerung auf der Grundlage von Cash-flows besonders gut geeignet. So lassen sich Diversifikationseffekte im Bankenportefeuille leichter realisieren als im Industrieportfolio.

Die Geldnähe der Investitionsobjekte führt zu weiteren deutlichen Erleichterungen bei der wertorientierten Unternehmenssteuerung von Kreditinstituten gegenüber Industrie- und Handelsunternehmen. Da Kreditinstitute überwiegend Finanzinvestitionen durchführen, ist es ihnen tendenziell schneller möglich, auf drohende Wertreduzierungen zu reagieren, aber auch wertsteigernde Strategien umzusetzen. Daneben vereinfachen die langfristigen Vertrags- und Kundenbeziehungen z. B. im Kredit- und Einlagengeschäft die Planungen. Bei Industrie- und Handelsunternehmen bestehen durch die kürzeren Liefer- und Absatzbeziehungen deutlich größere Unsicherheiten. Die sich hieraus ergebenden Konsequenzen lassen sich am Beispiel des Baufinanzierungsgeschäftes verdeutlichen. Die Zinsbindung bei Kreditverträgen beträgt in der Regel 5 bis 15 Jahre. Der aus den langen Vertragslaufzeiten resultierende hohe Anteil der Bestandsgeschäfte gegenüber dem Neugeschäft ermöglicht insbesondere für die ersten Jahre eine exaktere Planung der Cash-flows. Darüber hinaus bestehen Kundenbeziehungen insbesondere im Privatkundengeschäft häufig über Jahrzehnte.[105] Die über die Jahre gewonnenen Erfahrungen über das Kundenverhalten ermöglichen eine genauere Abschätzung des Neugeschäftes auch bei kurzfristigen Vertragsbeziehungen.

Zwischen der häufig langfristigen Vertragsbeziehung und der Möglichkeit einer schnellen Reaktion besteht nur auf den ersten Blick ein scheinbarer Widerspruch. Neue Finanzinstrumente ermöglichen es den Kreditinstituten, sich auch von langfristigen Kreditengagements zu trennen und damit ihre Risikoposition zu verändern. Diese könnten über sogenannte Asset Backed Securities und Mortgage Backed Securities über den Kapitalmarkt bei privaten und institutionellen Anlegern plaziert werden.

Die abweichenden Geschäfts- und Bilanzstrukturen haben Konsequenzen auf die Erfolgsstrukturen von Kreditinstituten und Nichtbanken.

Aufwendungen	Nicht-banken	Banken	Erträge	Nicht-banken	Banken
Materialaufwand	61,0 %		Umsatzerlöse	95,1 %	
Personalaufwand	17,7 %	11,2 %	Bestandsveränderungen	0,2 %	
sonst. Verwaltungsaufw.		6,6 %	Zinserträge	0,5 %	86,7 %
Abschreib./Wertberichtig.:	3,4 %	6,6 %	Provisionserträge		6,3 %
–auf Sachanlagen und immaterielle Anlagen	3,0 %	1,8 %	Erträge aus nicht festverz. Wertpapieren u. Beteilig.		2,7 %
–auf Forderungen u. Wertpapiere des Umlaufverm.		4,8 %	Nettoertrag aus Finanzgeschäften		1,0 %
– sonstige	0,4 %	0,1 %	sonstige Erträge	4,2 %	3,4 %
Zinsaufwendungen	1,2 %	68,6 %			
Steuern	3,3 %	3,7 %			
sonstige Aufwendungen	13,4 %	3,2 %			

Abbildung 9: Erfolgsstrukturen von Kreditinstituten und Nichtbanken

Quelle: *Deutsche Bundesbank* (2000), S. 50, *Deutsche Bundesbank* (1999), S. 56-57.

Bildet bei Nichtbanken der Materialaufwand die wesentliche Aufwandsposition, so ist es bei Kreditinstituten der Zinsaufwand. Bei beiden folgt hiernach der Personalaufwand als zweitwichtigster Aufwandsposten. Dominieren unter der Position Abschreibungen bzw. Wertberichtigungen bei Nichtbanken die Abschreibungen auf

---

[105] Zur Loyalität der Bankkunden vgl. *Süchting/Paul* (1998), S. 648ff. Zu empirischen Ergebnissen vgl. *Spiegel-Verlag* (1996).

Sachanlagen, so sind es bei Kreditinstituten die Wertberichtigungen auf Forderungen und Wertpapiere. Wesentliche Unterschiede ergeben sich auch auf der Ertragsseite. Während die Nichtbanken ihre Umsatzerlöse aus dem Waren- und Güterverkehr erzielen, resultieren diese bei Kreditinstituten aus Zins- und im geringeren Umfang aus Provisionsgeschäften. Sie unterliegen damit im stärkeren Maße als andere Wirtschaftszweige dem Zinsänderungsrisiko sowie dem Risiko eines Ausfalls von Zins- und Tilgungszahlungen. So gehen Kreditinstitute bewußt Zinsänderungsrisiken ein und erzielen einen Teil ihrer Erträge durch eine fristeninkongruente Finanzierung. Durch den nur sehr geringen Anteil des Eigenkapitals an der Bilanzsumme eines Kreditinstitutes und damit der überwiegenden Fremdfinanzierung besteht gegenüber anderen Branchen ein erhöhtes Leverage-Risiko. Bereits geringe Zinsänderungen können bei fristeninkongruenter Finanzierung zu einer starken Ergebnisbelastung und damit einer Reduzierung der Eigenkapitalrendite führen. Von wachsender Bedeutung in den letzten Jahren ist darüber hinaus auch das Eigenhandelsergebnis. Sowohl der Treasury-Bereich als auch die Handelsabteilungen werden in den für die industrielle Steuerung entwickelten Wertmanagement-Ansätze jedoch nicht berücksichtigt. Sie sind daher unter Beachtung ihrer Spezifika in die wertorientierte Unternehmenssteuerung von Kreditinstituten zu integrieren. Aus den abweichenden Erfolgsstrukturen von Kreditinstituten und Industrie- und Handelsunternehmen ergibt sich die Notwendigkeit weiterer Anpassungen, insbesondere bei der Bestimmung des Cash-flow und der Ermittlung der Kapitalkosten. Hierauf wird in den jeweiligen Abschnitten näher eingegangen.

Im Gegensatz zu anderen Branchen ist die Organisationsstruktur bei Kreditinstituten auf die einzelnen Kundengruppen und nicht auf Produktgruppen ausgerichtet. Dies ist auch durchaus sinnvoll, da - wie anhand des Bankmodells aufgezeigt - in der Regel von einem Kunden nicht ein einzelnes Produkt, sondern ein Bündel von Bankleistungen über einen längeren Zeitraum nachgefragt wird. Hierdurch ergeben sich jedoch Konsequenzen für die wertorientierte Steuerung insbesondere von Produkten. Im Mittelpunkt steht vielfach der Ertrag aus der gesamten Kundenverbindung und nicht aus einzelnen Produkten. Dies führt häufig zu einer Mischkalkulation, bei der einzelne Leistungen nur geringe oder sogar negative Wertbeiträge erwirtschaften, die jedoch durch die Wertbeiträge anderer Leistungen kompensiert werden. Betrachtet man nur den Wertbeitrag eines einzelnen Produktes, so ergeben sich u. U. falsche Steuerungssignale. Da Kreditinstitute ihren Kunden ein Bündel von Leistungen anbieten, ist es vielfach nicht möglich, einzelne defizitäre Leistungen wie z. B. das Kassengeschäft herauszulösen. Bestehende Erlösverbunde und Cross Selling Effekte müssen daher bei der Bestimmung des Wertbeitrages einzelner Leistungen angemessen berücksichtigt werden. Die wertorientierte Steuerung eines Kreditinstitutes ist deshalb noch um den Aspekt der Kundenverbindung zu erweitern.

3.4 Eignung des Ansatzes auch für nicht-börsennotierte Kreditinstitute

Die Anwendung des Wertmanagement-Ansatzes zur Steuerung im Unternehmen ist nicht – wie der Begriff Shareholder Value nahelegt – auf börsennotierte Kreditinstitute beschränkt, sondern kann auf alle Institutsgruppen übertragen werden.[106]

Hierbei sind zunächst die nicht-börsennotierten Kreditbanken zu berücksichtigen, deren Anteile von Privatpersonen und Unternehmen gehalten werden.[107] Da die Eigentümer ihr im Kreditinstitut gebundenes Vermögen nach der Veräußerung ihrer Anteile auch anderweitig am Kapitalmarkt anlegen könnten ist es nur konsequent, daß sie ihre Renditeforderung an den Ergebnissen ausrichten, die vergleichbare börsennotierte Institute für ihre Aktionäre erwirtschaften. Darüber hinaus werden die Bankeigentümer nur dann bereit sein, die notwendigen Gewinnthesaurierungen vorzunehmen bzw. neues Eigenkapital in das Kreditinstitut einzubringen, wenn sie eine risikoadäquate Rendite erwarten können. Hierdurch wird Druck auf das Management ausgeübt, die vorhandenen Mittel im Kreditinstitut effizienter einzusetzen. Eine stärkere Kapitalmarktorientierung ist insbesondere dann notwendig, wenn ein Börsengang des Institutes geplant ist. Ein im Vergleich zu anderen bereits börsennotierten Banken angemessener Emissionserlös ist nur dann erzielbar, wenn die Renditeforderungen des Marktes vom Kreditinstitut erfüllt oder sogar übertroffen werden.

Die Implementierung einer kapitalmarktorientierten Unternehmensplanung und -steuerung ist auch für öffentlich-rechtliche und genossenschaftliche Kreditinstitute sinnvoll.[108] Sie stehen ebenfalls vor dem Problem, die knappen Eigenkapitalressourcen einer möglichst effizienten Verwendung zuzuführen. Damit beide Institutsgruppen weiterhin ihre gesetzlichen Grundaufträge erfüllen können, müssen sie sich auch zukünftig im sich verschärfenden gegenseitigen Wettbewerb und gegenüber den börsennotierten Großbanken behaupten.

---

[106] Die Kreditwirtschaft stellt in Deutschland insoweit eine Besonderheit dar, weil nur ein sehr geringer Teil der ca. 3.000 Kreditinstitute börsennotiert ist. In keiner anderen Branche besitzen öffentlich-rechtliche und genossenschaftliche Unternehmen eine so bedeutende Marktstellung. So betrug der Anteil der Sparkassen und Landesbanken an der Bilanzsumme aller Kreditinstitute Ende 1999 etwa 36 % und der Anteil der genossenschaftlichen Institute ca. 12 %. Die vier börsennotierten Großbanken verfügen lediglich über einen Anteil von ca. 19 %. Vgl. *Deutsche Bundesbank* (Bankenstatistik, März 2000), S. 106. Zieht man andere Kriterien heran, wie z. B. die Anzahl der Konten, die Zahl der Kunden, das Kredit- oder Einlagevolumen, so ergibt sich ein noch höherer Marktanteil der öffentlich-rechtlichen und genossenschaftlichen Institute.

[107] Die Deutsche Bundesbank erfaßt unter dem Oberbegriff Kreditbanken neben den Großbanken auch die Regionalbanken und die Privatbankiers. Vgl. die Erläuterungen zur Bankenstatistik in *Deutsche Bundesbank* (Bankenstatistik).

[108] Zur Eignung des Ansatzes für öffentlich-rechtliche Kreditinstitute vgl. auch *Faust/Richard* (1998), S. 324-326.

Durch die begrenzten Möglichkeiten der Erschließung externer Eigenmittel auf dem Kapitalmarkt stehen beide Institutsgruppen besonders stark unter dem Zwang der Gewinnerzielung und Gewinnthesaurierung, wenn sie am Wachstum der Branche partizipieren möchten. Verschärft wurde die Situation in den letzten Jahren durch sinkende Margen im Kredit- und Anlagegeschäft sowie zugleich gestiegene Aufwendungen insbesondere für Personal und EDV. Eine Existenzsicherung ist dauerhaft nur möglich, wenn auch von Genossenschaftsbanken sowie Sparkassen und Landesbanken eine konsequente rendite-/risikoorientierte Geschäftspolitik verfolgt wird.

Aufgrund der verschlechterten Ertragssituation und der mangelnden Bereitschaft der Bankeigentümer, weitere Eigenmittel zur Verfügung zu stellen, sah sich eine Vielzahl von Kreditgenossenschaften, aber auch Sparkassen gezwungen, mit Nachbarinstituten zu fusionieren.[109] Sowohl die Gewährträger der Sparkassen und Landesbanken als auch die Genossenschaftsmitglieder erwarten – zum einen bedingt aus der angespannten Lage der öffentlichen Haushalte, zum anderen aus einem verstärkten Renditebewußtsein der Mitglieder heraus – vermehrt eine angemessene Verzinsung des gebundenen Kapitals.[110]

Für die Aufnahme von weiteren Eigenmitteln in Form von Genußrechtskapital oder durch die Werbung neuer Mitglieder ist letztendlich die erzielbare Rendite maßgeblich, da die Kapitalgeber den Einsatz ihrer finanziellen Mittel von einer attraktiven Verzinsung abhängig machen. Es ist daher konsequent, die Gewinnerwartungen grundsätzlich an den Renditeforderungen der Eigenkapitalgeber börsennotierter Kreditinstitute zu orientieren und ein wertorientiertes Steuerungsinstrumentarium zu implementieren.[111] Wie nachfolgend aufgezeigt wird, besteht darin kein Widerspruch zum öffentlich-rechtlichen Gemeinnützigkeitsprinzip und dem genossenschaftlichen Förderauftrag.

---

[109] So ist die Zahl der Kreditgenossenschaften von 3.154 Ende 1991 mehr als 40 % auf 1.792 in 2000 gesunken. Im gleichen Zeitraum hat sich die Zahl der Sparkassen um 184 Institute auf 562 reduziert. Vgl. *Deutsche Bundesbank* (Bankenstatistik, verschiedene Jg.), S. 12.

[110] So haben sich aufgrund zu geringer Renditen und zur Schließung von Haushaltslücken bereits eine Reihe von Bundesländern von ihren Beteiligungen an Landesbanken getrennt.

[111] Auch in anderen Branchen wird die Übertragung des Wertmanagement-Ansatzes auf genossenschaftliche und öffentlich-rechtliche Unternehmen empfohlen. So sollten angesichts der verschärften Wettbewerbsbedingungen in ihrem Wirtschaftszweig auch Versicherungsunternehmen auf Gegenseitigkeit und öffentlich-rechtliche Versicherungen eine wertorientierte Unternehmensführung anwenden. Vgl. *Buck* (1997), S. 1560, *Neumann* (1998), S. 1708.
Ebenfalls werden Wertmanagementsysteme von börsennotierten Unternehmen eingeführt, die mehrheitlich im Besitz der öffentlichen Hand sind. So begründen Kässer/Oestreicher/Schröder die Implementierung einer wertorientierten Unternehmenssteuerung bei VEW mit einem steigenden Wettbewerb auf den Energiemärkten und damit, daß kommunale Anteilseigner nicht nur politische, sondern auch wirtschaftliche Ziele mit einer Beteiligung verfolgen. Vgl. *Kässer/Oestreicher/Schröder* (2000), S. 496f.

Von den Vertretern der Genossenschaftsbanken wird eine kapitalmarktorientierte Unternehmenssteuerung auf der Ebene der Primärinstitute zumeist abgelehnt.[112] Im Gegensatz zu einem Aktionär ist das Genossenschaftsmitglied nicht an Wertsteigerungen des Kreditinstitutes beteiligt, da der Genossenschaftsanteil nicht gehandelt wird und in der Regel keiner Bewertung durch den Markt unterliegt. Der Genossenschaftsanteil spiegelt deshalb nicht den Unternehmenswert wider.[113] Dies veranlaßt Lange zu dem Schluß, daß die Unternehmensphilosophie des Shareholder Value auf das Genossenschaftswesen nicht übertragbar ist.[114] Wie Aktionäre tragen jedoch auch Genossenschaftsmitglieder ein unternehmerisches Risiko, und zwar in Höhe ihrer Einlage. Je nach Ausgestaltung der Satzung unterliegen sie u. U. sogar einer Nachschußpflicht. Die Anteilseigner sollten daher angemessen für das eingegangene Risiko entschädigt werden. Dies erfolgt in der Praxis bisher nicht.

Durch seine Ausgestaltung ähnelt ein Genossenschaftsanteil eher einer festverzinslichen Anlage als einer Aktie und wird auch so vermarktet. Das Genossenschaftsmitglied erhält in der Regel auf seine Anteile eine relativ konstante Ausschüttung, die oberhalb derjenigen festverzinslicher Anlagen liegt. Eine weitergehende Partizipation am Unternehmenserfolg, insbesondere an den Steigerungen des Unternehmenswertes durch Gewinnthesaurierungen, besteht nicht. Weiterhin weist Lange darauf hin, daß an die Stelle des Shareholder Value bei Genossenschaftsbanken das Demokratieprinzip und der Förderauftrag tritt.[115] Beide Zielgrößen lassen sich in der Praxis jedoch nur schwer operationalisieren und bewerten. Insbesondere die Ausgestaltung des Förderauftrages ist bei den einzelnen Instituten und deren Mitgliedern umstritten.[116] Da die Zielerreichung nur schwer meßbar und überprüfbar ist, entzieht sich das Management weitgehend einer wirksamen Kontrolle durch die Genossenschaftsmitglieder. An die Stelle der nur schwer zu bewertenden und zu überprüfenden Ziele sollte daher eine Steuerungsgröße treten, die eine eindeutige Überwachung der Zielerreichung ermöglicht. Konsequenterweise sollten die Anteilseigner der Genossenschaft nicht

---

[112] Vgl. u. a. *Rust* (1999), *Lange* (1999). Anders jedoch *Flesch* (1996).

[113] Unter Berücksichtigung der bei Aktienbanken in der Vergangenheit zu erzielenden Kurssteigerungen erhält ein Genossenschaftsmitglied trotz der höheren laufenden Ausschüttung für die Übernahme des unternehmerischen Risikos eine niedrigere Rendite als ein Bankaktionär.

[114] Vgl. *Lange* (1999), S. 71.

[115] Vgl. *Lange* (1999), S. 71. Demgegenüber erkennt der Vorstand der DG Bank Flesch zwar auch einen Konflikt zwischen einer stärkeren Renditeorientierung und dem Fördergedanken, sieht jedoch keine Alternative zu einer rendite-/risikoorientierten Institutssteuerung, um eine adäquate Rendite für die Mitglieder zu erwirtschaften und damit die Wettbewerbsposition nachhaltig zu stärken. Vgl. *Flesch* (1996), S. 12.

[116] So kollidiert die Förderung der Mitglieder durch günstige Konditionen u. U. mit dem Gleichbehandlungsgrundsatz, da ein Anteilseigner mit hohen Geldanlagen oder Krediten hiervon besonders profitiert.

nur über die Ausschüttung am Unternehmenserfolg beteiligt werden, sondern auch bei der Veräußerung der Mitgliedsanteile an Wertsteigerungen des Institutes partizipieren.

Obwohl eine kapitalmarktorientierte Unternehmensführung für die Volks- und Raiffeisenbanken auf der Primärstufe bisher zumeist abgelehnt wird, sind Ansätze einer wertorientierten Unternehmenssteuerung im Genossenschaftsverbund bereits in Teilen verwirklicht. Insbesondere bestehen marktgerechte Leistungs- und Kapitalbeziehungen innerhalb des Genossenschaftsverbundes in der Beziehung der subsidiär tätigen Unternehmen zu ihren Eigentümern.[117] So verlangen die an Gemeinschaftsunternehmen direkt oder über die jeweiligen Verbände beteiligten Institute eine angemessene Beteiligung am erwirtschafteten Erfolg.[118]

Im Sektor der öffentlich-rechtlichen Kreditinstitute wird eine kapitalmarktorientierte Institutssteuerung ebenfalls diskutiert. So steht Amely einer wertorientierten Unternehmenssteuerung bei Sparkassen und Landesbanken durchaus positiv gegenüber.[119] Zwar lehnt er Shareholder Value-Konzepte angelsächsischer Prägung für öffentlich-rechtliche Kreditinstitute ab, fordert jedoch statt dessen ein differenziertes Wertmanagement, das auch die aus dem öffentlichen Auftrag erzielte Nutzenerhöhung bei den „Stakeholdern" berücksichtigt.[120] Die Erfassung auch qualitativer und nicht monetärer Zielgrößen sowie des bei den Stakeholder generierten Nutzens im Rahmen eines mehrdimensionalen Zielsystems – wie von Amely gefordert – erscheint angesichts ihrer unzureichenden Quantifizierbarkeit jedoch kaum möglich.

Die bisherige Praxis, bei der Wohltaten durch die Sparkassen gewährt werden, stellt grundsätzlich einen falschen Weg dar. Zur Erhöhung der Ergebnistransparenz und für eine effizientere Kontrolle des Managements ist es sinnvoller, wenn die Unternehmensziele im Rahmen der Gewinnverwendung Berücksichtigung finden. So sollten die Eigentümer der öffentlich-rechtlichen Kreditinstitute, die Kommunen und Länder, über die Verwendung der erzielten Gewinne entscheiden und nicht die Manager des Institutes nach – mehr oder weniger – eigenem Ermessen die Förderung gemeinnütziger Projekte vornehmen.[121] Durch die Realisierung bisher noch nicht ausgenutzter Wertpotentiale ist es darüber hinaus möglich, zusätzliche Erträge zu erwirtschaften, die dann für gemeinnützige Aufgaben verwendet werden können.

---

[117] Vgl. *Lange* (1999), S. 72.

[118] So wird von den Instituten der Primärstufe kritisiert, daß ihre Akquisitionsleistung nicht angemessen honoriert wird. Vgl. *Rust* (1999), S. 40.

[119] Vgl. *Amely* (1997).

[120] Vgl. *Amely* (1997), S. 281.

[121] Vgl. *Süchting* (2000), S. 70.

Eine Stärkung hat die Position der kommunalen Eigentümer durch eine Änderung des Sparkassengesetzes in Rheinland-Pfalz erfahren. Seit 1999 ermöglicht es die Umwidmung der aus thesaurierten Gewinnen gebildeten Sicherheitsrücklagen in verzinsliches Stammkapital. Hierdurch wird die unternehmerische Verantwortung des Vorstandes gegenüber den Gewährträgern stärker betont.[122] Mittelfristig wird der Ausschüttungswunsch der Kommunen zu einer weiteren Erhöhung des ökonomischen Druckes auf das Sparkassenmanagement führen.[123]

Verstärkt wird der Druck noch dadurch, daß die europäische Kommission in der Gewährträgerhaftung und der Bereitstellung von Eigenmitteln über Wohnungsbauförderungsanstalten eine Wettbewerbsverzerrung zu Gunsten der öffentlich-rechtlichen Kreditinstitute sieht. So zwingt die EU-Komission mit ihrer Entscheidung vom 8. Juli 1999 im Beihilfeverfahren gegen die WestLB die Eigentümer dazu, die Position eines marktwirtschaftlich handelnden Investors einzunehmen. In dem Beschluß wird das Land Nordrhein-Westfalen dazu verpflichtet, für das in die WestLB im Jahr 1992 eingebrachte Vermögen der Wohnungsbauförderungsanstalt NRW eine Verzinsung zu verlangen, deren Höhe sich an den Renditeforderungen der Eigentümer börsennotierter Kreditinstitute zu orientieren hat. In den nächsten Jahren ist mit weiteren Entscheidungen der EU-Kommission zu Lasten der öffentlich-rechtlichen Kreditinstitute zu rechnen. So steht insbesondere die Gewährträgerhaftung auf dem Prüfstand. Ihr Wegfall würde sich auf die Refinanzierungskosten der Landesbanken auswirken, die zur Zeit noch bei Anleiheemissionen von ihrem sehr guten Rating profitieren.[124]

Auch nicht-börsennotierte Kreditinstitute sehen sich somit einem stärkeren Renditedruck ausgesetzt, der zum einen durch die Eigentümer, zum anderen durch den intensiven Wettbewerb auf den Bankenmärkten auf die Institute ausgeübt wird. Dem können sich auch die öffentlich-rechtlichen Kreditinstitute und Genossenschaftsbanken nicht entziehen. Nur wenn es den Instituten gelingt, auch zukünftig wettbewerbsfähig

---

[122] Vgl. *Süchting* (2000), S. 70.

[123] Die Einführung des verzinslichen Stammkapitals ist im Sparkassensektor umstritten. So wird von den Kritikern eine Schwächung der Institute durch überhöhte Ausschüttungen befürchtet. Vgl. zur kontroversen Diskussion u. a. *O.V.* (1999a), *O.V.* (1999b), *Palmen* (1999). Nach Meinung des Verfassers kann einer Kommune nicht an der Schwächung des eigenen Institutes gelegen sein, da dies zu einem Wertverzehr führen würde. Wie bei Kreditinstituten anderer Rechtsform ist eine „gesunde Relation" zwischen ausgeschütteten und thesaurierten Gewinnen zu wählen. Diese Meinung vertritt auch der Landesobmann der rheinland-pfälzischen Sparkassen Günter Haas, der feststellt: „Im Regelfall werden sich die Sparkassen und ihre Verwaltungsräte auch nach einer Umwandlung von Eigenkapitalbestandteilen in Stammkapital wirtschaftlich vernünftig verhalten." Vgl. *O.V.* (1999a), S. 771.

[124] So wird die WestLB von der Ratingagentur Moody's mit einem Financial Strength Rating von lediglich D bewertet. Das Rating sämtlicher von Moody's beurteilter Anleihen und Unternehmen kann im Internet unter www.moodys.com abgefragt werden.

zu bleiben, sind sie in der Lage, ihre Grundaufträge zur Förderung des Gemeinwohls bzw. ihre Mitglieder zu erfüllen. Dies schließt nicht aus, daß in Abstimmung mit den Eigentümern auf die Realisierung von Wertsteigerungspotentialen verzichtet wird, indem z. B. eine moderate Preispolitik verfolgt wird oder gemeinnützige Maßnahmen gefördert werden.[125] Jedoch ermöglicht die Anwendung von Wertmanagement-Konzepten, den mit der Erfüllung des öffentlichen Auftrags und des Förderungsprinzips verbundenen Wertverzicht zu messen und damit die entgangenen Erträge offenzulegen. Hierdurch kann eine fruchtbare Diskussion über die Notwendigkeit und Effizienz solcher Maßnahmen ausgelöst und damit eine stärkere Versachlichung der Entscheidungen erreicht werden. Die Implementierung einer wertorientierten Steuerung auch in öffentlich-rechtlichen und genossenschaftlichen Kreditinstituten bedeutet somit nicht die Abkehr vom Gemeinnützigkeitsgedanken und dem Grundsatz der Mitgliederförderung, sondern unterstützt diese.

---

[125] Bei der Ermittlung der an die Eigentümer fließenden Zahlungsströme können ggf. Spenden und/oder Vorzugskonditionen im Aktiv- oder Passivgeschäft – soweit sie überhaupt bestehen – berücksichtigt werden. Jedoch hat sich in den letzten Jahren die Preisgestaltung von Sparkassen und Genossenschaftsbanken im wesentlichen an die Konkurrenzumgebung angepaßt.

4 Eigenkapitalkosten als zentrales Element einer wertorientierten Unternehmenssteuerung von Kreditinstituten

4.1 Bedeutung der Eigenkapitalkosten für die wertorientierte Steuerung von Kreditinstituten

Wie bereits ausgeführt, stehen die Eigenkapitalkosten aufgrund ihrer zentralen Bedeutung im Rahmen der wertorientierten Unternehmenssteuerung im Mittelpunkt der Untersuchung. Sie stellen als Renditeforderung der Bankeigentümer die Meßlatte für sämtliche strategische und operative Entscheidungen des Managements dar. Nur wenn eine dem Risiko der Anlage entsprechende Rendite zu erwarten ist, werden die bisherigen sowie auch potentielle Bankeigentümer bereit sein, dem Kreditinstitut zur Finanzierung des Wachstums und der Einhaltung der aufsichtsrechtlichen Vorschriften benötigtes zusätzliches Eigenkapital zur Verfügung zu stellen.

Die Eigenkapitalkosten setzen sich aus einer Mengenkomponente, dem zu verzinsenden Eigenkapital, und einer Preiskomponente, dem Eigenkapitalkostensatz, zusammen. Nachfolgend werden daher zunächst im Kapitel 4.2 verschiedene Ansätze zur Bestimmung des vom Kreditinstitut zu verzinsenden Eigenkapitals dargestellt und bewertet. Hierbei kann in buchhalterische Verfahren auf der Grundlage des bilanziellen Eigenkapitals und des aufsichtsrechtlichen Haftungskapitals sowie marktwertbezogene Ansätze auf der Basis des Discounted Cash-flow und der Börsenkapitalisierung unterschieden werden.

Für die wertorientierte Unternehmenssteuerung ist der Eigenkapitalkostensatz von besonderer Bedeutung. Zum einen dient er im Rahmen der Kapitalwertmethode als Diskontierungsfaktor zur Ermittlung des Institutswertes, zum anderen bildet er die zu fordernde Mindestrendite (Hurdle Rate) für Geschäftsbereiche, einzelne Investitionen bzw. einzelne Produkte. Durch die Verwendung risikoadjustierter Eigenkapitalkostensätze ist es möglich, verschiedene Strategien bzw. Investitionen mit unterschiedlichen Risiken zu vergleichen. Nur wenn die erwartete Rendite diese Hurdle Rate übersteigt, wird der Wert des Kreditinstitutes und damit das Vermögen der Eigentümer gesteigert. Da sich die Bankeigentümer bei der Festlegung ihrer Renditeforderung an das Kreditinstitut an den alternativ auf dem Kapitalmarkt für Anlagen mit gleichem Risiko zu erzielenden Renditen orientieren, werden im Abschnitt 4.3 verschiedene kapitalmarkttheoretische Modelle zur Bestimmung des Eigenkapitalkostensatzes vorgestellt und kritisch bezüglich ihrer Eignung zur wertorientierten Steuerung von Kreditinstituten analysiert.

4.2 Bestimmung des Eigenkapitals von Kreditinstituten

Der Begriff Eigenkapital wird in der Kreditwirtschaft unterschiedlich weit gefaßt. Es kann unterschieden werden in:

- bilanzielles Eigenkapital,

- Eigenkapital im Sinne von Haftungskapital,

- Marktwert des Eigenkapitals.

Nachfolgend sollen sie einzelnen Abgrenzungen erläutert und bezüglich ihrer Eignung als Verzinsungsgrundlage im Rahmen der wertorientierten Unternehmenssteuerung analysiert werden.

4.2.1 Bilanzielles Eigenkapital

Das bilanzielle Eigenkapital entspricht bei den Aktienbanken der Position 12 der Passiva der Bankbilanz.[126] Sie umfaßt das gezeichnete und eingezahlte Kapital zuzüglich der Kapitalrücklage und den Gewinnrücklagen. Ebenfalls ist unter dem Eigenkapital auch der Bilanzgewinn (bzw. -verlust) anzugeben. Dieser verbleibt jedoch in der Regel nicht im Institut, sondern wird an die Eigentümer ausgeschüttet.

```
Position 12: Eigenkapital
a) gezeichnetes Kapital
b) Kapitalrücklage
c) Gewinnrücklagen
    ca) gesetzliche Rücklage
    cb) Rücklage für eigene Aktien
    cc) satzungsmäßige Rücklage
    cd) andere Gewinnrücklagen
d) Bilanzgewinn/Bilanzverlust
```

Abbildung 10: Das bilanzielle Eigenkapital von Aktienbanken

Bei Sparkassen und Genossenschaftsbanken ergibt sich eine abweichende Eigenkapitalstruktur. So verfügen Sparkassen über kein gezeichnetes Kapital und auch über keine Kapitalrücklagen. Die Gewinnrücklagen sind lediglich untergliedert in Sicher-

---

[126] Vgl. zur Gliederung der Bilanz von Kreditinstituten das Formblatt 1 der Verordnung über die Rechnungslegung der Kreditinstitute (RechKredV).

52

heitsrücklagen und andere Rücklagen. Die aus thesaurierten Gewinnen gebildeten Sicherheitsrücklagen stellen den bedeutendsten Eigenkapitalbestandteil dar. Bei Genossenschaftsbanken erfolgt eine Differenzierung der Gewinnrücklagen in gesetzliche und andere Ergebnisrücklagen.[127]

Setzt man das Eigenkapital ins Verhältnis zum Gesamtkapital, so läßt sich die Eigenkapitalquote bestimmen. Anhand dieser Größe ist ein Vergleich der Eigenkapitalausstattung der verschiedenen Institutsgruppen möglich.

Jahr	Alle Institute	Groß-banken	Regional-banken	Landes-banken	Spar-kassen	Genossen. Zentral-institute	Kredit-genossen-schaften	Real-kredit-institute
1980	3,34	4,81	4,39	2,25	3,37	2,98	3,63	2,22
1985	3,58	5,87	4,47	2,37	3,77	3,82	3,91	2,26
1990	3,84	6,89	6,02	2,31	3,73	3,03	3,77	2,48
1995	4,23	7,32	6,38	3,26	3,89	3,88	4,59	2,40
1999	4,13	6,59	5,38	3,71	4,12	4,05	4,90	1,90

Abbildung 11: Anteil des Eigenkapitals an der Bilanzsumme der Institutsgruppen

Quelle: *Deutsche Bundesbank* (Bankenstatistik, März 2000), S. 10-15[128], eigene Berechnungen.

Aufgrund der unterschiedlichen Geschäftsstrukturen differiert der Anteil des buchhalterischen Eigenkapitals an der Bilanzsumme zwischen den einzelnen Institutsgruppen z. T. deutlich. Die höchsten Eigenkapitalquoten besitzen die Großbanken und Regionalbanken, wenn diese auch seit 1995 etwas gefallen sind. Insgesamt ist der Anteil des Eigenkapitals an den Bilanzsummen der einzelnen Institutsgruppen durch die verschärften Eigenmittelanforderungen der Bankenaufsicht seit 1980 deutlich angestiegen. Lediglich die Realkreditinstitute haben ihre Eigenkapitalquote reduziert.

---

[127] Die Abweichungen in der Bilanzposition Eigenkapital bei Sparkassen und Kreditgenossenschaften sind im § 25 der Verordnung über die Rechnungslegung der Kreditinstitute (RechKredV) geregelt.

[128] Die Daten der Bankenstatistik der Deutschen Bundesbank beziehen sich auf den Abschluß der AG. Es ergibt sich eine kleinere Abweichung der angegebenen Daten zur tatsächlichen bilanziellen Eigenkapitalquote, da die Deutsche Bundesbank lediglich die Größe Kapital veröffentlicht. Diese umfaßt auch das Genußrechtskapital und den Fonds für allgemeine Bankrisiken. Auf Anfrage war die Deutsche Bundesbank nicht bereit, dem Verfasser detailliertere Daten zur Verfügung zu stellen.

Der Ansatz des buchhalterischen Eigenkapitals als Verzinsungsgrundlage für die Bestimmung der Eigenkapitalkosten des Kreditinstitutes bietet den Vorteil, daß die Höhe des Eigenkapitals leicht ermittelbar ist und sowohl für börsennotierte Aktienbanken als auch für nicht-börsennotierte Kreditinstitute bestimmt werden kann. Veränderungen des bilanziellen Eigenkapitals erfolgen im wesentlichen durch die Thesaurierung von Gewinnen (aber auch Verrechnung von Verlusten) sowie die Erhöhung des gezeichneten Kapitals, z. B. durch eine Kapitalerhöhung oder durch die Ausgabe neuer Genossenschaftsanteile.[129] Gravierender Nachteil ist jedoch, daß – wie später noch belegt – das buchhalterische Eigenkapital den Wert des Kreditinstitutes nur unzureichend widerspiegelt. Werden die Eigenkapitalkosten auf der Grundlage des bilanziellen Eigenkapitals ermittelt, so liegen diese deutlich unter den Renditeforderungen der Eigentümer. Dies hat zur Folge, daß auch dann ein Wertverlust für die Eigentümer eintreten kann, wenn das Kreditinstitut die – basierend auf dem buchhalterischen Eigenkapital – an sich selbst gestellte Renditeforderung erfüllt.

4.2.2 Eigenkapital im Sinne von Haftungskapital

Demgegenüber liegt dem Begriff des Haftungskapitals bzw. der Eigenmittel eine erweiterte Definition des Eigenkapitals zugrunde. Er umfaßt neben dem oben beschriebenen bilanziellen Eigenkapital auch die sogenannten Eigenkapitalsurrogate.[130] Die aufsichtsrechtlichen Eigenmittel werden in Kern- und Ergänzungskapital unterschieden. Zum Kernkapital (auch als Tier 1-Kapital bezeichnet) zählen neben dem bilanziellen Eigenkapital auch die im Fonds für allgemeine Bankrisiken offengelegten Reserven. Das Ergänzungskapital (Tier 2-Kapital) umfaßt neben Genußrechten, längerfristigen nachrangigen Verbindlichkeiten und Haftsummenzuschlägen auch stille Reserven (Neubewertungsreserven), falls diese offen gelegt werden. Zur Unterlegung der Handelsrisiken können auch die sog. Drittrangmittel (Tier 3-Kapital) herangezogen werden.[131] Hierzu zählen neben den kurzfristigen nachrangigen Verbindlichkei-

---

[129] Aufgrund unterschiedlicher Bewertungsvorschriften besitzt auch die Wahl des Rechnungslegungsverfahrens Einfluß auf die Höhe des bilanziellen Eigenkapitals. Es ergeben sich z. T. gravierende Abweichungen zwischen den Abschlüssen nach HGB und IAS bzw. US-GAAP. So lag das nach IAS ermittelte Eigenkapital der Deutschen Bank Konzerns in den Jahren 1994 und 1995 um 4,6 bzw. 5,8 Mrd. DM oberhalb des HGB-Wertes. Dies entspricht einem Unterschied von 22 % bzw. 26 %. Vgl. *Süchting/Paul* (1998), S. 369.

[130] Eine detaillierte Beschreibung der aufsichtsrechtlichen Eigenkapitalvorschriften kann hier nicht erfolgen. Es sei daher auf die einschlägige Literatur verwiesen. So u. a. *Schierenbeck* (1999 II), S. 302ff., *Süchting/Paul* (1998), S. 486ff., *Deutsche Bundesbank* (1998a). Zur empirischen Bedeutung der Eigenmittelpositionen in den einzelnen Bankengruppen, vgl. *Matzke/Seifert* (1998).

[131] Schierenbeck bezeichnet das Tier 3-Kapital als Nachrangkapital. Vgl. *Schierenbeck* (1999 II), S. 303f. Da bereits das Ergänzungskapital verschiedene nachrangige Kapitalpositionen enthält, wird hier der weniger mißverständliche Begriff der Drittrangmittel benutzt, den auch die Bundesbank verwendet. Vgl. *Deutsche Bundesbank* (1998a), S. 75.

ten auch die Nettogewinne aus dem Handelsbuch.[132] Die einzelnen aufsichtsrechtlichen Eigenmittelkomponenten sind auf der folgenden Übersicht zusammengefaßt.

Zusammensetzung der Eigenmittel/des Haftkapitals	
Kernkapital **(Tier-1-Kapital)**	• Eingezahltes Kapital • Ausgewiesene Rücklagen • Reingewinn[133] • Vermögensanlagen stiller Gesellschafter • Fonds für allgemeine Bankrisiken (§ 340g HGB)
Ergänzungskapital **(Tier-2-Kapital)**	Klasse 1: • Vorsorgereserven nach § 340f HGB • Vorzugsaktien • Neubewertungsreserven nach § 10 KWG • Genußrechtskapital Klasse 2: • langfristig nachrangige Verbindlichkeiten • Haftsummenzuschlag für Kreditgenossenschaften
Drittrangmittel **(Tier-3-Kapital)**	• kurzfristige nachrangige Verbindlichkeiten • Nettogewinne des Handelsbuches[134]

Abbildung 12: Zusammensetzung der aufsichtsrechtlichen Eigenmittel

Setzt man das nach den Vorschriften der Bank für internationalen Zahlungsausgleich (BIZ) ermittelte Kernkapital bzw. die gesamten Eigenmittel ins Verhältnis zum Gesamtkapital des Kreditinstitutes, so läßt sich die BIZ-Kern- bzw. BIZ-Eigenkapitalquote bestimmen. Für die größten deutschen börsennotierten Kreditinstitute ergeben sich aus den Konzern-Abschlüssen für Ende 1999 folgende Kennzahlen:

---

[132] Kurz- und längerfristige nachrangige Verbindlichkeiten unterscheiden sich dahingehend, daß die längerfristigen eine Ursprungslaufzeit von mindestens 5 Jahren aufweisen, wohingegen die kurzfristigen eine Ursprungslaufzeit von mindestens 2 Jahren besitzen. Darüber hinaus darf bei kurzfristigen nachrangigen Verbindlichkeiten kein vorzeitiges Kündigungsrecht bestehen. Ebenfalls müssen die Emissionsbedingungen vorsehen, daß vom Kreditinstitut weder Zins- noch Tilgungsleistungen zu erbringen sind, wenn dadurch die Mindestkapitalausstattung der Bank unterschritten würde (sog. „Lock-in-Klausel"). Vgl. zur Abgrenzung von kurzfristigen und längerfristigen, nachrangigen Verbindlichkeiten sowie Drittrangkapital *Schierenbeck* (1999 II), S. 303f.

[133] Beim Reingewinn handelt es sich um realisierte Gewinne, die nicht für Gewinnausschüttungen und Steueraufwendungen verwendet werden.

[134] Der Nettogewinn des Handelsbuches stellt den Buchgewinn dar, der bei einer Glattstellung aller Handelsbuchpositionen realisiert würde.

	Deutsche Bank	Dresdner Bank	Commerz-bank	HypoVer-einsbank	BHF-Bank	IKB[1]
BIZ-Kern kapitalquote	5,9	6,4	6,3	5,8	6,9	5,1
BIZ-Eigen kapitalquote	12,0	12,4	9,7	10,4	10,6	9,1
Konzern-Eigen kapitalquote	2,8	2,9	3,0	2,5	3,6	4,1

[1] Geschäftsjahr bis März 1999

Abbildung 13: Kennzahlen zur Eigenkapitalausstattung

Quelle: Geschäftsberichte 1999 der Institute, eigene Berechnungen.

Die aufsichtsrechtlichen Mindestquoten für die Unterlegung der Risikoaktiva, für Kernkapital 4 % und für die Eigenmittel (BIZ-Eigenkapital) 8 %, werden von allen Instituten deutlich übertroffen. Zum Vergleich ist auch die auf der Grundlage der Bilanzposition Eigenkapital ermittelte Eigenkapitalquote der einzelnen Institute angegeben. Durch die Erfassung weiterer Bilanzpositionen liegen die beiden aufsichtsrechtlichen Kennzahlen deutlich oberhalb der bilanziellen Eigenkapitalquote. Betrachtet man die verschiedenen Quoten, so variieren diese stark zwischen den Kreditinstituten. Dies liegt insbesondere in den unterschiedlichen Geschäftsstrukturen der einzelnen Institute begründet, da das zur Unterlegung der Risikoaktiva benötigte buchhalterische Eigenkapital sich nach den Geschäftsarten und Vertragspartnern bemißt. So werden im Rahmen des Firmenkreditgeschäfts höhere Anrechnungsquoten angesetzt als z. B. für Hypothekarkredite.

Dem Vorteil der leichten Ermittelbarkeit des Haftungskapitals steht der Nachteil seines nur unzureichenden Bezuges zu den Eigentümern und damit den eigentlichen Eigenkapitalgebern des Kreditinstitutes gegenüber. So enthalten die aufsichtsrechtlichen Eigenmittel neben den Elementen des bilanziellen Eigenkapitals auch Finanzierungsmittel, die von anderen Kapitalgebern zur Verfügung gestellt werden und eher Fremdkapitalcharakter besitzen. Darüber hinaus handelt es sich um buchhalterische Größen. Ein Bezug zur Marktbewertung des Kreditinstitutes ist nicht gegeben.

Sowohl das bilanzielle Eigenkapital als auch das aufsichtsrechtliche Eigenkapital setzen bei den Buchwerten in der Bilanz an. Eigenkapital im Rahmen des Konzeptes der wertorientierten Unternehmenssteuerung meint jedoch den Marktwert des Eigenkapitals und damit den Wert des Kreditinstitutes, da dieser die Grundlage für die Renditeforderung der Eigentümer darstellt.

4.2.3 Marktwert des Eigenkapitals

4.2.3.1 Ermittlung auf der Grundlage von Discounted Cash-flow-Ansätzen

Im Mittelpunkt der wertorientierten Unternehmenssteuerung steht der Marktwert des Eigenkapitals. Anhand seiner Entwicklung werden alle Unternehmensaktivitäten und -planungen bewertet. Hierzu bedient man sich der bekannten Unternehmensbewertungsverfahren. In Wissenschaft und Praxis wird eine Vielzahl von möglichen Methoden zur Wertermittlung von Unternehmen entwickelt und diskutiert.[135]

Der international bekannteste Bewertungsansatz ist das Discounted Cash-flow-Verfahren (DCF-Verfahren). Es stellt im Rahmen der Wertsteigerungsanalyse sowohl in der Wissenschaft als auch der Praxis den internationalen Standard dar.[136] Dominierte in Deutschland bei der Unternehmensbewertung traditionell das Ertragswertverfahren, so erlangte das DCF-Verfahren in den letzten Jahren sowohl in der Literatur als auch in der Bewertungspraxis wachsende Bedeutung.[137] Hierzu hat auch seine Anwendung in den Wertmanagement-Ansätzen deutscher Autoren beigetragen. Die wachsende Akzeptanz des DCF-Verfahrens in Deutschland unterstreicht ebenfalls die im Jahr 2000 überarbeiteten Grundsätze zur Durchführung von Unternehmensbewertungen des Hauptfachausschusses des Instituts der Wirtschaftsprüfer in Deutschland (IDW).[138]

---

[135] Einen Überblick über die verschiedenen Methoden zur Unternehmensbewertung geben u. a. *Bieg/Kußmaul* (2000), *Helbling* (1998), *Ballwieser* (1993).

[136] Vgl. u. a. *Rappaport* (1986), *Küting/Lorson* (1997), S. 29, *Günther* (1997), S. 83, *Copeland/Koller/Murrin* (1998), *Helbling* (1998), S. 161ff.

[137] Zum Aufbau der Ertragswertmethode vgl. u.a. *Institut der Wirtschaftsprüfer* (1992), S. 26-114. Zu den geringen Unterschieden zwischen Discounted Cash-flow-Methode und Ertragswertverfahren, vgl. u.a. *Kohl/Schulte* (2000), *Schmidt* (1995), S. 1088-1117. Börsig, Jonas und Born sehen die DCF-Methode gegenüber der Ertragswertmethode als überlegen an, vgl. *Börsig* (1993), S. 85, *Jonas* (1995), S. 95-98, *Born* (1996), S. 1889. Nach Meinung von Praktikern ist die Wahl der DCF-Methode oder des Ertragswertverfahrens für das Bewertungsergebnis unerheblich. Vgl. *Pellens/Rockholtz/Stienemann* (1997), S. 1935.
Vgl. zur Bedeutung des DCF-Verfahrens in Deutschland u. a. *Ballwieser* (1995), S. 120, *Schmidt* (1995), S. 1088, *Jonas* (1995), S. 84. Die wachsende Bedeutung in Deutschland belegen die Ergebnisse von empirischen Untersuchung, vgl. *Pellens/Tomaszewski/Weber* (2000), S. 1827, *Pellens/Rockholtz/Stienemann* (1997), S. 1935, *Peemöller/Bömelburg/Denkmann* (1994), S. 742.

[138] Vgl. *IDW Standard* (2000), Tz. 7.

4.2.3.1.1 Zahlungsstromorientierte Bewertung und Unternehmenssteuerung in Kreditinstituten

Im Rahmen des Discounted Cash-flow-Verfahrens erfolgt die Bewertung des Kreditinstitutes auf der Grundlage der zukünftigen Zahlungsströme. Zielsetzung ist es, die Höhe der potentiellen Ausschüttung an die Bankeigentümer zu bestimmen. Wie bereits erläutert, entspricht dies auch dem Vorgehen von Investoren und Analysten, die eine Aktie ebenfalls anhand der erwarteten zukünftigen Ein- und Auszahlungen aus dem Investment bewerten. Bei der Bestimmung des Cash-flow erfolgt eine Bereinigung des Ergebnisses um nicht-zahlungswirksame Aufwands- und Ertragspositionen wie Abschreibungen und Zuführung zu den langfristigen Rückstellungen. Daß diese Größen auch bei Kreditinstituten von Bedeutung sind, belegt der Vergleich der Erfolgsstrukturen in der Abbildung 9 auf der Seite 42. So ist der Anteil der Abschreibungen bzw. Wertberichtigungen mit 6,6 % bei Kreditinstituten annähernd doppelt so hoch wie bei Nichtbanken.

Durch ihre Position im Liquiditäts- und Finanzierungsstrom der Wirtschaft sind Kreditinstitute besonders gut geeignet für eine Einzahlungsüberschußrechnung.[139] Neben dem hohen Anteil an Finanzinvestitionen spricht für eine Bewertung auf der Basis von Cash-flows die genauere Bestimmbarkeit des Zahlungsstromes in Banken. Zum einen, da die einzelnen Zahlungen zumeist längerfristig vertraglich festgelegt sind, zum anderen weil häufig langfristige Kunden- und Vertragsbeziehungen bestehen.

Die Verwendung von Zahlungsströmen stellt im Rahmen der bankbetrieblichen Unternehmenssteuerung keine grundsätzliche Neuerung dar. So werden Cash-flows bereits bei der Bewertung von Handelsgeschäften und Wertpapieranlagen, aber auch bei der Bestimmung der Erfolgsbeiträge von Kredit- und Anlagegeschäften mittels des Barwertansatzes der Marktzinsmethode verwendet.[140] Darüber hinaus gewinnt eine zahlungsstromorientierte Steuerung insbesondere im Risikocontrolling, aber auch im Rahmen der Bankenaufsicht zunehmend an Bedeutung. So erfolgt insbesondere in Handelsbereichen die Überwachung und Steuerung der Risiken auf der Grundlage der Zahlungsströme der abgeschlossenen Geschäfte.[141]

---

[139] Vgl. *Kümmel* (1994), S. 28.

[140] So werden im Barwertkonzept der Marktzinsmethode zur Bestimmung des Nettozinsertrages eines Geschäftes dessen Zahlungsströme auf die Gegenwart abdiskontiert. Vgl. zum Barwertkonzept u. a. *Süchting/Paul* (1998), S. 422-431, *Schierenbeck* (1999 I), S. 178-256.
Die Notwendigkeit einer stärkeren Zahlungsstromorientierung wird auch von den Kreditinstituten gesehen. So hat der Deutsche Sparkassen- und Giroverband im Frühjahr 1996 das Projekt „Barwertkonzept und Cash-flow-orientiertes Bilanzstrukturmanagement" initiiert. Vgl. *Goebel/Schumacher/Sievi* (1998), *Bauch* (1998).

[141] Die Bestimmung der Risiken erfolgt auf der Grundlage des Value-at-Risk-Ansatzes. Dieser wird ausführlich im Abschnitt 5.2.3.2 dargestellt.

Im Rahmen des externen Rechnungswesens sind Kreditinstitute, die ihren Jahresab-schluß entsprechend den International Accounting Standards (IAS) erstellen, ver-pflichtet, wie alle übrigen Unternehmen eine Kapitalflußrechnung (statement of cash flows) zu veröffentlichen.[142] Zielsetzungen einer Kapitalflußrechnung sind die Dar-stellung der Liquiditätslage und ihrer Veränderung im Zeitablauf sowie die Offen-legung der Einflußfaktoren auf die Liquiditätsentwicklung. Grundlage bilden hierbei die Größen des externen Rechnungswesens. Zur internen Steuerung sollte jedoch auf die aussagekräftigere Finanzplanung des Kreditinstitutes abgestellt werden.

4.2.3.1.2 Aufbau des Discounted Cash-flow-Verfahrens

Der Wert eines Unternehmens oder Geschäftsbereiches läßt sich im Rahmen des DCF-Ansatzes auf zwei Arten berechnen, die sich bezüglich der Berücksichtigung des Fremdkapitals und seiner Kosten unterscheiden.[143] Zunächst soll das als Gesamt-kapital-Ansatz bzw. Brutto-Methode bezeichnete Verfahren beschrieben werden.

Bei dem auf der Kapitalwertmethode aufbauenden Discounted Cash-flow-Konzept werden die zukünftigen Einzahlungsüberschüsse (Cash-flows) mit dem Kapitalko-stensatz der Unternehmung abgezinst. Obwohl es keine einheitliche Definition des Cash-flow gibt, wird im allgemeinen hierunter der Nettozugang an flüssigen Mitteln aus der Umsatztätigkeit verstanden.[144]

Üblicherweise wird im Rahmen der Wertmanagement-Ansätze der sogenannte Free Cash-flow verwendet. Er umfaßt die im operativen Geschäft erwirtschafteten Mittel, die nach Berücksichtigung der geplanten Investitionen und der Erhöhung des Nettoum-laufvermögens (Working Capital)[145] an sämtliche Kapitalgeber in Form von Fremd-kapitalzinsen, Dividenden und Kapitalrückzahlungen ausgezahlt werden könnten.[146]

---

[142] Zum Aufbau einer Kapitalflußrechnung von Kreditinstituten nach IAS und zu der Zusammen-setzung der einzelnen Positionen, vgl. *Bellavite-Hövermann/Prahl* (1997), S. 132-141, *Bellavite-Hövermann/Löw* (1998), S. 113-135, *PCW Deutsche Revision* (1999), S. 511-528. Löw nimmt eine Gegenüberstellung der von deutschen Kreditinstituten in ihren Jahresabschlüssen nach IAS des Jahres 1998 veröffentlichten Kapitalflußrechnungen vor. Vgl. *Löw* (2000), S. 150f.

[143] Einen guten Überblick über den Aufbau der einzelnen DCF-Verfahren gibt Ballwieser, vgl. *Ballwieser* (1998).

[144] Für eine Übersicht über die verschiedenen Definitionen, vgl. *Siener* (1991), S. 33-38, *Siegwart* (1994). Günther nimmt einen Vergleich der in der Literatur zum Shareholder Value verwende-ten Definitionen vor, vgl. *Günther* (1997), S. 113-116.

[145] Die Höhe des Nettoumlaufvermögens bzw. des Working Capital läßt sich bestimmen, indem vom Umlaufvermögen die unverzinslichen kurzfristigen Verbindlichkeiten abgezogen werden. Vgl. u. a. *Herter* (1994), S. 58, *Günther* (1997), S. 112, *Copeland/Koller/Murrin* (1998), S. 186-188, 195-197. Copeland/Murrin betrachten explizit nur das Working Capital aus operati-ver Geschäftstätigkeit, vgl. *Copeland/Koller/Murrin* (1998), S. 197.

[146] Vgl. *Schmidt* (1993), S. 282f., *Börsig* (1993), S. 84f., *Meyersieck* (1991), S. 235.

Eine detaillierte Analyse der einzelnen Bestandteile des Cash-flow bei Kreditinstituten erfolgt im Abschnitt 4.2.3.1.4.

Der als Diskontierungsfaktor verwendete Kapitalkostensatz der Unternehmung ergibt sich durch die Gewichtung der Renditeforderungen der Fremd- und Eigenkapitalgeber mit ihrem Anteil an der Unternehmensfinanzierung (sogenannte Weighted Average Cost of Capital). Bei der Ermittlung der Gewichtungsfaktoren wird jedoch nicht die Kapitalstruktur des Unternehmens zu Buchwerten, sondern zu Marktwerten verwendet. Zweckmäßigerweise wird die vom Management für die Zukunft angestrebte sogenannte Zielkapitalstruktur gewählt.[147] Indem man die aus den Renditeforderungen abgeleiteten Kapitalkostensätze und nicht einen risikolosen Zins verwendet, wird die Unsicherheit über die Höhe und den zeitlichen Verlauf zukünftiger Zahlungsströme im Diskontierungssatz berücksichtigt.[148] Zieht man von dem so berechneten Unternehmenswert den Marktwert des Fremdkapitals ab, ergibt sich der Wert des Eigenkapitals.[149]

Da hierbei die Abdiskontierung der Free Cash-flows vor Zinsen mit den gewichteten Fremd- und Eigenkapitalkostensätzen erfolgt, wird dieses Verfahren als Gesamtkapital-Ansatz bzw. Brutto-Methode oder auch als Entity Approach bezeichnet.

Das methodische Vorgehen wird auf der nachfolgenden Abbildung verdeutlicht:

---

[147] Vgl. zur Ermittlung der Zielkapitalstruktur *Copeland/Koller/Murrin* (1998), S. 262ff.

[148] Alternativ ist es möglich, die Unsicherheit der Zahlungsströme und damit das Risiko durch einen Abschlag bei den Zahlungsüberschüssen zu berücksichtigen.

[149] Die Sprachregelung ist in der deutschen Literatur leider nicht einheitlich. So setzen einige Autoren den Unternehmenswert mit dem Wert des Eigenkapitals gleich. So etwa *Herter* (1994), S. 40f.

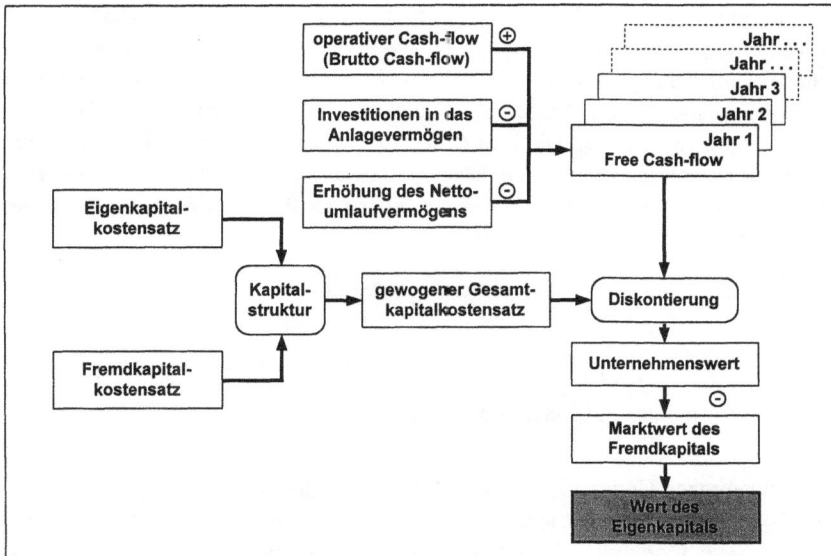

Abbildung 14: Gesamtkapital-Ansatz (Brutto-Methode)

Quelle: In Anlehnung an *Meyersieck* (1991), S. 235.

Formelmäßig läßt sich die Berechnung des Eigenkapitalwertes mittels des Gesamtkapital-Ansatzes wie folgt ausdrücken: [150]

$$EK = \sum_{i=1}^{\infty} \frac{FCF_i}{(1+k_{GK})^i} - FK$$

$$\text{mit } k_{GK} = \frac{EK}{GK} \cdot k_{EK} + \frac{FK}{GK} \cdot k_{FK}$$

k_{GK} = gewichteter Gesamtkapitalkostensatz,
k_{EK} = Eigenkapitalkostensatz,
k_{FK} = Fremdkapitalkostensatz,
FCF = Free Cash-flow,
EK, FK = Marktwert des Eigenkapitals bzw. Fremdkapitals,
GK = Marktwert des Gesamtkapitals = EK + FK.

---

[150] Von einigen Autoren wird das nicht-betriebsnotwendige Vermögen gesondert behandelt und auf der Basis der Liquidationswerte zum - auf der Grundlage der operativen Cash-flows ermittelten - Wert des Eigenkapitals hinzu addiert. Vgl. *Rappaport* (1986), S. 51, *Copeland/Koller Murrin* (1998), S. 158. Günther empfiehlt das nicht-betriebsnotwendige Vermögen in einen eigenen Geschäftsbereich, z. B. Immobilien bzw. Beteiligungen einzubringen. Vgl. *Günther* (1997), S. 139.

Demgegenüber berücksichtigt der Eigenkapitalkosten-Ansatz – auch als Netto-Ansatz, Equity Approach oder Flow-to-Equity-Verfahren bezeichnet – bei der Bewertung des Unternehmens im Cash-flow nur die Zahlungen an die Eigentümer. Die sich aus dem Fremdkapital ergebenden Verpflichtungen werden bereits bei der Cash-flow Berechnung berücksichtigt. Die Free Cash-flows werden daher nur mit den Renditeforderungen der Eigentümer – dem Eigenkapitalkostensatz – abdiskontiert. Der Wert des Eigenkapitals ergibt sich direkt und nicht erst als Residualwert nach Abzug des Marktwertes des Fremdkapitals.

Es ergibt sich für die Netto-Methode folgende Formel:

$$EK = \sum_{i=1}^{\infty} \frac{FCF_i - Z_i}{(1 + k_{EK})^i}$$

Z_i = Zinsaufwendungen im Jahr i.

Die methodischen Unterschied bei der Bestimmung des Marktwertes zwischen dem Eigenkapital- und dem Gesamtkapital-Verfahren verdeutlicht die Abbildung auf der nächsten Seite. Grundsätzlich sollte sich bei beiden Verfahren der gleiche Wert des Eigenkapitals ergeben.

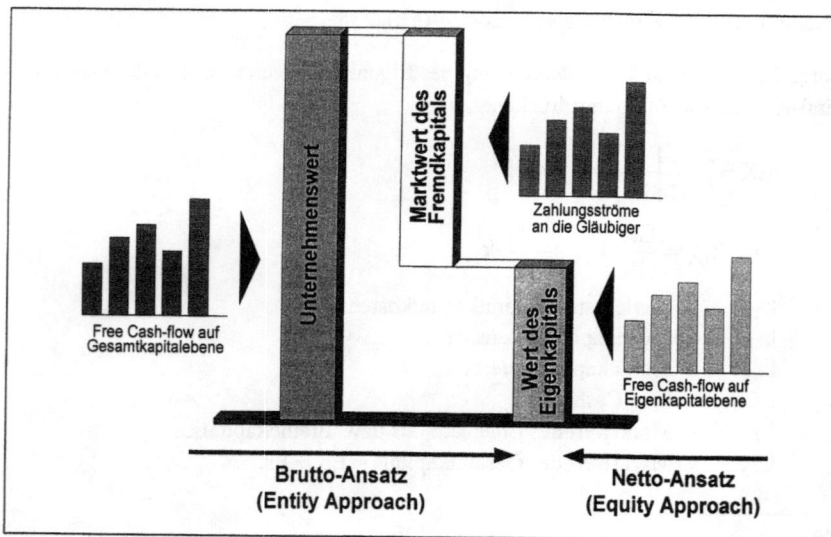

Abbildung 15: Vergleich Brutto- und Netto-Methode
Quelle: In Anlehnung an *Vettiger* (1996), S. 125.

62

4.2.3.1.3 Vorzüge des Netto-Ansatzes (Eigenkapital-Methode) gegenüber dem Brutto-Ansatz (Gesamtkapital-Methode)

Die Verwendung des Brutto-Ansatzes wird in der Wissenschaft zunehmend kritisch gesehen. Insbesondere der Behauptung, Eigen- und Gesamtkapital-Methode führen zum gleichen Ergebnis, wird von einer Reihe von Autoren widersprochen.[151] In einer Untersuchung stellen Kirsch/ Krause fest, daß beim Brutto-Ansatz durch die fehlende Trennung der Zahlungen an Eigen- und Fremdkapitalgeber und die Diskontierung mit einem gewichteten Kapitalkostensatz bei längeren Zeitreihen erhebliche Verzerrungen eintreten können, welche zu Fehlentscheidungen führen.[152] Eine Anwendung des Ansatzes ist daher nur bei im Zeitablauf gleichbleibenden Zahlungsströmen sinnvoll. Zu finanzmathematisch richtigen Ergebnissen führt daher lediglich der Netto-Ansatz.[153] Selbst wenn unter engen Modellprämissen die Ergebnisse der beiden Methoden gleich sein sollten, so erfolgt die Ermittlung des Unternehmenswertes beim Brutto-Ansatz ungleich umständlicher.[154]

Besteht bei der unternehmenswertorientierten Steuerung von Industrieunternehmen – trotz der obigen Kritik – eine Präferenz für den Gesamtkapital-Ansatz[155], so wird aufgrund der Besonderheiten der Branche für Kreditinstitute ausdrücklich der Eigenkapital-Ansatz empfohlen.[156] Dem soll auch in dieser Arbeit gefolgt werden. Gründe hierfür sind:

1. Banken können im Gegensatz zu den meisten Industrieunternehmen sowohl auf der Aktiv- als auch auf der Passivseite Wert schaffen. Die Fremdkapitalposition ist größtenteils dem Passivgeschäft zuzuordnen und dient somit nicht nur der Finanzierung, sondern stellt einen Teil der eigentlichen Geschäftstätigkeit dar. Fremdkapitalzinsen werden bei Kreditinstituten bereits im Betriebsergebnis und nicht wie in anderen Branchen erst im Finanzergebnis berücksichtigt.[157]

---

[151] Kritisch im Bezug auf die Ergebnisgleichheit sind *Hachmeister* (1996), S. 251-277, *Ballwieser* (1995), S. 123f., *Kirsch/Krause* (1996), S. 807f.

[152] Kirsch/Krause verdeutlichen dies an einem Beispiel. Vgl. *Kirsch/Krause* (1996), S. 807f.

[153] Vgl. *Kirsch/Krause* (1996), S. 807. Demgegenüber ist Drukarczyk der Meinung, daß zu einem Methodenstreit wenig Anlaß bestehe. Er räumt aber ein: „Das mag anders aussehen, wenn man sich in Details der Kalküle vertieft.", *Drukarczyk* (1995), S. 334.

[154] Vgl. *Ballwieser*(1995), S. 122. Vgl. zu den notwendigen Prämissen u. a. *Jung* (1992), S. 112f., *Drukarczyk* (1995), S. 329ff., *Ballwieser* (1995), S. 120ff.

[155] Die u. a. von Rappaport und Copeland/Koller/Murrin verwendete Gesamtkapital-Methode wird von einer Vielzahl deutschsprachiger Autoren übernommen. Vgl. u. a. *Bühner* (1990), *Freygang* (1993), *Gomez* (1993), *Herter* (1994), *Unzeitig/Köthner* (1995).

[156] So u. a. *Strutz* (1993), *Häusermann* (1994), S. 21f., *Behm* (1994), S. 59, *Kümmel* (1994), S. 32, S. 85-89; *Muffler* (1995), S. 202f., *Schröck* (1997), S. 82ff., *Copeland/Koller/Murrin* (1998), S. 488f.; *Rüegsegger* (1998), S. 40f., *Höhmann* (1998), S. 150f.

[157] Vgl. *Behm* (1994), S. 59. So bilden Zinserträge und -aufwendungen die ersten beiden Positionen in der Gewinn- und Verlustrechnung von Kreditinstituten.

2. Durch den geringen Anteil des Eigenkapitals an der Bilanzsumme von Banken besitzen dessen Kosten kaum Einfluß auf die Höhe des Gesamtkapitalkostensatzes. Darüber hinaus ist die Spanne zwischen den Kapitalkosten und den im Aktivgeschäft erwirtschafteten Zinsen so gering, daß aufgrund des hohen Leverage-Risikos von Kreditinstituten geringfügige Fehler bei der Ermittlung der Kapitalkosten zu bedeutenden Schwankungen des Eigenkapitalwertes führen.[158]

3. Im Gegensatz zu anderen Branchen setzt sich das Fremdkapital nicht aus wenigen, großen Positionen zusammen, sondern aus einer Vielzahl von Einheiten unterschiedlicher Höhe und Kapitalkosten. Hierdurch wird die Bestimmung eines Fremdkapitalkostensatzes über alle Verbindlichkeiten erschwert.

4. Die Kapitalstruktur von Banken und die Zusammensetzung des Fremdkapitals verändern sich fortlaufend. Ebenfalls unterliegt auch die Höhe der Fremdkapitalkosten starken zinsstrukturabhängigen Schwankungen. Der Ansatz einer konstanten Fremdkapitalquote und gleichbleibender Fremdkapitalkostensätze kann daher zu gravierenden Fehleinschätzungen über die Höhe der Gesamtkapitalkosten führen und hätte somit massive Auswirkungen auf den Unternehmenswert.[159]

Im weiteren Verlauf der Untersuchung soll aufgrund der obengenannten Kritik an der Brutto-Methode und den aufgezeigten Vorzügen der Netto-Ansatz bei Kreditinstituten verwendet werden. Grundsätzlich ist auch eine Anwendung des Entity-Konzeptes in der Kreditwirtschaft möglich[160], jedoch sollte man sich der damit verbunden Schwierigkeiten und Steuerungsprobleme bewußt sein.[161]

---

[158] Vgl. *Copeland/Koller/Murrin* (1998), S. 489, *Häusermann* (1994), S. 22.

[159] Vgl. *Drukarczyk/Richter* (1995), S. 576, *Höhmann* (1998), S. 150. Alternativ könnten in kürzeren Abständen Anpassungen erfolgen, was jedoch mit einem deutlichen Mehraufwand verbunden ist.

[160] Vgl. *Süchting* (1996).

[161] Die bei Anwendung der Brutto-Methode notwendige Bestimmung der Fremdkapitalkosten ist auch bei Industrie- und Handelsunternehmen nicht so unproblematisch, wie von der Mehrzahl der Autoren unterstellt. Schwierigkeiten bereiten insbesondere das zinslos überlassene Fremdkapital (so u. a. Verbindlichkeiten aus Lieferung und Leistung, Anzahlungen) und die Rückstellungen, insbesondere für Pensionen. Zu den wenigen Autoren, die ausführlicher auf die Behandlung des Fremdkapitals und die Bestimmung seiner Kosten sowie die hierbei auftretenden Probleme eingehen, gehören u. a. *Hachmeister* (1995), S. 237-256, *Arbeitskreis „Finanzierung"* (1996), S. 558-562, *Copeland/Koller/Murrin* (1998), S. 263-276. Zu den Problemen bei der Berechnung der Kapitalkosten von Pensionsrückstellungen, vgl. u. a. *Haegert/Schwab* (1990), *Drukarczyk* (1990).
Nicht berücksichtigt werden auch die impliziten Kapitalkosten, die u. a. dadurch entstehen, daß die Gewährung von Sicherheiten die zukünftige Kapitalbeschaffung erschweren bzw. verteuern könnte. Vgl. zu den impliziten Kapitalkosten *Süchting* (1995), S. 510-519.

4.2.3.1.4 Zusammensetzung des Free Cash-flow an die Eigenkapitalgeber

In Literatur und Praxis existiert eine Vielzahl verschiedener Cash-flow-Definitionen, die sich in ihrer Zusammensetzung nach den analytischen Absichten der Anwender und der verfügbaren Daten unterscheiden. Auch im Rahmen der wertorientierten Unternehmenssteuerung hat sich bisher noch keine einheitliche Definition durchgesetzt.[162]

Bei der Bestimmung des Free Cash-flow ist zwischen der Unternehmens- und der Eigentümersicht zu differenzieren. Aktionäre bewerten eine Beteiligung nicht nach der Veränderung der liquiden Mittel der Bank, sondern den ihnen aus ihrer Anlage zu- oder abfließenden Zahlungsströmen. Zielsetzung ist es daher, die mögliche Maximalausschüttung an die Eigenkapitalgeber zu bestimmen.[163] Hierüber gibt der Jahresüberschuß nur unzureichend Auskunft, da er eine Reihe von erfolgswirksamen Größen enthält, die jedoch nicht mit entsprechenden Ein- und Auszahlungen verbunden sind. Die notwendigen Bereinigungen des Jahresüberschusses werden im Rahmen der Cash-flow-Rechnung vorgenommen. Ist dies einem externen Analysten nur näherungsweise möglich, kann zu internen Steuerungszwecken auf genauere Daten des internen Rechnungswesen zurückgegriffen werden.

Ausgangsbasis bildet das Ergebnis nach Steuern. Wesentliche Ertragspositionen sind bei Kreditinstituten die Nettoerträge aus dem Zins- und Provisionsgeschäft sowie der Überschuß aus Eigenhandelsgeschäften. Hiervon sind neben den betrieblichen Aufwendungen u. a. für Personal und Material als weitere wichtige Größen die Abschreibungen und Wertberichtigungen auf Forderungen und Wertpapiere sowie die Zuführungen zu Rückstellungen und die Steuern abzuziehen. Möglich wäre auch die Verwendung einer Größe vor Steuern, konsequenterweise müßte dann die Diskontierung mit dem Kapitalkostensatz vor Steuern erfolgen. Inwieweit bei der Bestimmung des Cash-flow Steuerzahlungen des Kreditinstitutes und der einzelnen Investoren zu berücksichtigen sind, wird im nachfolgenden Unterkapitel ausführlich diskutiert.

Zur Berechnung des Free Cash-flow sind in einem ersten Schritt alle Aufwandspositionen, die in dieser Periode nicht zu Auszahlungen geführt haben, wieder hinzu zu addieren und alle Ertragspositionen, die zu keinen Einzahlungen geführt haben, abzuziehen.[164] Als wesentliche Korrekturgrößen werden die Wertberichtigungen bzw. Abschreibungen auf Finanz- und Sachanlagen sowie die Zuführungen zu den langfristi-

---

[162] Für eine Gegenüberstellung der in der Shareholder Value Literatur verwendeten Definitionen vgl. *Günther* (1997), S. 113-116.

[163] Hierbei handelt es sich um eine fiktive Größe, da eine solche Maximalausschüttung das Unternehmen schwächen würde. Die Ausschüttung stellt nur eine mögliche Verwendungsform der liquiden Mittel dar.

[164] Zur Berechnung des Free Cash-flow bei Kreditinstituten vgl. *Strutz* (1993), S. 83ff., *Vettiger* (1996), S. 128f., *Copeland/Koller/Murrin* (1998), S. 490f.

gen Rückstellungen dem Betriebsergebnis wieder hinzugefügt, weil diese nicht zahlungswirksam sind. Darüber hinaus hat eine Bereinigung um außerordentliche Positionen zu erfolgen.[165] Hieraus ergibt sich ein Cash-flow I:

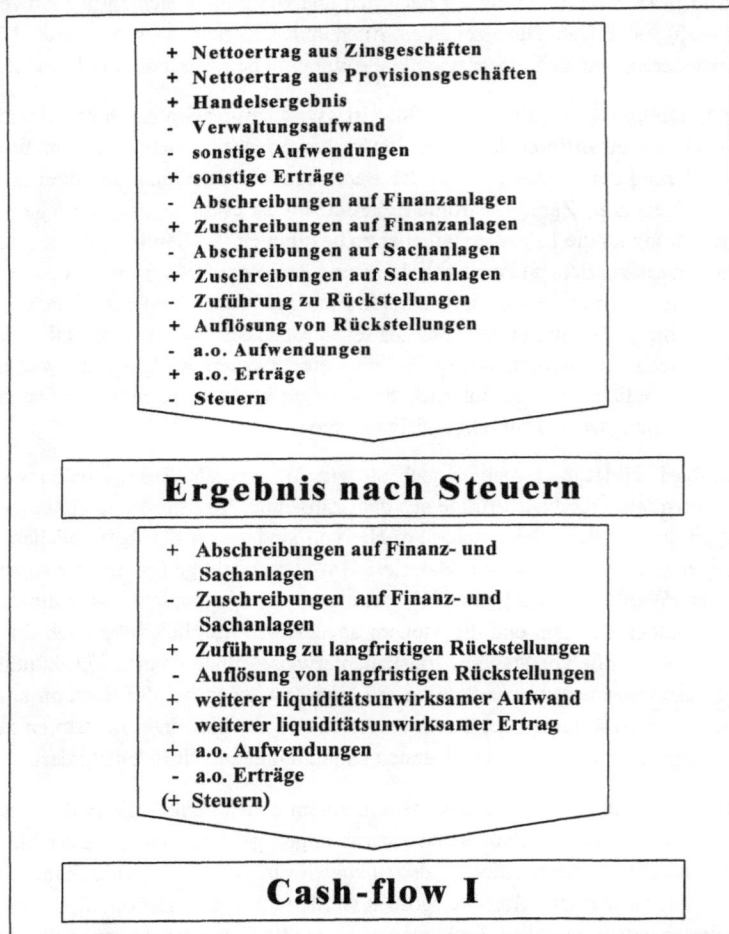

+ **Nettoertrag aus Zinsgeschäften**
+ **Nettoertrag aus Provisionsgeschäften**
+ **Handelsergebnis**
- **Verwaltungsaufwand**
- **sonstige Aufwendungen**
+ **sonstige Erträge**
- **Abschreibungen auf Finanzanlagen**
+ **Zuschreibungen auf Finanzanlagen**
- **Abschreibungen auf Sachanlagen**
+ **Zuschreibungen auf Sachanlagen**
- **Zuführung zu Rückstellungen**
+ **Auflösung von Rückstellungen**
- **a.o. Aufwendungen**
+ **a.o. Erträge**
- **Steuern**

Ergebnis nach Steuern

+ **Abschreibungen auf Finanz- und Sachanlagen**
- **Zuschreibungen auf Finanz- und Sachanlagen**
+ **Zuführung zu langfristigen Rückstellungen**
- **Auflösung von langfristigen Rückstellungen**
+ **weiterer liquiditätsunwirksamer Aufwand**
- **weiterer liquiditätsunwirksamer Ertrag**
+ **a.o. Aufwendungen**
- **a.o. Erträge**
(+ **Steuern**)

Cash-flow I

Abbildung 16: Bestimmung des Cash-flow I

---

[165] Die Trennung in betriebliche und außerbetriebliche sowie ordentliche und außerordentliche Erträge und Aufwendungen ist in der Praxis nicht immer eindeutig möglich. Jedoch sollte eine sachgerechte Abgrenzung einem internen Beurteiler eher möglich sein als einem externen Analysten. Von den vier Großbanken weist lediglich die HypoVereinsbank in ihrem Geschäftsbericht 1999 fusionsbedingte a. o. Aufwendungen aus. Vgl. *HypoVereinsbank* (2000), S. 159.

Der Umfang der durch Wertberichtigungen, Abschreibungen und die Zuführung zu Rückstellungen notwendigen Korrekturen soll anhand der Daten der Jahresabschlüsse 1999 der vier Großbanken aufgezeigt werden.

Betrachtet man die Aktivseite der Bilanzen des Jahres 1999 der vier Großbanken, so wird die Dominanz der Finanzanlagen noch einmal deutlich:

	Deutsche Bank		Dresdner Bank		HypoVereinsb.		Commerzbank	
Barreserve	21.879	2,7%	2.798	0,7%	5.031	1,0%	8.952	2,4%
Forderungen an KI	115.453	14,2%	57.201	14,4%	56.209	11,2%	50.040	13,5%
Forderungen an Kunden	352.371	43,4%	223.864	56,5%	325.771	64,7%	203.531	54,7%
Risikovorsorge	- 7.850	- 1,0%	- 6.346	- 1,6%	- 9.661	- 1,9%	- 5.376	- 1,5%
Handelsaktiva	233.000	28,7%	74.104	18,7%	45.088	8,7%	45.058	12,1%
Finanzanlagen	70.206	8,7%	32.575	8,3%	68.677	13,7%	62.029	16,7%
Immaterielle Vermögen	8.536	1,1%	720	0,2%	873	0,2%	582	0,2%
Sachanlagen	9.049	1,1%	3.776	1,0%	4.489	0,9%	2.265	0,6%
Sonstige Aktiva	8.472	1,0%	7.408	1,9%	6.778	1,4%	4.959	1,3%
	811.116		396.500		503.255		372.040	

Beträge in Mio. Euro

Abbildung 17: Bilanzpositionen der vier Großbanken

Quelle: Geschäftsberichte 1999 der Institute, eigene Berechnungen.

Mehr als die Hälfte der Bilanzsumme entfällt auf Forderungen an Kreditinstitute und Kunden. Sachanlagen und immaterielle Vermögensgegenstände machen lediglich einen Anteil von zusammen 0,8 % bei der Commerzbank bis zu 2,2 % bei der Deutschen Bank aus. In der Bilanzposition Immaterielle Vermögensgegenstände sind die aktivierten Firmen- und Geschäftswerte enthalten. Durch die Übernahme von Bankers Trust hat sich diese Position bei der Deutschen Bank binnen eines Jahres annähernd verfünffacht.

Betrachtet man jedoch die Wertberichtigungen und Abschreibungen, die in 1999 bei den einzelnen Großbanken gebildet wurden, so ergibt sich folgendes Bild:

	Deutsche Bank	Dresdner Bank	HypoVereinsb.	Commerzbank
Risikovorsorge im Kreditgeschäft	616	1.284	2.472	689
Abschreibungen auf Finanzanlagen	55	- 31	63	- 8
Abschreibungen auf Sachanlagen	824	544	707	393
Abschreibungen auf immaterielle Vermögenswerte	613	148	70	38
Jahresüberschuß	2.571	1.053	439	911

Beträge in Mio. Euro

Abbildung 18: Wertberichtigungen und Abschreibungen der vier Großbanken

Quelle: Geschäftsberichte 1999 der Institute.

Im Rahmen der Risikovorsorge im Kreditgeschäft nehmen die Kreditinstitute Wertberichtigungen auf ihren Forderungsbestand vor. Diese schmälern das Ergebnis des Kreditinstitutes. Neben Pauschalwertberichtigungen werden auch Einzelwertberichtigungen gebildet. Ihre Höhe ist insbesondere von der gesamtwirtschaftlichen Situation abhängig und kann in Krisenjahren deutlich höher als in 1999 liegen. Wie Abschreibungen auf Sachanlagen bei Nichtbanken werden die Abschreibungen auf Forderungen vom Kreditinstitut durch entsprechende (Risiko-)Zuschläge in der Preiskalkulation mitberücksichtigt. Bis zu ihrer Inanspruchnahme stehen sie dem Kreditinstitut als Finanzierungsmittel zur Verfügung. Trotz des geringen Anteils des Sachanlagevermögens an der Bilanzsumme der betrachteten Großbanken stellen die im wesentlichen auf Grundstücke und Gebäude sowie Betriebs- und Geschäftsausstattung gebildeten Abschreibungen eine bedeutende Aufwandsposition dar. Im geringeren Umfang werden Abschreibungen auf immaterielle Anlagegegenstände wie Firmenwerte und Software gebildet. Lediglich bei der Deutschen Bank ergeben sich umfangreichere Abschreibungen durch den bei Unternehmensübernahmen gezahlten Firmenwert, der in der Regel über 15 Jahre abgeschrieben wird und in diesem Zeitraum für Aufwendungen in der Gewinn- und Verlustrechnung sorgt. Abschreibungen auf Finanzanlagen - hierzu zählen neben Beteiligungen auch (Finanz-)anlagen in Aktien und Anleihen (nicht jedoch Handelsbestände) - wurden angesichts der sehr positiven Börsenentwicklung in 1999 nur im geringen Umfang gebildet, teilweise überwiegten auch die Auflösungen.

Betrachtet man die Daten, so wird deutlich, daß auch bei Kreditinstituten Abschreibungen und Wertberichtigungen bedeutende Aufwandspositionen darstellen[166] und damit von erheblichen Einfluß auf die Höhe des Cash-flows sind.

Neben den Abschreibungen und Wertberichtigungen sind als weitere Korrekturgrößen die Zuführung bzw. die Auflösung von Rückstellungen zu berücksichtigen. Rückstellungen die vom Kreditinstitut nur für einen kurz- bis mittelfristigen Zeitraum gebildet werden, sollten nicht berücksichtigt werden, da das Institut über die entsprechenden Mittel nur kurze Zeit verfügen kann. Dies trifft insbesondere auf Steuerrückstellungen sowie Rückstellungen für die Zahlung von Erfolgsbeteiligungen an die Mitarbeiter zu. Längerfristig stehen Pensionsrückstellungen zur Finanzierung zur Verfügung. Das Gesamtvolumen der Pensionsrückstellungen der einzelnen Großbanken und ihre Erhöhung im Jahr 1999 ist nachfolgend aufgeführt.

	Deutsche Bank	Dresdner Bank	HypoVereinsb.	Commerzbank
Gesamtvolumen Pensionsrückstellungen	4.174	1.925	1.894	1.360
Anteil an der Bilanzsumme	0,50 %	0,48 %	0,38 %	0,37 %
Veränderung zum Vorjahr	+ 319	+ 79	+ 66	+ 91

Beträge in Mio. Euro

Abbildung 19: Rückstellungen der vier Großbanken

Quelle: Geschäftsberichte 1999 der Institute, eigene Berechnungen.

Mit einem Anteil an der Bilanzsumme von 0,3 bis 0,5 % ist der Beitrag der Rückstellungen zur Unternehmensfinanzierung bei Kreditinstituten gegenüber anderen Branchen nur sehr gering.[167] Die jährlichen Zuführungen besitzen bei Banken und Sparkassen daher nur geringeren Einfluß auf die Höhe des Cash-flow. Zum Vergleich beträgt der Anteil der Pensionsrückstellungen an den Passiva beispielsweise bei Daimler-Chrysler 8,0 %, bei Bayer 13,4 % und bei RWE sogar 17,8 %.[168]

---

[166] Wie die Analyse der Erfolgsstruktur in der Abbildung 9 auf der Seite 42 belegt, gilt dies nicht nur für die Großbanken sondern die gesamte Kreditwirtschaft.

[167] Ggf. noch zu berücksichtigen sind versicherungstechnische Rückstellungen. Sie betragen bei der Deutschen Bank 20,4 Mrd. Euro. Vgl. *Deutsche Bank* (2000), S. 92.

[168] Die Berechnung erfolgte auf der Grundlage der Daten der Geschäftsberichte 1999.

Die als Cash-flow I bezeichnete Größe entspricht bei Nichtbanken dem Cash-flow aus operativer Tätigkeit. Im Gegensatz zu anderen Branchen stellt die Liquidität in Kreditinstituten eine sich nicht lediglich aus dem Umsatz- und Investitionsprozeß ergebende Residualgröße dar, sondern ist selbst Element der Geschäftstätigkeit. Daher berücksichtigt der Cash-flow I nur einen Teil des operativen Geschäftes von Kreditinstituten.[169]

Zu Berechnung des Free Cash-flow an die Eigenkapitalgeber müssen noch weitere Mittelzuflüsse und -abflüsse aus dem operativen Geschäft miteinbezogen werden.[170] Wie bei Nichtbanken resultieren diese aus der Investitionstätigkeit des Kreditinstitutes sowie der Veränderungen des Umlaufvermögens. Aufgrund der erläuterten Besonderheiten der Kreditwirtschaft gegenüber anderen Wirtschaftszweigen sind die Anpassungen jedoch ungleich umfangreicher und erfordern eine differenziertere Analyse.

Die Ein- und Auszahlungen ergeben sich aus verschiedenen Tätigkeiten des Kreditinstitutes. Es sind zunächst Zahlungsvorgänge aus dem eigentlichen Bankgeschäft zu untersuchen. So führen Rückzahlungen von Krediten und Geldmarktpapieren, Einlagen von Kunden und Banken sowie die Ausgabe von Obligationen zu einem Zufluß an Mitteln. Diese werden u. a. zur Auslage neuer Kredite, zur Rückzahlung von Kunden- und Bankeinlagen sowie zur Tilgung von umlaufenden Schuldverschreibungen verwendet. Bei den Kreditrückzahlungen ist auf eine Nettogröße, d. h. nach Abzug der erwarteten, aber nicht erfolgten Tilgungszahlungen abzustellen. Des weiteren sind die Einzahlungen aus der Veräußerung von Beteiligungen sowie Immobilien und Sachanlagen den Auszahlungen in diesen Bereichen gegenüberzustellen. Dies jedoch nur, soweit sie aus der operativen Geschäftstätigkeit stammen und nicht dem a. o. Ergebnis zuzurechnen sind. Darüber hinaus finden weitere Veränderungen im Anlage- und Umlaufvermögen des Institutes statt. So führt der Verkauf von Wertpapieren im eigenen Bestand sowie weiterer Vermögenspositionen wie Devisen und Edelmetallen zu Mittelzuflüssen. Werden diese Größen hingegen erhöht, so resultiert hieraus ein Mittelabfluß.

---

[169] Daher ist es nicht sachgerecht – wie u. a. bei Vettiger – den Cash-flow I bei Banken als operativen Cash-flow zu bezeichnen, vgl. *Vettiger* (1996), S. 129.

[170] Vgl. *Strutz* (1993), S. 83ff., *Vettiger* (1996), S. 128f., *Copeland/Koller/Murrin* (1998), S. 490f.

```
┌─────────────────────────────────────────────────────────┐
│                      Cash-flow I                          │
│                                                           │
│   + Mittelzufluß                    - Mittelabfluß        │
│                                                           │
│   Kreditrückzahlungen          Neukreditvergabe           │
│   Zunahme Kundengelder         Abnahme Kundengelder       │
│   Zunahme Bankengelder         Abnahme Bankengelder       │
│   Verpflichtungen aus Geldmarkt-   Forderungen aus Geldmarkt- │
│     papieren                     papieren                 │
│   Ausgabe von Obligationen     Tilgung von Obligationen   │
│   Zunahme übriges Fremdkapital Abnahme übriges Fremdkapital│
│   ............................ .......................... │
│   Einzahlungen aus Veräußerung von  Auszahlungen für den Erwerb von │
│   - Beteiligungen              - Beteiligungen            │
│   - Immobilien                 - Immobilien               │
│   - Sachanlagen                - Sachanlagen              │
│   - Wertpapieren               - Wertpapieren             │
│   - sonstigen Vermögensgegenst. - sonstigen Vermögensgegenst. │
│                                                           │
│    Cash-flow II: Free Cash-flow an die                    │
│              Eigenkapitalgeber                            │
└─────────────────────────────────────────────────────────┘
```

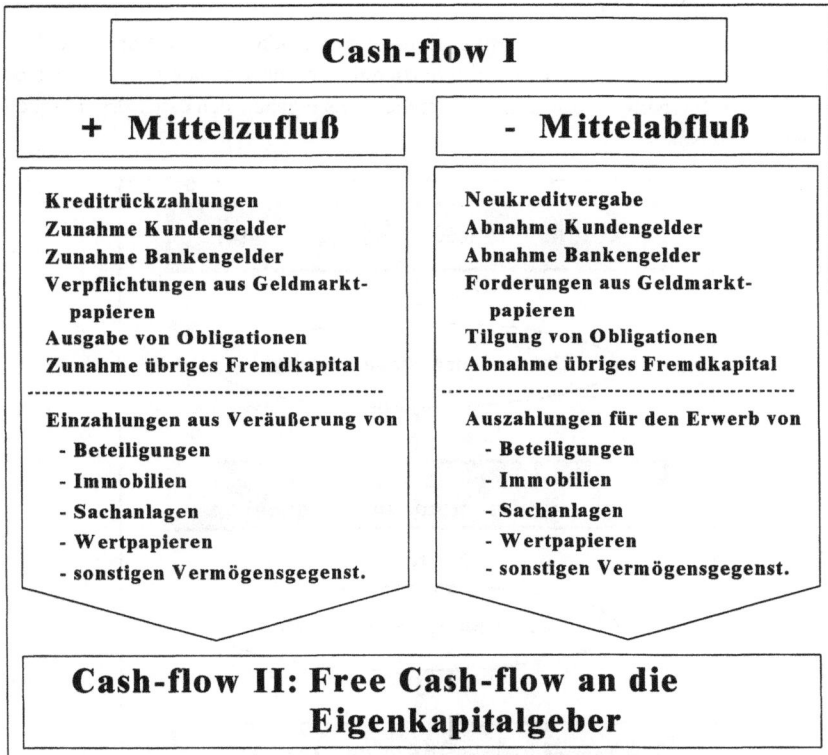

Abbildung 20: Ermittlung des Free Cash-flow an die Eigenkapitalgeber

Quelle: Eigene Darstellung in Anlehnung *Copeland/Koller/Murrin* (1998), S. 490f.[171]

Im Einzelfall ist u. U. eine von der dargestellten Cash-flow-Definition abweichende Zusammensetzung sinnvoll. Es sollten deshalb – falls erforderlich – individuelle Anpassungen an die Gegebenheiten des bewertenden Kreditinstitutes vorgenommen werden. Das Hauptaugenmerk sollte hierbei auf die für den Unternehmenswert kritischen Faktoren und Aktivitäten gelegt werden. So kann eine zu detaillierte Cash-flow Planung aufgrund der mit der Prognose verbundenen Unsicherheiten und der geringen Bedeutung einzelner Positionen gegenüber der Planung aggregierter Größen lediglich zu einer Scheingenauigkeit führen.

---

[171] Eine weitgehend deckungsgleiche Ermittlung des Free Cash-flow von Kreditinstituten wird von Strutz und Vettiger empfohlen. Vgl. *Strutz* (1993), S. 88, *Vettiger* (1996), S. 88.

4.2.3.1.5 Berücksichtigung von Steuern

Bei der Bestimmung der Erfolgsgröße gilt es zu entscheiden, ob eine Vor- oder Nach-steuer-Rechnung erfolgen soll. Zu differenzieren ist darüber hinaus zwischen der Be-steuerung auf Kreditinstituts- und Anlegerebene. Es ergeben sich daher drei mögliche Bewertungsebenen.

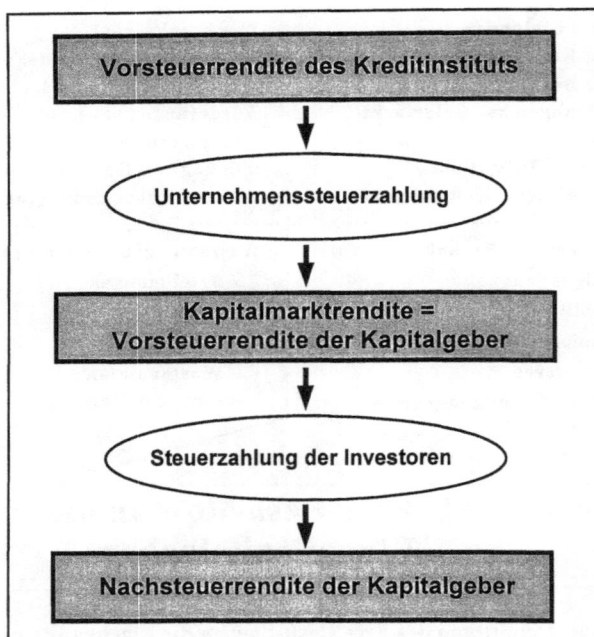

Abbildung 21: Die verschiedenen Besteuerungsebenen

Die Eigentümer eines Kreditinstituts werden eine Anlage entsprechend ihrer Rendite nach Abzug der persönlichen Steuern bewerten. Hieran sollte sich auch grundsätzlich die Berechnung der Erfolgsgröße orientieren. Bereits bei mehreren Eigentümern mit einer unterschiedlichen individuellen Besteuerung ist dies aber mit Schwierigkeiten verbunden. Die sich für die Eigenkapitalgeber ergebenden Renditeunterschiede vor und nach Steuern sind von der unternehmens- und anlegerspezifischen Steuersitua-tion abhängig. Wesentliche Bestimmungsfaktoren sind die Rechtsform und der Sitz des Kreditinstitutes sowie der Umstand, ob Unternehmenssteuern beim Eigentümer als Steuervorauszahlung anerkannt werden. Ebenfalls ist bei einer Nach-Steuer-Betrachtung zu differenzieren, inwieweit die Rendite der Eigentümer aus Ausschüt-tungen oder Kursgewinnen resultiert. So ergeben sich je nach Land sehr unterschiedliche gesetzliche Regelungen zur Besteuerung von realisierten Kursgewinnen. Für Publikumsgesellschaften mit einer Vielzahl von in- und ausländischen Anteilseignern ist ein Ansatz nach persönlicher Besteuerung aufgrund der sehr unterschiedlichen individuellen Steuersituation der Aktionäre nicht möglich.[172] Sinnvollerweise sollte daher bei börsenotierten Kreditinstituten eine explizite Einbeziehung der persönlichen Steuern entfallen.[173] Da die Investoren bei der Auswahl ihrer Anlagen ihre individuelle Steuersituation mit einbeziehen, fließt diese in die Marktpreise mit ein.[174]

Auf der Kreditinstitutsebene besteht die Möglichkeit, die betrieblichen Steuern miteinzubeziehen oder eine Vor-Steuer-Betrachtung durchzuführen. Amerikanische Autoren berücksichtigen sämtliche Steuerzahlungen des Unternehmens explizit in ihren Cash-flow-Berechnungen. Im Rahmen des deutschen Steuersystems ist – jedoch nur noch für Ausschüttungen im Jahr 2001 – die vom Unternehmen gezahlte Körperschaftsteuer auf ausgeschüttete inländische Gewinne beim Eigentümer anrechenbar, es findet somit bei inländischen Anteilseignern keine Doppelbesteuerung statt.[175] Dies gilt sowohl für Aktien die im Privatvermögen, als auch im Betriebsvermögen z. B. bei institutionellen Investoren gehalten werden. Wird – wie in der deutschen Literatur zur Unternehmensbewertung üblich – eine Vollausschüttung der Gewinne unterstellt, so unterliegen die Gewinne beim Anrechnungsverfahren lediglich der persönlichen Einkommensteuer der Investoren. Die Körperschaftsteuer braucht somit nicht mitberücksichtigt zu werden.[176] Auch für den realistischeren Fall einer teilweisen Thesaurierung von Gewinnen kann an einer Berechnung vor Steuern festgehalten werden, da

---

[172] Insbesondere bereitet die Berücksichtigung einer progressiven Einkommensteuer Schwierigkeiten. Vgl. *Hachmeister* (1995), S. 133.

[173] So auch u. a. *Ballwieser* (1991), S. 53, *Richter/Stiglbrunner* (1993), S. 413, *Freygang* (1993), S. 193, *Hachmeister* (1995), S. 132f., *Arbeitskreis „Finanzierung"* (1996), S. 564.
Verfügt das Kreditinstitut nur über einen Eigentümer bzw. steuerlich gleichgestellte Anteilseigner, so ist eine genauere Berechnung unter Einbeziehung der persönlichen Steuern möglich.

[174] Vgl. *Arbeitskreis „Finanzierung"* (1996), S. 564. Dies gilt sowohl auf den Aktien- als auch Rentenmärkten. So führt die unterschiedliche steuerliche Behandlung von Zinsen und Kursgewinnen dazu, daß Anleihen mit einem hohen Zinscoupon aufgrund ihrer geringeren Attraktivität eine höhere Rendite erzielen als vergleichbare Rentenpapiere mit niedrigerem Nominalzins.

[175] In Deutschland ist die vom Unternehmen auf die Ausschüttung geleistete Körperschaftsteuer im Rahmen des Anrechnungsverfahrens bei inländischen Anlegern anrechnungsfähig. Eine Doppelbesteuerung bestand jedoch bis vor wenigen Jahren bei der Vermögen- sowie Gewerbekapitalsteuer. Im Rahmen der Unternehmenssteuerreform wird die Gutschrift der vom Unternehmen gezahlten Körperschaftsteuer bei Deviseninländern ab 2002 abgeschafft. Die Körperschaftsteuer in Höhe von 25 % stellt dann einen Abfluß von Mitteln dar, die für die Ausschüttung an die den Eigentümern nicht mehr zur Verfügung stehen. Der Cash-flow ist entsprechend zu reduzieren.
Vgl. für eine ausführliche Darstellung der sich aus dem Steuersenkungsgesetz ergebenden Konsequenzen für die Unternehmensbewertung *Siepe/Dörschell/Schulte* (2000), S. 958-960.

[176] So u. a. *Richter/Stiglbrunner* (1993), S. 412f., *Herter* (1994), S. 50f., *Günther* (1997), S. 132f., *Siepe* (1998), S. 328.

auch bei einer späteren Ausschüttung eine Körperschaftsteuergutschrift erfolgt.[177] Daher ist es nicht sachgerecht, Steuern auf thesaurierte Gewinne als verloren zu betrachten.[178] Nicht anrechenbar ist jedoch die an die Gemeinden gezahlte Gewerbeertragsteuer, der auch die Kreditinstitute unterliegen. Diese ist bei der Bestimmung des Cash-flow zu berücksichtigen.[179] Eine Anpassung des Kapitalisierungszinssatzes ist nur dann notwendig, wenn keine gewerbesteuerfreie Alternativanlage besteht.

Eine Kalkulation vor Unternehmenssteuern ist auch mit Blick auf die wertorientierte Geschäftsbereichssteuerung vorteilhafter, da die einzelnen Unternehmensbereiche eines Kreditinstitutes – soweit sie rechtlich unselbständig sind – nicht der Besteuerung unterliegen. Es wären ansonsten Annahmen zur Steuerbelastung zu treffen, die jedoch angreifbar sind. Bei rechtlich selbständigen Tochterunternehmen erfolgt zwar eine Besteuerung, jedoch ist diese im Rahmen der Gesamtbesteuerung des Bankkonzerns zu sehen.[180]

Festzuhalten ist: Durch das im deutschen Steuerrecht (noch) angewendete Anrechnungsverfahren ist bei Kreditinstituten mit inländischen Eigentümern die Berücksichtigung der vom Unternehmen zu zahlenden Körperschaftsteuer nicht notwendig. Jedoch sollten die persönlichen Steuerzahlungen der Anleger grundsätzlich miteinbezogen werden. Aufgrund der Vielzahl von Anteilseignern mit unterschiedlichen Steuersituationen ist dies jedoch bei Publikumsgesellschaften nicht möglich. Es sollte daher der Cash-flow vor Unternehmens- und persönlichen Steuerzahlungen der Investoren verwendet werden. Da die überwiegende Mehrzahl der deutschen Kreditinstituten nicht börsennotiert ist und nur über einen kleinen Eigentümerkreis verfügt, sollte bei diesen Instituten eine Nach-Steuer-Betrachtung durchgeführt werden. Handelt es sich hierbei um Steuerausländer, z. B. bei Tochterunternehmen ausländischer Kreditinstitute (u. a. Citibank, BfG, BHF-Bank, HSBC Trinkaus & Burkhardt), so sind die unterschiedlichen Steuersysteme bei der Wertermittlung zu berücksichtigen.[181]

---

[177] Dies gilt jedoch nur unter Prämisse, daß einbehaltene Gewinne die gleiche Rendite wie eine Alternativanlage am Kapitalmarkt erzielen. In diesen Fällen entspricht der Barwert der späteren Ausschüttung der Bruttodividende bei sofortiger Ausschüttung. Vgl. hierzu *Günther* (1997), S. 132, *Herter* (1994), S. 46.

[178] Daher kann der Ansicht von Richter/Stiglbrunner nicht gefolgt werden, vgl. *Richter/Stiglbrunner* (1993), S. 413.

[179] Ein ökonomisch handelnder Eigentümer wird eine Alternativanlage im Privatvermögen tätigen. Vgl. *Siepe/Dörschell/Schulte* (2000), S. 952f., *Kirsch/Krause* (1996), S. 801, *Hachmeister* (1995), S. 139, *Herter* (1994), S. 51.

[180] Vgl. *Arbeitskreis „Finanzierung"* (1996), S. 565. Bei ausländischen Tochterunternehmen kann es jedoch zu einer Doppelbesteuerung der Ausschüttungen kommen. Diese sollte in der Kalkulation Berücksichtigung finden. Vgl. hierzu die Ausführungen zur Steuerung ausländischer Unternehmensteile im Abschnitt 5.5.2.

[181] Vgl. hierzu auch *Siepe/Dörschell/Schulte* (2000), S. 952f., 957f.

74

4.2.3.1.6 Festlegung des Planungshorizontes

Obwohl bei der Bewertung eines Kreditinstitutes unter Beachtung des Going Concern Prinzips von einer unbegrenzten Fortbestand des Unternehmens ausgegangen wird, so ist die detaillierte Planung der Free Cash-flows doch nur für einige Jahre sinnvoll. Dies liegt zum einen an dem mit der Länge des Prognosehorizontes stark ansteigenden Unsicherheitsgrades, zum anderen am unangemessen hohen Planungsaufwand. Für die Jahre nach Abschluß des Prognosezeitraums wird aus Vereinfachungsgründen daher ein sogenannter Endwert ermittelt.[182]

Für den Planungshorizont werden in der Literatur unterschiedliche Längen empfohlen. Die Mehrzahl der Autoren geht von fünf bis maximal zehn Jahren aus.[183] Je kürzer die Planungsperiode angesetzt wird, um so größer wird in aller Regel der Anteil des Restwertes am Unternehmenswert. Um eine zu hohe Bedeutung des Restwertes zu vermeiden, ist es daher vorteilhaft, den Prognosezeitraum möglichst lang zu bemessen.[184]

Als Ansatzpunkte für die Wahl der Länge des Planungshorizontes werden in der Literatur angeführt:

- Vollständige Berücksichtigung der Auswirkungen von Strukturveränderungen,[185]
- Erfassung des Produktlebenszyklus der wichtigsten Produkte,[186]
- Anpassung an die Länge des strategischen Horizontes,[187]
- Dauer eines Konjunkturzyklus,
- Stabilisierung der wirtschaftlichen Lage des Unternehmens.[188]

---

[182] Die Prognose der zukünftigen Geschäftsentwicklung kann auch auf Basis eines Drei-Phasen-Ansatzes erfolgen. – Dieser sieht in einer ersten Phase eine detaillierte Planung vor. In der Phase zwei wird der Trend der vorhergehenden Jahre für einige Zeit fortgeschrieben. Hieran schließt sich in Phase drei die Ermittlung eines Endwertes auf Grundlage des letzten Prognosejahres an. Vgl. hierzu *Institut der Wirtschaftsprüfer e.V.* (1983), S. 471, *Adolf/Cramer/Ollmann* (1989a), S. 488, *Helbling* (1998), S. 102f.

[183] Vgl. u. a. *Rappaport* (1981), S. 141ff. (5-10 Jahre), *Copeland/Koller/Murrin* (1998), S. 235f. (> 7 Jahre), *Bühner/Weinberger* (1991), S. 192 (5-10 Jahre), *Börsig* (1993), S. 86, *Spremann* (1992), S. 363-380, S. 372 (5 Jahre).

[184] Vgl. *Copeland/Koller/Murrin* (1993), S. 251.

[185] Vgl. *Day* (1990), S. 339, *Day/Fahey* (1988), S. 51.

[186] Vgl. *Rappaport* (1981), S. 141.

[187] Vgl. *Bühner* (1993), S. 5, zitiert nach *Hardtmann* (1996), S. 79.

[188] Vgl. *Copeland/Koller/Murrin* (1998), S. 235.

In aller Regel sollte der Prognosezeitraum einen gesamten Konjunkturzyklus umfassen. Ungeeignet ist für Kreditinstitute die Wahl des Lebenszyklus der wichtigsten Produkte, da sich diese zumeist seit Jahrzehnten im Sortiment der Kreditinstitute befinden. Bei der Mehrzahl der „Produktinnovationen" handelt es sich lediglich um geringfügige Veränderungen und Kombinationen von Standardprodukten.[189] Für die (seltenen) Fälle, daß eine gravierende strategische Neuausrichtung des Kreditinstitutes vollzogen wird, ist es durchaus sinnvoll, den Prognosezeitraum anhand der Dauer des erwarteten Umstrukturierungsprozesses festzulegen.

Bei der Festlegung des Prognosezeitraumes sollte man auch die Gegebenheiten in einzelnen Marktsegmenten beachten. Eine bessere Prognostizierbarkeit ist insbesondere bei Hypothekenbanken und Bausparkassen sowie einzelnen Versicherungssparten gegeben, da dort sehr langfristige Verträge dominieren.

4.2.3.1.7 Prognose zukünftiger Free Cash-flows

Basis für die Ermittlung der zukünftigen Free Cash-flows sollte die strategische und operative Planung der Geschäftsbereiche bilden.[190] Der Planungsprozeß kann sich im wesentlichen an den in den Instituten bereits implementierten Planungs- und Budgetierungsverfahren orientieren. Die Prognose der zukünftigen Cash-flows erfolgt in einem Bottom-up-Prozeß zunächst durch die einzelnen Unternehmenseinheiten. Durch eine zunehmende Aggregation der Plandaten lassen sich dann die zukünftig erwarteten Cash-flows für die Geschäftsfelder sowie das Gesamtinstitut bestimmen.

Die einzelnen Unternehmensbereiche sollten bei ihren Cash-flow-Schätzungen neben den aktuellen Geschäftsdaten auch mikro- und makroökonomische Einflußfaktoren auf die zukünftige Geschäftsentwicklung mit berücksichtigen. So sollten in die Planungen insbesondere Marktanalysen, Konjunkturdaten sowie Zins- und Wechselkursprognosen einbezogen werden. Dies ist jedoch nur bei Bereitstellung von ausreichenden Informationen durch die Unternehmensleitung und ihre Zentralbereiche möglich.[191] Aufgrund der z. T. sehr langen Vertragslaufzeiten und der langjährigen Kundenbeziehungen ist die Prognose der zukünftigen Cash-flows eines Kreditinstitutes mit geringeren Unsicherheiten behaftet als in vielen anderen Branchen.

---

[189] Dies gilt unter Einschränkungen auch für Produkte des Investment Banking, wo Innovationen ebenfalls nur selten erfolgen. Diese werden häufig in kurzer Zeit zu Commodities und damit zu Produkten des Standardsortiments von Kreditinstituten.

[190] Vgl. *Zens/Rehnen* (1994), S. 96f.

[191] Die Bereitstellung aktueller Daten obliegt insbesondere dem Marketing und der Volkswirtschaftlichen Abteilung bzw. dem Research. Darüber hinaus können auch externe Analysen verwendet werden.

Eine Überprüfung der Planungen der einzelnen Unternehmensbereiche durch die Institutsleitung ist aufgrund von Informationsverzerrungen unbedingt notwendig.[192] So wird die Entwicklung häufig mit den Jahren immer positiver gesehen (sog. Hockey Stick-Effekt). Es ist aber auch der gegenläufige Effekt denkbar, um durch die Angabe niedriger Planwerte Zielüberschreitungen zu erzielen. Daher ist auf die Plausibilität der Cash-flow-Prognosen der Unternehmensbereiche besonders zu achten. So ist die Fortschreibung einer mehrjährigen, über dem Marktwachstum liegenden Steigerung des Free Cash-flows problematisch. Insbesondere auf den Finanzmärkten lassen sich Wettbewerbsvorteile häufig nur über einen kurzen Zeitraum aufrechterhalten.[193] Darüber hinaus sind bereits getroffene strategische Entscheidungen in der Planung zu berücksichtigen. Wird im Rahmen einer Wachstumsstrategie der Ausbau eines Geschäftsbereiches in einem zukunftsträchtigen Marktsegment geplant, so kann es durchaus angemessen sein, von zunächst steigenden Wachstumsraten auszugehen. Gleiches gilt u. U. auch, wenn beabsichtigt ist, sich aus einem Bereich mittel- bis langfristig zurückzuziehen. Durch die nicht mehr notwendigen Ersatz- und Erweiterungsinvestitionen kann es zu einem Anstieg des Free Cash-flow kommen. Ist aufgrund des Abbaus von Marktbeschränkungen und des Eintritts neuer Konkurrenten mit einer steigenden Wettbewerbsintensität und reduzierten Margen zu rechnen, so ist es sinnvoll, zukünftig sinkende Free Cash-flows zu unterstellen.

Schwierigkeiten bei der Prognose zukünftiger Free Cash-flows bestehen insbesondere bei der Beschaffung der notwendigen Informationen und durch die mit der Länge des Planungszeitraumes zunehmenden Unsicherheiten und Informationsverzerrungen. Jedoch handelt es sich hierbei um keine spezifischen Probleme der wertorientierten Unternehmenssteuerung, sie gelten vielmehr für jede Planungstätigkeit im Kreditinstitut. Durch geeignete Kontroll- und Anreizverfahren ist von der Unternehmensleitung eine möglichst realistische Planung sicherzustellen.[194]

4.2.3.1.8 Prognose des Restwertes

Der mit dem Prognosezeitraum wachsenden Unsicherheit des Cash-flow und dem steigenden Planungsaufwand wird damit Rechnung getragen, daß nach Ablauf des Planungshorizontes für die restlichen Jahre ein Endwert angesetzt wird. Hierbei handelt es sich nicht um einen Liquidationswert, sondern um einen dem Going Concern-Prinzip entsprechenden Fortführungswert, berechnet aus dem erwarteten Free Cash-flow nach Ende des Planungshorizontes. Dieser wird dann auf den Bewertungszeitpunkt abdiskontiert.

---

[192] Vgl. hierzu auch *Unzeitig/Köthner* (1995), S. 112, *Herter* (1994), S. 54, *Roventa* (1994), S. 193.

[193] So belegt eine Untersuchung von Christians für den Zeitraum von 1984 bis 1995 eine Konvergenz der Eigenkapitalrenditen der deutschen Kreditinstitute, vgl. *Christians* (1998).

[194] Vgl. z. B. *Arbeitskreis „Finanzierung"* (1994).

Je nach Geschäftsentwicklung und Länge des Prognosezeitraumes kann der Endwert einen durchaus bedeutenden Anteil am Unternehmenswert, wenn nicht gar den größten Teil, ausmachen.[195] Im besonderen gilt dies für Investitionen in Wachstumsbranchen und neue Geschäftsfelder, die erst in späteren Jahren, z. T. erst nach Ende des Planungshorizontes, zu einer Erhöhung des Free Cash-flow führen. Hierzu zählen z. B. die Gründung einer Direktbank bzw. eines Discountbrokers, wo hohe Auszahlungsüberschüsse in der Anfangsphase insbesondere durch die Produktentwicklung, die Hard- und Software-Ausstattung sowie das Marketing entstehen. Die erzielten Cash-flows werden in stark wachsenden Branchen zur Finanzierung des weiteren Geschäftswachstums benötigt und wieder reinvestiert. Erst bei einer Verlangsamung des Wachstums werden, bei einem entsprechend niedrigeren Investitionsbedarf, höhere Free Cash-flows erwirtschaftet.[196]

Die Berechnung des Fortführungswertes erfolgt mittels vereinfachter Annahmen über die Entwicklung der Free Cash-flows nach Erreichen des Planungshorizontes. Der so bestimmte Restwert wird mit dem Kapitalkostensatz auf den Gegenwartszeitpunkt abgezinst.[197] Für die Ermittlung des Restwertes werden in der Literatur verschiedene Methoden diskutiert. Die folgenden Ansätze werden kurz erläutert und bewertet:[198]

- Methode des ewigen, konstanten Free Cash-flow,

- Methode des kontinuierlichen Wachstums des Free Cash-flow,

- Methode der kontinuierlichen Senkung des Free Cash-flow,

- Marktwertmethode.

---

[195] Vgl. *Rappaport* (1986), S. 59.

[196] Vgl. *Rappaport* (1986), S. 59, *Copeland/Koller/Murrin* (1990), S. 208.

[197] Durch die Abdiskontierung fallen Cash-flow-Schwankungen, die in späteren Jahren auftreten, und Fehleinschätzungen bei der Wertermittlung nur unterproportional ins Gewicht.

[198] Vgl. hierzu u. a. *Herter* (1994), S. 68-72, *Klien* (1995), S. 154-178, *Rappaport* (1995a), S. 63-67, *Unzeitig/Köthner* (1995), S. 129-139, *Copeland/Koller/Murrin* (1998), S. 294-306.
Von einigen Autoren wird auch der Ansatz eines - unter der Annahme der Veräußerung aller Vermögensgegenstände zum Ende des Planungshorizontes ermittelten - Liquidationswertes diskutiert. Hierzu ist eine Einzelbewertung sämtlicher Aktiva vorzunehmen. Dieses Vorgehen widerspricht jedoch dem Grundsatz des Going Concern. Darüber hinaus ergeben sich große Probleme und Unsicherheiten bei der Bestimmung zukünftiger Liquidationswerte und -kosten. Für Kreditinstitute ist dieses Vorgehen nicht sinnvoll, da zum einen im Vergleich zu den gesamten Aktiva nur sehr geringe Sachwerte bestehen, und zum anderen der Erlös aus dem Verkauf von Forderungen sehr stark von der Bonität der Schuldner abhängig ist, die nur sehr schwer für die Zukunft bestimmt werden kann. Ebenfalls stößt die Bewertung von nicht aktivierbaren Vermögensgegenständen, wie dem originären Firmenwert, auf Schwierigkeiten. Vgl. *Klien* (1995), S. 169-175, *Hachmeister* (1995), S. 89f.

Bei der Methode des ewigen, konstanten Free Cash-flow wird von in der Zukunft gleichbleibend hohen Free Cash-flows ausgegangen.[199] Der Endwert ermittelt sich dann als ewige Rente nach der folgenden Formel:

$$\text{Endwert} = \frac{FCF_{n+1}}{k_{EK}}$$

n = Länge des Planungshorizontes.

Fehlbewertungen können dann entstehen, wenn bei der Berechnung des Fortführungswertes der Free Cash-flow des letzten Planungsjahres verwendet wird.[200] Je nach Zyklizität der Geschäftsentwicklung kann dieser deutlich oberhalb oder unterhalb des Mittelwertes der Planungsjahre liegen. Es ist daher auf einen nachhaltigen Wert abzustellen, wenn nicht die positive oder negative Entwicklung des Jahres für die Zukunft fortgeschrieben werden soll.[201]

Die Verwendung der ewigen Rente impliziert, daß zukünftige Nettoinvestitionen keinen Einfluß mehr auf den Unternehmenswert besitzen.[202] Es wird unterstellt, daß es für ein Kreditinstitut langfristig nicht möglich ist, auf gesättigten Märkten eine Rendite deutlich oberhalb der Kapitalkosten zu erzielen, da sofort andere Unternehmen in den Markt drängen würden.[203] Ein inflationsbedingter Anstieg des Cash-flow bleibt jedoch unberücksichtigt.[204]

Die Methode des kontinuierlichen Wachstums des Free Cash-flow geht für den Zeitraum nach Abschluß des Planungshorizontes von einem stetigen Wachstum aus. Formelmäßig ergibt sich:[205]

---

[199] So u. a. verwendet von *Stewart* (1991), S. 314 und *Rappaport* (1995a), S. 65.

[200] Vgl. *Stewart* (1991), S. 314, *Bühner/Weinberger* (1991), S. 193, *Herter* (1994), S. 69, *Zens/Rehnen* (1994), S. 107, *Jonas* (1995), S. 91.

[201] Vgl. u. a. *Copeland/Koller/Murrin* (1998), S. 306ff., *Unzeitig/Köthner* (1995), S. 134, *Hachmeister* (1995), S. 88.

[202] Vgl. *Rappaport* (1986), S. 60f.

[203] Vgl. *Day/Fahey* (1988), S. 51, *Copeland/Koller/Murrin* (1993), S. 228, *Herter* (1994), S. 69f.

[204] Herter weist darauf hin, daß ein inflationsbedingtes Wachstum des Cash-flow berücksichtigt werden sollte, vgl. *Herter* (1994), S. 69. Ebenfalls empfehlen Unzeitig/Köthner zur Vermeidung von Inflationsverzerrungen eine Wachstumsrate mindestens in Höhe der Inflation anzusetzen, vgl. *Unzeitig/Köthner* (1995), S. 133.

[205] Vgl. *Brealy/Myers* (1996), S. 76.

$$\text{Endwert} = \frac{FCF_t \bullet (1+w)}{(1+k_{EK})} + \frac{FCF_t \bullet (1+w)^2}{(1+k_{EK})^2} + \cdots + \frac{FCF_t \bullet (1+w)^n}{(1+k_{EK})^n}$$

$$= \sum_{n=1}^{\infty} \frac{FCF_t \bullet (1+w)^n}{(1+k_{EK})^n} \cong \frac{FCF_t}{k_{EK} - w} \quad \text{für } k_{EK} > w$$

w = Wachstumsrate des Free Cash-flow nach dem Planungshorizont.

Bei diesem Verfahren besteht die Gefahr zu optimistischer Prognosen, die sich sehr stark auf die Höhe des Restwertes auswirken. Es ist daher auf die Plausibilität der verwendeten Wachstumsrate zu achten. Wird eine Wachstumsrate angesetzt, die oberhalb der erwarteten Branchenentwicklung liegt, so wird von weiter steigenden Wettbewerbsvorteilen gegenüber der Konkurrenz ausgegangen. Dies dürfte in der Realität nur in Ausnahmefällen gelten. Anpassungsmaßnahmen der Konkurrenz führen zumeist zu steigendem Wettbewerb und sinkenden Margen und damit zu einer Angleichung an die durchschnittliche Branchenentwicklung.[206] Untersuchungen belegen, daß mit zunehmender Länge des Betrachtungszeitraumes die jährlichen Kapitalmarktrenditen der Unternehmen gegen einen Mittelwert konvergieren.[207] Gerade in der Kreditwirtschaft dürften Wettbewerbsvorteile aus Produktinnovationen nur sehr kurz bestehen, weil es im Gegensatz zu industriellen Produkten keinen Patentschutz für Bankleistungen gibt und es daher sehr schnell zu Reaktionen und Nachahmungseffekten der Konkurrenz kommt. Dauerhafte Wettbewerbsvorteile können jedoch z. B. aus einer hohen Beratungsqualität und einem effizienten Vertriebsnetz resultieren.

Demgegenüber unterstellt die Methode der kontinuierlichen Senkung des Free Cash-flow eine stetige Abnahme des Wettbewerbsvorteils bzw. ein Schrumpfen des Marktsegmentes im Zeitablauf. Je nach Grad der Veränderung ist für den Einzelfall zu prüfen, ob für die Anpassung eine exponentielle oder lineare Funktion zu wählen ist.

Im Rahmen der sogenannten Marktwertmethoden wird versucht, auf der Basis von Daten des Kapitalmarktes und des Rechnungswesens einen Marktwert für das Unternehmen zum Ende des Planungshorizontes zu generieren.[208] Dieser ergibt sich durch Multiplikation einer Bezugsgröße mit einem Vergleichswert, der sich aus einer Analyse der Branche, des Gesamtmarktes oder aktuellen Mergers & Acquisitions-Transaktionen bestimmen läßt.

---

[206] Vgl. *Rappaport* (1986), S. 60f., *Stewart* (1991), S. 289, *Klien* (1995), S. 161.

[207] Vgl. *Stewart* (1991), S. 79f., Lewis und Siegert verdeutlichen dies am Beispiel von IBM, vgl. *Lewis* (1994), S. 112-116, *Siegert* (1995), S. 588-592.

[208] Vgl. *Unzeitig/Köthner* (1995), S. 129-131.

Eine in der Literatur diskutierte Möglichkeit wird in der Festsetzung des Restwertes des Kreditinstitutes bzw. seiner Geschäftsbereiche anhand der Price/Earnings-Ratio auf Basis des erwarteten Gewinns zum Ende der Prognoseperiode gesehen.[209] Ähnlich angelegt ist der Ansatz einer Market-to-Book-Ratio. Der Restwert ermittelt sich hierbei durch Multiplikation des bilanziellen Eigenkapitals am Ende des Planungshorizontes mit dem aus historischen Daten bestimmten Marktwert/Buchwert-Verhältnis.[210] Problematisch ist in beiden Fällen jedoch die Bestimmung des entsprechenden Multiplikators, da dieser je nach Unternehmen, Branche und Börsensituation stark schwankt.[211] Auch wird unterstellt, daß die Relationen der Vergangenheit auch in der Zukunft Bestand haben. Darüber hinaus besteht – wie bereits erwähnt – nur eine geringe Korrelation sowohl zwischen dem Gewinnwachstum und dem Kurs/Gewinn-Verhältnis als auch dem bilanziellen Eigenkapital und dem Marktwert.[212] Aufgrund der höheren empirischen Signifikanz sollte anstelle des Kurs/Gewinn-Verhältnisses das Kurs-/Cash-flow-Verhältnis verwendet werden. Weitere Schwierigkeiten treten bei nicht börsenotierten Kreditinstituten auf. Da für diese aufgrund der fehlenden Marktbewertung keine Multiplikatoren vorliegen, wären Analogieschlüsse, abgeleitet von börsennotierten Unternehmen, erforderlich. Dem Vorteil der - auf den ersten Blick - einfacheren Bestimmung des Restwertes steht die geringe empirische Signifikanz und eine Reihe von methodischen Schwächen der Multiplikatormethoden gegenüber.[213]

Es gibt keine allgemeingültigen Regeln, wie der Restwert berechnet werden sollte, jedoch ist aufgrund des bedeutenden Anteils des Restwertes am Unternehmensgesamtwert auf die Plausibilität der verwendeten Annahmen besonders zu achten.[214] So ist es notwendig, die Auswahl anhand der wirtschaftlichen Gegebenheiten des Einzelfalls vorzunehmen. Die Entscheidung, welche Methode verwendet wird, ist u. a. abhängig von der zukünftig erwarteten Marktentwicklung und Wettbewerbsposition sowie der verfolgten Unternehmensstrategie. Gewarnt sei aber noch einmal vor dem Ansatz hoher positiver Wachstumsraten, da sich „Überrenditen" auf den Märkten nur dann erzielen lassen, wenn es gelingt, Wettbewerbsvorteile auf Dauer zu erhalten.

---

[209] Vgl. *Copeland/Koller/Murrin* (1998), S. 302f.

[210] Vgl. *Copeland/Koller/Murrin* (1998), S. 306.

[211] Nur anhand einer Unternehmensbewertung könnte die Richtigkeit des Multiplikators überprüft werden. Dieses erübrigt dann jedoch den Umweg über die Kurs/Gewinn-Verhältnisse. Vgl. *Hachmeister* (1995), S. 89.

[212] Vgl. *Copeland/Koller/Murrin* (1998), S. 107.

[213] Vgl. *Klien* (1995), S. 176.

[214] Gegebenenfalls sollten mehrwertige Prognosen, z. B. durch die Annahme alternativer Szenerien für die zukünftigen Cash-flows durchgeführt werden, vgl. *Günther* (1997), S. 147.

Von der Verwendung von Marktwertansätzen ist angesichts der aufgezeigten Probleme – insbesondere aufgrund der notwendigen Analogieschlüsse bei nicht börsennotierten Gesellschaften und Geschäftsbereichen – abzuraten.[215]

Es ist auch möglich, verschiedene Methoden miteinander zu kombinieren. So kann z. B. für einige Jahre eine positive Wachstumsrate angesetzt und danach einen konstanter Cash-flow unterstellt werden.[216] Da die Bestimmung des Restwertes immer mit Unsicherheiten verbunden ist, gilt es jedoch zu prüfen, ob der damit verbundene Abstimmungs- und Rechenaufwand in einem angemessenen Verhältnis zu der hierdurch erzielten vermeintlich höheren Genauigkeit steht.

---

[215] Kritisch u. a. *Rappaport* (1986), S. 64f., *Herter* (1994), S. 72, *Hachmeister* (1995), S. 89. Ballwieser und Moxter lehnen Multiplikatormethoden aufgrund von Mängeln im theoretischen Aufbau grundsätzlich ab. Vgl. *Ballwieser* (1991), S. 62, *Moxter* (1983), S. 134.

[216] Vgl. *Herter* (1994), S. 71.

4.2.3.2 Börsenkapitalisierung

Der Wert eines börsennotierten Kreditinstitutes läßt sich auch anhand der Börsen-bzw. Marktkapitalisierung bestimmen. Durch Multiplikation der Anzahl der emittierten Aktien mit dem Börsenkurs ergibt sich die aktuelle Börsenbewertung des Institutes.

Dem Vorteil der leichten Ermittelbarkeit bei börsennotierten Kreditinstituten stehen einige gravierende Nachteile gegenüber. Zum einen schwankt die Marktkapitalisierung der börsennotierten deutschen Kreditinstitute im Zeitablauf sehr stark. Die hohe Volatilität wird durch einen Vergleich der Börsenkapitalisierung der vier deutschen Großbanken von Anfang 1985 bis Ende 1999 deutlich.[217]

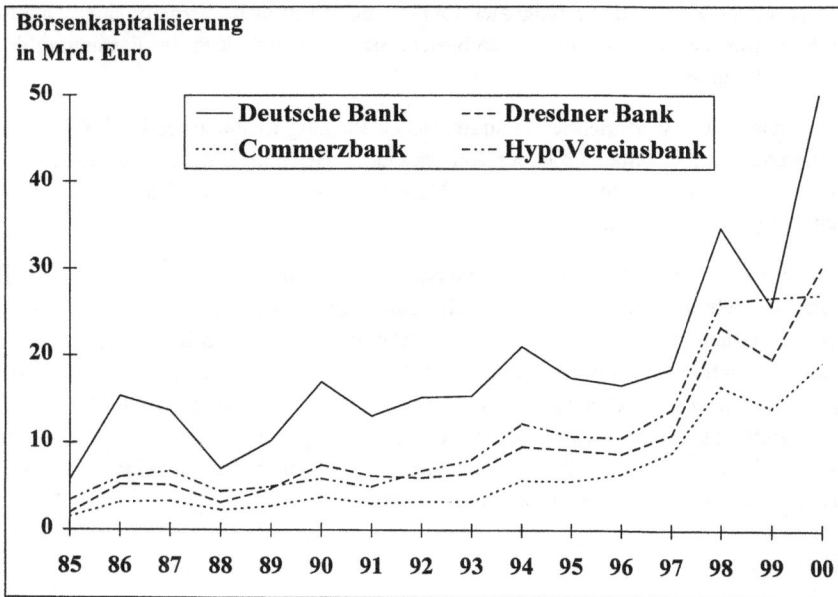

Abbildung 22: Börsenkapitalisierung deutscher Großbanken

Quelle: *Hoppenstedt* (1996), *Deutsche Börse AG* (Factbook, verschiedene Jg.), eigene Berechnungen.

---

[217] Die Börsenkapitalisierung der HypoVereinsbank vor der Fusion 1998 ergibt sich aus der Summe der Marktkapitalisierungen der Bayerischen Vereinsbank sowie der Bayerischen Hypotheken- und Wechsel-Bank.

Allein in 1999 hat sich die Börsenkapitalisierung der Deutschen Bank nahezu verdoppelt, wohingegen die Dresdner Bank eine Steigerung von 50 % und die Commerzbank von etwa 40 % erzielt haben. Demgegenüber ist die Börsenkapitalisierung der HypoVereinsbank annähernd konstant geblieben. Noch Ende 1998 lag die Deutsche Bank – nach der Übernahme von Bankers Trust gemessen an der Bilanzsumme das größte Kreditinstitut der Welt – in der Marktkapitalisierung knapp hinter der HypoVereinsbank.

Nimmt man die aktuelle Marktkapitalisierung als Grundlage für die Bestimmung der Eigenkapitalkosten, so können sich durch die starken Schwankungen erhebliche Verzerrungen ergeben. Darüber hinaus bedarf es häufiger Anpassungen an die Aktienkursentwicklung, was die Planungssicherheit verringert und je nach Börsensituation zu abweichenden Steuerungssignalen führen kann. Setzt man alternativ einen Durchschnittswert der letzten Jahre an, so besteht die Schwierigkeit in der Festlegung des Betrachtungszeitraumes.

Im Rahmen der wertorientierten strategischen Planung ist die aktuelle Marktbewertung und damit der Status-quo nur von sekundärer Bedeutung, da es ja gerade darum geht, die Auswirkungen verschiedener Handlungsalternativen auf den Wert des Kreditinstitutes zu bestimmen.

Weitere Probleme treten bei nicht-börsennotierte Kreditinstituten wie Sparkassen und Genossenschaftsbanken auf. Für sie fehlt eine Marktbewertung. Unter der Annahme eines konstanten Marktwert-Buchwert-Verhältnisses (Market-to-Book-Ratio) könnte sich ein (fiktiver) Marktwert durch die Multiplikation des buchhalterischen Eigenkapitals mit den entsprechenden Quotienten berechnen lassen. Setzt man die Börsenkapitalisierung und den Buchwert des Eigenkapitals ausgewählter deutscher Aktienbanken Ende 1999 ins Verhältnis zueinander und bestimmt die jeweilige Market-to-Book-Ratio, so ergibt sich ein sehr uneinheitliches Bild:

	Deutsche Bank	HypoVer- einsbank	Dresdner Bank	Commerz- bank	BHF- Bank	IKB[1]
Buchwert des Eigenkapitals	23,2	12,4	11,6	11,1	1,8	1,1
Börsenkapita- lisierung	51,4	28,7	28,1	18,7	3,3	1,6
Marktwert/ Buchwert	2,22	2,32	2,42	1,69	1,83	1,45

Buchwert des Eigenkapitals und Börsenkapitalisierung in Mrd. Euro
[1] Daten März 1999

**Abbildung 23: Buchwert des Eigenkapitals im Vergleich zur Börsenkapitali-
sierung**

Quelle: Geschäftsberichte 1999 der Institute, eigene Berechnungen.

Zum einen läßt sich feststellen, daß die Bewertung der Kreditinstitute an der Börse
zum Teil deutlich vom Buchwert des Eigenkapitals abweicht. Zum anderen schwankt
der Marktwert und damit das Verhältnis von Markt- zu Buchwerten je nach Institut
deutlich. Daher kann, auch aufgrund der unterschiedlichen Geschäftsstrukturen der
einzelnen Kreditinstitute, nicht von einem brancheneinheitlichen Quotienten ausgegangen werden, mit dem für nicht-börsennotierte Kreditinstitute ein Marktwert bestimmt werden kann.[218]

Aufgrund der aufgezeigten Kritik ist die Marktkapitalisierung zur Bestimmung der
Eigenkapitalkosten sowohl für nicht-börsennotierte als auch börsennotierte Kreditinstitute nicht geeignet. Eine hohe Bedeutung kommt der Marktkapitalisierung jedoch
bei börsennotierten Aktienbanken als Vergleichs- und Kontrollgröße zu. Durch die
Gegenüberstellung der am Markt realisierten Börsenkapitalisierung mit dem auf der
Basis des Wertmanagement-Ansatzes ermittelten Unternehmenswert ist es möglich,
bestehende Wertlücken zu erkennen.

---

[218] Einzelne Autoren nehmen dennoch eine solche Berechnung vor. Vgl. *Spremann* (1994), S. 23ff.,
Rüegsegger (1998), S. 42.

4.2.4 Zusammenfassung der Untersuchungsergebnisse

Nachfolgend sollen die wesentlichen Ergebnisse der Untersuchung kurz zusammen gefaßt werden.

Wie aufgezeigt wurde, sind sowohl das bilanzielle Eigenkapital als auch das aufsichtsrechtliche Haftungskapital nicht als Verzinsungsgrundlage bei der Bestimmung der Eigenkapitalkosten des Kreditinstitutes geeignet, da beide bei den Buchwerten der Bilanz ansetzen.

Statt dessen ist auf den (potentiellen) Marktwert des Kreditinstitutes abzustellen. Analog der Bewertung einer Aktie durch die Anleger auf dem Kapitalmarkt sollte auf der Gesamtbankebene die Ermittlung des vom Kreditinstitut zu verzinsende Kapitals durch die Abdiskontierung der erwarteten Free Cash-flows an die Bankeigentümer erfolgen.[219] Wie aufgezeigt, sind hierbei einige Besonderheiten der Kreditwirtschaft zu beachten. So sollte bei Kreditinstituten - abweichend von der Praxis in Unternehmen anderer Wirtschaftssektoren - der Eigenkapital-Ansatz anstelle des Gesamtkapital-Ansatzes gewählt werden. Zwar ergeben sich bei der Zusammensetzung des Free Cash-flow bei Kreditinstituten keine grundsätzlichen Abweichungen zu Nichtbanken, jedoch besteht aufgrund der Position im Liquiditäts- und Finanzierungsstrom der Wirtschaft eine unterschiedliche Gewichtung der einzelnen Elemente des Free Cash-flow.

Die Bestimmung des zu verzinsenden Kapitals auf der Grundlage des Discounted Cash-flow ist auch für börsennotierte Aktienbanken zu empfehlen, obwohl mit der Börsenkapitalisierung ein Marktwert des Kreditinstitutes vorliegt. Dieser ist aufgrund der beschriebenen Defizite und seiner mangelnden Eignung für die strategische Planung zur wertorientierten Steuerung nicht geeignet.

Nachdem nun die Mengenkomponente der Eigenkapitalkosten bestimmt wurde, gilt es im folgenden die Preiskomponente, den Eigenkapitalkostensatz des Kreditinstitutes, zu ermitteln.

---

[219] Inwieweit dieses Vorgehen auch zur Bestimmung der zu erzielenden Eigenkapitalkosten bei Geschäftsbereichen und Tochterunternehmen eines Kreditinstitutes geeignet ist, wird im Abschnitt 5.2 analysiert.

4.3 Bestimmung des Eigenkapitalkostensatzes

4.3.1 Ermittlung der Kosten des Eigenkapitals aus unternehmensinternen Überlegungen

In der Literatur werden zwei Methoden zur Bestimmung der Eigenkapitalkosten diskutiert, welche die Renditeforderungen aus unternehmensinternen Überlegungen ableiten.[220] So wird zum einen die Höhe der Eigenkapitalkosten mit der Ausschüttung an die Eigentümer gleichgesetzt. Zur Bestimmung des Kapitalkostensatzes wird die aktuelle bzw. für das kommende Jahre erwartete Dividende ins Verhältnis zum aktuellen Aktienkurs gesetzt und damit die Dividendenrendite ermittelt. Jedoch bildet die Dividende nur einen Renditebestandteil für die Aktionäre. Von weitaus größerer Bedeutung sind in den letzten Jahren die erzielten Kursgewinne. Da die Dividendenrendite die Wertsteigerungen nicht berücksichtigt, führt dies zum Ansatz zu geringer Kapitalkosten. Angesichts der sehr niedrigen und sogar unter dem risikolosen Zinssatz liegenden Dividendenrendite deutscher Gesellschaften würde dies zu gravierenden Fehlsteuerungen führen.[221]

Zum anderen wird bei der Ermittlung der Eigenkapitalkosten von Kreditinstituten neben der Ausschüttung auch die für das geplante Unternehmenswachstum erforderliche Gewinnthesaurierung berücksichtigt. Begründet wird dies mit den aufsichtsrechtlichen Eigenkapitalvorschriften, welche eine entsprechende Unterlegung der Aktiva mit Eigenmitteln verlangen.[222] In der kreditwirtschaftlichen Literatur wird dieser Sachverhalt unter dem Stichwort „Mindestgewinn" bzw. „struktureller Gewinnbedarf" u. a. von Schierenbeck und Rolfes ausführlich diskutiert.[223] Dieses Vorgehen ist kritisch zu sehen, da die Gewinnbedarfsplanung unter bilanzpolitischen und institutsspezifischen Überlegungen zum Geschäftswachstum und Ausschüttungsbedarf erfolgt. Die Höhe des erforderlichen Mindestgewinnes ist insbesondere von der Auslastung der Eigenmittel sowie den Wachstumsplanungen des Managements abhängig. So wäre in Jahren mit ausreichendem Eigenmittelbestand bzw. bei einem geplantem Wachstum von Null keine Thesaurierung von Gewinnen notwendig und somit würde der Kalkulationsbestandteil entfallen. Hingegen wären bei knappen Eigenmitteln und hohen Wachstumserwartungen umfangreiche Gewinnthesaurierungen erforderlich, die durch entsprechende Kalkulation der Eigenkapitalkosten gedeckt werden müßten.

---

[220] Vgl. *Behm* (1994), S. 160, *Schierenbeck* (1997 I), S. 432f.

[221] Die Dividendenrendite der 30 DAX-Unternehmen betrug Ende 1999 im Schnitt 1,4 %. Bei den vier Großbanken liegt sie zwischen 1,3 % (HypoVereinsbank) und 2,2 % (Commerzbank). Vgl. *WestLB Panmure* (5/2000).

[222] Vgl. *Schierenbeck* (1997 I), S. 432f.

[223] Vgl. *Schierenbeck/Rolfes* (1984a, b), *Schierenbeck* (1997 I), S. 432-450.

Eine Rendite-/Risikobetrachtung bei der Allokation der Eigenmittel und ihrer Verzinsung erfolgt in aller Regel nicht oder nur unvollständig. Der unterschiedliche Risikogehalt einzelner Bankgeschäfte kann nur unzureichend durch pauschale, an den Vorschriften der Bankenaufsicht orientierte Anrechnungsfaktoren berücksichtigt werden. Da nur Risikoaktivageschäfte mit Eigenmitteln unterlegt werden und somit Eigenkapitalkosten zu tragen haben, werden die Ergebnisverantwortung und die Risiken der übrigen Bankgeschäfte vernachlässigt. Eine sachgerechte Allokation von Risikokapital ist nur dann möglich, wenn alle Geschäftsfelder und Produkte in das Kalkül einbezogen werden.[224] Die obige Kritik belegt, daß dieses auf aufsichtsrechtlichen Vorschriften und geschäftspolitischen Wachstumszielen basierende Verfahren nicht zu einer internen Risiko-/Renditesteuerung von Kreditinstituten geeignet ist.[225]

Sowohl die Dividendenrendite als auch der strukturelle Gewinnbedarf sind für die wertorientierte Unternehmenssteuerung ungeeignet, da die Renditeforderungen der Eigentümer nur eine unzureichende Berücksichtigung bei der Festlegung der Eigenkapitalkosten finden. In den nachfolgenden beiden Abschnitten sollen daher Verfahren zur Bestimmung der Eigenkapitalkostensatzes vorgestellt werden, die auf dem empirisch meßbaren Zusammenhang zwischen Risiko und Rendite auf den Kapitalmärkten basieren. Dieses sind neben den moderneren kapitalmarkt-theoretischen Konzepten wie dem Capital Asset Pricing Model (CAPM) und der Arbitrage Pricing Theory (APT) auch traditionelle Ansätze wie das Dividendenwachstumsmodell und das Gewinnmodell.

---

[224] Vgl. *Flaßkühler/Veltkamp* (1995), S. 191f.

[225] Vgl. *Flesch* (1996), S. 9, *Flaßkühler/Veltkamp* (1995), S. 192.
Erst mit der 5. Auflage seines „Ertragsorientierten Bankmanagement" 1997 geht Schierenbeck darauf ein, daß die Ziel-Eigenkapitalrentabilität auch aus den Renditeforderungen der Eigentümer abgeleitet werden kann. Vgl. *Schierenbeck* (1997 I), S. 420f.
Schierenbeck sorgt für eine weitere begriffliche Verwirrung, da er den im erweiterten Marktzinsmodell im Falle eines Eigenkapitalengpasses anfallenden Malus als „echte Eigenkapitalkosten" bezeichnet. Vgl. *Schierenbeck* (1997 II), S. 440. Wie Vogelsang belegt, ist die Interpretation des Malus als Eigenkapitalkosten aufgrund logischer Widersprüche nicht haltbar. Er kommt zu dem Ergebnis: "Unabhängig davon, ob man die erweiterte Marktzinsmethode grundsätzlich für ein sinnvolles Verfahren hält, lassen sich Eigenkapitalkosten mit der Marktzinsmethode also nicht bestimmen." Vgl. *Vogelsang* (1998), S. 444.

4.3.2 Ermittlung des Eigenkapitalkostensatzes auf der Basis kapitalmarkttheoretischer Modelle

4.3.2.1 Grundlagen der modernen Kapitalmarkttheorie

Es sollen im folgenden nur die Grundzüge der modernen Kapitalmarkttheorie erläutert werden. Für eine ausführliche Darstellung und Bewertung sei auf die einschlägige Literatur verwiesen.[226]

4.3.2.1.1 Portfolio Selection Theory

Grundlage der modernen Kapitalmarkttheorie bildet die von Markowitz und Tobin entwickelte Portfolio-Selection Theory.[227] Ausgangspunkt ist die empirische Beobachtung, daß Anleger zur Reduzierung ihres Gesamtrisikos ihr Vermögen auf mehrere Anlageobjekte aufteilen. Durch die Zusammenfassung mehrerer Wertpapiere in einem Anlageportefeuille ist es möglich, das Gesamtrisiko gegenüber der Anlage in einzelne Wertpapiere zu reduzieren.[228] Der Diversifikationseffekt wird um so größer, je stärker sich die Renditen der Wertpapiere unterschiedlich zueinander entwickeln, d. h. je geringer ihre Korrelation ist.

Jedoch kann nur ein Teil des Risikos durch Diversifikation der Wertpapiere vermieden werden. Der vermeidbare Teil des Risikos beruht nicht auf Einflüsse des Kapitalmarktes, sondern resultiert aus Risiken, die nur diesem einen Unternehmen zugerechnet werden können, wie Managementfehler oder Wettbewerbsnachteile im Vergleich zu Konkurrenten. Er wird daher als unsystematisches Risiko bezeichnet. Den verbleibenden nicht vermeidbaren Teil des Gesamtrisikos stellt das systematische Risiko oder auch Marktrisiko dar. Es ist abhängig von der Entwicklung dieser Aktie im Verhältnis zum Gesamtmarkt. Ursachen für das systematische Risiko sind politische und ökonomische Faktoren, welche die Volkswirtschaft insgesamt beeinflussen. Eine Reduzierung dieses Marktrisikos ist nicht möglich. Das unsystematische Risiko

---

[226] Vgl. u. a. *Süchting* (1995), S. 360ff., *Peridon/Steiner* (1997), S. 249ff., *Steiner/Bruns* (1998), S. 6ff., *Brealey/Myers* (2000), S. 187ff.

[227] Vgl. *Markowitz* (1952), *Tobin* (1958), *Markowitz* (1959).

[228] Häufig kann das Portefeuillerisiko sogar unter das Risiko des risikoärmsten Wertpapiers gesenkt werden. Vgl. *Kosfeld* (1996), S. 45 und die dort angegebene Literatur.
Unterstellt wird hierbei, daß der Anleger nicht an einer möglichst hohen Rendite interessiert ist, sondern auch das mit einer Anlage verbundene Risiko betrachtet. Er handelt insoweit rational, als er nur bereit ist, ein höheres Risiko zu akzeptieren, wenn die Renditeerwartung überproportional zunimmt. Ebenfalls strebt er eine gemäß seiner Risikobereitschaft optimale Rendite/ Risiko-Relation an. Weitere Prämissen sind:
- von Transaktionskosten und Steuern wird abstrahiert,
- die Wertpapiere sind beliebig teilbar,
- der Betrachtungszeitraum beträgt eine Periode.

eines Portefeuilles nimmt dagegen mit der Zahl der Wertpapiere tendenziell ab. Dieser Portfolioeffekt kann anhand der folgenden Abbildung verdeutlicht werden:

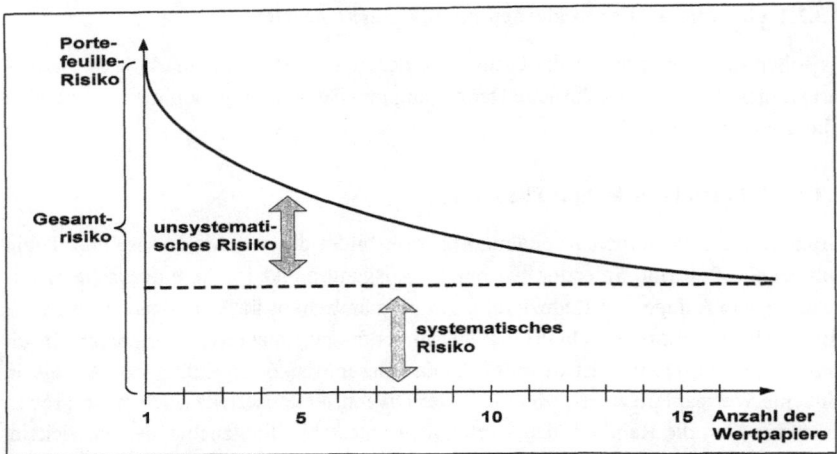

Abbildung 24: Diversifikationseffekte in einem Portefeuille

Besondere Bedeutung kommt der Portfoliotheorie im Rahmen der Asset Allocation zu. Es werden nicht mehr nur die Risiken des einzelnen Wertpapiers betrachtet, sondern ganze Portfolios bewertet. Daher bildet diese Theorie auch die Grundlage für ein modernes Risikomanagement im Finanzsektor. Über Wertpapiere hinaus läßt sich der Kerngedanke auch auf Unternehmen, insbesondere weltweit tätige Konzerne oder Holdings, übertragen, die ihr Risiko durch eine Diversifikation nach Branchen und Ländern senken können. Durch die Zusammenfassung verschiedener Geschäftsbereiche mit unterschiedlichen Renditen und Risiken ist es möglich, das Gesamtrisiko der Unternehmung zu mindern.

Die Übertragung des Portfoliogedankens auf das Anlageportefeuille von Kreditinstituten und seine Steuerung wird dadurch erleichtert, daß es sich bei der Mehrzahl der Anlagen um sogenannte near-money assets handelt. Wie bereits erläutert, sind Kreditinstitute durch ihre größere Nähe zum Kapitalmarkt für eine kapitalmarktorientierte Unternehmenssteuerung besser geeignet als Unternehmen anderer Branchen. So lassen sich durch den hohen Anteil an Finanzanlagen im Bankportefeuille Diversifikationseffekte leichter realisieren als im Industrieportfolio, das im wesentlichen durch Sachanlagen geprägt ist.[229]

---

[229] Vgl. hierzu auch die Ausführungen im Abschnitt 3.3.

4.3.2.1.2 Capital Asset Pricing Model (CAPM)

Aufbauend auf den Erkenntnissen der Portfoliotheorie bildet das von Sharpe, Mossin und Lintner entwickelte Capital Asset Pricing Model (CAPM) die Grundlage für eine marktbezogene Bestimmung der Wertpapierrendite und damit der Kapitalkosten eines Unternehmens.[230]

Sharpe greift den Kerngedanken der Portfoliotheorie auf, demzufolge durch Diversifikation das Risiko eines Wertpapierportefeuilles gegenüber der Summe der Einzelrisiken reduziert werden kann. Er zieht hieraus den Schluß, daß daher nicht das individuelle Risiko für die Bewertung eines einzelnen Wertpapiers ausschlaggebend ist, sondern sein Beitrag zur Reduzierung des Risikos eines Wertpapierportefeuilles.

Dem Modell liegen eine Reihe von Prämissen zu Grunde:[231]

- Zu einem risikolosen Zinssatz[232] kann jederzeit beliebig viel Geld aufgenommen und angelegt werden.
- Die Anleger verhalten sich rational und sind risikoscheu.[233]
- Von Steuern, Transaktionskosten sowie Zins- und Geldwertveränderungen wird abstrahiert.
- Die Anleger besitzen homogene Erwartungen bezüglich der Rendite und des Risikos aller Wertpapiere. Hierzu bedarf es eines informationseffizienten Kapitalmarktes.[234]
- Wertpapiere können in beliebiger Teilbarkeit erworben werden. Die Anleger verfügen über ausreichende finanzielle Mittel, um mehrere Wertpapiere in einem Portefeuille gemäß der Portfolio Selection Theory zusammenstellen zu können.

Durch die Möglichkeit der Diversifikation muß das Risiko eines Wertpapiers in Zusammenhang mit dem Risiko des Marktportefeuilles gesehen werden. Zur Bestimmung des Gleichgewichtspreises für einzelne Wertpapiere geht man daher zunächst vom Marktportefeuille aus. Da hierin alle Wertpapiere mit ihrem Marktwert enthalten

---

[230] Vgl. *Sharpe* (1964), S. 425-442, *Lintner* (1965), S. 13-37, *Mossin* (1966), S. 768-783.

[231] Vgl. u. a. *Jensen* (1972), S. 5, *Copeland/Weston* (1988), S. 194, *Schneider* (1992), S. 506f., *Süchting* (1995), S. 370, *Drukarczyk* (1993), S. 234, *Perridon/Steiner* (1997), S. 258-260.

[232] Der risikolose Zinssatz ergibt sich für Anlagen in Wertpapieren, die keinem Ausfallrisiko unterliegen. Hierunter wird zumeist die Rendite von Schuldverschreibungen bonitätsmäßig einwandfreier Staaten verstanden. Vgl. hierzu auch die Ausführungen unter 4.3.2.2.1.

[233] Hierbei wird unterstellt, daß der Anleger bei vorgegebenen Risiko die Portfeuillezusammensetzung wählt, die eine höhere Rendite verspricht bzw. bei vorgegebener Rendite das Portefeuille wählt, welches ein geringeres Risiko besitzt.

[234] Unter diesen Prämissen ist es möglich, einen Übergang von der mikroökonomisch ausgerichteten Portfoliotheorie zur makroökonomischen Kapitalmarkttheorie zu vollziehen.

sind, kann der Wert jedes einzelnen Wertpapiers in Relation zum Marktportefeuille ausgedrückt werden. Da dem Anleger die Möglichkeit zur Diversifikation offensteht, vergütet der Markt keine Prämie für den unsystematischen Teil des Risikos, sondern nur für das Marktrisiko.

Die Wertpapierlinie, bzw. Security Market Line stellt den linearen Zusammenhang zwischen der erwarteten Rendite eines Wertpapiers und seinem systematischen Risiko dar:

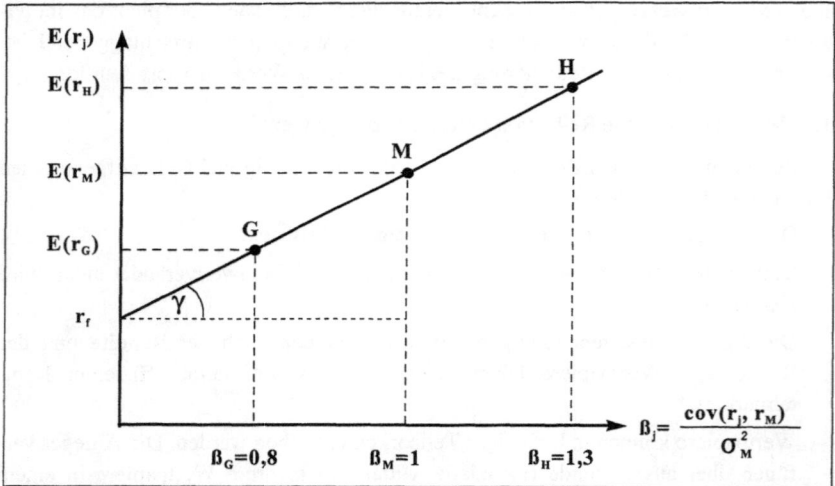

Abbildung 25: Die Wertpapierpreise auf der Security Market Line

Quelle: *Süchting* (1995), S. 375.

Hieraus ergibt sich, daß die erwartete Rendite einer risikobehafteten Kapitalanlage sich im Kapitalmarktgleichgewicht zusammensetzt aus dem risikolosen Zinssatz zuzüglich einer Prämie für das Risiko der Anlage.

Bedeutendste Größe im CAPM ist der Betafaktor β, der das systematische Risiko einer Aktie repräsentiert. Als Maß für die Sensitivität eines Wertpapiers auf Marktschwankungen gibt er an, wie stark die Einzelrendite eines Wertpapiers variiert bei einer Veränderung der Marktrendite. Der Betafaktor zeigt somit den Einfluß, den politische und ökonomische Faktoren auf diese Aktie besitzen, im Vergleich zum Einfluß auf das den Gesamtmarkt repräsentierende Marktportefeuille. Man geht bei der Betrachtung davon aus, daß sich jedes Wertpapier in einem bestimmten Umfang proportional mit dem repräsentativen Marktportefeuille bewegt. Rechnerisch läßt sich der Betafaktor bestimmen aus der Kovarianz der Renditeerwartungen der Aktie und des Marktportefeuilles, dividiert durch die Varianz des Marktportefeuilles.

Der Zusammenhang zwischen der Rendite eines einzelnen Wertpapiers und der Marktrendite kann anhand der Security Characteristic Line graphisch verdeutlicht werden:

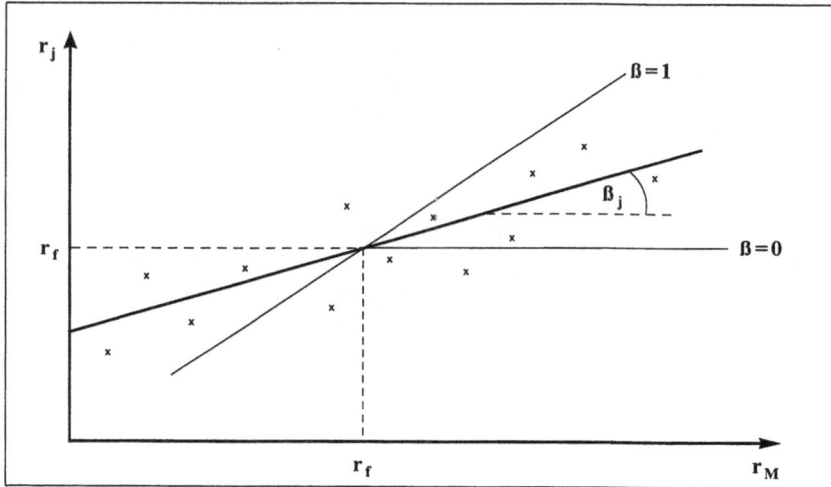

Abbildung 26: Die Wertpapierrendite in Abhängigkeit von der Marktrendite
Quelle: *Süchting* (1995), S. 376.

Als Gleichung der Geraden ergibt sich:

$$E(r_f) = r_f + \beta_j \cdot (E(r_M) - r_f) \ .$$

Der Betafaktor bestimmt, da er die Steigung der Geraden ist, das Ausmaß der Veränderungen der Einzelrendite bei Veränderung der Marktrendite. Das Marktportefeuille weist definitionsgemäß einen Betafaktor von 1 auf. Die risikolose Anlage besitzt einen Betafaktor von 0, da sie unkorreliert mit der Renditeerwartung des Marktes ist und kein systematisches Risiko beinhaltet. Eine Anlage mit einem Betafaktor größer als 1 reagiert überproportional auf die Entwicklung der Marktrendite, bei einem Beta kleiner als 1 reagiert sie unterproportional. Der Betafaktor kann sogar negativ werden. Das Wertpapier entwickelt sich dann entgegengesetzt dem Markt; es weist somit eine negative Korrelation zum Marktportefeuille auf. Je höher der Betafaktor ist, desto höher ist das Anlagerisiko (aber auch die Chance) und die geforderte Prämie der Investoren.

Die Anwendungsmöglichkeiten des CAPM sind nicht nur auf Wertpapiere beschränkt. Die durch das CAPM gewonnenen Erkenntnisse über den Risiko-/Rendite-Zusammenhang bei Wertpapieren können auf die Investitionsrechnung und die Bestimmung der Eigenkapitalkosten von Unternehmen übertragen werden. Im Rahmen der langfristigen Unternehmensplanung sind Investitionsentscheidungen zu fällen, deren Investitionsrückflüsse über mehrere Perioden hinweg unsichere Größen darstellen. Die zukünftigen Zahlungen bergen Risiken und Chancen in sich, die in angemessener Weise zu berücksichtigen sind. Generell gilt dabei die Feststellung, daß der geforderte Ertrag mit dem Risikograd der Rückflüsse zunehmen sollte. Die am Kapitalmarkt zu erzielenden Renditen bieten einen Anhaltspunkt für die Berechnung der Opportunitätskosten des in einem Investitionsobjekt oder Geschäftsbereich gebundenen Kapitals. So müßte ein sicheres Investitionsprojekt sich entsprechend dem geltenden risikolosen Zinssatz rentieren, ein dem durchschnittlichen Unternehmensrisiko entsprechendes Vorhaben gemäß der Aktienrendite des Unternehmens. Die einzelnen Finanzierungsarten und ihre Kapitalkosten stellen für die Unternehmen eine zentrale Entscheidungskomponente bei der Beurteilung der Vorteilhaftigkeit von Investitionen dar. So ist die Ableitung der Eigenkapitalkosten eines Unternehmens aus dem Kapitalmarkt mit dem CAPM möglich. Da der risikolose Zinssatz und die Marktrendite im mehrjährigen Durchschnitt nur geringfügig schwanken, stellt der Betafaktor die einzig variable Größe dar und besitzt somit wesentlichen Einfluß auf die Höhe der Eigenkapitalkosten einer Unternehmung.

Lange Zeit galt das CAPM als die Kapitalmarkttheorie schlechthin. Seit einigen Jahren wächst jedoch die Kritik an dem Modell. Hauptangriffspunkte bilden seine empirische Signifikanz und die gesetzten Prämissen.

In den letzten Jahrzehnten wurde eine Fülle von Untersuchungen veröffentlicht, die sich mit der Überprüfung der empirischen Validität des CAPM beschäftigen.[235] In umfangreichen Tests in den USA, aber auch in einigen Untersuchungen zum deutschen Kapitalmarkt kommen die Analysen zu unterschiedlichen Ergebnissen über die Gültigkeit des CAPM.[236]

---

[235] Eine Übersicht über ältere Untersuchungen geben *Rudolph* (1979), S. 1034-1067 und *Copeland/ Weston* (1988), S. 212-217.

[236] Zu den Ergebnissen der für den deutschen Kapitalmarkt durchgeführten Untersuchungen, vgl. *Kosfeld* (1996), S. 144-150.

Während die in den sechziger und siebziger Jahren durchgeführten Tests die Aussagen des CAPM weitgehend bestätigen konnten,[237] neigen einige der neueren Tests zu einer Ablehnung der Modellaussagen.[238]

Ein breites Echo hat in der Wissenschaft eine im Jahr 1992 veröffentlichte Studie von Fama/French ausgelöst.[239] Sie haben für einige Untersuchungsperioden einen nur schwachen Zusammenhang zwischen Rendite und Betafaktor festgestellt. Einen hohen Erklärungsgehalt besäßen hingegen das Buchwert-Marktwert-Verhältnis und die Unternehmensgröße.[240] Diese empirischen Ergebnisse führen ihrer Meinung nach zur Ablehnung des CAPM. Ihre Forschungen sind in den nachfolgenden Jahren jedoch nicht ohne Widerspruch geblieben. Anhand der Ergebnisse einer Vielzahl von empirischen Untersuchungen sehen die Mehrzahl der Autoren die Gültigkeit des CAPM auch weiterhin als gegeben an. Darüber hinaus wird der methodische Aufbau der Studie, das von Fama/French verwendete Datenmaterial und die Interpretation der Ergebnisse kritisiert.[241] In ihrer Untersuchung kommen Jagannathan/Wang zu dem Ergebnis, daß sich unter Berücksichtigung der im Konjunkturverlauf auftretenden Veränderungen des Betafaktors ein hoher Erklärungsgehalt des CAPM nachweisen läßt.[242] Zu einer ebenfalls positiven Einschätzung über die Gültigkeit des CAPM kommen Gordon/Gordon[243], Kaplan/Ruback[244] und Clare/Priestley/Thomas[245].

Schon früh wurde der Kritik an den realitätsfernen Modellprämissen zu begegnen versucht, indem sie durch weniger restriktive Annahmen ersetzt wurden. Neben dem

---

[237] Einen linearen Zusammenhang zwischen Risiko und Rendite eines Wertpapiers belegen u. a. Fama/MacBeth und Black/Jensen/Scholes, vgl. *Fama/MacBeth* (1973), S. 607-636, *Black/Jensen/Scholes* (1972), S. 79-121. Für den deutschen Kapitalmarkt kommen Möller und Frantzmann zum gleichen Ergebnis, vgl. *Möller* (1988), S. 794f., *Frantzmann* (1989), S. 189, 220f.

[238] Im Rahmen dieser Arbeit ist es nicht möglich, auf die einzelnen Untersuchungen einzugehen. Es sei daher auf die einschlägige Literatur verwiesen. Einen Überblick über die verschiedenen Tests und ihre Ergebnisse geben Jagannathan/McGrattan, vgl. *Jagannathan/McGrattan* (1995).

[239] Vgl. *Fama/French* (1992), S. 427-465.

[240] Vgl. *Fama/French* (1992), *Fama/French* (1993).

[241] So werden von Kothari/Shanken/Sloan und Breen/Korajczyk die von Fama/French verwendeten Input-Daten bemängelt, und von Amihud/Christensen/Mendelson, Clare/Priestley/Thomas sowie Black die zugrunde liegenden statistischen Verfahren kritisiert. Vgl. *Amihud/Christensen/Mendelson* (1992), zitiert nach *Jagannathan/McGrattan* (1995), S. 8, *Black* (1993), S. 8-18, *Kothari/Shanken/Sloan* (1995), *Breen/Korajczyk* (1995), *Clare/Priestley/Thomas* (1998).

[242] Vgl. *Jagannathan/Wang* (1993).

[243] Vgl. *Gordon/Gordon* (1997), S. 60.

[244] So erzielten Kaplan/Ruback bei der Analyse von 51 „highly leveraged transactions" konträre Ergebnisse gegenüber der Studie von Fama/French, vgl. *Kaplan/Ruback* (1995).

[245] So belegen Clare/Priestley/Thomas die Gültigkeit des CAPM für Großbritannien, vgl. *Clare/Priestley/Thomas* (1998).

risikolosen Zins betrifft dies auch die Annahme homogener Erwartungen und die Prämisse der Transaktionskosten- und Arbitragefreiheit.[246] Trotz der Lockerung der Modellprämissen lassen sich die wesentlichen Modellaussagen aufrechterhalten.[247] Darüber hinaus ist auch eine Annäherung der Realität an die Modellprämissen zu beobachten. So führt der wachsende Einsatz elektronischer Medien zu einer höheren Markttransparenz und somit zu einer weiteren Vervollkommnung des Marktes. Durch den Wegfall der Börsenumsatzsteuer und die Senkung der Preise für Wertpapierorders durch Direktbanken haben sich die Transaktionskosten auch kleinerer Anlagen deutlich reduziert.

Bei Untersuchungen erwies sich der Betafaktor in der Zeit nicht als stabil. Ebenfalls läßt sich eine systematisch höhere Rendite kleiner bzw. schwach kapitalisierter Unternehmen feststellen (der sogenannte Size-Effekt), aber es lassen sich auch saisonale Effekte beobachten.[248] Darüber hinaus können Stichprobenfehler zu einer Über- oder Unterschätzung gegenüber dem wahren Wert führen.[249] Diese Probleme können aber weitestgehend überwunden werden, indem man eine Bereinigung des Betafaktors vornimmt[250], einen längeren Datenzeitraum wählt[251] oder bei kleineren Unternehmen Branchenbetas oder fundamentale Betafaktoren verwendet.[252] Die Betawerte diversifizierter Portefeuilles erweisen sich erwartungsgemäß im Zeitablauf als deutlich stabiler.[253]

---

[246] Für eine Übersicht über die verschiedenen Versionen des CAPM, vgl. u. a. *Rudolph* (1979), *Copeland/Weston* (1988), S. 205-212., *Uhlir/Steiner* (1991), S. 194ff., *Elton/Gruber* (1995), S. 311-340, *Perridon/Steiner* (1997), S. 267-273.

[247] Vgl. Übersicht in *Uhlir/Steiner* (1991), S. 194.

[248] Vgl. *Banz* (1981), S. 3-18. Ibbotson/Kaplan/Peterson empfehlen daher die Bereinigung des Betafaktors kleiner Unternehmen, vgl. *Ibbotson/Kaplan/Peterson* (1997), S. 110.

[249] Vgl. u. a. Untersuchungen für den US-Markt von *Blume* (1971), *Kon/Lau* (1979) und für die Schweiz von *Schultz Zimmermann* (1989).

[250] So u. a. *Blume* (1971), *Vasicek* (1973), *Klemkosky/Martin* (1975), *Blume* (1975). Vgl. für weitere Korrekturverfahren und ihren Vergleich *Eubank/Zumwalt* (1979), *Schultz/Zimmermann* (1989), *Bauer* (1992), S. 98ff.

[251] Vgl. u. a. die Untersuchungsergebnisse von *Baesel* (1974), *Gonedes* (1973), *Alexander/Chervany* (1980), *Theobald* (1981).

[252] Vgl. zur Auswahl geeigneter Betafaktoren Abschnitt 5.3.

[253] Vgl. u. a. *Alexander/Chervany* (1980), *Sharpe/Alexander* (1990), S. 428f, *Elton/Gruber* (1995), S. 151. Zu dieser Einschätzung gelangen auch Frantzmann, Stehle und das Bankhaus Schröder Münchmeyer Hengst & Co bei ihren Untersuchungen des deutschen Aktienmarktes, vgl. *Frantzmann* (1990), *Schröder Münchmeyer Hengst & Co* (1991), S. 3f., *Stehle* (1997).

4.3.2.1.3 Arbitrage Pricing Theory

In seiner im Jahr 1976 vorgestellte Arbitrage Pricing Theory (APT) wählt Stephen Ross[254] einen anderen Ansatz zur Erklärung und Beschreibung des Zusammenhangs zwischen der erwarteten Rendite und dem Risiko bei einzelnen Wertpapieren und Portefeuilles. Das von ihm entwickelte Kapitalmarktmodell basiert nicht auf der Portfoliotheorie, sondern auf einem System von Arbitragebedingungen. Es weicht von der eindimensionalen Sichtweise des CAPM ab und läßt den Einfluß mehrerer Risikofaktoren explizit zu.[255]

Ähnlich wie beim CAPM ergibt sich die zukünftige Wertpapierrendite als Summe aus dem risikolosen Zinssatz zuzüglich einer Risikoprämie. Im Gegensatz zum CAPM wird die Risikoprämie nicht allein durch einen Faktor (Risiko des Marktportfolios) erklärt, sondern ergibt sich aus den mit der jeweiligen Faktorsensitivitäten multiplizierten Risikoprämien verschiedener, empirisch zu bestimmender Faktoren.[256]

Vorteilhaft wirken sich die weniger restriktiven Modellprämissen aus. So kommt die APT ohne die Annahme eines aus sämtlichen Anlagemöglichkeiten bestehenden Marktportefeuilles aus, auch ist die Kenntnis der Präferenzstrukturen der Anleger nicht notwendig, lediglich Renditestreben und Risikoscheu werden unterstellt.[257]

Wurde die APT über lange Jahre aus theoretischer Sicht als überlegen angesehen,[258] so ergeben sich doch eine Vielzahl von Problemen bei der praktischen Anwendung. So liefert die APT nur eine Bewertungsstruktur und überläßt die Identifikation der relevanten Risikofaktoren dem Modellanwender. Weder die einzelnen Faktoren noch ihre Anzahl werden im Modell näher spezifiziert.[259] Eine eindeutige Auswahl der Fak-

---

[254] Vgl. *Ross* (1976). Einen ausführlichen Überblick über die APT und ihre Vielzahl von teilweise sehr komplexen Verfeinerungen und Erweiterungen liefern Steiner/Nowak und Lockert; vgl. *Steiner/Nowak* (1994), *Lockert* (1998).

[255] Folgende Prämissen liegen dem Modell zu Grunde:
- Es liegt ein vollkommener Kapitalmarkt vor, der sich im Gleichgewicht befindet und somit arbitragefrei ist.
- Die Wertpapierrenditen hängen von mehreren Faktoren ab.
- Die Anleger sind risikoscheu.
- Bezüglich der Wertpapierrenditen bestehen seitens der Anleger homogene Erwartungen.
- Es existiert eine risikolose Kapitalanlage- und -aufnahmemöglichkeit.

[256] Das CAPM kann daher als ein lediglich auf einem Faktor aufbauender Spezialfall der APT angesehen werden. Vgl. u. a. *Kosfeld* (1996), S. 13. Dieser verbreiteten Ansicht widersprechen jedoch Gilles/LeRoy und Rothschild aufgrund der unterschiedlichen theoretischen Basis beider Modelle, vgl. *Gilles/LeRoy* (1991), S. 226, *Rothschild* (1986), S. 123, Fn. 11.

[257] Vgl. *Steiner/Nowak* (1994), S. 348.

[258] Vgl. *Roll/Ross* (1980), S. 28, *Connor* (1989), S. 306f.

[259] Zu den Problemen bei der Auswahl geeigneter Risikofaktoren, vgl. *Roll/Ross* (1984), S. 14-28.

toren, die für die Wertpapierrenditen maßgeblich sind, ist in den bisher vorgenommenen Untersuchungen nicht gelungen.[260] Vorstellbar sind sowohl makro- als auch mikroökonomische Faktoren. Bei makroökonomischen Faktoren ist zu denken an Inflationsentwicklung, Zinsentwicklung, Konjunkturentwicklung und Rohstoffpreise, Wechselkurse, Arbeitslosigkeit, etc. Mikroökonomische Faktoren können sein: Unternehmensgröße, Verschuldungsgrad, Konkurrenzverhalten, Kurs/Gewinn-Verhältnis, Dividendenrendite, Technologieintensität, etc. Gleichwohl sehen die APT wie auch das CAPM die Rendite von Wertpapieren als lineare Funktion des Wertpapierrisikos an.[261] Für den deutschen Kapitalmarkt wurden bisher nur wenige Untersuchungen veröffentlicht, die zu widersprüchlichen Ergebnissen bezüglich der Zusammensetzung der Risikofaktoren und der Anwendbarkeit der APT gekommen sind.[262]

Da die Implementierung des Ansatzes mit einer Vielzahl von Schwierigkeiten verbunden ist, befindet sich die APT bezüglich ihrer praktischen Nutzung noch in einem sehr frühen Stadium.[263]

Darüber hinaus wird auch z. T. fundamentale Kritik an dem modelltheoretischen Aufbau der APT geübt. So ziehen Kruschwitz/Löffler[264] aus den Ergebnissen der Untersuchungen von Gilles/LeRoy[265] und Bray[266] die Erkenntnis: „Die APT muß abgelehnt werden, weil man mit ihr keine ökonomisch gehaltvollen Aussagen über die Preise auf den Finanzmärkten treffen kann."[267] Sie verweisen statt dessen auf das CAPM und seine Verbesserungen.

---

[260] In den einzelnen Untersuchungen wurden unterschiedliche Risikofaktoren identifiziert. Vgl. u. a. *Roll/Ross* (1980), *Sharpe* (1982), *Chen/Roll/Ross* (1986), *Burmeister/Wall* (1986), *McElroy/Burmeister* (1988), *Berry/Burmeister/McElroy* (1988), *Connor/Korajczyk* (1988), *Lehmann/Modest* (1988), *Fama/French* (1993).

[261] Hierdurch wird implizit unterstellt, daß die einzelnen Faktoren separierbar sind und additiv miteinander verknüpft werden können.

[262] Vgl. *Winkelmann* (1984), *Peters* (1987), S. 130ff., *Frantzmann* (1989), *Steiner/Nowak* (1994), *Kosfeld* (1996), S. 188ff. Für den deutschen Aktienmarkt kommt Lockert zu dem Ergebnis, daß eine eindeutige Bestimmung der Risikofaktoren nicht möglich ist, vgl. *Lockert* (1997), S. 268.

[263] Vgl. *Freygang* (1993), S. 243, *Elton/Gruber* (1995), S. 368.

[264] Vgl. *Kruschwitz/Löffler* (1997).

[265] Vgl. *Gilles/LeRoy* (1991).

[266] Vgl. *Bray* (1994).

[267] *Kruschwitz/Löffler* (1997), S. 650. Kruschwitz/Löffler begründen ihre Aussage anhand mehrerer Theoreme, die sie aus den Annahmen des APT ableiten. Aufgrund der sehr umfangreichen und komplexen Beweisführung, wird an dieser Stelle auf eine nähere Erläuterung verzichtet.

4.3.2.1.4 Zusammenfassung und Schlußfolgerungen für die weitere Untersuchung

Trotz der aufgeführten Kritikpunkte ist das CAPM das bekannteste Modell zur Erklärung des Zusammenhangs zwischen der erwarteten Rendite und dem Risiko von Wertpapieren. Es besitzt nicht nur eine deskriptive Funktion zur Beschreibung des Trade-Offs zwischen Rendite und Risiko, es wird auch normativ in der Anlagepraxis und Aktienanalyse angewendet.[268] Insbesondere in angelsächsischen Ländern erfolgt üblicherweise die Ermittlung der erwarteten Aktienrendite und damit der Kapitalkosten für die Unternehmung auf kapitalmarkttheoretischer Grundlage. Auch bei deutschen Analysten und institutionellen Anlegern dominiert nach einer Studie von Price Waterhouse bei den verwendeten Kapitalmarktmodellen das CAPM.[269] Im Rahmen der Shareholder Value-Analyse wird das CAPM von fast allen Autoren verwendet.[270]

Obwohl die APT aus theoretischer Sicht Vorzüge gegenüber dem CAPM besitzt, wird sie aufgrund der Ergebnisse neuer Untersuchungen von einigen Wissenschaftlern abgelehnt. Darüber hinaus ist sie aufgrund der beschriebenen Probleme bei der Bestimmung der Risikofaktoren für den Einsatz in der Praxis noch nicht geeignet.[271] Vergleichende Untersuchungen führten zu z. T. deutlich voneinander abweichenden Ergebnissen.[272] Frantzmann lehnt den Einsatz von Mehrfaktormodellen ab, da ihr Erklärungsgehalt unwesentlich über dem des CAPM liegt, jedoch ein wesentlich höherer Schätzaufwand notwendig ist.[273] Da die Risikofaktoren der APT im Zeitablauf nicht konstant bleiben, müssen sie regelmäßig auf ihre Relevanz hin überprüft und angepaßt werden. Notwendig ist daher ein umfangreicher mathematisch-ökonometrischer Unterbau. Zudem erfordert die APT einen größeren Datenbestand und Analyseaufwand.[274] Demgegenüber erweist sich das CAPM durch seine Beschränkung auf nur einen Faktor gegenüber der APT als weniger komplex und ist auch für Mitarbeiter ohne vertiefte betriebswirtschaftliche Kenntnisse leichter verständlich.[275]

---

[268] Vgl. *Zaß/Schäfer* (1992), S. 391f. Zur näheren Erläuterung der Kapitalmarktmodelle und ihrer Bedeutung für die Aktienbewertung, vgl. *Kosfeld* (1996).

[269] Vgl. *Price Waterhouse* (1998), S. 23.

[270] Vgl. u. a. *Rappaport* (1986), *Bühner* (1990), *Stewart* (1991), *Freygang* (1993), *Copeland/ Koller/ Murrin* (1994), *Herter* (1994).

[271] Skeptisch zur Kapitalkostenermittlung auf der Basis der APT ist u. a. Hachmeister, vgl. *Hachmeister* (1995), S. 236.

[272] Während Roll/Ross höhere Kapitalkostensätze in der APT ermittelt haben, stellten Goldenberg/ Robin niedrigere Eigenkapitalkostenschätzungen bei der APT fest. Vgl. *Roll/Ross* (1983), S. 28, *Goldenberg/Robin* (1991), S. 189.

[273] Vgl. *Frantzmann* (1990), S. 83.

[274] Vgl. *Günther* (1997), S. 172.

[275] Gerade in der Einfachheit der Aussage sieht Spremann den Grund für die breite Akzeptanz des CAPM, vgl. *Spremann* (1992), S. 379.

Da das CAPM zum gegenwärtigen Stand der wissenschaftlichen Diskussion zur Erklärung des Zusammenhangs zwischen Rendite und Risiko von Wertpapieren am besten geeignet ist und in der Literatur sowie in der Praxis die weiteste Verbreitung gefunden hat, soll bei der weiteren Untersuchung auf diese Kapitalmarkttheorie zurückgegriffen werden.[276]

---

[276] Vgl. auch *Richter/Simon-Keuenhof* (1996), S. 707, *Günther* (1997), S. 172.

4.3.2.2 Bestimmung des Eigenkapitalkostensatzes auf Basis des CAPM

Das CAPM gibt an, welche Rendite ein Anleger für die Übernahme von Risiken erwarten kann. Hieraus wird er seine Renditeforderung ableiten. Somit lassen sich die Eigenkapitalkosten eines Unternehmens und seiner Geschäftsbereiche ebenfalls auf der Grundlage des CAPM ermitteln, da diese den Renditeforderungen der Kapitalgeber entsprechen.

Das CAPM zeigt, daß sich die erwartete Rendite einer Anlage proportional zum erwarteten Risiko verhält. Der Eigenkapitalkostensatz ermittelt sich im CAPM nach folgender Formel:

$$E(r_j) = r_f + \left[E(r_M) - r_f \right] \cdot \beta_j$$

$E(r_j)$	=	Erwartete Rendite des Wertpapiers j (Eigenkapitalkosten),
r_f	=	Rendite risikoloser Anlagen,
$E(r_M)$	=	Erwartete Rendite des Marktportefeuilles,
$E(r_M) - r_f$	=	Marktpreis für die Risikoübernahme; durchschnittliche Risikoprämie des Marktes,
β_j	=	systematisches Risiko des Wertpapiers j.

Um die Eigenkapitalkosten eines Kreditinstitutes bestimmen zu können, müssen folgende Werte bekannt sein:

- der risikolose Zinssatz,

- die Marktrendite und damit der Marktpreis für die Risikoübernahme,

- der Betafaktor des Unternehmens.

4.3.2.2.1 Ermittlung des risikolosen Zinssatzes

Zunächst gilt es, den risikolosen Zinssatz zu bestimmen. Hierbei handelt es sich um eine theoretische Größe, die den Ertrag darstellt, der ohne die Übernahme eines Risikos zu erzielen ist. Zur Operationalisierung des Ansatzes ist es notwendig, einen Referenzzinssatz zu finden, der dem risikolosen Zins am nächsten kommt.

In diesem Zusammenhang sind eine Reihe von Annahmen zu treffen:

- kurzfristiger oder langfristiger Zins erster Adressen,

- aktueller Zins oder in künftigen Perioden erwarteter,

- Art der Durchschnittsbildung (arithmetisches oder geometrisches Mittel),

- Auswahl des Betrachtungszeitraumes.

Da im Rahmen des Wertmanagement-Ansatzes ein Unternehmen und seine Geschäftsbereiche betrachtet werden, kann eine ewige Kapitalanlage unterstellt werden.[277] Da zwischen Bewertungs- und Vergleichsobjekt eine Äquivalenz bestehen sollte, muß auch für die alternative Geldanlage eine langfristige Bindung angenommen werden.

Desweiteren wird diskutiert, inwieweit der am Bewertungsstichtag gültige Zinssatz oder der in künftigen Perioden erwartete verwendet werden soll. Einige Autoren empfehlen den aktuellen Zins, da er die allgemeine Erwartung über die künftige Zinsentwicklung bereits widerspiegelt. Nicht berücksichtigt wird dabei jedoch, daß die Anlage in ein Unternehmen zeitlich unbegrenzt erfolgt. Bei einer alternativen Investition in festverzinsliche Wertpapiere besteht aber keine Möglichkeit, eine unendliche Laufzeit zu vereinbaren. Da die übliche Laufzeit für Anleihen 5 bis 10 Jahre beträgt, sind Anschlußfinanzierungen zu unterstellen. Jedoch ist es nicht möglich, die in der Zukunft liegenden Zinssätze zum Anschlußzeitpunkt bereits heute auch nur annähernd zu bestimmen.[278] Dies setzt die Zinsprognose bis in die Unendlichkeit voraus, die aber kaum objektivierbar ist. Aus praktischen Gesichtspunkten stellt sich daher die Frage, ob man mit einem Stichtagszinssatz oder einem langfristigen Durchschnittszins dem gesuchten Zins am nächsten kommt. Die Verwendung des aktuellen Zinssatzes birgt die Gefahr, je nach Kapitalmarktsituation einen besonders hohen oder niedrigen Referenzzinssatz zu verwenden. In einem Jahr würden dadurch die Eigenkapitalkosten sehr hoch ausfallen, in anderen Jahren sehr niedrig. Dies wäre nicht ohne Konsequenzen auf die Investitionsentscheidungen des Unternehmens. So würden in Jahren niedriger Kapitalmarktzinsen Investitionen positive Renditen erwirtschaften, die in Hochzinsphasen abgelehnt würden. Um derartige Schwankungen zu vermeiden, sollte daher als Referenzzinssatz die durchschnittliche Rendite für Bundespapiere der letzten Jahrzehnte verwendet werden. Implizit wird damit unterstellt, daß die Rendite risikoloser Anlagen vergangener Perioden auch dem Durchschnitt künftiger Perioden entspricht.[279] Angesichts mangelnder Alternativen wird von den meisten Autoren empfohlen, auf Anleihen des Bundes mit Restlaufzeiten von

---

[277] Diese Annahme wird auch dadurch nicht widerlegt, daß es dem einzelnen Anleger möglich ist, seinen Kapitalanteil zu veräußern. Der Verkauf an einen neuen Investor ist in aller Regel ohne Einfluß auf das dem Unternehmen zur Verfügung gestellte Kapital. Von Kapitalrückzahlungen durch das Unternehmen durch den Kauf eigener Aktien wird abstrahiert.

[278] Zur Prognosequalität von Terminzinssätzen vgl. u. a. *Adam/Hering/Johannwille* (1995), *Bode/ Fromme* (1996), *Dieckhöner* (1996).

[279] Dieses bedeutet jedoch nicht, daß der ermittelte Wert auf Dauer als konstant angesehen werden sollte. Es sind in mehrjährigen Abständen Überprüfungen zu empfehlen. Ergeben sich dauerhafte Niveauverschiebungen, sollte der bei der Ermittlung des Eigenkapitalkostensatzes verwendete risikolose Zinssatz an die veränderten Rahmenbedingungen angepaßt werden.

zehn Jahren abzustellen.[280] Dabei wird davon ausgegangen, daß deutsche Staatspapiere kein oder zumindest ein zu vernachlässigendes Ausfallrisiko besitzen.[281] Die entsprechenden Daten können dem Monatsbericht und dem Beiheft Kapitalmarktstatistik der Deutschen Bundesbank entnommen werden. Die Entwicklung für die Jahre 1970 - 2000 läßt sich anhand der folgenden Abbildung veranschaulichen:

Abbildung 27: Umlaufrendite von Bundesanleihen mit einer Restlaufzeit von zehn Jahren (1970 - 2000)
Quelle: *Deutsche Bundesbank* (Kapitalmarktstatistik, versch. Jg.)

Die Art der Durchschnittsbildung nach dem arithmetischen oder geometrischen Mittel hat erheblichen Einfluß auf die Höhe der Rendite. Beide Verfahren unterscheiden sich dahingehend, daß das geometrische Mittel eine Wiederanlage der in den einzelnen Perioden erzielten Renditen unterstellt und damit Zinseszinsen erfaßt. Demgegenüber bezieht das arithmetische Mittel die Renditen der einzelnen Perioden auf den Ausgangsbetrag. Zinseszinseffekte werden somit vernachlässigt. Die Abweichung der Ergebnisse ist um so größer, je mehr Perioden betrachtet werden und je höher die Streuung der Renditen der einzelnen Perioden ist. Der Unterschied zwischen dem geometrischen und arithmetischen Mittel läßt sich an einem einfachen Beispiel verdeutlichen. So erzielt eine zweijährige Anlage im ersten Jahr eine Rendite von 100 %.

---

[280] Erst seit wenigen Jahren werden von der Bundesrepublik Deutschland Anleihen mit einer Laufzeit von 30 Jahren emittiert. Aufgrund ihrer geringen Zahl und der unzureichenden Datenreihen sind sie zur Bestimmung des risikolosen Zinssatzes (noch) nicht geeignet.

[281] Amerikanische Autoren empfehlen analog die Verwendung von sogenannten Treasury Bonds mit einer Laufzeit von zehn Jahren, vgl. *Rappaport* (1986), S. 57, *Copeland/Koller/Murrin* (1998), S. 278f.

Im nächsten Jahr halbiert sich der Kurs. Gemäß dem geometrischen Mittel ergibt sich eine Rendite von 0 %, da der im ersten Jahr erzielte Kursgewinn im nachfolgenden Jahr wieder vollständig aufgezehrt wird. Das arithmetische Mittel kommt jedoch zu einem Ergebnis von 25 % (+100 % - 50 % = 50 %, 50 % : 2 = 25 %). Die Rendite, die ein langfristig orientierter Investor bei seinen mehrjährigen Anlagen erzielt, läßt sich somit nur anhand des geometrischen Mittel korrekt bestimmen.[282]

Weiterhin ist für die Höhe des Referenzzinssatzes von Bedeutung, aus welchem Betrachtungszeitraum die Daten für die Durchschnittsbildung gewonnen werden. Je nach Anfangsjahr und Länge des Untersuchungszeitraums ergeben sich abweichende Durchschnittsrenditen. Um eine möglichst hohe Signifikanz des Referenzwertes zu erzielen, sollte der Betrachtungszeitraum so gewählt werden, daß für den Anfangs- und Endwert Jahre ausgewählt werden, die keine besonderen statistischen Ausreißer darstellen. Auch sollte der Betrachtungszeitraum ausreichend lang gewählt werden, um sowohl eine Hoch- als auch Niedrigzinsphase zu umfassen.[283] Nachfolgend eine Übersicht der Ergebnisse verschiedener Studien:[284]

Zeitraum	geometr. Mittel
54 - 88 [1]	6,60 %
62 - 88 [2]	7,50 %
67 - 91 [3]	7,76 %
77 - 91 [3]	7,46 %
87 - 91 [3]	7,25 %
54 - 92 [4]	6,70 %
51 - 95 [5]	7,02 %
54 - 96 [6]	6,90 %
77 - 97 [7]	7,30 %

1 *Bimberg* (1991), S. 7; 4 *Bimberg* (1993), S. 7;
2 *Stehle/Hartmond* (1991), S. 390; 3 *Baetge/Krause* (1994), S. 452;
5 *Barclays Zoete Wedd Deutschland* (1996); 6 *Bimberg* (1997);
7 *Feri Trust* (1998).

Abbildung 28: Rendite von Bundespapieren in verschiedenen Zeiträumen

---

[282] Vgl. hierzu auch *Deutsches Aktieninstitut* (1999b), S. 26f., *Copeland/Koller/Murrin* (1998), S. 281, *Günther* (1997), S. 178, *Kritzman* (1993), S. 15f., So stellt die Verwendung des geometrischen Mittel den Standard im Fondsmanagement dar. Vgl. *Modigliani/Modigliani* (1997), S. 51. Zu den mit der Länge des Betrachtungszeitraumes zunehmenden Schätzfehlern bei beiden Verfahren, vgl. *Indro/Lee* (1997). Jedoch ist die Diskussion über die Art der Durchschnittsbildung noch nicht endgültig abgeschlossen, vgl. *Studer* (1998), S. 384f.

[283] So u. a. *Arbeitskreis „Finanzierung"* (1995), S. 549.

[284] Das Deutsche Aktieninstitut gibt in seiner Veröffentlichung „Aktie versus Rente" eine Übersicht über die Ergebnisse von insgesamt 26 nationalen und internationalen Studien. Vgl. *Deutsches Aktieninstitut* (1999b).

Alternativ zu der Wahl eines festen Zeitraumes (z. B. von 1954 bis 2000) ist es auch möglich, den Mittelwert verschiedener, gleich langer Halteperioden anzusetzen. Das Problem der Auswahl des Betrachtungszeitraumes entfällt, es ist lediglich die Haltedauer auszuwählen. Indem Durchschnittswerte verwendet werden, erfolgt eine Glättung des Ergebnisses. Auf der Grundlage der monatlichen Umlaufrenditen von Januar 1967 bis Juli 2000 für Bundesanleihen mit einer Restlaufzeit von zehn Jahren ergeben sich für feste Haltedauern von 1 Jahr bis zu 30 Jahren folgende jährliche Renditen sowie Standardabweichungen:

	1 Jahr	5 Jahre	10 Jahre	15 Jahre	20 Jahre	25 Jahre	30 Jahre
Perioden	391	343	283	223	163	103	43
Durchschnitt	7,42 %	7,56 %	7,57 %	7,60 %	7,58 %	7,58 %	7,45 %
Maximum	10,33 %	8,85 %	8,34 %	8,23 %	7,86 %	7,78 %	7,57 %
Minimum	4,31 %	5,39 %	6,29 %	6,49 %	6,94 %	7,03 %	7,29 %
Standardabweichung (Volatilität)	1,32 %	0,83 %	0,50 %	0,45 %	0,27 %	0,23 %	0,08 %

Abbildung 29: Durchschnittliche Umlaufrendite von Bundesanleihen mit einer Restlaufzeit von 10 Jahren verschiedener Halteperioden

Quelle: Eigene Berechnungen auf der Grundlage der monatlichen Umlaufrenditen von Januar 1967 bis Juli 2000 für Bundesanleihen mit einer Restlaufzeit von zehn Jahren aus *Deutsche Bundesbank* (Kapitalmarktstatistik, versch. Jg.).[285]

Betrachtet man die Durchschnittsrenditen der verschiedenen Halteperioden von 1 Jahr bis zu 30 Jahren, so ist festzustellen, daß sich diese innerhalb einer engen Bandbreite von 7,42 % bis 7,60 % bewegen. Für den deutschen Kapitalmarkt kann auf der Grundlage der obigen Ergebnisse von einem risikolosen Zinssatz von etwa 7,5 % ausgegangen werden.

---

[285] Erst seit Anfang 1967 werden die entsprechenden Renditen von der Deutschen Bundesbank erhoben und veröffentlicht. Bis 1957 zurückliegende Datenreihen stehen für die durchschnittliche Umlaufrendite öffentlicher Schuldverschreibungen zur Verfügung. Jedoch erfolgt hierbei keine Differenzierung nach Laufzeiten.

4.3.2.2.2 Bestimmung der Marktrendite und der Risikoprämie

Eine weitere Bestimmungsgröße der Eigenkapitalkosten stellt die erwartete Rendite des Marktportefeuilles dar. Auch hier ist es zur Operationalisierung notwendig, verschiedene Annahmen zu treffen. Wie bereits ausgeführt, ist es nicht möglich, ein alle risikobehafteten Anlageformen umfassendes Marktportefeuille zu bestimmen. Es stellt somit ein lediglich theoretisches Konstrukt dar.[286] Näherungsweise wird deshalb auf die Aktienmärkte als eine Teilmenge zurückgegriffen. Da die Schätzung der erwarteten Marktrendite mit noch größeren Unsicherheiten behaftet ist als die Schätzung des risikolosen Zinssatzes, werden auch hier ex-post Daten verwendet. Die Entwicklung eines Aktienmarktes läßt sich durch den entsprechenden repräsentativen Index beschreiben. Für den deutschen Aktienmarkt werden eine Reihe von Indizes publiziert. So veröffentlicht allein die Deutsche Börse AG mehrere Indizes. Dies sind u. a. der Deutschen Aktienindex (DAX) für die 30 bedeutendsten deutschen Aktienwerte, der 70 variabel gehandelte Werte umfassende Midcap DAX (MDAX) und den sehr breit angelegten Composite DAX (CDAX), der alle an der Frankfurter Wertpapierbörse im amtlichen Handel notierten deutschen Aktien (ca. 700) beinhaltet. Darüber hinaus existieren Indizes u. a. von der Frankfurter Allgemeinen Zeitung, der Westdeutschen Landesbank[287], der Commerzbank und des statistischen Bundesamtes[288], aber auch ausländischer Analysegesellschaften[289].

Nicht jeder Index ist gleichermaßen geeignet. So sollte der Index eine ausreichende Anzahl von Werten verschiedenster Branchen umfassen, um eine gewisse Marktbreite und damit Repräsentativität sicherzustellen. Von besonderer Bedeutung ist die verwendete Berechnungsmethodik. So wird die Berechnung der Indizes durch verschiedene kursbeeinflussende Ereignisse erschwert. Neben der Zahlung von Dividenden sind dies im wesentlichen Kapitalveränderungen. So führen Kapitalerhöhungen zu Kursveränderungen, die nicht in einer Marktentwicklung begründet sind. Bei den zu verwendenden Indizes sollte es sich daher um sogenannte Performance-Indizes handeln, die um die Einflüsse von Dividenden und Kapitalerhöhungen bereinigt sind und eine Gewichtung der einzelnen Werte nach Marktkapitalisierung vornehmen. Kursindizes spiegeln nur ungenau die Marktentwicklung wider, da die einzelnen Aktienwerte nur mit ihrem Kurs und nicht mit ihrer Marktkapitalisierung gewichtet wer-

---

[286] Zu den Anforderungen an einen Marktindex und seine theoretische Ausgestaltung, vgl. *Steiner/ Kleeberg* (1991), S. 171-182.

[287] Der WestLB-Aktienindex wird börsentäglich ermittelt und umfaßt ca. 100 Werte. Für einen genaue Beschreibung und einen Vergleich mit dem DAX, vgl. *WestCapital* (1993).

[288] Der Aktienindex des statistischen Bundesamtes umfaßt die Kurse von Stammaktien von etwa 300 Gesellschaften.

[289] Von internationaler Bedeutung ist insbesondere der von Morgan Stanley publizierte Index für den deutschen Aktienmarkt.

den.[290] Sowohl bei den von der Deutsche Börse AG publizierten Indizes sowie beim WestLB-Aktienindex handelt es sich um solche Performance-Indizes. Der Aktienindex der Frankfurter Allgemeinen Zeitung ist hingegen weniger geeignet, da er nur um Kapitalerhöhungen bereinigt wird. Daneben ist es natürlich auch möglich, einen Aktienindex selbst zu generieren. Die hierfür notwendigen Kursdaten werden von einer Reihe von Unternehmen zur Verfügung gestellt.

Soweit es sich um einen Performance-Index handelt, ist die genaue Auswahl des verwendeten Aktienindex von untergeordneter Bedeutung.[291] In zwei Untersuchungen kommen sowohl Frantzmann als auch Winkelmann zu dem Ergebnis, daß die Wahl des Index für den deutschen Markt keinen Einfluß auf die Berechnung der Marktrendite besitzt.[292]

Bei einer Reihe von Analysen des deutschen Marktes wurden folgende Aktienrenditen berechnet:

Zeitraum	geometr. Mittel
54 - 88 [1]	11,90 %
54 - 89 [2]	12,10 %
62 - 88 [2]	8,40 %
67 - 91 [3]	10,41 %
72 - 91 [3]	10,22 %
77 - 91 [3]	11,67 %
54 - 92 [4]	11,20 %
54 - 96 [5]	11,70 %
70 - 97 [6]	9,60 %
77 - 97 [6]	12,10 %

1 *Bimberg* (1991), S. 7;   2 *Stehle/Hartmond* (1991), S. 390;
3 *Baetge/Krause* (1994), S. 452;   4 *Bimberg* (1993), S. 7;
5 *Bimberg* (1997);   6 *Feri Trust* (1998).

Abbildung 30: Durchschnittliche Aktienrendite verschiedener Zeiträume

---

[290] Dies führt dazu, daß eine Kurssteigerung von z. B. einem Euro immer die gleiche Indexveränderung zur Folge hat, unabhängig davon, ob es sich um eine Aktie eines großen Unternehmens oder einer kleineren Gesellschaft handelt. International bedeutende Kursindizes sind u. a. der Dow Jones Index und der Nikkei 225.

[291] Dies ist damit zu begründen, daß die Unternehmen entsprechend ihrer Marktkapitalisierung im Index berücksichtigt werden. So besitzen die 30 DAX-Unternehmen einen Anteil von 72 % in dem Gesamtmarkt umfassenden CDAX-Index (Mai 2000).

[292] Vgl. hierzu *Winkelmann* (1981), S. 484f., *Frantzmann* (1990), S. 81f. Eine Untersuchung der WestCapital kommt bei einem Vergleich der Indexstände per Monatsultimo des WestLB-Index und des DAX für den Zeitraum 1969-1993 - trotz Unterschieden im mathematischen Aufbau und der Anzahl der einbezogenen Gesellschaften - zu einer Korrelation von 0,9975, vgl. *WestCapital* (1993).

Ebenfalls veröffentlicht das Deutsche Aktieninstitut eine Übersicht zu den Renditen des Deutschen Aktienindex seit 1949.[293] Hieran lassen sich die jährlichen Renditen für die verschiedenen Halteperioden ablesen. Erwartungsgemäß ergeben sich die größten Schwankungen bei kürzeren Halteperioden.

Die unterschiedlichen Ergebnisse unterstreichen die große Bedeutung, welche die Wahl des Betrachtungszeitraumes bei der Berechnung der Marktrendite besitzt. Hierbei gelten die gleichen Auswahlkriterien wie für die Bestimmung des risikolosen Zinssatzes. Die Datenreihe sollte ausreichend lang gewählt werden, um mindestens eine Hausse- und Baisse- Phase und damit auch mindestens einen vollen Konjunkturzyklus zu umfassen. Nur so ist auszuschließen, daß die Festlegung des Eigenkapitalkostensatzes unrealistisch hoch auf der Basis über mehrere Jahre stark steigender Aktienkurse und damit hoher Marktrenditen erfolgt. Daher bildet die weit überdurchschnittlich gute Performance der internationalen Börsen (mit Ausnahme Japans) in den letzten Jahren keine realistische Grundlage für die Schätzung der Marktrendite. Zum einen kann eine mehrjährige Börsenhausse nicht unbegrenzt weiter anhalten, zum anderen deuten die starken Kursteigerungen und der deutliche Anstieg der Kurs/Gewinn-Verhältnisse auf eine grundsätzliche Neubewertung der Aktienanlage hin.[294] Diese Niveauverschiebung sollte beim Ansatz der Marktrendite berücksichtigt werden. Ebenfalls sind bei der Auswahl des Anfangs- oder Endzeitpunktes statistische Ausreißer zu vermeiden. So ergaben sich insbesondere in den ersten Jahren nach Gründung der Bundesrepublik Deutschland sehr starke Renditesteigerungen auf den Aktienmärkten, die bei Einbeziehung in den Erhebungszeitraum zu gravierenden Verzerrungen führen. Der Betrachtungszeitraum sollte jedoch auch nicht zu lang gewählt werden, da sich in den letzten Jahrzehnten strukturelle Veränderungen auf den Kapitalmärkten vollzogen haben. Zum einen ist die Marktkapitalisierung und die Liquidität auf den internationalen Aktienmärkten stark angestiegen. Zum anderen hat sich durch verbesserte Marktforschungs- und Informationstechnologien die Markttransparenz erhöht. Darüber hinaus ermöglichen neue Risikomanagementmethoden und -produkte eine genauere Messung und bessere Handelbarkeit der verschiedenen Risiken. All dies hat zu einem tendenziell niedrigeren systematischen Risiko auf den Aktienmärkten geführt.[295] Zu lange Datenreihen - in angelsächsischen Ländern reicht der Erhebungszeitraum häufig bis zum Beginn des Jahrhunderts - führen dazu, daß sich die fundamentalen Veränderungen und Trends nur unzureichend in der Bewertung niederschlagen.

---

[293] Das DAI-Renditedreieck läßt sich im Internet unter der Adresse www.dai.de abrufen.
[294] Vgl. *Studer* (1998), S. 386.
[295] Vgl. *Pettit* (1999), S. 114ff. Pettit empfiehlt für die USA die Verwendung von Daten ab 1952.

Alternativ ist es auch bei der Marktrendite möglich, den Mittelwert verschiedener, gleich langer Halteperioden anzusetzen. Analysiert man die Ergebnisse für feste Haltedauern von 1 Jahr bis zu 40 Jahren, so ergeben sich aus der Kursentwicklung des DAX der Jahre 1950 bis 1998 nachfolgende Renditen und Standardabweichungen:

	1 Jahr	5 Jahre	10 Jahre	15 Jahre	20 Jahre	30 Jahre	40 Jahre
Perioden	49	45	40	35	30	20	10
Durchschnitt	17,25 %	13,04 %	11,75 %	10,67 %	9,97 %	9,93 %	11,49 %
Maximum	116,34 %	39,04 %	36,07 %	20,96 %	17,56 %	12,63 %	13,52 %
Minimum	-36,95 %	-9,97 %	-0,55 %	2,34 %	2,47 %	6,31 %	9,98 %
Standardabweichung (Volatilität)	31,28 %	11,4 %	7,87 %	4,95 %	3,52 %	1,68 %	1,10 %

Abbildung 31: Durchschnittliche Aktienrendite verschiedener Halteperioden

Quelle: Eigene Berechnungen auf der Grundlage der Kursentwicklung des DAX der Jahre 1950 bis 1998 aus *Deutsches Aktieninstitut* (1999a), Tab. 09.1-3.

Wird nun die risikofreie Rendite von der Marktrendite subtrahiert, läßt sich die Risikoprämie des Marktes bestimmen. Geht man auf der Grundlage der vorgestellten empirischen Untersuchungen von einer Marktrendite in Höhe von 11,5 % und einem risikolosen Zins von 7,5 % aus, ergibt sich auf dem deutschen Markt eine Risikoprämie von 4 %. Dies bedeutet, daß ein Anleger für seine Investition in das Marktportefeuille eine Entschädigung gegenüber einer risikolosen Anlage, z. B. in Bundespapieren, in Höhe von 4 %-Punkten erwarten kann.[296]

---

[296] In Untersuchungen konnte belegt werden, daß auch auf ausländischen Märkten die Anleger für höhere Risiken auch höhere Prämien erzielen konnten. Vgl. *Freygang* (1993), S. 215, *Bimberg* (1992), S. R. 368. Zur Höhe des risikolosen Zinssatzes und der Marktrendite im Ausland vgl. Abschnitt 5.5.2.2.2.

4.3.2.2.3 Ermittlung des Betafaktors börsennotierter Kreditinstitute

Um zu den institutsspezifischen Eigenkapitalkosten zu gelangen, wird eine Anpassung der in der Marktrendite enthaltenen durchschnittlichen Risikoprämien aller börsennotierter Unternehmen auf das Risiko des betrachteten Kreditinstitutes vorgenommen. Diese Anpassung erfolgt über den Betafaktor.

Der Betafaktor eines börsennotierten Kreditinstitutes kann auf der Grundlage der historischen Kursverläufe ermittelt werden. Er errechnet sich aus der Kovarianz der Renditen der Aktie und des betrachteten Marktportefeuilles, dividiert durch die Varianz des Marktportefeuilles. Es ergibt sich:

$$\beta_j = \frac{\text{cov}(r_j, r_M)}{\sigma_M^2}.$$

Da der Gesamtmarkt einen Betafaktor von 1 besitzt, führt ein Beta > 1 zu höheren und ein Beta < 1 zu geringeren Eigenkapitalkosten als der Markt. Als Marktportefeuille sollte ein marktbreiter Performanceindex gewählt werden. Anhand der Kursdaten des betrachteten Unternehmens und des Marktindex läßt sich der historische Betafaktor jedes börsennotierten Kreditinstitutes berechnen. Es ist lediglich notwendig, die Anzahl der Beobachtungswerte und den Erhebungszeitraum festzulegen.

Der Betafaktor des Unternehmens läßt sich auf der Basis täglicher, wöchentlicher und monatlicher Renditen ermitteln. Die Vorteile von wöchentlichen und monatlichen Renditen liegen in den geringeren Schwankungen der Beobachtungswerte. Bei der Verwendung von Tagesdaten werden Kurssprünge tendenziell stärker gewichtet.[297]

Bei der Wahl des Erhebungszeitraumes ist zwischen den statistisch erwünschten möglichst langen Datenreihen und der erforderlichen Strukturkonstanz des Unternehmens abzuwägen. Üblich sind in der Analysepraxis Zeiträume von 250 Tagen bis zu fünf Jahren.[298] Da ein aktuell ermittelter Betafaktor nur eine Momentaufnahme darstellt und das zum Ermittlungszeitpunkt bestehende systematische Risiko angibt, ergeben sich insbesondere bei kurzen Erhebungszeiträumen je nach Börsenentwicklung im Zeitablauf stark schwankende Betawerte. Grundsätzlich sollte ein längerer Erhebungszeitraum von z. B. 60 Monaten gewählt werden, bzw. das arithmetische Mittel aus den kurzfristigeren Betas mehrerer Jahre (z. B. die 250-Tage-Betas der letzten beiden Jahre) berechnet werden. Längere Betrachtungszeiträume führen zwar

---

[297] Vgl. *Schultz/Zimmermann* (1989), S. 197.

[298] So publiziert beispielsweise die Deutsche Börse 250 Tage-Betas, während die WestLB 60 Monats-Betas veröffentlicht.

zu einer Verringerung von möglichen Schätzfehlern und weisen engere Schwankungsbreiten im Zeitablauf auf, jedoch sind sie insbesondere dann problematisch, wenn sich die Risikosituation des Kreditinstitutes, z. B. durch den Kauf oder Verkauf von Unternehmensteilen, grundlegend verändert hat. In diesen Fällen wird der Betafaktor die tatsächliche Risikoeinschätzung des Marktes über das Institut nur unzureichend widerspiegeln.[299] Bei längeren Beobachtungsperioden wirkt sich eine Neubewertung des Unternehmens an der Börse erst mit einer zeitlichen Verzögerung auf die Höhe des Betafaktors aus, da diese ja auf der Grundlage historischer Kurse berechnet wird. In solchen Fällen sollte daher auf die im Abschnitt 5.3.3.2 erläuterten fundamentalen Betafaktoren ausgewichen werden.

Historische Betafaktoren können auf der Grundlage von Kursdatenbanken (u. a. Datastream, Bloomberg, Reuters) vom Kreditinstitut selbst berechnet werden. Alternativ ist es auch möglich, sich veröffentlichter Betafaktoren zu bedienen. Für die Unternehmen des Deutschen Aktienindex (DAX) und des Midcap DAX (MDAX) werden 250-Tage-Betawerte börsentäglich von der Deutsche Börse AG berechnet und von den großen Wirtschaftszeitungen (Börsen-Zeitung, Handelsblatt) mit weiteren Kennzahlen publiziert. Ebenfalls veröffentlicht die WestLB in ihrem monatlichen Aktienführer 60-Monats-Betafaktoren. Hierbei wird jedoch als Marktindex der mit 109 Unternehmen umfassendere WestLB-Index zu Grunde gelegt.[300] Quartalsweise werden von der Zeitschrift „Finanzmarkt und Portfoliomanagement" die Betafaktoren der Aktienwerte des Swiss Performance Index und des FAZ-Index publiziert.[301]

Nachfolgend eine Übersicht der von der Deutschen Börse AG veröffentlichten DAX-Kennzahlen vom 30.12.1999:[302]

---

[299] Vgl. *Freygang* (1993), S. 222.

[300] Im WestLB-Index sind 116 Wertpapiere von 109 Unternehmen enthalten. Er deckt mehr als 80% der gesamten Börsenkapitalisierung Deutschlands ab. Vgl. *WestLB Panmure* (2000), S. 64.

[301] Die Betafaktoren werden auf der Basis der Kursentwicklung der letzten 24 Monate berechnet. Ergänzend werden in jeder Ausgabe der Zeitschrift „Finanzmarkt und Portfoliomanagement" auch die nach dem Verfahren von Blume bereinigten Betawerte der Aktien veröffentlicht.

[302] Die entsprechenden Daten können börsentäglich im Internet unter www.exchange.de abgerufen werden.

| Unternehmen | Volatilität p. a. % | | Korrelation | | Beta |
	30 Tage	250 Tage	30 Tage	250 Tage	250 Tage
DAX	19,40%	21,09%	1,0000	1,0000	1,0000
Adidas Salomon	43,46%	37,09%	-0,0827	0,2145	0,3773
Allianz	38,72%	34,22%	0,7022	0,7467	1,2116
BASF	30,92%	29,69%	0,3615	0,5073	0,7140
BAYER	27,83%	29,05%	0,4231	0,5205	0,7168
BMW	47,98%	40,03%	0,4510	0,4563	0,8661
Commerzbank	24,92%	28,34%	0,6691	0,6197	0,8328
Deutsche Bank	50,46%	36,38%	0,6723	0,6453	1,1131
Daimler-Crysler	24,47%	27,85%	0,1997	0,7040	0,9296
Degussa-Hüls	38,69%	43,06%	0,1645	0,3087	0,6303
Dresdner Bank	46,34%	43,21%	0,7108	0,6734	1,3795
Deutsche Telekom	44,31%	42,73%	0,5976	0,5993	1,2139
Fresenius Med. Care	40,47%	40,60%	0,1644	0,1933	0,3720
Henkel KGaA Vz.	30,09%	33,10%	0,3316	0,3196	0,5016
HypoVereinsbank	38,44%	42,16%	0,7856	0,4215	0,8425
Karstadt	60,78%	42,06%	0,5329	0,4364	0,8703
Lufthansa VNA	50,75%	33,31%	0,0719	0,4008	0,6331
Linde	33,11%	33,88%	0,0605	0,3518	0,5651
MAN	39,11%	40,66%	0,1919	0,4616	0,8898
Metro	22,97%	32,21%	0,4937	0,5395	0,8240
Mannesmann	50,62%	43,34%	0,4698	0,5735	1,1783
Münchner Rückvers.	55,17%	40,45%	0,7034	0,6829	1,3098
Preussag	37,97%	38,78%	0,3651	0,5121	0,9414
RWE St.	30,37%	38,47%	0,4362	0,4609	0,8406
SAP Vz.	61,14%	47,80%	0,0489	0,4448	1,0079
Schering	19,54%	25,30%	0,3740	0,4909	0,5888
Siemens	35,76%	32,08%	0,5310	0,6300	0,9581
Thyssen-Krupp	43,18%	43,08%	0,0432	0,4068	0,8308
VEBA	46,60%	37,36%	0,2833	0,4351	0,7706
VIAG	46,09%	35,52%	0,3040	0,4469	0,7526
Volkswagen St.	37,29%	33,56%	0,3714	0,5853	0,9315

Abbildung 32: Kennzahlen des DAX

Quelle: *Deutsche Börse AG*, Stand: 30.12.1999.

Während im Rahmen der Performancemessung beurteilt wird, inwieweit ein Investment eine seinem Risiko angemessene Rendite erbracht hat, werden im Rahmen einer renditeorientierten Unternehmenssteuerung Informationen über das zukünftig zu erwartende Risiko benötigt. Da die Ermittlung zukünftiger Betafaktoren jedoch mit großen Unsicherheiten behaftet ist, wird die Verwendung historischer Betas empfohlen. Untersuchungen konnten einen recht hohen Erklärungsgehalt historischer Betafaktoren für zukünftige Betas belegen.[303] Bei stark schwankenden bzw. erheblich von 1 abweichenden ex-post-Betawerten kann eine Modifikation der historischen Betawerte durch die Berücksichtigung autoregressiver Tendenzen die Qualität der Schätzung erhöhen. So kommen Untersuchungen von Blume und Vasicek zu dem Ergebnis, daß bei solchen Betas die Tendenz besteht, gegen den Mittelwert zu konvergieren.[304] Dieser Effekt kann bei der Projektion zukünftiger Betafaktoren berücksichtigt werden. Daher nehmen u. a. Merrill Lynch und Value Line bei ihren Betaprognosen entsprechende Bereinigungen vor.[305]

Die Ermittlung historischer Betafaktoren ist nur möglich, wenn das analysierte Kreditinstitute bereits seit einiger Zeit an der Börse notiert wird. Schwierigkeiten treten darüber hinaus auf, wenn die Kursreihen aufgrund nur geringer Börsenumsätze und/oder nur einem geringen Anteil frei handelbarer Aktien (sog. free float) nicht aussagefähig sind. Auch in diesen Fällen ist es möglich, den Betafaktor und damit den Eigenkapitalkostensatz zu bestimmen. Hierzu eignen sich insbesondere die im Abschnitt 5.3 zur Bestimmung der Eigenkapitalkosten von Geschäftsbereichen ausführlich dargestellten Analogie- und Analyseverfahren.

---

[303] Vgl. *Elton/Gruber* (1995), S. 137f. Sharpe kommt bei einer Untersuchung von an der New York Stock Exchange gehandelten Wertpapieren zu dem Ergebnis, daß der historische Betafaktor einen hohen Erklärungsgehalt für zukünftige Betafaktoren besitzt, vgl. *Sharpe* (1982), S. 12, 16. Ebenfalls stellen Schultz/Zimmermann bei der Analyse des Schweizer Marktes fest: „Der statistische Zusammenhang zwischen den Betas aufeinander folgenden Perioden ist durchwegs positiv", *Schultz/Zimmermann* (1989), S. 207.

[304] Vgl. *Vasicek* (1973), *Blume* (1975). Zur Darstellung und Beurteilung dieser und weiterer Korrekturverfahren, vgl. *Schultz/Zimmermann* (1989) und *Bauer* (1992), S. 98ff. Aufgrund ihrer Untersuchungen empfehlen Schultz/Zimmermann eine Betabereinigung nach Blume.

[305] Vgl. *Schultz/Zimmermann* (1989), *Freygang* (1993), S. 224f., Fn. 98.

4.3.2.2.4 Zunehmende Integration der nationalen Aktienmärkte in den Weltmarkt

Durch den Abbau von Handels- und Marktzugangsbeschränkungen ist es in den letzten Jahrzehnten zu einer deutlichen Steigerung des weltweiten Austausches von Gütern und Dienstleistungen gekommen. Aus der zunehmenden Globalisierung der Märkte resultieren international sich angleichende Branchenrisiken und Branchenkonjunkturen. Der hohe Integrationsgrad der nationalen Gütermärkte in den Weltmarkt und der weitgehende Abbau von Kapitalverkehrsbeschränkungen haben dazu geführt, daß Kapital zunehmend grenzüberschreitend nicht nur in Sach-, sondern auch Finanzanlagen investiert wird.

Ende 1999 befanden sich bereits 16,0 % der Aktien deutscher Unternehmen in den Händen ausländischer Anleger.[306] Bei den deutschen Aktienbanken ist ihr Anteil sogar noch deutlich höher und beträgt bei der Deutschen Bank 49 %, der Dresdner Bank 27 %, der HypoVereinsbank 35 % und der Commerzbank 38 %.[307]

Es stellt sich daher die Frage, ob für ein Unternehmen, dessen Eigentümer die Anlagerisiken international diversifizieren können, der nationale Aktienindex den relevanten Bewertungsmaßstab zur Berechnung der Eigenkapitalkosten darstellt. So könnte eine Teil des systematischen Risikos des nationalen Aktienmarktes durch eine internationale Diversifikation reduziert werden. Die Renditeerwartung eines international diversifizierten Anlegers wäre somit geringer als die eines lediglich national investierenden Anlegers.

Liegen segmentierte Kapitalmärkte vor, so könnte ein international orientierter Anleger durch die Übergewichtung der Länder mit höheren Risikoprämien die Rendite seines Portfolios erhöhen, ohne ein zusätzliches Risiko einzugehen. Besteht eine weitgehende Integration der Kapitalmärkte, dann werden Anlagen mit gleicher Risikocharakteristik über die gleiche Rendite verfügen, unabhängig von der nationalen Zugehörigkeit.[308] Dies bedeutet jedoch nicht zwangsläufig, daß eine hohe Korrelation zwischen den nationalen Aktienmärkten und damit den Marktindizes bestehen muß. Durch die unterschiedliche Spezialisierung der einzelnen Volkswirtschaften wirken sich weltweite Schocks in einzelnen Branchen unterschiedlich auf den gesamten Aktienmarkt eines Landes aus.[309] Hieraus ergeben sich abweichende systematische Risiken. Divergierende nationale und internationale Betafaktoren einzelner Aktien-

---

[306] Vgl. *Deutsches Aktieninstitut* (1999a), Tab. 08.1-3.

[307] Vgl. *Deutsche Bank* (2000), S. 19, *Dresdner Bank* (2000), S. 20. Die Daten der Commerzbank und HypoVereinsbank wurden dem Verfasser vom Investor Relations der Institute bereitgestellt.

[308] Vgl. *Drobetz* (1998), S. 479.

[309] Vgl. *Adler/Dumas* (1983).

werte oder Branchen deuten daher nicht auf eine Segmentierung der Kapitalmärkte hin. So besitzt jeder Landesindex ein spezifisches Beta gegenüber dem Weltmarkt.[310] Die bisher veröffentlichten Untersuchungen können eine Integration der nationalen Aktienmärkte in den Weltmarkt weder eindeutig bestätigen noch ablehnen.[311] Jedoch läßt sich zumindest eine Annäherung in den letzten Jahrzehnten beobachten.[312]

Insbesondere für europa- oder weltweit tätige Kreditinstitute liegt es nahe, sich mit ihrer ausländischen Konkurrenz zu vergleichen.[313] Daher sollten bei der Bestimmung der Eigenkapitalkostensätze in diesen Fällen nicht auf der Basis nationaler Indizes berechnete Betafaktoren und Marktrenditen verwendet werden, sondern der Ansatz internationaler Aktienindizes erfolgen.

Legt man ein globales CAPM zugrunde, so ergibt sich:[314]

$$E(r_j) = r_f + \left[E(r_G) - r_f \right] \cdot \beta_{jG}$$

$E(r_j)$	=	erwartete Rendite des Wertpapiers j,
r_f	=	Rendite risikoloser Anlagen,
$E(r_G)$	=	Erwartete Rendite des Weltportefeuilles,
β_{jG}	=	Betafaktor des Wertpapiers j im Bezug zum Weltmarkt.

Die erwartete Rendite eines Wertpapiers läßt sich bei einer vollständigen Integration des Heimatmarktes in den Weltmarkt aus

- der risikolosen Sockelrate des Heimatlandes,

- der erwarteten Rendite des Marktportefeuilles (Weltindex) in lokaler Währung,

- dem Betafaktor des Wertpapiers in Bezug auf den Weltindex

ermitteln.[315]

---

[310] Vgl. *Bekaert/Harvey* (1995).

[311] Die Mehrzahl der Untersuchungen verfolgt eine US-amerikanische Sichtweise. Vgl. u. a. *Wheatley* (1988), *King/Sentana/Wadhwan* (1994), *Longin/Solnik* (1995), *Bekaert/Harvey* (1995), *Heston/Rouwenhorst/Wessels* (1995). Drobetz kommt bei einer Analyse des deutschen und schweizerischen Aktienmarktes zu dem Ergebnis, daß die These von der Integration mit dem Weltmarkt für beide Länder nicht widerlegt werden kann, vgl. *Drobetz* (1998), S. 492

[312] So u. a. *Longin/Solnik* (1995), S. 3, *Zimmermann/Oertmann* (1996), *Drobetz* (1998).

[313] Vgl. hierzu die Ausführungen zur wertorientierten Steuerung international tätiger Kreditinstitute im Abschnitt 5.5.2.

[314] Zum internationalen CAPM vgl. *Solnik* (1974), *Stulz* (1981), *Adler/Dumas* (1983), *Bekaert/Harvey* (1995).

[315] Vgl. *Odier/Solnik/Mivelaz* (1991), *Stulz* (1995), S. 35-38, *Zimmermann/Oertmann* (1996), S. 285.

Durch die Wahl der risikolosen Sockelrate des Heimatlandes des Unternehmens wird das mit einer Anlage in Wertpapieren des Landes einhergehende Geldentwertungsrisiko berücksichtigt. Es sind daher keine zusätzlichen Inflationsanpassungen notwendig.[316] Zur Bestimmung der Rendite eines Weltportefeuilles kann auf die Indizes der Financial Times sowie von Morgan Stanley und Dow Jones zurückgegriffen werden. Diese Gesellschaften berechnen neben weltweiten Aktienindizes auch nationale und regionale Indizes.[317]

Die Berechnung der Betafaktoren kann direkt durch den Vergleich der Kursentwicklung des einzelnen Aktientitels mit dem internationalen Marktindex erfolgen. Alternativ können auch die nationalen Betafaktoren einzelner Aktienwerte näherungsweise in internationale überführt werden, wenn man sie mit dem Betafaktor des nationalen Aktienindex zum internationalen Marktindex multipliziert.[318]

---

[316] Problematisch ist dies jedoch für Länder, deren Staatsanleihen von den Kapitalmärkten nicht als risikolos angesehen werden. Diese Märkte werden für Kreditinstitute jedoch in aller Regel nicht sehr attraktiv sein, so daß der Umfang der Geschäfte in diesen Ländern nur sehr gering sein dürfte. Copeland/Koller/Murrin empfehlen in diesen Fällen, die Renditen US-amerikanischer Staatsanleihen mit der Zinsparitätentheorie in die entsprechenden ausländischen Werte umzurechnen. Vgl. *Copeland/Koller/Murrin* (1998), S. 379.

[317] Eine detailliertere Beschreibung der Indizes erfolgt im Abschnitt 5.5.2.

[318] Vgl. *Zimmermann/Oertmann* (1996), S. 278ff. So haben Erb/Harvey/Viskanta die Betafaktoren verschiedener Länderindizes von Morgan Stanley zum Weltindex berechnet. Vgl. *Erb/Havey/Viskanta* (1996) sowie die Ausführungen im Abschnitt 5.5.2.2.2.

4.3.3 Alternative Verfahren zur Messung von Eigenkapital-kosten

Neben den in der Praxis am weitesten verbreiteten und ausführlich erläuterten neueren kapitalmarkttheoretischen Konzepten werden in der Literatur noch einige weitere Methoden zur Bestimmung der Eigenkapitalkosten diskutiert. Diese klassischen Kapitalkostenmodelle unterstellen verschiedene Hypothesen über die Kursbildung von Aktien an der Börse und leiten hieraus die Renditeforderungen der Anteilseigner und damit die Eigenkapitalkosten des Unternehmens ab.[319] Die einzelnen Methoden werden nachfolgend erläutert und bewertet.

4.3.3.1 Schätzung des Eigenkapitalkostensatzes auf Basis der zukünftigen Dividenden

Wie bereits erläutert, bildet die aktuelle Dividende keine sinnvolle Bezugsgröße zur Bestimmung des Eigenkapitalkostensatzes eines Kreditinstitutes. Daher erfolgt die Bewertung einer Bankaktie im Dividendenmodell auf der Basis der auf die Gegenwart abdiskontierten zukünftigen Dividenden des Kreditinstitutes. Es ergibt sich somit:[320]

$$\text{Aktienkurs} = \sum_{t=1}^{\infty} \frac{\text{Dividende}_t}{(1 + k_{EK})^t}.$$

Gordon/Shapiro gehen aus Vereinfachungsgründen von einem konstant wachsenden unendlichen Dividendenstrom aus.[321] Der Wert des Kreditinstitutes läßt sich entsprechend dem Gordon-Growth-Modell wie folgt berechnen:

$$\text{Aktienkurs}_{t=0} = \sum_{t=1}^{\infty} \frac{\text{Dividende}_{t=0}(1 + g_{Div})^t}{(1 + k_{EK})^t}$$

g_{div} = Wachstumsrate der Dividende.

Bei einem unendlichen Zeithorizont ergibt sich nach entsprechenden Umformungen:

$$\text{Aktienkurs}_{t=0} = \frac{\text{Dividende}_{t=1}}{k_{EK} - g_{Div}}.$$

Anhand des Aktienkurses sowie der Schätzung der zukünftigen Dividende und des Dividendenwachstums g läßt sich die geforderte Eigenkapitalrendite bestimmen:

---

[319] Vgl. *Rudolph* (1986), S. 611.

[320] Vgl. u. a. *Rudolph* (1986), S. 611-614, *Süchting* (1996), S. 529-531, *Brealey/Myers* (1996), S. 62-67.

[321] Vgl. *Gordon/Shapiro* (1956), ähnlich auf der Basis von Cash-flows *Olson/Thomas* (1987).

$$k_{EK} = \frac{\text{Dividende}_{t=1}}{\text{Aktienkurs}_{t=0}} + g_{Div}.$$

Die Berechnung der Eigenkapitalkosten erfolgt in diesem Modell auf der Grundlage einer Vielzahl sehr restriktiver Prämissen. So ist die Annahme einer konstanten Wachstumsrate der Dividende unrealistisch, insbesondere wenn diese deutlich oberhalb der Inflationsrate bzw. der Wachstumsrate der gesamten Branche liegt.[322] Da Wettbewerbsvorteile in der Regel nur einige Jahre aufrecht zu erhalten sind, kann grundsätzlich eine Konvergenz zum langfristigen Marktdurchschnitt angenommen werden.[323] Dies führt zu einer Angleichung der Cash-flows und Dividenden an die Branchenentwicklung. Darüber hinaus erfolgt der Dividendenanstieg in der Praxis nicht kontinuierlich sondern, stufenweise in unterschiedlichen zeitlichen Abständen. Zwar ist es auch möglich, verschiedene Wachstumsraten für die einzelnen Jahre anzusetzen, jedoch erhöht dies den Komplexitätsgrad der Berechnung deutlich.[324]

4.3.3.2 Ermittlung des Eigenkapitalkostensatzes nach dem Gewinnmodell

Alternativ kann zur Ermittlung des Eigenkapitalkostensatzes auch das Kurs/Gewinn-Verhältnis (KGV) herangezogen werden. Dieses drückt aus, mit welchem Vielfachen des auf eine Bankaktie rechnerisch entfallenden Jahresüberschusses die Aktie des Kreditinstitutes an der Börse bewertet wird. Im Rahmen der fundamentalen Aktienanalyse bildet das KGV eine bedeutende Kennzahl, die von Analysten zur Einschätzung des Kurspotentials von Aktien verwendet wird. Die Renditeforderung der Anleger ist um so höher, je niedriger das KGV ist. Die Eigenkapitalkosten lassen sich somit aus dem Kehrwert des KGV berechnen:

$$k_{EK} = \frac{\text{Jahresüberschuß je Aktie}}{\text{Aktienkurs}}.$$

Auf der Grundlage des Aktienkurses zum 31.12.1999 und dem Ergebnis je Aktie im Jahr 1999 ergeben sich nach dem Gewinnmodell für deutsche Aktienbanken folgende Eigenkapitalkosten:

---

[322] Vgl. die Kritik an dem Dividendenmodell bei *Hachmeister* (1995), S. 160-162.

[323] Lewis und Siegert belegen dies anhand empirischer Beispiele. Vgl. *Lewis* (1994), S. 112-124, *Siegert* (1995), S. 588-592.

[324] Elton/Gruber stellen hierzu verschiedene Ansätze vor, vgl. *Elton/Gruber* (1995), S. 452-461. Ashton erweitert das Dividendenmodell dahingehend, daß er eine Schätzung des zukünftigen Dividendenwachstums auf der Grundlage der zu erwartenden Entwicklung der Erträge und des Vermögens vornimmt. Vgl. *Ashton* (1995).

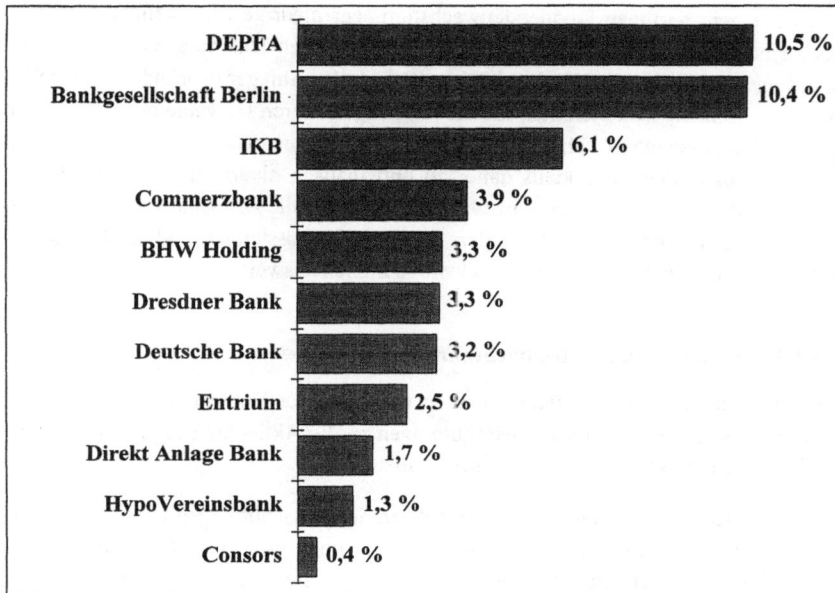

Abbildung 33: Eigenkapitalkostensätze deutscher Aktienbanken auf der Grundlage des Gewinnmodells

Quelle: *WestLB Panmure* (2000), eigene Berechnungen.

Die Berechnung des Eigenkapitalkostensatzes eines börsennotierten Kreditinstitutes auf der Grundlage des Gewinnmodells ist mit einer Reihe von Mängeln behaftet. Durch die statische Betrachtung wird implizit eine ewige Rente in Höhe des aktuellen Gewinns unterstellt. Basis zur Ermittlung der Eigenkapitalkosten bildet der Jahresüberschuß je Aktie. Dieser ist jedoch stark von der Ausnutzung von Bewertungs- und Ansatzwahlrechten abhängig und damit von der Unternehmensleitung beeinflußbar. In Verlustjahren ergeben sich sogar negative Kapitalkosten.

Sowohl das Dividendenwachstums- als auch das Gewinnmodell berücksichtigen nicht, daß die Bewertung einer Aktie an der Börse tatsächlich nicht nur auf der Basis der gegenwärtigen Dividende bzw. des aktuellen Jahresüberschusses vorgenommen wird. Es sind vielmehr die Erwartungen der Anleger und Analysten über das zukünftige Gewinnpotential, die den Aktienkurs entscheidend beeinflussen.

So werden gerade Aktien in wachstumsträchtigen Branchen zu – im Verhältnis zum aktuellen Gewinn bzw. der aktuellen Ausschüttung – sehr hohen Kursen notiert. Daher ergeben sich auf Basis des hohen KGV bzw. einer niedrigen Dividendenrendite

119

und bei einem geringen Dividendenwachstum sehr niedrige Eigenkapitalkosten. Jedoch sind diese nicht Ausdruck des besonders geringen Unternehmensrisikos, sondern liegen in den hohen Wachstumserwartungen der Anleger begründet. Gerade bei stark wachsenden Unternehmen, die erst in einigen Jahren Gewinne ausweisen bzw. Dividenden ausschütten, führt eine Ermittlung der Eigenkapitalkosten mittels des Dividenden- bzw. Gewinnmodells daher zu unrealistisch niedrigen Werten.[325] Dieses betrifft in der deutschen Kreditwirtschaft insbesondere die Direktbanken, welche aufgrund hoher Investitionen insbesondere in die EDV-Ausstattung und die Kundenakquisition erst nach mehreren Jahren schwarze Zahlen ausweisen.

4.3.3.3 Am Kapitalmarkt beobachtbare Kapitalkosten

Bei börsennotierten Kreditinstituten ist es auf Basis der Kursentwicklung innerhalb eines Jahres und der erfolgten Ausschüttungen an die Aktionäre möglich, die Eigenkapitalkosten direkt aus dem Kapitalmarkt abzuleiten.

Die Höhe der Eigenkapitalkosten kann anhand der Ausschüttungen und der Kursentwicklung ermittelt werden. Gegebenenfalls sind noch weitere Erlöse z. B. aus Bezugsrechten oder der Ausgabe von Berichtigungs- bzw. Treueaktien einzubeziehen. Sollen die Eigenkapitalkosten vor Steuern bestimmt werden, so ist eine erhaltene Körperschaftsteuergutschrift mitzuberücksichtigen. Die Jahresperformance, welche auch als total return bezeichnet wird, läßt sich vereinfacht wie folgt berechnen:

$$k_{EK} = \frac{\text{Dividende} + (\text{Kurs}_{\text{Jahresende}} - \text{Kurs}_{\text{Jahresanfang}})}{\text{Kurs}_{\text{Jahresanfang}}}.$$

Aufgrund der in einzelnen Jahren stark schwankenden Börsenentwicklung ist auch hier ein einzelner Wert nicht aussagekräftig. Es sollte daher die Entwicklung mehrerer Jahre berücksichtigt werden. Bei einer direkten Ableitung der Eigenkapitalkosten aus dem Kapitalmarkt wird davon ausgegangen, daß der Markt eine den zukünftigen Geschäftserwartungen entsprechende Bewertung des Kreditinstitutes vornimmt. Dieses dürfte in der Mehrzahl der Fälle jedoch nicht zutreffend sein. So bestehen häufig Informationsasymmetrien zwischen der Institutsleitung und den Aktionären bzw. potentiellen Anteilseignern der Bank, die zu abweichenden Bewertungen am Aktienmarkt führen.[326] Durch eine wertorientierte Unternehmenssteuerung möchte das Ma-

---

[325] Vgl. hierzu auch die Kritik bei *Röttger* (1994), S. 65f.

[326] In der Praxis erweisen sich die Kapitalmärkte als nicht völlig Informationseffizient. Vgl. zur Diskussion der These vom effizienten Kapitalmarkt u. a. *Süchting* (1995), S. 395-399, *Steiner/Bruns* (1998), S. 41-48.

nagement ja gerade die Diskrepanzen erkennen, um diese dann durch entsprechende Maßnahmen, z. B. der Informationspolitik abzubauen. Die an der Börse beobachtbaren Kapitalkosten sollten daher lediglich als Kontrollgröße herangezogen werden.

Angesichts der dargelegten Probleme sind die vorgestellten klassischen Kapitalkostenkonzepte nicht zur Ermittlung der Eigenkapitalkostensätze im Rahmen einer wertorientierten Unternehmenssteuerung von Kreditinstituten geeignet. Empirische Untersuchungen belegen überdies den geringen Erklärungsgehalt der Methoden für die Kursbewertung am Markt.[327] Jedoch können sie als Vergleichs- und Kontrollgrößen dienen, um die Plausibilität der mittels moderner kapitalmarkttheoretischer Modelle bestimmten Eigenkapitalkostensätze börsennotierter Kreditinstitute zu überprüfen.[328]

4.3.3.4 Berechnung von Sicherheitsäquivalenten

Unter einem Sicherheitsäquivalent versteht man den sicheren Rückfluß, der aus Sicht der Anleger dem unsicheren Cash-flow gleichwertig ist. Daher gilt, daß der sichere Cash-flow, abgezinst mit den risikolosen Kapitalkosten, dem mit den risikoangepaßten Kapitalkosten diskontierten unsicheren Cash-flow entspricht. Formelmäßig läßt sich das wie folgt darstellen:[329]

$$\frac{S\ddot{A}(CF_t)}{1+r_f} = \frac{CF_t}{1+r_f+z_t}$$

$S\ddot{A}(CF_t)$ = Sicherheitsäquivalent (sichere Cash-flow des Jahres t),

CF_t = unsichere Cash-flow des Jahres t,

z_t = Risikozuschlag.

Läßt sich nun anhand der Risikonutzenfunktion der Anleger das Sicherheitsäquivalent bestimmen und ist ebenfalls der risikolose Zinssatz sowie der unsichere Cashflow bekannt, so kann durch Umformung der entsprechende Risikozuschlag ermittelt werden. Dieses Verfahren ist jedoch mit einer Vielzahl von Mängeln behaftet. So dürfte die Anwendung in der Praxis bereits deshalb scheitern, weil die Risikonutzenfunktion der einzelnen Aktionäre einer Gesellschaft nicht bekannt ist bzw. sich nur sehr schwer bestimmen läßt.

---

[327] Vgl. *Copeland/Koller/Murrin* (1998), S. 107.

[328] So auch *Günther* (1997), S. 174. Alle drei Methoden verlangen eine Bewertung des Unternehmens am Finanzmarkt und sind lediglich für börsennotierte Kreditinstitute anwendbar. Für nicht-börsennotierte Institute sind Analogieschlüsse notwendig bzw. die Anwendung von Analyseverfahren erforderlich. Zur Bestimmung der Eigenkapitalkostensätze nicht-börsennotierter Kreditinstitute vgl. die Ausführungen im Abschnitt 5.3.

[329] Vgl. *Ballwieser* (1990), S. 171ff. und *Ballwieser* (1993), S. 155ff.

Durch die Berechnung von Sicherheitsäquivalenten ist es daher nicht möglich, die Risikozuschläge zu ermitteln. Jedoch erlaubt das Verfahren dem Bewerter, die auf Basis der kapitalmarkttheoretischen Modelle berechneten Risikozuschläge auf ihre Plausibilität hin zu überprüfen.[330]

Anhand des geplanten Cash-flow eines Jahr (z. B. 100 Mio. Euro), dem risikolosen Zinssatz (z. B. 8 %) und der z. B. mittels dem CAPM bestimmten Risikoprämie (z. B. 12 %), läßt sich ausgehend von obenstehender Formel, das Sicherheitsäquivalent berechnen:[331]

$$SÄ(CF_t) = \frac{CF_t \cdot (1 + r_f)}{1 + r_f + z_t} = \frac{100 \text{ Mio. Euro} \cdot (1 + 0,08)}{1 + 0,08 + 0,12} = 90 \text{ Mio. Euro}.$$

Das so errechnete Sicherheitsäquivalent wird nun mit den geplanten Cash-flows verglichen. Aus Plausibilitätsgründen sollte das Sicherheitsäquivalent innerhalb der möglichen Bandbreite der geplanten Cash-flows liegen. Die Bandbreite läßt sich durch den Ansatz verschiedener Szenarien (best case, worst case) bestimmen. Ergibt sich für das Sicherheitsäquivalent ein Wert unterhalb der Bandbreite von z. B. 93 Mio. bis 107 Mio. Euro, so wurde ein zu hoher Risikozuschlag gewählt. Das Sicherheitsäquivalent läge somit noch unterhalb des im Falle eines worst case zu erwartenden Cash-flow. Liegt der Wert oberhalb der Bandbreite, so wurde ein zu geringer Risikozuschlag verwendet. Anhand der beiden Randwerte der Bandbreite läßt sich nun der maximal und minimal zulässige Risikozuschlag berechnen. Für das Sicherheitsäquivalent gilt:

$$Max(CF_t) \geq SÄ(CF_t) \geq Min(CF_t).$$

Als Extremwerte für den Risikozuschlag ergeben sich:

$$z_t^{max} = \left(\frac{CF_t}{Min(CF_t)} - 1 \right) \bullet (1 + r_f) = \left(\frac{100 \text{ Mio. Euro}}{93 \text{ Mio. Euro}} - 1 \right) \bullet (1 + 0,08) = 0,0813$$

$$z_t^{min} = \left(\frac{CF_t}{Max(CF_t)} - 1 \right) \bullet (1 + r_f) = \left(\frac{100 \text{ Mio. Euro}}{107 \text{ Mio. Euro}} - 1 \right) \bullet (1 + 0,08) = -0,0707$$

Der Risikozuschlag sollte daher im Beispiel zwischen 7,07 % und 8,13 % liegen.[332]

---

[330] Vgl. hierzu insbesondere *Günther* (1997), S. 174f.

[331] Beispiel in Anlehnung an *Günther* (1997), S. 174f.

[332] Günther berechnet in seinem Beispiel nur den maximal zulässigen Risikozuschlag. Vgl. *Günther* (1997), S. 175.

4.4 Performance deutscher und ausländischer börsennotierter Kreditinstitute im Vergleich

Vergleicht man die auf der folgenden Seite in Abbildung 34 dargelegte Entwicklung der CDAX Branchenindizes der Kredit- und Hypothekenbanken mit der Performance des Gesamtmarktes (CDAX), so wird deutlich, daß die Kreditinstitute über mehrere Jahre hinter der Kursentwicklung des deutschen Aktienmarktes zurückgeblieben sind. Für die Jahre 1988 bis 1998 ergibt sich auf der Grundlage der Branchenindizes des CDAX eine jährliche Rendite für Kreditbanken von 12,9 % und für Hypothekenbanken von 9,4 %, welche deutlich hinter der Rendite des Gesamtmarktes von 14,2 % p. a. zurück bleiben. Demgegenüber konnte mit einer Anlage in Aktien von Versicherungsunternehmen mit 16,2 % eine deutlich höhere Rendite erzielt werden.

Auch in der internationalen Gegenüberstellung schneiden deutsche Kreditinstitute bezogen auf ihre Marktperformance schlechter ab. Vergleicht man verschiedene Studien zur Aktienrendite großer börsennotierter Kreditinstitute, so läßt sich feststellen, daß die deutschen börsennotierten Banken gegenüber ihren europäischen und internationalen Konkurrenten in den letzten Jahren deutlich „unterperformt" haben.

So ermittelt Barfield den durchschnittlichen Total Shareholder Return für den Zeitraum 1993 bis 1998 der fünfzig – nach Marktkapitalisierung in US$ – größten Kreditinstitute der Welt.[333] Um die gesamte Wertsteigerung für die Aktionäre zu messen, umfaßt der Total Shareholder Return nicht nur die Kurssteigerungen im Beobachtungszeitraum, sondern auch die ausgeschütteten Dividenden (jeweils in Landeswährung). So konnten die spanische Banco de Bilbao Vizcaya und das amerikanische Kreditkartenunternehmen MBNA Corp für die Jahre 1993 bis 1998 jährliche Total Shareholder Returns von über 50 % erzielen. Von den deutschen Banken hat sich die HypoVereinsbank bzw. ihr Vorgängerinstitut die Bayerische Vereinsbank mit Rang 20 am besten behauptet. Die übrigen Kreditinstitute erreichten lediglich Positionen im unteren Drittel (Dresdner Bank Rang 35, Commerzbank Rang 37 und Deutsche Bank Rang 41). Ebenfalls deutlich „unterperformt" haben die großen französischen Banken (Société Générale Position 38, Paribas 42, BNP 44). Am schlechtesten haben die japanischen Institute abgeschnitten, welche die letzten sechs Positionen belegen. Sie erzielten in ihren Krisenjahren alle negative jährliche Total Shareholder Returns und haben somit Unternehmenswert im hohen Maße vernichtet. Die Ergebnisse der Untersuchung werden in der Abbildung 35 zusammengefaßt.

---

[333] Vgl. *Barfield* (1998), S. 26.

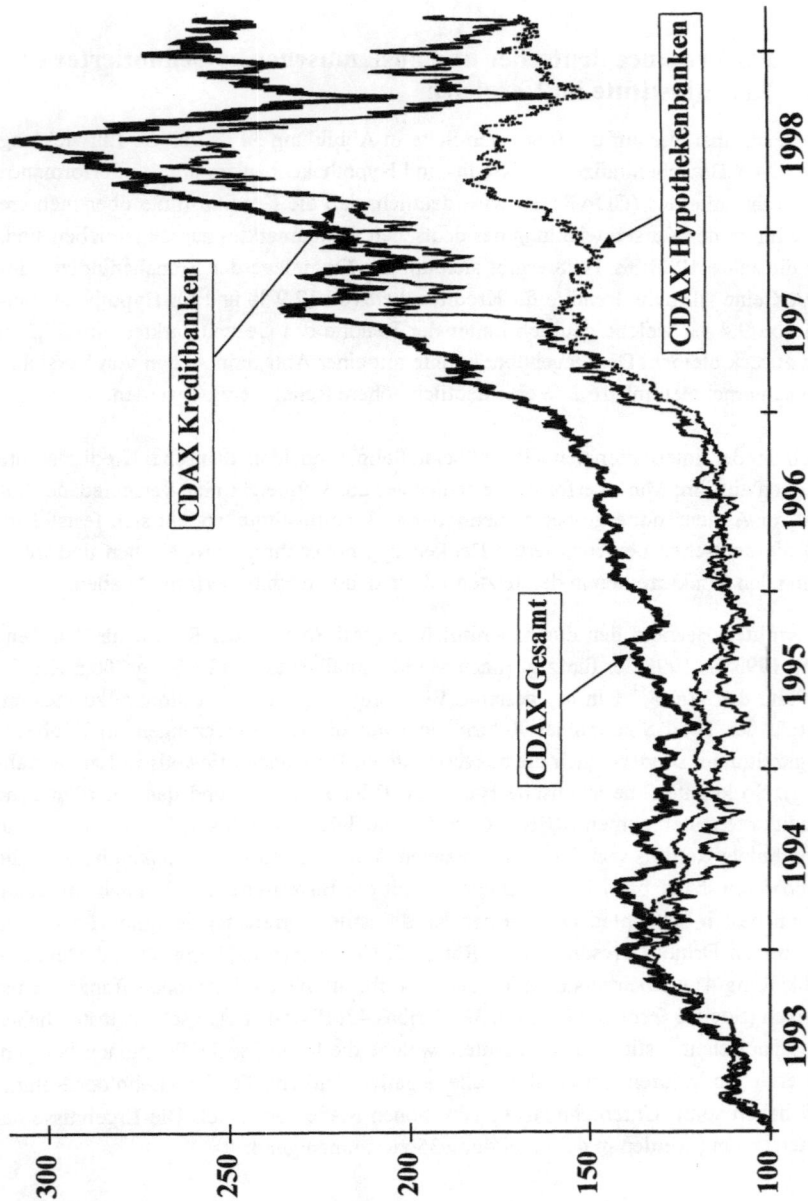

Abbildung 34: Vergleich der Entwicklung des CDAX Kredit- und Hypothekenbanken mit dem Gesamtindex

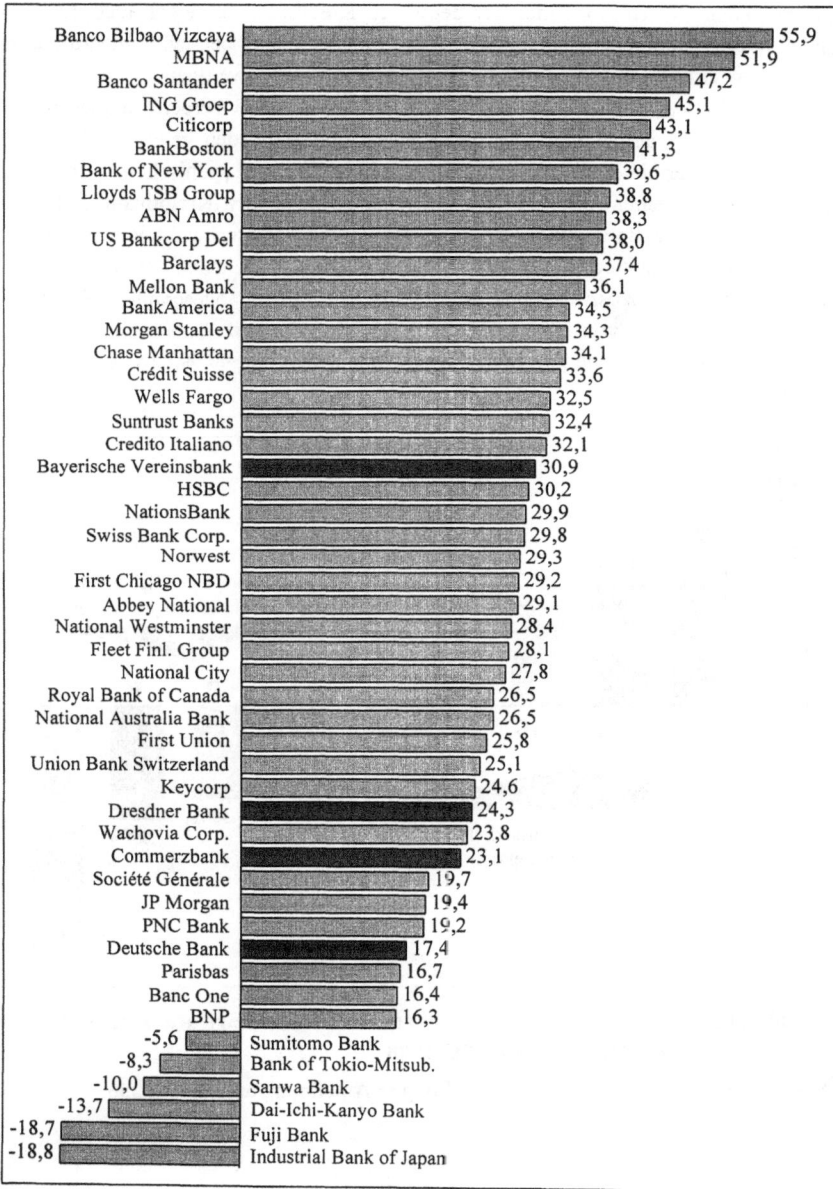

Banco Bilbao Vizcaya	55,9
MBNA	51,9
Banco Santander	47,2
ING Groep	45,1
Citicorp	43,1
BankBoston	41,3
Bank of New York	39,6
Lloyds TSB Group	38,8
ABN Amro	38,3
US Bankcorp Del	38,0
Barclays	37,4
Mellon Bank	36,1
BankAmerica	34,5
Morgan Stanley	34,3
Chase Manhattan	34,1
Crédit Suisse	33,6
Wells Fargo	32,5
Suntrust Banks	32,4
Credito Italiano	32,1
Bayerische Vereinsbank	30,9
HSBC	30,2
NationsBank	29,9
Swiss Bank Corp.	29,8
Norwest	29,3
First Chicago NBD	29,2
Abbey National	29,1
National Westminster	28,4
Fleet Finl. Group	28,1
National City	27,8
Royal Bank of Canada	26,5
National Australia Bank	26,5
First Union	25,8
Union Bank Switzerland	25,1
Keycorp	24,6
Dresdner Bank	24,3
Wachovia Corp.	23,8
Commerzbank	23,1
Société Générale	19,7
JP Morgan	19,4
PNC Bank	19,2
Deutsche Bank	17,4
Parisbas	16,7
Banc One	16,4
BNP	16,3
-5,6	Sumitomo Bank
-8,3	Bank of Tokio-Mitsub.
-10,0	Sanwa Bank
-13,7	Dai-Ichi-Kanyo Bank
-18,7	Fuji Bank
-18,8	Industrial Bank of Japan

Abbildung 35: Jährlicher Total Shareholder Return vor Steuern 1993-1998
Quelle: *Barfield* (1998), S. 26.

Die deutliche Unterperformance der deutschen Kreditinstitute belegt auch ein Vergleich mit den anderen Bankenmärkten in Europa. Kennedy betrachtet hierzu die relative Entwicklung von 60 europäischen Banken zu ihren jeweiligen nationalen Aktienmärkten in den Jahren 1993 bis 1998.[334] Die deutlichste Überperformance ist mit 80 % bzw. 62 % den Banken aus der Schweiz und Schweden gelungen. Ebenfalls deutlich positiver haben die niederländischen, britischen und spanischen Institute abgeschnitten. Mit einer Anlage in die untersuchten deutschen Kreditinstitute konnte lediglich eine der Entwicklung des Gesamtmarktes entsprechende Rendite erzielt werden. Deutlich schlechter als der nationale Aktienmarkt haben die italienischen, portugiesischen, französischen und österreichischen Banken abgeschnitten. Ein Anleger, der im Zeitraum von 1993 bis 1998 in französische bzw. österreichische Bankaktien investierte, hat eine gegenüber dem Gesamtmarkt um 40 % bzw. 81 % niedrigere Rendite erzielt.

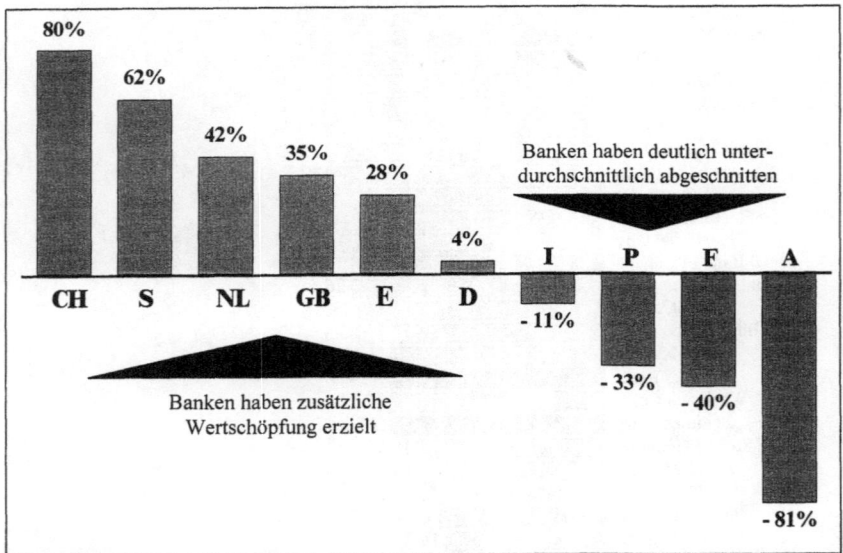

Abbildung 36: Performance europäischer Kreditinstitute relativ zum nationalen Aktienmarkt 1993-1998

Quelle: *Kennedy* (1999), S. 225, Darstellung in Anlehnung an das Original.

---

[334] Vgl. zu den folgenden Ausführungen *Kennedy* (1999).

Zu ähnlichen Ergebnissen kommt eine Untersuchung der Boston Consulting Group, welche die Abweichungen der Aktienrenditen großer us-amerikanischer und europäischer Banken ebenfalls zu den jeweiligen Marktindizes der Länder analysiert hat. Lediglich der Bayerischen Vereinsbank, der Commerzbank und der Dresdner Bank ist es über den Zeitraum 1987-1997 gelungen, für ihre Aktionäre eine durchschnittliche jährliche Rendite zu erzielen, die oberhalb der Marktrendite lag. Demgegenüber haben die großen britischen und amerikanischen Banken – mit wenigen Ausnahmen – den Marktindex deutlich geschlagen.[335]

Die Ergebnisse der Analyse der Boston Consulting Group zur Entwicklung der Aktienrendite ausgewählter Kreditinstitute relativ zur Rendite des Marktindex sind in folgender Abbildung zusammengefaßt:

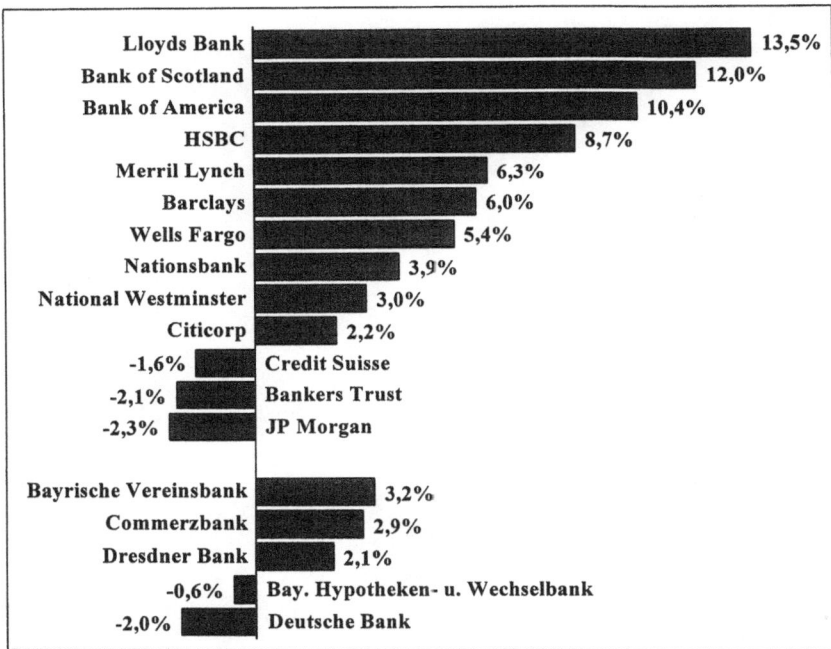

Abbildung 37: Durchschnittliche Aktienrendite relativ zur Rendite des Marktindex von 1987 bis 1997

---

[335] Die Untersuchungsergebnisse wurden dem Autor bei einer Veranstaltung der Boston Consulting Group in Frankfurt a. M. am 22.01.1999 vorgestellt.

Als Ergebnis aus den verschiedenen Untersuchungen bleibt festzuhalten, daß es den großen deutschen Aktienbanken in den letzten Jahren nicht gelungen ist, eine höhere Rendite für ihre Eigentümer zu erzielen als ihre europäische und internationale Konkurrenz. Vielfach blieben sie sogar deutlich hinter der Marktentwicklung zurück. Auch dies ist ein Beleg für die Notwendigkeit einer stärker an den Interessen der Eigenkapitalgeber ausgerichteten Unternehmensführung. Nur wenn es den deutschen Kreditinstituten gelingt, ihre Performance zu steigern, werden die institutionellen Investoren auch zukünftig bereit sein, den Instituten das zur Stärkung der Wettbewerbsposition benötigte Kapital zur Verfügung zu stellen. Die aufgrund der unterdurchschnittlichen Performance im internationalen Vergleich nur geringe Marktkapitalisierung deutscher Banken erhöht darüber hinaus die Gefahr feindlicher Übernahmen.

5 Wertorientierte Steuerung von Geschäftsbereichen und Produkten der Kreditinstitute

5.1 Grundlagen einer wertorientierten Geschäftsbereichssteuerung

5.1.1 Differenziertes Leistungsangebot einer Universalbank

In der Kreditwirtschaft haben in den letzten Jahren eine Vielzahl von Akquisitionen und Eigengründungen zu einer breiten Diversifizierung des Leistungsangebotes geführt. Betrachtet man die Organisationsstrukturen der Kreditinstitute, so vereinen Universalbanken unter einem Dach die verschiedensten Geschäftsfelder. Die traditionelle Produktpalette wurde in den letzten Jahren ergänzt um Versicherungen, Bausparen, Leasing sowie umfangreiche weitere Dienstleistungen von der Unternehmensberatung und Vermögensverwaltung bis hin zur Immobilienvermittlung. Daneben besitzen bei Großbanken und einigen Landesbanken neben banknahen auch Industriebeteiligungen eine größere Bedeutung.

Als Beispiel für einen diversifizierten Bankkonzern mit verschiedensten Unternehmens- und Geschäftsbereichen sowie Tochterunternehmen sei an dieser Stelle die Deutsche Bank dargestellt:

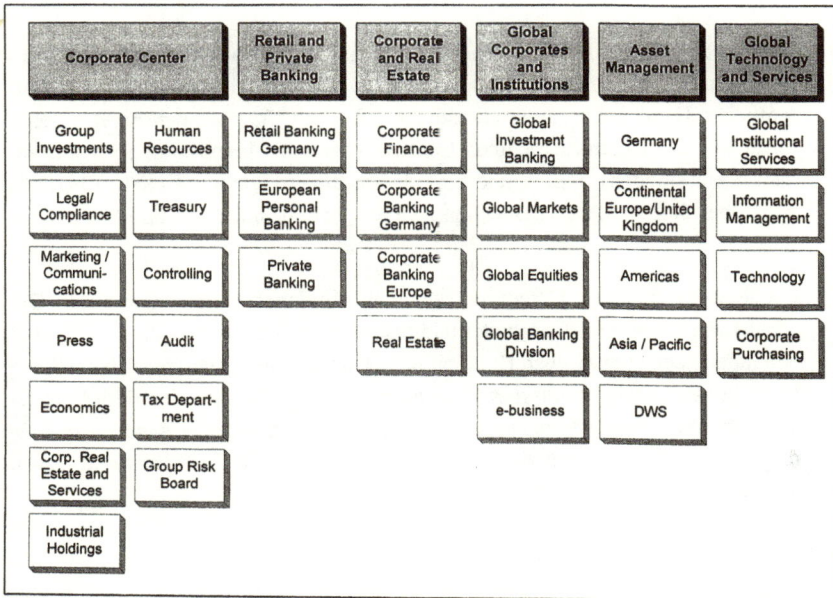

Corporate Center		Retail and Private Banking	Corporate and Real Estate	Global Corporates and Institutions	Asset Management	Global Technology and Services
Group Investments	Human Resources	Retail Banking Germany	Corporate Finance	Global Investment Banking	Germany	Global Institutional Services
Legal/ Compliance	Treasury	European Personal Banking	Corporate Banking Germany	Global Markets	Continental Europe/United Kingdom	Information Management
Marketing / Communications	Controlling	Private Banking	Corporate Banking Europe	Global Equities	Americas	Technology
Press	Audit		Real Estate	Global Banking Division	Asia / Pacific	Corporate Purchasing
Economics	Tax Department			e-business	DWS	
Corp. Real Estate and Services	Group Risk Board					
Industrial Holdings						

Abbildung 38: Organisationsstruktur des Deutsche Bank-Konzerns (Stand: Mai 2000)

Der Deutsche Bank-Konzern ist in sechs verschiedene Unternehmensbereiche aufge-teilt:[336]

- Das sogenannte „Corporate Center" umfaßt die klassischen Stabsbereiche wie u. a. Treasury, Personal, Controlling, Revision, Marketing, Volkswirtschaft so-wie das immer bedeutendere Kredit- und Marktrisikomanagement. Daneben ist dort auch die Verwaltung und Steuerung des umfangreichen industriellen Betei-ligungsbesitzes der Deutschen Bank angesiedelt (insbesondere die Tochterge-sellschaft DB Investor).

- Im Bereich „Retail and Private Banking" sind die Aktivitäten des Deutsche Bank-Konzerns mit Privat- und Geschäftskunden international zusammengefaßt. Das Privatkundengeschäft wird in Deutschland sowohl über 1.400 Filialen als auch über Telefon und Internet im Retailbereich durch die Deutsche Bank 24 betrieben.[337] Die Betreuung der vermögenden Privatkunden erfolgt durch den Bereich Private Banking. Dem Retail Banking Deutschland zugeordnet sind ebenfalls der Deutsche Herold sowie die Deutsche Bank Bauspar-AG und der Finanzdienstleister Bonnfinanz. Darüber hinaus ist der Konzern über Tochter-unternehmen u. a. in Belgien, Italien und Spanien im Privatkundengeschäft ver-treten.

- Der Geschäftsbereich „Unternehmen und Immobilien" betreut national und in-ternational orientierte Unternehmen insbesondere des Mittelstandes und der öf-fentlichen Hand sowie Immobilienkunden. Zu dem Unternehmensbereich gehö-ren u. a. die Tochterunternehmen Eurohypo (vormals Frankfurter Hypotheken-bank Centralboden), GEFA und Grundbesitz-Investmentgesellschaft. Ebenfalls wird über eine weitere Tochter innovativen Unternehmen Venture Capital be-reitgestellt.

- Große weltweit tätige Unternehmen und Institutionen werden durch den Ge-schäftsbereich „Global Corporates and Institutions" betreut. Das Produktangebot beinhaltet neben klassischen Krediten und Handelsfinanzierungen auch das Cash Management sowie strukturierte Finanzierungen im Rahmen des Emissionsge-schäftes. Weiterhin gehören zu dem Unternehmensbereich das syndizierte Kre-ditgeschäft, die Mergers & Acquisitions-Beratung, die DB Research sowie sämtliche Handelsaktivitäten.

---

[336] Das Organigramm mit Stand Mai 2000 wurde dem Verfasser vom Geschäftsbereich Investor Relations bereitgestellt. Zu der Zusammensetzung und den Aufgaben der einzelnen Unterneh-mensbereiche, vgl. *Deutsche Bank* (2000), S. 22-41.

[337] Das Filialgeschäft wurde Mitte 1999 mit der Bank 24 in die rechtlich selbständige Deutsche Bank 24 ausgegliedert.

- Dem neu geschaffenen Unternehmensbereich „Asset Management" obliegt die private und institutionelle Vermögensverwaltung. Das institutionelle Asset Management wird hierbei von der Deutsche Asset Management und der Deutsche Morgan Grenfell betrieben. Durch die Integration von Bankers Trust konnte die Marktposition in diesem Bereich deutlich gesteigert werden. Die Verwaltung der Publikumsfonds wird von der DWS Deutsche Gesellschaft für Wertpapiersparen übernommen.

- Als interner Dienstleister insbesondere für Zahlungsverkehr, Wertpapierabwicklung und EDV fungiert der Unternehmensbereich „Global Technology and Services". Dieser umfaßt auch die 1999 gegründete European Transaction Bank, die ihre Dienste im Bereich der Zahlungsverkehrs- und Wertpapierabwicklung nicht nur dem eigenen Konzern, sondern auch anderen Finanzdienstleistern anbietet.

Von den Unternehmensführungen wird häufig die Notwendigkeit einer Diversifikation der Geschäftsbereiche betont, um unabhängiger gegenüber Konjunkturschwankungen in einzelnen Ländern und Branchen zu sein, eine stabile Ertragsentwicklung zu erreichen und auch neue Ergebnispotentiale zu erschließen. Darüber hinaus können überschüssige finanzielle Mittel einzelner Bereiche in anderen Konzerngesellschaften eingesetzt werden.[338] Neben dem Zukauf von Geschäftsfeldern kommt es auch durch internes Wachstum zum Ausbau von Aktivitäten außerhalb des Stammgeschäfts. Häufig haben sich auch vormals sich nahestehende Geschäftsbereiche durch Marktveränderungen auseinander entwickelt. Nicht zuletzt sind es auch persönliche Interessen des Managements, die zu einer Verbreiterung der Geschäftsaktivitäten führen. Auch wenn der Wert des Kreditinstitutes reduziert wird, kann die Anlage von liquiden Mitteln in neue Geschäftsfelder durchaus dem Interesse des Managements entsprechen, wenn sich hieraus persönliche Vorteile ergeben.[339] Diese können sowohl monetärer als auch nichtmonetärer Art sein. Monetäre Vorteile ergeben sich insbesondere dann, wenn die Höhe der Vergütung an Kennzahlen wie der Unternehmensgröße oder der Höhe des Gewinns festgemacht wird. Wesentliche nichtmonetäre Anreize liegen in dem höheren Prestige und dem größeren Einfluß, welcher mit einem Geschäfts- und Mitarbeiterwachstum verbunden sind. Darüber hinaus kann die eigene Position gefestigt werden, da durch Gestaltung von Verrechnungspreisen in größeren

---

[338] Vgl. u. a. *Arbeitskreis „Finanzierung"* (1996), S. 551f., *Leber/Oberhausberg* (1994), S. 151.

[339] Vgl. *Jensen* (1986) S. 323. Denis/Denis/Sarin sehen Agency-Probleme als Ursache für wertreduzierende Diversifikationsstrategien an. So erfolgte insbesondere in den 80er Jahren eine unzureichende Kontrolle der Unternehmensleitung durch die Eigentümer. Vgl. *Denis/Denis/Sarin* (1997b).

Einheiten die Möglichkeit besteht, Fehlentwicklungen einzelner Unternehmensteile zu verschleiern.[340]

Insbesondere Analysten und institutionelle Investoren betrachten die Bildung von Unternehmenskonglomeraten kritisch. Sie befürchten, daß in einem diversifizierten Konzern das bereitgestellte Kapital nicht unter dem Gesichtspunkt des Shareholder Value eingesetzt, sondern zur Quersubventionierung wertvernichtender Sparten herangezogen wird. Institutionelle Anleger sind durch ihr hohes Anlagevolumen in der Lage, die durch die Integration unterschiedlicher Geschäftsfelder in einem Konzern angestrebte Risikodiversifizierung nach Ländern und Branchen im Rahmen ihres Portfolios selbst vorzunehmen. Sie sind daher nur bereit, in einen Mischkonzern zu investieren, wenn die erzielbare Rendite bei gleichem Risiko höher ist als eine alternative Anlage in ein Portefeuille einzelner börsennotierter Gesellschaften.[341] Dieses wird jedoch nur dann der Fall sein, wenn betriebswirtschaftliche Synergien zwischen den Geschäftsbereichen von der Unternehmensleitung realisiert werden können.[342]

Durch eine mangelnde Transparenz und Detaillierung der Berichterstattung über die Entwicklung einzelner Konzernsparten sind die Ergebnisstruktur und die Finanzierungsverhältnisse in stark diversifizierten Konzernen für den außenstehenden Investor kaum nachvollziehbar. Bei einer Vielzahl von Unternehmen wurde in den letzten Jahren deutlich, mit welchen großen Risiken eine Diversifizierungsstrategie in neue Geschäftsfelder außerhalb des Kerngeschäftes verbunden ist. Häufig zeigte sich das Konzernmanagement mit der Steuerung des Gesamtunternehmens überfordert. Neben dem mangelnden Know-how liegt dies an der Unübersichtlichkeit der weltweiten Aktivitäten in komplexen Konzerngebilden. Aufgrund der mangelnden Kontrollmöglichkeiten und geringeren Effizienz von großen Unternehmenseinheiten müssen Aktionäre diversifizierter Konzerne mit einem Abschlag bei der Börsenbewertung rechnen. Dieser sogenannte Conglomerate bzw. Diversification Discount ergibt sich durch eine Unterbewertung des Konzerns auf dem Aktienmarkt gegenüber dem Wert der einzelnen Unternehmensteile.

---

[340] In der Literatur wird darüber hinaus angeführt, daß das Management bei einer umfangreichen eigenen Beteiligung am Unternehmen eine Diversifikationsstrategie auch deshalb verfolgen könnte, um eine Risikoverringerung im Privatportefeuille zu erzielen. Vgl. *Denis/Denis/Sarin* (1997a), S. 74.

[341] Vgl. *Arbeitskreis „Finanzierung"* (1996), S. 551f., *Leber/Oberhausberg* (1994), S. 159. In einer empirischen Untersuchung kommen Gerke/Garz/Oerke zu dem Ergebnis, daß konglomerate Unternehmensübernahmen von der Börse deutlich negativ aufgenommen werden, horizontale Übernahmen weisen hingegen in Deutschland positive Kapitalwerte auf. Vgl. hierzu *Gerke/ Garz/Oerke* (1995), S. 805-820.

[342] Zur Umsetzung einer wertorientierten Diversifikationsstrategie vgl. *Gomez/Ganz* (1992).

Verschiedene Untersuchungen ergaben einen Abschlag für den US-Markt und Großbritannien von durchschnittlich etwa 15 % und für Japan von ca. 10 %.[343] Daß dies auch für börsennotierte deutsche Kreditinstitute gilt, belegt eine Analyse von Leber/Oberhausberg. Sie kommen zu dem Ergebnis, daß der Börsenwert lediglich dem Wert des eigentlichen Bankgeschäfts entspricht, die hohen stillen Reserven im Immobilien- und Beteiligungsbesitz jedoch vom Markt nicht berücksichtigt werden.[344] Für sämtliche deutsche börsennotierte Konzerne (Banken und Nichtbanken) ermitteln Lins/Servaes einen Abschlag von im Durchschnitt ca. 6 %.[345]

Der mangelnde Erfolg bei der Ausweitung der Geschäftsaktivitäten, z. B. im Rahmen der Allfinanz, von Globalisierungs-Strategien oder der Beteiligungspolitik sowie der erhöhte Kapitalmarktdruck führen bei einer Vielzahl von Kreditinstituten zu einer verstärkten Rückbesinnung auf ihre Kerngeschäftsfelder. Die Geschäftsbereiche, auf die sich das Kreditinstitut aufgrund der Erfahrungen in der Vergangenheit und den Erwartungen für die Zukunft stärker konzentrieren möchte, sind von jeder Bank oder Sparkasse selbst zu definieren. Grundlage sollte dabei die Analyse der bisherigen Stärken und Schwächen des Institutes bilden. Kriterien sind hierbei u. a. die fachliche Kompetenz des Managements, die Marktstellung sowie die Ertragssituation und die zukünftige Marktentwicklung. Besonders kritisch sollte der Erfolg der bisherigen Geschäftspolitik (z. B. im Bezug auf Unternehmensakquisitionen, Umstrukturierungen) hinterfragt werden. Hierbei stellt der Wertmanagement-Ansatz eine wesentliche Ergänzung zum bisher im Rahmen der strategischen Planung verwendeten Instrumentarium dar. Sind die erfolgversprechenden Kernbereiche identifiziert, so ist es nur konsequent, sich von Randaktivitäten zu trennen und hierdurch freiwerdende Mittel ins Stammgeschäft zu reinvestieren bzw. an die Anteilseigner auszuschütten.[346] In den letzten Jahren haben eine Reihe von Kreditinstituten einen Wandel von einer Universalbank zu einem spezialisierten Institut vollzogen. Unter dem steigenden Renditedruck haben sie ihre Produktpalette eingeengt und sich auf bestimmte Kundengruppen oder Marktsegmente spezialisiert.[347]

---

[343] Vgl. *Lang/Stulz* (1994), *Berger/Ofek* (1995), *Lins/Servaes* (1998).

[344] Vgl. *Leber/Oberhausberg* (1994), S. 159.

[345] Vgl. *Lins/Servaes* (1998).

[346] Hierbei muß es sich nicht nur um defizitäre Aktivitäten handeln. Es ist auch im Sinne einer eigentümerorientierten Geschäftspolitik, wenn hoch profitable Unternehmensbereiche, die nicht zum Kerngeschäft gehören, veräußert werden. Dies ist dann sinnvoll, wenn ein Veräußerungserlös erzielt werden kann, der oberhalb des auf der Grundlage der eigenen Planungen ermittelten Wertes liegt.

[347] Es haben sich insbesondere kleinere Institute zunehmend auf einzelne Kunden- oder Produktgruppen spezialisiert. So trennte sich beispielsweise die Westfalenbank vom Privatkunden- und Immobiliengeschäft. Eine Spezialisierung auf einzelne Segmente des Investment-Banking hat u. a. das Bankhaus Metzler vorgenommen.

Die Konzentration auf das Kerngeschäft bedeutet nicht, daß hierdurch die bestehenden Geschäftsstrukturen für ewig festgeschrieben werden und zukünftig notwendige Anpassungen an Marktveränderungen unterbleiben. In regelmäßigen zeitlichen Abständen sollte das Management die bestehende strategische Ausrichtung überprüfen und ggf. nach der Definition neuer Kerngeschäftsbereiche einen schrittweisen Wandel vollziehen.

5.1.2 Grundzüge einer wertorientierten Steuerung von Geschäftsbereichen und Darstellung des weiteren Vorgehens

Eine Steigerung des Unternehmenswertes für die Eigentümer ist nur dann möglich, wenn sämtliche Aktivitäten des Kreditinstitutes auf dieses Ziel hin abgestimmt werden. Dies ist von der Unternehmensleitung allein nicht zu leisten, da die entsprechenden Entscheidungskompetenzen weitgehend auf das Management der dezentralen Unternehmenseinheiten übertragen wurden. Um sicherzustellen, daß die einzelnen Geschäftsbereiche einen positiven Beitrag zum Gesamtwert des Kreditinstitutes erzielen, ist es notwendig, wertorientierte Steuerungs- und Anreizsysteme zu entwickeln und im Unternehmen zu implementieren.

Zielsetzung einer wertorientierten Geschäftsbereichssteuerung ist es, werterzeugende und -vernichtende Aktivitäten zu identifizieren und hierauf aufbauend eine an den Eigentümerinteressen ausgerichtete Kapitalallokation vorzunehmen. Die Beurteilung des Geschäftserfolges der einzelnen Unternehmensbereiche und ihres Managements erfolgt im Rahmen des Wertmanagement-Ansatzes anhand des Beitrages des Geschäftsbereiches zum Gesamtwert des Kreditinstitutes. Der Unternehmenswert ergibt sich somit als Summe der Wertbeiträge der einzelnen Geschäftsbereiche.[348]

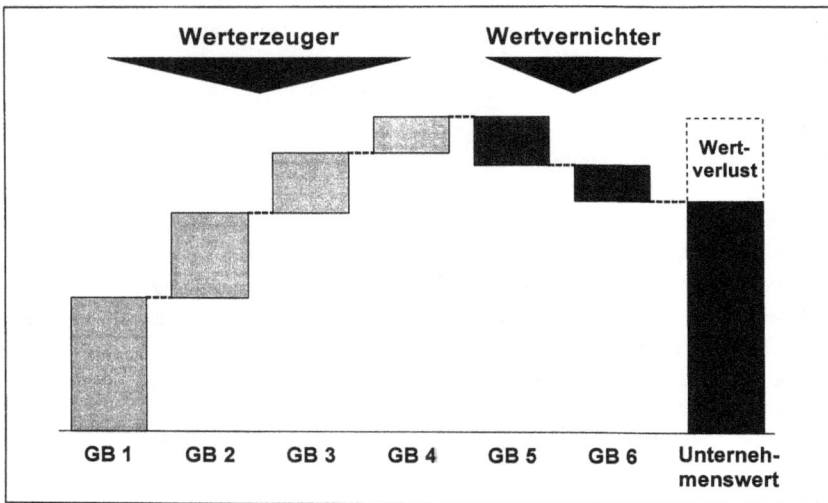

Abbildung 39: Wertbeitrag der Geschäftsbereiche zum Wert des Kreditinstitutes

Quelle: In Anlehnung an *Günther* (1997), S. 99.

---

[348] Wertadditivität ist jedoch nur gegeben, wenn keine Synergien zwischen den Geschäftsbereichen bestehen. Vgl. *Herter* (1994), S. 103, *Hachmeister* (1995), S. 102-106, *Günther* (1997), S. 99.

Ein positiver Wertbeitrag für die Eigentümer des Kreditinstitutes wird nur dann erzielt, wenn der Geschäftsbereich auf das gebundene Eigenkapital eine Rendite erwirtschaftet, die höher ist als die seinem Risiko entsprechenden Kapitalkosten. Im Rahmen der wertorientierten Unternehmenssteuerung werden die Eigenkapitalkosten individuell für jeden Geschäftsbereich des Kreditinstitutes bestimmt. Der von einer Unternehmenseinheit zu erzielende Erfolgsbeitrag ergibt sich durch Multiplikation der risikoadjustierten Eigenkapitalkostensätze mit dem im Bereich gebundenen Kapital. Hierzu ist es notwendig, für jeden Geschäftsbereich des Kreditinstitutes zum einen das zu verzinsende Kapital, zum anderen die Höhe des Eigenkapitalkostensatzes zu ermitteln. Durch einen Vergleich des realisierten mit dem zu erzielenden Erfolgsbeitrag, läßt sich die Performance der Unternehmenseinheiten bestimmen. Diese bildet die Grundlage für die strategische Planung und damit auch für die Investitions- und Desinvestitionsentscheidungen des Managements.

Im Rahmen der Literatur zur wertorientierten Unternehmensführung bei Kreditinstituten befaßt sich lediglich Vettiger mit der Steuerung von Geschäftsbereichen.[349] Auf die Eigenkapitalkosten von Unternehmenseinheiten und ihre Ermittlung geht er nur auf 14 Seiten ein. Er beschränkt sich auf die kurze Darstellung einiger weniger Methoden zu Bestimmung des zu verzinsenden Kapitals und des Eigenkapitalkostensatzes. Die Besonderheiten im Treasury-Bereich, den Handelsabteilungen sowie der Steuerung des Beteiligungsportefeuilles und der Auslandsaktivitäten eines Kreditinstitutes werden von ihm - und auch in den Veröffentlichungen anderer Autoren - nicht behandelt. Seine Ausführungen sind daher in diesen Punkten zu wenig differenziert und bleiben oberflächlich.

Die Bestimmung des vom Geschäftsbereich zu verzinsenden Kapitals kann anhand verschiedener im Kapitel 5.2 vorgestellter und bewerteter Allokationsverfahren erfolgen. Während modernere Ansätze einer Marktwertorientierung folgen, wird in der Unternehmenspraxis häufig eine Bindung an das bilanzielle Eigenkapital vorgenommen. Daneben wird auch die Eignung des Risikokapitals als Verzinsungsgrundlage im Rahmen der wertorientierten Geschäftsbereichssteuerung kritisch analysiert.

Wie zu Beginn des Kapitels 5.3 aufgezeigt wird, ist es zur Vermeidung von Fehlsteuerungen notwendig, das unterschiedliche Risiko der einzelnen Geschäftsbereiche eines Kreditinstitutes durch den Ansatz risikoadjustierter Eigenkapitalkostensätze zu berücksichtigen. Diese lassen sich jedoch für Geschäftsbereiche nicht wie bei börsen-

---

[349] Vgl. *Vettiger* (1997), S. 181-194. Die Geschäftsbereichssteuerung wird von Vettiger nur am Rande behandelt und stellt keinen eigenen Gliederungspunkt dar. Auf nur 5 Seiten beschäftigt er sich mit der Ermittlung des Eigenkapitalkostensatzes und auf 9 Seiten mit der Bestimmung des zu verzinsenden Kapitals.

notierten Banken direkt aus der Bewertung am Kapitalmarkt ableiten. Durch verschiedene Verfahren ist es jedoch möglich, das systematische Risiko und damit die Eigenkapitalkostensätze von Geschäftsbereichen sowie nicht-börsennotierten Kreditinstituten zu bestimmen.

Analog zum rational handelnden Anleger, der für riskantere Investitionen eine zusätzliche Risikoprämie erwartet, muß auch die Konzernleitung von einem risikoreicheren Geschäftsbereich eine höhere Eigenkapitalrendite verlangen. Ihre Höhe läßt sich mit Hilfe der bereits dargestellten Verfahren der modernen Kapitalmarkttheorie aus realen Marktbewegungen ableiten. Hierbei werden die Erkenntnisse der Portfolio Selection-Theorie und des Capital Asset Pricing Model auf Investitions- und Desinvestitionsentscheidungen über nicht-börsennotierte strategische Geschäftsfelder und Unternehmen übertragen. Die Bewertung von Geschäftseinheiten erfolgt analog zu einem Portefeuille von Wertpapieren. Ein wesentliches Merkmal der wertorientierten Unternehmenssteuerung ist es, daß bei der Bestimmung der Renditeforderungen die einzelnen Geschäftsbereiche des Kreditinstitutes wie selbständig am Kapitalmarkt operierende Einheiten angesehen werden (Stand-alone-Prämisse). Die Konzernzentrale nimmt die Position eines Aktionärs ein und beurteilt den Geschäftsbereich aus Sicht eines externen Anlegers. So wird der Kapitalmarktdruck auf die Unternehmensleitung direkt auf das Geschäftsbereichs-Management weitergeleitet.

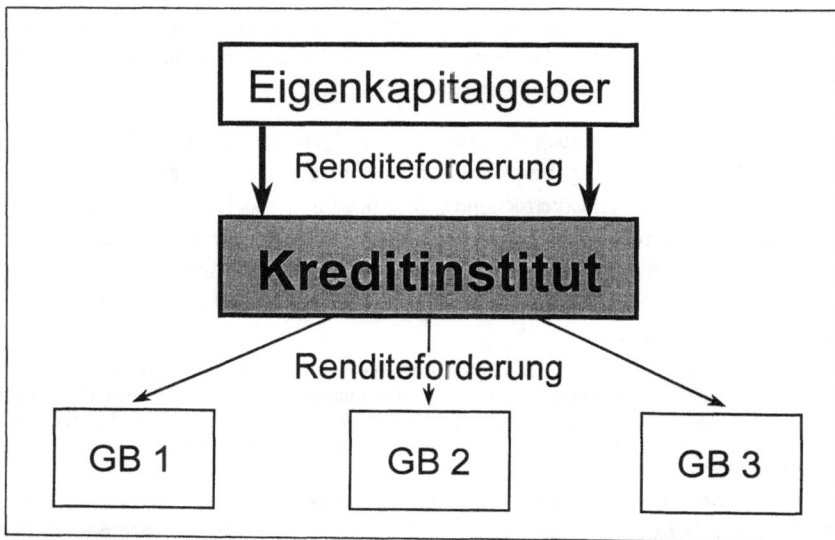

Abbildung 40: **Renditeorientierte Steuerung von Geschäftsbereichen**

Erst durch die Verwendung differenzierter Kapitalkostensätze ist es möglich, geplante Strategien bzw. Investitionen der verschiedenen Geschäftsbereiche eines Kreditinstitutes hinsichtlich ihrer Wirkungen auf den Unternehmenswert zu analysieren. Nur wenn hierdurch eine Wertsteigerung zu erwarten ist, sollten diese durchgeführt werden. Eine Steigerung des Institutswertes kann auch durch die Veräußerung eines Geschäftsbereiches erzielt werden, dessen erwartete Rendite unterhalb seiner Eigenkapitalkosten liegt. Gelingt es nicht, durch wertsteigernde Maßnahmen die Rendite einer Unternehmenseinheit so weit zu steigern,[350] daß diese ihre Eigenkapitalkosten erwirtschaftet, so ist in letzter Konsequenz auch über ein Desinvestment des Geschäftsbereiches zu befinden. Somit bilden die geschäftsbereichsspezifischen Kapitalkostensätze als Hurdle-Rate die entscheidende Steuerungsgröße für die wertorientierte strategische Planung sowie die Kapitalallokation im Kreditinstitut und damit die Zusammensetzung des Bankportfolios.

Die Stand-alone-Betrachtung ist nicht nur auf den Kapitalmarkt zu beschränken. Im Rahmen der internen Steuerung sollten die einzelnen Geschäftsbereiche und Tochterunternehmen grundsätzlich so gestellt werden, als ob sie selbständig ohne Unterstützung, z. B. durch die Nutzung von Ressourcen der Zentrale oder anderer Unternehmenseinheiten, im Markt operieren müßten.[351] Hierdurch wird eine sachgerechte Bewertung des Wertbeitrages einer Unternehmenseinheit und der Leistungen des Geschäftsbereichs-Managements ermöglicht.[352] Die notwendige Verrechnung interner Leistungen sowie die Minimierung der Verbundbeziehungen stellen besondere Anforderungen an das interne Rechnungswesen und die Organisationsstruktur, welche im Abschnitt 5.1.3 ausführlich dargestellt werden.

Konsequenterweise sollte auch die Zentrale eine eigene Bewertungseinheit bilden.[353] „Erträge" der Zentrale ergeben sich insbesondere aus steuerlichen Vorteilen u. a. durch die sofortige Verlustverrechnung im Konzern sowie Kosteneinsparungen im Gesamtkonzern durch die Übernahme zentraler Aufgaben für den Gesamtkonzern und die Bereitstellung von Cross Selling-Möglichkeiten. Da eine stand-alone Bewertung der einzelnen Geschäftsbereiche vorgenommen wird, ist der sich aus der im

---

[350] Insgesamt ergibt sich ein Bündel möglicher Maßnahmen zur Erhöhung der Rentabilität sowie der Senkung der Kapitalkosten und damit der Steigerung des Unternehmenswertes. Eine detaillierte Analyse dieser auch als Werttreiber bezeichneten Handlungsalternativen soll in dieser Arbeit nicht vorgenommen werden, es wird daher auf die Literatur verwiesen. Vgl. für Banken *Strutz* (1993), *Vettiger* (1997).

[351] Vgl. u. a. *Arbeitskreis „Finanzierung"* (1996), S. 551, *Copeland/Koller/Murrin* (1998), S. 339.

[352] Die Entscheidung über den Erwerb oder die Veräußerung von Geschäftsbereichen sollte nicht allein auf der Grundlage einer Stand alone-Bewertung erfolgen, da die Nichtberücksichtigung von Verbundeffekten zu Fehlentscheidungen führen kann.

[353] Vgl. u. a. *Günther* (1997), S. 102-104, *Copeland/Koller/Murrin* (1998), S. 522f.

Konzern durchgeführten Diversifikation erzielte Beitrag einer Unternehmenseinheit zur Reduzierung des Gesamtrisikos ebenfalls vollständig der Institutsleitung zuzurechnen. Dies ist konsequent, da die Entscheidung über den Erwerb oder die Veräußerung von Geschäftsbereichen sowie Tochterunternehmen und damit die Zusammensetzung des Bankportefeuilles beim Institutsmanagement liegt, welches dies gegenüber den Eigentümern des Kreditinstitutes zu verantworten hat. Aufgrund der hervorgehobenen Stellung der Unternehmenszentrale im Rahmen der wertorientierten Steuerung von Kreditinstituten und der zu beachtenden Besonderheiten bei der Bestimmung der Eigenkapitalkosten wird hierauf in einem separaten Abschnitt 5.4.1 eingegangen.

Abweichungen zu der in den Kapiteln 5.2 und 5.3 dargestellten Ermittlung des zu verzinsenden Kapitals und der Bestimmung des geschäftsbereichsspezifischen Eigenkapitalkostensatzes ergeben sich ebenfalls für den Treasury-Bereich und die Handelsabteilungen eines Kreditinstitutes. Die aufgrund der besonderen Geschäftsrisiken notwendigen Anpassungen des Steuerungsinstrumentariums werden im Abschnitt 5.4.2 vorgestellt.

Verfügt ein Kreditinstitut über ausländische Niederlassungen bzw. Tochtergesellschaften, so ist es notwendig, diese in die wertorientierte Steuerung eines Kreditinstitutes zu integrieren. Wie inländische Geschäftsbereiche haben auch die Geschäftsaktivitäten im Ausland einen positiven Beitrag zum Unternehmenswert zu leisten. Gleiches gilt auch für das Beteiligungsportefeuille. Werden vom Kreditinstitut Beteiligungen an Nichtbanken gehalten, so müssen auch diese eine ihrem Risiko entsprechende Rendite erwirtschaften. Die bei der Integration sowohl der ausländischen Niederlassungen und Tochterunternehmen als auch des Beteiligungsportefeuilles in die kapitalmarktorientierte Unternehmenssteuerung eines Kreditinstitutes zu berücksichtigenden Besonderheiten sind Gegenstand der Ausführungen in den Abschnitten 5.5.1 und 5.5.2.

5.1.3 Anforderungen an das interne Rechnungswesen und die Organisationsstruktur

Zur wertorientierten Steuerung von Geschäftsbereichen ist es notwendig, den Wertbeitrag jeder einzelnen Unternehmenseinheit zu berechnen. Dieses ist jedoch nur dann möglich, wenn alle erforderlichen Daten zu den entsprechenden Bereichen und Tochterunternehmen vorliegen. Es sind daher besondere Anforderungen an das interne Rechnungswesen und die Organisationsstruktur des Kreditinstitutes zu stellen.

Bei der Ermittlung der Erfolgsgröße ergeben sich zwei wesentliche Probleme. Zum einen müssen die Ein- und Auszahlungen jeder Einheit bestimmt werden, zum anderen die Austauschbeziehungen zwischen den Geschäftsbereichen berücksichtigt werden.

Ist es relativ unproblematisch, die Einzahlungen aus dem Provisionsgeschäft sowie dem Eigenhandel den einzelnen Geschäftseinheiten zuzuordnen, bereitet jedoch die Bestimmung des (annahmegemäß zahlungswirksamen) Nettozinsertrages mehr Schwierigkeiten. Zur Ermittlung des Nettozinsertrages hat sich in der Kreditwirtschaft die Marktzinsmethode bzw. das hieraus abgeleitete Barwertkonzept etabliert. Der Nettozinsertrag der einzelnen Unternehmenseinheiten ergibt sich aus den Konditionenbeiträgen der getätigten Geschäfte. Erfolgsgröße des Treasury-Bereichs eines Kreditinstitutes wäre konsequenterweise der mittels der Marktzinsmethode errechnete Strukturbeitrag.[354]

Neben den Einzahlungen müssen auch die Auszahlungen auf die einzelnen Geschäftsbereiche umgelegt werden. Auch hier haben fortschrittliche Kostenrechnungs- und Management-Informations-Systeme, unterstützt durch entsprechende Software-Programme, in den letzten Jahren für Vereinfachungen gesorgt.[355] Ein grundlegendes Problem stellt jedoch die Verteilung der nicht direkt zurechenbaren Auszahlungen auf die einzelnen Geschäftsbereiche dar. Problematisch sind hierbei insbesondere die Auszahlungen der Unternehmenszentrale und der mit ihr verbunden Bereiche. Es ist daher zu empfehlen, auf eine Verteilung der nicht den einzelnen Geschäftsbereichen direkt zurechenbaren Auszahlungen der Zentrale zu verzichten.[356]

---

[354] Auf die Marktzinsmethode soll in dieser Arbeit nicht näher eingegangen werden. Es sei hierzu auf die Literatur verwiesen. Vgl. u. a. *Schierenbeck* (1997 I), S. 43-259.

[355] Erwähnt sei in diesem Zusammenhang auch die Prozeßkostenrechnung, deren Umsetzung zu einer genauen Analyse der einzelnen Tätigkeiten und so zu einer verursachungsgerechteren Kostenverteilung im Unternehmen geführt haben. Zur Prozeßkostenrechnung in Banken, vgl. u. a. *Meyer* (1995), S. 151-156, *Rüegsegger* (1996), *Schierenbeck* (1999 I), S. 352-370.

[356] Vgl. u. a. *Vettiger* (1996), S. 135, *Günther* (1997), S. 102-104, *Copeland/Koller/Murrin* (1998), S. 522f.

Bei Kreditinstituten ergeben sich umfangreiche Probleme durch die Vielzahl von innerbetrieblichen Leistungsbeziehungen. Darüber hinaus führt das Cross Selling zu Erlösverbunden zwischen den Geschäftsbereichen. Insbesondere Firmenkunden stehen in Geschäftsbeziehung zu mehreren Unternehmenseinheiten. So werden neben den Leistungen des Firmenkundenbereiches beispielsweise auch Beratungsangebote des Investmentbanking sowie Leistungen ausländischer Niederlassungen genutzt. Um den Erfolg der dezentralen Organisationseinheiten sachgerecht ermitteln zu können, ist es notwendig, daß alle innerbetrieblichen Leistungsbeziehungen erfaßt werden. Eine korrekte Ermittlung der wirtschaftlichen Leistungsfähigkeit der Teilbereiche der Bank ist nur möglich, wenn für den bankinternen Ausgleich Marktpreise und nicht willkürlich zugeordnete Margen verwendet werden.[357] So sind insbesondere Bonus- und Malusregelungen aufgrund der damit verbundenen Verzerrungen nicht zur wertorientierten Steuerung geeignet.[358]

Eine wertorientierte Unternehmenssteuerung ist nur möglich, wenn eine eindeutige organisatorische und unter dem Gesichtspunkt eines wertorientierten Vergütungssystems auch personelle Trennung der Bereiche erfolgt.

Da im Rahmen des Konzeptes eine differenzierte Betrachtung des Risikos einzelner Geschäftsbereiche vorgenommen wird, sollte die wesentliche Zielsetzung bei der Gestaltung der Organisationsstruktur des Kreditinstitutes daher in der Bildung von sogenannten Value-Centern liegen. Hierunter sind Organisationseinheiten zu verstehen, die bezüglich ihrer Risikostruktur homogen sind, sich aber gegenüber den übrigen Einheiten eindeutig abgrenzen lassen. Sie stellen die kleinste Steuerungseinheit im Rahmen der wertorientierten Unternehmensführung dar. Je nach Verbundbeziehungen kann es sich um einen gesamten Geschäftsbereich, jedoch auch um eine kleinere Organisationseinheit oder ein Tochterunternehmen handeln. Es ist darauf zu achten, daß zwischen den einzelnen Einheiten möglichst geringe Austauschbeziehungen bestehen. Bei sehr engen Geschäftsverbindungen sollte im Rahmen der Wertanalyse auf eine Differenzierung verzichtet werden.

Schwierigkeiten treten auch dann auf, wenn eine Organisationseinheit, wie z. B. eine Filiale, Niederlassung oder Auslandstochter, für mehrere Geschäftsbereiche tätig ist. In diesen Fällen hat eine konsequente Trennung in verschiedene Value-Center zu erfolgen.

---

[357] Da es sich bei der Ermittlung von Verrechnungspreisen um ein grundlegendes Problem der bankbetrieblichen Kostenrechnung handelt, soll hierauf nicht weiter eingegangen werden. Es sei auf die entsprechende Literatur hierzu verwiesen. Vgl. u. a. *Schierenbeck* (1999 I), S. 381-389.

[358] So z.B. das von Marusev/Siewert sowie Schierenbeck vertretene engpaßbezogene Bonus-/Malus-System im Marktzinsmodell, vgl. *Marusev/Siewert* (1990), Schierenbeck (1999 II), S. 448-495.

Wenn nachfolgend von Geschäftsbereichen und Tochterunternehmen gesprochen wird, so sind die Value-Center und damit die kleinsten Steuerungseinheiten im Rahmen einer wertorientierten Unternehmensführung gemeint, unabhängig von ihrer Position und genauen Bezeichnung in der Organisationsstruktur des Kreditinstitutes.[359]

Durch die Einführung der Divisionalisierung und die konsequenten Einrichtung von Profit Centern in den großen Kreditinstituten sind in den letzten Jahren bei Organisationsreformen Unternehmenseinheiten geschaffen worden, welche die Anforderungen einer wertorientierten Steuerung im wesentlichen erfüllen. Bereits heute hat eine Vielzahl von Kreditinstituten einzelne Geschäftsfelder in Form von GmbH's und AG's ausgegliedert. Die Gründe hierfür sind vielfältig und liegen nicht nur in Steuerungsgesichtspunkten begründet. Neben der Unterstreichung des Profit Center Gedankens und damit der Eigenverantwortung des Managements und seiner Mitarbeiter sind es insbesondere tarifvertragliche Aspekte, die zu einer organisatorischen Trennung führen. In einigen Fällen geschieht dies auch aufgrund behördlicher Auflagen, wie z. B. bei Kapitalanlage- und Leasinggesellschaften.

Für rechtlich selbständige Tochtergesellschaften gestaltet sich die Erfolgszurechnung auf den ersten Blick einfach, da sie über eigene Bilanzen und Ergebnisrechnungen verfügen. Jedoch erfolgt die Verrechnungspreisgestaltung aus konzernweiten Überlegungen. Daher darf ein Tochterunternehmen nicht durch Auswirkungen von Entscheidungen belastet oder begünstigt werden, die er nicht zu verantworten hat. Erfolgt im Rahmen der Bilanzpolitik aus steuerlichen Gründen eine bewußte Gewinnverschiebung (insbesondere in Beziehung zu ausländischen Töchtern) über Verrechnungspreise, so sind die daraus resultierenden Effekte zu neutralisieren, da sie nicht vom Bereich zu beeinflussen sind, sondern von der Zentrale veranlaßt werden.

Wie erläutert, stellt die Ermittlung und verursachungsgerechte Zuteilung der Ein- und Auszahlungen aufgrund der Komplexität und Vielfältigkeit der bankinternen Leistungsbeziehungen ein nicht einfach zu lösendes Problem dar. Jedoch sind in den letzten Jahren die Controlling- und Management-Informations-Systeme auch durch den Einsatz moderner EDV-Systeme deutlich verbessert worden.

---

[359] So läßt sich beispielsweise der Unternehmensbereich „Retail and Private Banking" der Deutschen Bank in verschiedene Value-Center unterteilen wie z. B. Deutsche Bank 24, Private Banking, Bonnfinanz, Retail Banking Spanien, Private Banking Frankreich etc.

5.2 Bestimmung des zu verzinsenden Kapitals und Messung der Performance

Die Bestimmung des zu verzinsenden Kapitals der einzelnen Geschäftsbereiche eines Kreditinstitutes kann anhand verschiedener Kriterien vorgenommen werden. Nachfolgend werden mögliche Ansätze kurz beschrieben und ihre Eignung zur wertorientierten Kapitalallokation bewertet.[360]

Die Festlegung kann erfolgen:

- durch die Übernahme der Kapitalstruktur der Gesamtbank für die Geschäftsbereiche,

- nach der Eigenkapitalbeanspruchung gemäß den bankaufsichtsrechtlichen Unterlegungsvorschriften,

- nach der Tragfähigkeit,

- entsprechend dem Partizipationsgrad,

- durch den Vergleich mit der Kapitalstruktur von Kreditinstituten, die im selben Marktsegment wie der Geschäftsbereich tätig sind,

- bei rechtlich selbständigen Unternehmenseinheiten nach ihrem bilanziellen Eigenkapital,

- nach dem Marktwert des Unternehmensbereiches,

- nach dem Risikopotential.

5.2.1 Buchhalterische Ansätze

Übernahme der Kapitalstruktur der Gesamtbank für die Geschäftsbereiche

Einen ersten Ansatz bildet die analoge Übertragung der Kapitalstruktur der Mutter auf die Unternehmensteile und die Verwendung dieses fiktiven Eigenkapitals als Verzinsungsgrundlage.[361] Eine solche pauschale Regelung ist jedoch unzweckmäßig, da hiermit den Risiken der einzelnen Geschäfte in den Unternehmensbereichen nicht Rechnung getragen wird. Relativ risikolose Geschäfte müßten zu gleichen Teilen mit Kapital unterlegt werden wie risikoreiche Transaktionen. Dieses führt zu einer Begünstigung risikoreicherer Geschäftsbereiche und damit einer sukzessiven Risikoerhöhung des Bankportefeuilles.

---

[360] Vgl. hierzu auch *Voss* (1987), S. 127ff., *Gottstein* (1996), S. 236-238.

[361] So u. a. von Adolf/Cramer/Ollmann empfohlen, vgl. *Adolf/Cramer/Ollmann* (1989a), S. 489.

Eigenkapitalbeanspruchung gemäß den bankaufsichtsrechtlichen Unterlegungsvorschriften

Häufig erfolgt die Zurechnung des zu verzinsenden Kapitals und damit die Verteilung der Eigenkapitalkosten auf die einzelnen Geschäfte und damit auf die Organisationseinheiten auf Basis der aufsichtsrechtlichen Unterlegungsvorschriften. Die Eigenkapitalbindung ist hierbei abhängig von den jeweiligen Anrechnungssätzen im Solvabilitätskoeffizienten. Dieses Verfahren bietet neben dem Vorzug der einfachen Handhabung durch die Verwendung extern vorgegebener Unterlegungssätze Vorteile in der internen Kommunikation.[362] Gravierender Nachteil ist jedoch die einseitige Belastung von unterlegungspflichtigen Aktivgeschäften und Handelsaktivitäten, da die aufsichtsrechtlichen Normen keine Unterlegungspflicht für Passivgeschäfte sowie den an Bedeutung gewinnenden Zweig der provisionstragenden Geschäfte vorsehen.[363] Auch in diesen Bereichen werden Mittel gebunden, die ansonsten ertragreicher angelegt werden könnten. Zur Erreichung des Ergebnisziels der Gesamtbank müssen deshalb sämtliche Bankgeschäfte beitragen, also auch die Passiv-, Dienstleistungs- und Handelsgeschäfte sowie das Treasury.

Darüber hinaus ist es zweifelhaft, inwieweit die aufsichtsrechtlichen Vorschriften die tatsächliche Risikosituation widerspiegeln. So sind die zugrunde liegenden Ausfallannahmen für Risikoaktiva weder in ihrer Gesamthöhe noch in ihrer Risikogewichtung realistisch.[364] Die Berücksichtigung nur weniger Risikokategorien erlaubt keine ausreichend differenzierte Risikobetrachtung.

Eine Kapitalunterlegung auf Basis der aufsichtsrechtlichen Vorgaben ist daher abzulehnen, da sie zu gravierenden Fehlsteuerungen führt.[365] Lediglich als Nebenbedingung kommt den aufsichtsrechtlichen Anforderungen im Rahmen der wertorientierten Unternehmenssteuerung eine Bedeutung zu, da sie vom Gesamtinstitut zu jeder Zeit erfüllt werden müssen.

---

[362] Vgl. *Lehar u. a.* (1998), S. 952f.

[363] So hat bei der Deutschen Bank und der Dresdner Bank im Jahr 1998 erstmals der Provisionsüberschuß mit 5,3 bzw. 2,8 Mrd. Euro den Zinsüberschuß nach Risikovorsorge von 4,5 bzw. 2,7 Mrd. Euro übertroffen. Vgl. *Deutsche Bank* (1999), S. 49, *Dresdner Bank* (1999), S. 58.

[364] Dieses ist von den Aufsichtsbehörden auch nicht beabsichtigt, da durch die Unterlegungsvorschriften auch weitere nicht erfaßte Risiken des Kreditinstitutes berücksichtigt werden sollen. Dieses sind insbesondere das allgemeine Zinsänderungsrisiko aus der Fristentransformation und die operativen Risiken. Vgl. *Meister* (1999b), S. 8f.

[365] Vgl. *Spremann,* (1994), S. 23, *Behm* (1994), S. 161ff., *Lehar u. a.* (1998), S. 860.
Daher sind auch Renditekennziffern, die auf der aufsichtsrechtlichen Bemessungsgrundlage (Return on Regulatory Assets) oder Eigenkapital (Return on Regulatory Capital) ansetzen, nur wenig aussagefähig für die Performance verschiedener Geschäftsbereiche. Vgl. *Lehar u. a.* (1998), S. 860f.

Bestimmung des zu verzinsenden Kapitals auf der Grundlage der Tragfähigkeit

Das Prinzip der Tragfähigkeit berücksichtigt bei der Kapitalunterlegung den Beitrag den eine Geschäftseinheit in den letzten Jahren zum Institutserfolg geleistet hat. Die einzelnen Unternehmensteile haben somit entsprechend ihrem relativen Anteil am Gesamterfolg des Kreditinstitutes zur Erfüllung der Renditeforderungen beizutragen.[366] Dieser Ansatz ist ebenfalls abzulehnen, da die Ergebniszuordnung lediglich konstatierende Wirkung hat und von ihr keine Steuerungs- und Informationswirkung ausgeht.

Zurechnung anhand des Partizipationsgrades

Die Defizite einer Allokation nach der Tragfähigkeit sehen auch Gottstein und Voss.[367] Beide betonen daher in ihren Ansätzen den Verbundcharakter des Bankgeschäfts, bei dem alle Geschäftseinheiten direkt oder indirekt an der „Gesamtsubstanz" des Institutes partizipieren. Das zu verzinsende Kapital und somit auch der Ergebnisbeitrag sollte deshalb anhand des „Partizipationsgrades" bestimmt werden. Voss bezeichnet dieses Verfahren daher auch als „Partizipationsprinzip". Grundlage sollen neben den Ergebnissen der Vergangenheit auch die Planungen für die kommenden Jahre bilden. Insoweit stellt das Verfahren eine Erweiterung des Tragfähigkeitskonzeptes dar. Der Partizipationsgrad und die Ziel-Ergebnisbeiträge sind zu Beginn der Planperiode im Dialog zwischen der Unternehmensleitung und dem Bereichsmanagement festzulegen. Durch diesen Verteilungsschlüssel sehen beide Autoren es als sichergestellt, daß von allen Unternehmensbereichen ein angemessener Gewinnbeitrag eingefordert wird.[368] Dieser Ansatz ist jedoch ebenfalls für eine wertorientierte Unternehmenssteuerung nicht geeignet, da hierbei die Ergebnisanforderung nach subjektiven und unternehmensindividuellen Überlegungen erfolgt. Der Partizipationsgrad der einzelnen Geschäftseinheiten ist in der Praxis nur sehr ungenau und aufwendig zu bestimmen. Darüber hinaus dürfte die Verteilungsmethode aufgrund der stark subjektiven Einflüsse nur auf geringe Akzeptanz im Unternehmen stoßen.

Vergleich mit der Kapitalstruktur von Kreditinstituten, die im selben Marktsegment tätig sind

Eine weitere Möglichkeit zur Bestimmung des zu verzinsenden Eigenkapitals besteht in der Übernahme der Kapitalstruktur von einem einzelnen oder einer Gruppe von Kreditinstituten, die im selben Marktsegment wie der Geschäftsbereich tätig sind.

---

[366] Vgl. *Voss* (1987), S. 127f., *Schierenbeck* (1997 I), S. 456.

[367] Vgl. *Gottstein* (1996), S. 237, *Voss* (1987), S. 128f.

[368] Zur Bestimmung des Partizipationsgrades in der Praxis und der hierzu anzuwendenden Bewertungskriterien werden von Voss und Gottstein jedoch keine näheren Erläuterungen gegeben.

145

Hierbei ist jedoch zu beachten, daß die ausgewählten Kreditinstitute nur in dem einen Segment und nicht noch in anderen Marktbereichen in größerem Umfang vertreten sind. Darüber hinaus ist auf Marktwerte und nicht Buchwerte abzustellen. Die Anwendung dürfte daher in der Praxis Schwierigkeiten bereiten.

Verwendung des bilanziellen Eigenkapitals bei rechtlich selbständigen Unternehmenseinheiten

Zunehmend gehen auch kleinere Kreditinstitute dazu über, einzelne Geschäftsbereiche in rechtlich eigenständige Gesellschaften auszugliedern. Dies geschieht zum einen aufgrund rechtlicher Vorschriften - insbesondere für Aktivitäten im Ausland -, zum anderen aber auch zur Nutzung von steuerlichen und tarifvertraglichen Vorteilen. Darüber hinaus bieten Ausgliederungen auch Vorzüge bei der Unternehmenssteuerung, so ermöglichen sie u. a. eine klarere Zuordnung von Verantwortung und eine einfachere Erfolgsmessung. Da rechtlich selbständige Tochterunternehmen von der Mutter mit Eigenkapital ausgestattet werden, liegt es nahe, als zu verzinsendes Kapital das bilanzielle Eigenkapital dieser Gesellschaften zu wählen.

Eine Zuordnung auf der Basis des bilanziellen Eigenkapitals, also dem Grundkapital zuzüglich den Rücklagen, ist aber für die Unternehmenssteuerung ungeeignet. Wird von der Muttergesellschaft im Rahmen einer Patronatserklärung eine Haftungszusage gegeben, so ist das Standing der Tochter im Markt nicht nur von der eigenen Eigenkapitalausstattung abhängig, sondern auch von der Bonitätseinschätzung der Mutter. Es besteht somit für die Muttergesellschaft keine Notwendigkeit, die rechtlich selbständige Unternehmenseinheit mit angemessenen, den Branchenusancen entsprechenden Eigenmitteln auszustatten und angemessene Thesaurierungen vorzunehmen. Das buchhalterische Eigenkapital entspricht daher häufig weder den Anforderungen der Branche noch dem tatsächlichen Marktwert des Tochterunternehmens. Ausnahmen bilden lediglich Kreditinstitute im Konzern, welche die aufsichtsrechtlichen Eigenkapitalvorschriften erfüllen müssen. Jedoch bestehen auch hier Diskrepanzen zwischen dem Buchwert des Eigenkapitals und seinem Marktwert.

Alle angesprochenen Verfahren stoßen bei der Umsetzung in der Praxis auf Schwierigkeiten und führen durch ihre Buchwertorientierung zu Fehlsteuerungen. Die vorgestellten buchhalterischen Methoden sind daher abzulehnen. Ein wesentlicher Vorzug des Wertmanagement-Ansatzes liegt ja gerade in der Abkehr von Buchwerten, hin zur Berücksichtigung von Marktwerten. Im Rahmen der wertorientierten Unternehmenssteuerung von Kreditinstituten ist es notwendig, sich vom bilanziellen Eigenkapital zu lösen. Hierbei handelt es sich lediglich um eine Erinnerungs- und Residualgröße in der Bilanz, die nicht die Grundlage für die Renditeforderungen der Eigenkapitalgeber bildet.

146

5.2.2 Ansatz der Marktwerte der Geschäftsbereiche

5.2.2.1 Verwendung von Multiplikatoren

Ein in der Aktienanalyse häufig verwendetes Verfahren zur Unternehmensbewertung stellt die Multiplikatormethode dar. Wichtigste Kennzahlen sind hierbei der Markt-wert-Buchwert-Faktor (Market-to-Book-Ratio) und das Kurs/Gewinn-Verhältnis (Price/Earnings-Ratio) und. So könnte der Marktwert eines Geschäftsbereiches auf Basis der erwarteten Gewinne anhand der Price/ Earnings-Ratio eines börsennotierten Vergleichsunternehmens bzw. des Branchendurchschnittes berechnet werden. Hierbei wird unterstellt, daß der Markt den Geschäftsbereich als Vielfaches seiner erwarteten Gewinne bewertet. Alternativ wäre auch die Verwendung des Marktwert-Buchwert-Faktors möglich. Der Marktwert des Geschäftsbereiches entspräche dann dem mit dem entsprechenden Faktor multiplizierten Buchwert des Eigenkapitals.[369]

Sowohl das Kurs/Gewinn-Verhältnis als auch der Marktwert-Buchwert-Faktor sind zur Bewertung im Rahmen einer wertorientierten Unternehmensführung nicht geeignet. Neben ihrer geringen empirischen Signifikanz erweisen sich die Multiplikatoren im Zeitablauf als nicht stabil. So schwankt ihre Höhe je nach Börsensituation, Unternehmen und betrachtetem Marktsegment gravierend.[370] Ebenfalls bereitet die Auswahl von mit den Geschäftsbereichen eines Kreditinstitutes vergleichbaren Unternehmen angesichts der geringen Anzahl börsennotierter Aktienbanken in Deutschland Schwierigkeiten.[371] Darüber hinaus gelten bei beiden Verfahren die dargestellten grundsätzlichen Einwände gegen die Verwendung von Buchwerten und Gewinnen in der Unternehmensbewertung. Angesichts der aufgezeigten Mängel können mittels - durch Analogieschlüsse zu börsennotierten Gesellschaften bestimmten - Multiplikatoren keine aussagekräftigen Geschäftsbereichswerte ermittelt werden.[372]

---

[369] Alternativ ist es auch möglich, direkt die Kapitalstruktur zu Marktwerten von börsennotierten Kreditinstituten anzusetzen, die im selben Marktsegment wie der betrachtete Geschäftsbereich tätig sind. Vgl. *Payant* (1996), S. 27, *Kimball* (1997a), S. 30.

[370] Gegen die Verwendung des Marktwert/Buchwert-Faktors spricht überdies, daß eine Erhöhung des buchhalterischen Eigenkapitals nicht nur durch die Thesaurierung von Gewinnen erfolgen kann, sondern auch durch den Zufluß neuer Mittel im Rahmen einer Kapitalerhöhung. Eine Steigerung des Gewinns und des Marktwertes erfolgt in diesen Fällen nicht zwangsläufig, sondern ist von der Verwendung des zufließenden Eigenkapitals abhängig.

[371] Vgl. hierzu Abschnitt 5.3.2.

[372] Zur Kritik an den Multiplikatormethoden vgl. u. a. *Rappaport* (1986), S. 63f., *Herter* (1994), S. 72, *Klien* (1995), S. 176, *Copeland/Koller/Murrin* (1998), S. 107, 306. Die Verwendung von Multiplikatormethoden in der Unternehmensbewertung wird von Moxter und Ballwieser abgelehnt, vgl. *Moxter* (1983), S. 134, *Ballwieser* (1991), S. 62. Trotz der bekannten Schwächen sind Multiplikatoren gerade bei Analysten zur Unternehmensbewertung immer noch sehr beliebt. Auch Schierenbeck bestimmt im Rahmen seines erweiterten ROI-Schemas den Gesamtwert pro Aktie (Value Per Share) durch Multiplikation der Gewinne je Aktie mit dem Kurs/Gewinn-Verhältnis. Wie oben erläutert, ist dieses Vorgehen nicht sachgerecht. Vgl. *Schierenbeck* (1998), S. 14, *Schierenbeck* (1999 I), S. 452ff.

5.2.2.2 Anwendung des Discounted Cash-flow-Verfahrens

Bei einer wertorientierten Unternehmensführung des Kreditinstitutes sollte der zu erzielende Ergebnisbeitrag eines Geschäftsbereiches nicht auf buchhalterischer Basis, sondern auf der Grundlage des Marktwertes des Eigenkapitals der Unternehmenseinheit ermittelt werden. Dieser läßt sich analog zu der Bewertung des Gesamtinstitutes anhand des Discounted Cash-flow-Verfahrens unter Einbeziehung der - der im nachfolgenden Kapitel 5.3 erläuterten - risikoadjustierten Eigenkapitalkosten berechnen. Zur Bestimmung des Free Cash-flow kann das im Abschnitt 4.2.3.1.4 verwendete Berechnungsschema verwendet werden. Dies ist mit keinem zusätzlichen Aufwand verbunden, da die entsprechenden Daten der einzelnen Geschäftsbereiche bereits zur Ermittlung des Free Cash-flow des Gesamtinstitutes benötigt werden. Je nach Geschäftstätigkeit können sich jedoch u. U. Abweichungen zum vorgestellten Cash-flow-Schema ergeben.[373]

Die Berücksichtigung des Marktwertes eines Unternehmensbereiches im Rahmen einer wertorientierten Steuerung ist nur konsequent, da das Kreditinstitut alternativ auch den Verkauf des Geschäftsbereiches vornehmen kann. Den einzelnen Unternehmensteilen sollte daher kalkulatorisch Kapital entsprechend ihren Marktwerten zugerechnet werden, da dies der Opportunität aus Anteilseignersicht entspricht. Dieses im Rahmen einer wertorientierten Unternehmensführung ermittelte ökonomische Eigenkapital ist vom effektiv im Kreditinstitut vorhandenen bilanziellen Eigenkapital und dessen Allokation eindeutig zu trennen.[374]

Ist das zu verzinsende Kapital bestimmt, so ist in einem weiteren Schritt durch die Multiplikation mit dem Eigenkapitalkostensatz der von den einzelnen Geschäftsbereichen und Tochterunternehmen zu erzielende Ergebnisbeitrag zu berechnen. Anhand eines Soll-Ist-Vergleichs läßt sich ermitteln, inwieweit der Unternehmensbereich die Renditeforderungen erfüllt und positiv zum Wert des Kreditinstitutes beigetragen hat. Bei der Bestimmung des Periodenerfolges der einzelnen Geschäftsbereiche und der Gesamtbank auf der Grundlage von Marktwerten sind neben der Marktwertveränderung auch der in der Periode erzielte Free Cash-flow zu berücksichtigen. Die Performance der Unternehmensbereiche bildet eine wesentliche Grundlage für die weitere strategische Planung des Kreditinstitutes.

---

[373] Vgl. hierzu die Ausführungen zur wertorientierten Steuerung der Unternehmenszentrale, des Treasury-Bereichs und der Handelsabteilungen sowie des Auslandsgeschäftes und des Beteiligungsportfolios in den Abschnitten 5.4 und 5.5.

[374] So hat aufgrund aufsichtsrechtlicher Vorschriften eine angemessene Ausstattung der rechtlich selbständigen Unternehmenseinheiten mit bilanziellem Eigenkapital zu erfolgen.

Zum besseren Verständnis der Methodik, werden nachfolgend die Anwendung des Discounted Cash-flow-Ansatzes sowie die Messung der Performance anhand eines Beispiels erläutert:[375]

Ausgangsbasis bildet ein Kreditinstitut, das aus den vier Geschäftsbereichen Privatkunden, Firmenkunden und Immobilien sowie dem Treasury besteht. Die Geschäftsbereiche verfügen über unterschiedlich hohe Eigenkapitalkostensätze und Marktwerte. Vereinfachend wird angenommen, daß der Wert des Kreditinstitutes der Summe der Geschäftsbereichswerte entspricht. Während der Bereich Immobilien und das Privatkundengeschäft ein geringeres systematisches Risiko und damit auch einen niedrigeren Eigenkapitalkostensatz als die Gesamtbank aufweisen, liegt die Renditeforderung aufgrund höherer Risiken im Firmenkundengeschäft und im Treasury höher (6). Durch Abdiskontierung der erwarteten Free Cash-flows mit dem bereichsspezifischen Eigenkapitalkostensatz ergibt sich der - im Beispiel vorgegebene - Marktwert der Unternehmenseinheiten zu Beginn (1) und zum Ende der Periode (2). Durch Multiplikation des Marktwertes zum Anfang der Periode mit dem Kapitalkostensatz läßt sich das aus Eigentümersicht zu erzielende Soll-Ergebnis der Periode bestimmen (7). Vergleicht man dieses nun mit dem tatsächlich erzielten Free Cash-flow (4) zuzüglich der Marktwertveränderung (3), so ermittelt sich der Übergewinn bzw. -verlust der Periode (8).

	MW_0	MW_1	$\triangle MW$	FCF	Ist-Ergebnis	k_{EK}	Soll-Ergebnis	Über-gewinn
	(1)	(2)	(3) = (2)-(1)	(4)	(5) = (3)+(4)	(6)	(7) = (1)·(6)	(8) = (7)-(5)
Privatkunden	300	280	-20	42	22	10 %	30	- 8
Firmenkunden	400	410	10	34	44	12 %	48	- 4
Immobilien	200	225	25	-4	21	9 %	18	+ 3
Treasury	100	100	0	23	23	14 %	14	+ 9
Gesamtbank	1.000	1.015	15	95	110	11 %	110	0

MW_0 = Barwert der erwarteten Free Cash-flows zu Beginn der Periode;
MW_1 = Barwert der erwarteten Free Cash-flows am Ende der Periode;
FCF = erzielte Free Cash-flow in der Periode.

Abbildung 41: Beispiel zur wertorientierten Periodenerfolgsrechnung

---

[375] Um den Aufbau und die Methodik des Ansatzes zu verdeutlichen, wird die Performancemessung bereits an dieser Stelle behandelt. Grundsätzlich ist jedoch zunächst die Höhe des zu verzinsenden Kapitals und des Eigenkapitalkostensatzes zu bestimmen, bevor in einem weiteren Schritt die Performance ermittelt wird.

So hat der Bereich Privatkunden zwar einen hohen Free Cash-flow erzielt, das Periodenergebnis ist jedoch bedingt durch den sinkenden Marktwert deutlich geringer. Insgesamt konnte in dieser Periode der Ergebnisanspruch der Eigentümer nicht erfüllt werden. Gleiches gilt für das Firmenkundengeschäft, wo zwar eine Wertsteigerung generiert wurde, sich aber dennoch aufgrund niedriger Free Cash-flows nur ein Untergewinn ergab. Eine Wertsteigerung konnte jedoch der Bereich Immobilien erzielen. Der z. B. aufgrund höherer Investitionen negative Free Cash-flow wurde durch die Wertsteigerung überkompensiert. Einen ebenfalls positiven Übergewinn konnte der Bereich Treasury erwirtschaften. Da dieser jedoch als „einmalig" angesehen wird und sich die in den nächsten Jahren erwarteten Free Cash-flows gegenüber der Vorjahresplanung nicht verändert haben, bleibt die Marktbewertung konstant. Auf Gesamtbankebene ergibt sich ein Übergewinn von Null, d. h. die Kapitalkosten wurden in dieser Periode verdient. Die positiven Übergewinne der Bereiche Treasury und Immobilien wurden durch die unter den Kapitalkosten liegenden Ergebnisse im Privat- und Firmenkundengeschäft kompensiert.

5.2.3 Kapitalallokation und Performancemessung auf der Grundlage des Risikopotentials

In jüngster Zeit wird von einigen Autoren vorgeschlagen, in Kreditinstituten das zu verzinsende Kapital auf der Grundlage des Risikopotentials der einzelnen Geschäftsbereiche zu bestimmen.[376] Im Ansatz des Risikokapitals wird die Möglichkeit gesehen, eine Verbindung zwischen der wertorientierten Unternehmenssteuerung und dem Risikomanagement eines Kreditinstitutes herzustellen. Indem eine risikoproportionale Verteilung auf die Geschäftsbereiche erfolgt, wird ebenfalls die Haftungsfunktion des Eigenkapitals betont. Die Geschäfte müssen hierbei jedoch nicht entsprechend der aufsichtsrechtlichen Vorgaben mit Kapital unterlegt werden, sondern gemäß ihren auf der Basis von bankinternen Risikomodellen geschätzten maximalen Risikopotentialen.

Nachfolgend soll untersucht werden, inwieweit das Risikokapital als Verzinsungsgrundlage im Rahmen der wertorientierten Steuerung von Geschäftsbereichen geeignet ist. Zum besseren Verständnis und für die Beurteilung ist es sinnvoll, zunächst auf die Anwendungsmöglichkeiten des Risikokapitals in der bankbetrieblichen Steuerung kurz einzugehen. Diese liegen bisher in der Bestimmung von Marktrisiken in Handelsbereichen und der Messung der Performance anhand verschiedener Kennzahlen. Hieran schließt sich eine ausführliche Erläuterung der zur Bestimmung des Risikokapitals eingesetzten mathematisch-statistischen Verfahren des Value-at-Risk und Earnings-at-Risk an. Abschließend erfolgt eine kritische Analyse ihrer Eignung zur wertorientierten Unternehmenssteuerung.

5.2.3.1 Bedeutung des Risikokapitals in der bankbetrieblichen Steuerung

Bereits seit Ende der 80er Jahre wird in einigen US-amerikanischen Banken ein sogenanntes Risk-Adjusted Profitability Measurement (RAPM) in Handelsbereichen betrieben. Entwickelt wurden die verschiedenen Verfahren zur risikoadjustierten Performancebeurteilung, um einzelne Handelsgeschäfte besser miteinander vergleichen zu können. Kerngedanke ist auch hierbei, daß die knappen Ressourcen nicht in die Geschäfte fließen sollten, die den höchsten absoluten Erfolg versprechen, sondern in die, welche unter Berücksichtigung ihres Risikos die höchste Rendite erwarten lassen. Die ursprünglich für die Rentabilitätsmessung von verschiedenen Handelsaktivitäten entwickelte Methodik wird zunehmend auch auf andere Bankgeschäfte und die Gesamtbanksteuerung übertragen.

---

[376] Erste jedoch nur sehr rudimentäre Ansätze finden sich bei *Schmittmann u. a.* (1996), *Lister* (1997), *Vettiger* (1997), *Rolfes* (1998), *Schüller* (1998), *Goebel* (1998).

Als besondere Merkmale und Vorzüge dieses Verfahrens werden angesehen:[377]

- implizite Berücksichtigung des mit einem Geschäft verbundenen Risikos (gemessen i. d. R. am Value-at-Risk),

- konsistentes Messkonzept, das den Vergleich von verschiedenen Geschäften und Unternehmensbereichen ermöglicht,
- durch Aggregation der Daten vom Einzelgeschäft über strategische Geschäftseinheiten bzw. Geschäftsbereiche bis zur Gesamtbank ist ein einheitliches Steuerungsinstrumentarium für das ganze Unternehmen anwendbar,

- Möglichkeit der dezentralen Steuerung des Kreditinstitutes über Soll-Vorgaben und Limitsysteme und

- bei der Anwendung im Rahmen der strategischen Planung kann eine bessere Allokation des knappen Faktors Eigenkapital erfolgen.

In der Praxis wurden verschiedene RAPM-Kennzahlen entwickelt, deren wichtigsten nachfolgend näher erläutert werden sollen.[378]

Return on Risk-Adjusted Capital (RORAC)

Beim RORAC wird das erwartete Ergebnis in das Verhältnis zum eingegangenen Risiko gesetzt. Das Nettoergebnis ergibt sich nach Abzug aller mit dem Geschäft verbundenen Kosten. Bei Kreditgeschäften sind dies neben den Refinanzierungs- und Betriebskosten auch die erwarteten und daher bei der Preissetzung einkalkulierten Standardrisikokosten. Als Risiko wird hierbei nicht der Ausfall eines Kredites im Rahmen der erwarteten Wertberichtigungen gesehen, da diese ja bei der Preiskalkulation berücksichtigt werden, sondern die Gefahr, daß die einkalkulierten Standardrisikokosten nicht ausreichen, die Verluste aufzufangen. Um den Bestand des Kreditinstitutes nicht zu gefährden, ist in Höhe dieses potentiellen Verlustes sogenanntes Risikokapital vorzuhalten.

$$RORAC = \frac{Nettoergebnis}{Risikokapital} \cdot$$

---

[377] Vgl. u. a. *Price Waterhouse* (1991a), S. 3-8, *Schröck* (1997), S. 99.

[378] Aufgrund ihrer mangelnden Eignung zur wertorientierten Performancemessung wird auf die Kennziffern Return on Risk-Adjusted Assets (RORAA) und Risk-Adjusted Return on Assets (RAROA) nicht eingegangen. Vgl. hierzu *Price Waterhouse* (1991a), S. 5, 9.
Die Bezeichnung der Kennzahlen erfolgt leider nicht in allen Quellen einheitlich. Jedoch hat sich in der deutschen Literatur die in dieser Arbeit gewählte Terminologie weitgehend durchgesetzt.

Die Berechnung des Risikokapitals erfolgt auf der Basis mathematisch-statistischer Verfahren, deren Methodik im nachfolgenden Abschnitt dargestellt wird.[379] Jenes Geschäft ist für das Kreditinstitut am vorteilhaftesten, das den höchsten RORAC erzielt.

Risk-Adjusted Return on Capital (RAROC)

Beim RAROC wird das erwartete Ergebnis eines Geschäftes risikobereinigt und in Relation zum eingesetzten Eigenkapital gesetzt. Es ergibt sich:

$$\text{RAROC} = \frac{\text{risikobereinigtes Ergebnis}}{\text{Eigenkapital}} = \frac{\text{Brutto-Ergebnis} - \text{Risikoprämie}}{\text{Eigenkapital}}.$$

Während die Risikobereinigung beim RORAC im Nenner erfolgt, wird diese beim RAROC im Zähler vorgenommen. Die Kennzahlen führen nur dann zu einem identischen Ergebnis, wenn bei der Risikobereinigung in beiden Fällen die gleichen Kriterien angewendet werden.

Ein positiver RORAC oder RAROC bedeutet jedoch noch nicht, daß das Geschäft auch wertsteigernd für die Eigentümer des Kreditinstitutes ist. Denn jedes Geschäft, das ein positives (risikobereinigtes) Ergebnis erzielt, besitzt auch einen positiven RORAC bzw. RAROC. Daher reicht es nicht aus, nur die Geschäfte mit den höchsten RORAC oder RAROC durchzuführen. Einzelne Geschäfte wirken sich nur dann positiv auf den Unternehmenswert aus, wenn der RAROC bzw. RORAC die von den Eigenkapitalgebern auf ihr eingesetztes Kapital verlangte Renditeforderung übersteigt.

Risk-Adjusted Return on Risk-Adjusted Capital (RARORAC)

Die Kennzahl Risk-Adjusted Return on Risk-Adjusted Capital (RARORAC) setzt das risikobereinigte Ergebnis ins Verhältnis zum Risikokapital und bestimmt damit die Überrendite des Ergebnisses aus dem Geschäft und der Risikoprämie.[380]

$$\text{RARORAC} = \frac{\text{risikobereinigtes Ergebnis}}{\text{Risikokapital}} = \frac{\text{Ergebnis} - (\text{Risikokapital} \bullet \text{Zielrendite})}{\text{Risikokapital}}$$

---

[379] Vielfach werden für das Risikokapital auch die Begriffe „Economic Capital" bzw. „ökonomisches Kapital" verwendet. Alternativ ist es auch möglich, das Risikokapital auf der Grundlage des Earnings-at-Risk zu bestimmen. Vgl. hierzu Abschnitt 5.2.3.3.

[380] In vielen Unternehmen und Veröffentlichungen wird der RARORAC auch verkürzt als RAROC bezeichnet. Vgl. *Schröck* (1997), S. 102, *Schierenbeck* (1997 II), S. 476, *Süchting/Paul* (1998), S. 592, *Schierenbeck/Lister* (1998), S. 256, *Lehar u. a.* (1998), S. 949.

oder alternativ:

RARORAC = Ist-RORAC - Soll-RORAC.

Der RARORAC bietet somit für die Bestimmung von wertsteigernden Geschäften eine Alternative zum Vergleich des RAROC bzw. RORAC mit der geforderten Mindestrendite. Durch die Berücksichtigung der Zielrendite bereits im Zähler ist jedes Geschäft mit einem positiven RARORAC - im Sinne dieses Ansatzes - wertsteigernd für die Eigentümer des Unternehmens. Die absolute Höhe des Übergewinns ergibt sich durch:

$$\text{Übergewinn} = \text{RARORAC} \cdot \text{Risikokapital}.$$

Grundlage für die Renditeermittlung des RORAC und des RARORAC bildet das Risikokapital. Da Risiko in einzelnen Geschäftsbereichen eines Kreditinstitutes durchaus unterschiedlich verstanden wird, ist es notwendig, eine konsistente Maßeinheit zu finden, welche die Ermittlung der Gesamtrisikoposition eines Kreditinstitutes über alle Risikoarten ermöglicht. Das bekannteste und in den internen Risikomodellen der Praxis am weitesten verbreitete Verfahren hierzu ist der Value-at-Risk-Ansatz.[381] Ein weiteres in der Literatur diskutiertes mathematisch-statistisches Verfahren zur Ermittlung des Risikokapitals ist der Earnings-at-Risk-Ansatz. Beide Ansätze werden nachfolgend ausführlich dargestellt und kritisch gewürdigt. In einem weiteren Schritt erfolgt dann die Überprüfung der Eignung der Konzepte zur wertorientierten Unternehmenssteuerung.[382]

---

[381] Vgl. *Schröck* (1997), S. 98, *Rolfes* (1998), *Wittrock/Jansen* (1996).

[382] Auf die konkrete Ausgestaltung des Risikomanagements in Kreditinstituten wird nicht näher eingegangen. Vgl. hierzu u. a. *Merbecks* (1996).

5.2.3.2 Bestimmung des Risikokapitals auf der Basis des Value-at-Risk

5.2.3.2.1 Grundzüge des Value-at-Risk-Verfahrens

Das Konzept des Value-at-Risk (VaR)[383] wurde für die Bewertung von Marktrisiken in den Handelsbereichen der Kreditinstitute entwickelt.[384] Es ermöglicht dort die Messung des mit einer Aktien-, Zins- oder Fremdwährungsposition verbundenen Risikos. Die hierauf aufbauenden internen Modelle der Kreditinstitute zur Begrenzung und Steuerung von Marktrisiken sind in den letzen Jahren ständig erweitert und verbessert worden, so daß sie von den Aufsichtsbehörden im Rahmen der Eigenmittelvorschriften anerkannt werden.[385] Zunehmend wird die Übertragung des Konzeptes auf andere Risikoarten von Kreditinstituten und zur umfassenden Gesamtbankrisikosteuerung diskutiert.

Die durch den Value-at-Risk gewonnenen Risikoinformationen können vielfältig genutzt werden, so zur

- Risikoquantifizierung und Berichterstattung,
- Limitierung und Überwachung,
- Abstimmung von Risikopotential und Risikotragfähigkeit,
- Risikokapitalallokation und Performance-Messung.[386]

Der Value-at-Risk gibt den potentiellen Verlustbetrag an, der dadurch entsteht, daß eine Risikoposition aufgrund Marktveränderungen nicht sofort geschlossen bzw. veräußert werden kann. Die Berechnung des Value-at-Risk erfolgt auf der Basis mathematisch-statistischer Methoden unter Anwendung der Wahrscheinlichkeitsrechnung.[387] Die potentiellen Verluste, die durch das Halten einer Risikoposition, z. B. im

---

[383] Alternativ wurden vor einigen Jahren auch die Begriffe Money-at-Risk und Capital-at-Risk verwendet. Diese sind mittlerweile jedoch ungebräuchlich.

[384] Eine weite Verbreitung erlangte das Konzept insbesondere durch seine Verwendung im Risikobewertungsmodell RiskMetrics™ von J.P. Morgan. Vgl. zum Aufbau des Modells *J.P. Morgan* (1997).

[385] Die internen Modelle müssen jedoch eine Reihe von Mindestanforderungen erfüllen sowie umfangreiche Tests und Kontrollen erfolgreich bestehen. Zu den quantitativen und qualitativen Anforderungen an bankinterne Risikobewertungsmodelle vgl. *Basle Committee on Banking Supervision* (1996), *Deutsche Bundesbank* (1998b).

[386] Vgl. *Jorion* (1997), S. 281-290, *Meyer* (1999), S. 386f.
Im Mittelpunkt der Analyse steht in dieser Arbeit die Eignung des Value-at-Risk zur Kapitalallokation und der Messung der Performance einzelner Geschäftsbereiche. Auf die übrigen Anwendungsmöglichkeiten wird daher nicht näher eingegangen.

[387] Auf die Grundlagen des Value-at-Risk-Ansatzes soll in dieser Arbeit nur sehr kurz eingegangen werden. Eine ausführliche Beschreibung des Verfahrens geben u. a. *Jorion* (1997), *Dowd* (1998) sowie in deutschsprachigen Veröffentlichungen *KPMG* (1995), S. 51-68, *Uhlir/Aussenegg* (1996).

Zins-, Aktien- oder Fremdwährungsbereich, entstehen können, werden auf der Grundlage historischer Marktpreisschwankungen (Volatilität) geschätzt. Hierzu bedarf es Annahmen bezüglich der zur Schließung benötigten Zeit (Halteperiode), der statistischen Verteilung der Marktschwankungen (i. d. R. Standard-Normalverteilung) und der gewünschten Aussagesicherheit (Konfidenzniveau).

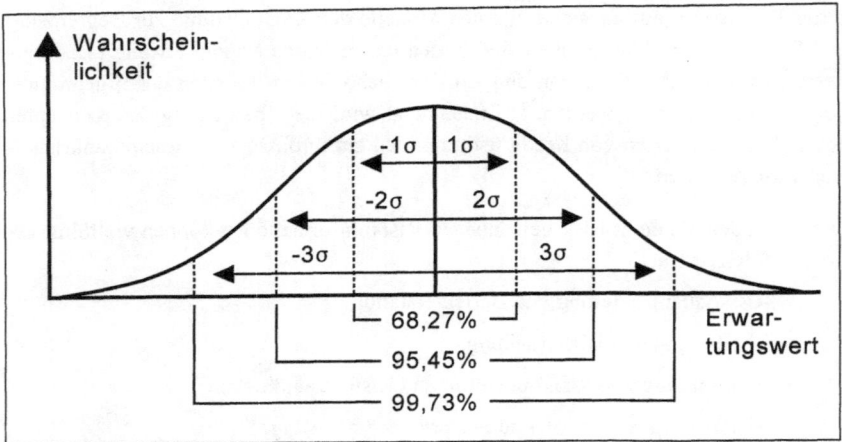

Abbildung 42: Standard-Normalverteilung beim Value-at-Risk

Die Höhe des Value-at-Risk ergibt sich aus der Multiplikation des aktuellen Marktpreises mit der Volatilität bzw. der Standardabweichung σ beim entsprechenden Konfidenzniveau. So errechnet sich bei einem Konfidenzniveau von 95,45 % (= 2σ), einem Anlagebetrag von 1 Mio. Euro und einer Volatilität von 0,75 % pro Tag ein VaR von:

$$VaR_{(0,9545)} = \text{Marktwert} \cdot 2 \cdot \sigma = 1 \text{ Mio. Euro} \cdot 2 \cdot 0,0075 = 15.000 \text{ Euro.}$$

Dies bedeutet, daß mit einer Wahrscheinlichkeit von 95,45 % ein Verlust von 15.000 Euro nicht überschritten wird.

Die Wahl des Sicherheitsniveaus und des Zeithorizontes ist von großem Einfluß auf Höhe des Value-at-Risk. So sinkt der potentielle Verlustbetrag bei Verwendung eines niedrigeren Konfidenzniveaus und einer kürzeren Halteperiode. Daher verlangt die Bankenaufsicht zur Anerkennung von institutsinternen Modellen zur Bestimmung der Marktrisiken die Verwendung einer Mindesthaltedauer von zehn Tagen, eines Konfidenzniveaus von 99 % und eines Beobachtungszeitraums von mindestens 250 Handelstagen.[388] Trotz der aufsichtsrechtlichen Vorgaben ergeben sich durch die verschiedenen in der Praxis angewendeten statistischen Verfahren zur Ermittlung des Value-at-Risk abweichende Risikokapitalwerte.[389]

Zur Bestimmung der Marktrisikoposition des Kreditinstitutes reicht es nicht aus, die Risiken der einzelnen Anlage separat zu betrachten, vielmehr sind die zwischen den einzelnen Risikokategorien, z. B. Aktien- oder Währungsveränderungen, auftretenden Interdependenzen über Korrelationsfaktoren zu berücksichtigen. Durch den auftretenden Diversifikationseffekt ergibt sich auf Portfolio-, Geschäftsbereichs- und Gesamtbankebenen ein geringeres Risiko als die Summe der Einzelrisiken.[390]

Zur Bewertung von Marktrisiken hat sich in den letzten Jahren das Value-at-Risk-Konzept im Handelsbereich der Kreditinstitute etabliert. Im Rahmen des Risikomanagements einer Gesamtbank müssen jedoch sämtliche sich aus den Geschäften einer Bank oder Sparkasse ergebenden Risiken berücksichtigt und ermittelt werden. Dies sind neben dem Marktrisiko insbesondere das Kreditrisiko sowie die vielfältigen operativen Risiken.

---

[388] Vgl. *Deutsche Bundesbank* (1998b), S. 73.

[389] Als Methoden können der Kovarianz-Varianz-Ansatz, die Monte Carlo-Simulation sowie die historische Simulation verwendet werden. Zu den verschiedenen Verfahren vgl. *Süchting/Paul* (1998), S. 564f., *Deutsche Bundesbank* (1998b), S. 78-84, *Rolfes* (1999), S. 115-132. Für eine ausführliche Beschreibung vgl. u. a. *Dowd* (1998), S. 61-138, *Meyer* (1999), S. 125-221.

[390] Vgl. *Jansen/Wittrock* (1996), S. 20.

5.2.3.2.2 Übertragung des Ansatzes auf das Kreditgeschäft

Das Kreditrisiko stellt neben dem Zinsänderungsrisiko die bedeutendste Risikoart einer Bank oder Sparkasse dar. Unter dem Kreditrisiko wird häufig das Risiko eines Totalausfalls durch Zahlungsunfähigkeit des Schuldners verstanden. In Analogie zu den Marktrisiken werden jedoch im Rahmen des modernen Gesamtbankmanagements Kreditrisiken ebenfalls als Wertminderungsrisiken angesehen.[391] So erfolgt eine Wertminderung von Kreditpositionen nicht erst bei einem tatsächlichen Kreditausfall, sondern bereits dann, wenn die Bonität des Kreditnehmers sich verschlechtert. Da der Kredit gegenüber der ursprünglichen Kalkulation für den Rest der Laufzeit mit einer höheren Risikoprämie zu bewerten ist, verringert sich sein Marktwert.[392] Die so ermittelte Schwankung des Marktwertes von einzelnen Krediten, Gruppen von Forderungen oder des gesamten Kreditportefeuilles können zur Berechnung des Value-at-Risk verwendet werden.

Bei der Berechnung des Risikopotentials gilt es, zwischen den erwarteten und unerwarteten Kreditausfällen zu unterscheiden. Die Berücksichtigung der durchschnittlichen Ausfallraten der Kreditart bzw. Risikogruppe erfolgt bereits bei der „Bepreisung" der Kredite. So werden die sogenannten Standard-Risikokosten als eine Preiskomponente bei der Festlegung der zu erzielenden Mindestmarge einkalkuliert.[393] Das durch Eigenkapital zu unterlegende Risiko besteht somit darin, daß die bei den einzelnen Geschäften vereinnahmten Risikokosten nicht ausreichen, da die kalkulierten Ausfallraten überschritten werden. Für das Konsumentenkreditgeschäft bedeutet dies beispielsweise, daß trotz einer hohen Zahl von notleidenden Krediten nur ein geringes Kapital zur Deckung der unerwarteten Risiken notwendig ist, da aufgrund langjähriger Erfahrungen die Ausfallraten recht gut bestimmt und in der Preiskalkulation angemessen berücksichtigt werden können. Das Risikokapital dient somit nur zum Ausgleich von Forderungsausfällen, welche z. B. durch den Konkurs mehrerer großer Kunden oder gesamtwirtschaftlicher Krisen (z. B. in Asien oder Lateinamerika) die erwarteten Ausfälle überschreiten.[394]

---

[391] Vgl. *Rolfes* (1998), S. 29, *Rolfes* (1999), S. 332, 403.

[392] Eine Marktwertbetrachtung entspricht nicht nur dem Grundprinzip der wertorientierten Unternehmenssteuerung, sondern ist auch insoweit Praxiskonform, da neue Finanzinstrumente den Kreditinstituten die Veräußerung und den Handel von Kreditrisiken ermöglichen.

[393] Die vereinnahmten Risikokosten erhöhen lediglich kurzfristig den Cash-flow des Kreditinstitutes, da sie zum Ausgleich von Zins- und Tilgungsausfällen benötigt werden.

[394] Vgl. u. a. *Schröck* (1997), S. 111, *Geiger* (1997), S. 72f.
Das Kreditrisiko kann daher auch als Schwankung der Ausfallraten um den erwarteten Verlust interpretiert werden. Vgl. *Groß/Knippschild* (1995), S. 98. Hierbei sind lediglich die tatsächlichen Kreditausfälle und nicht die, aus bilanzpolitischen Gründen im Jahresabschluß gebildeten Wertberichtigungen zu berücksichtigen.

158

Ein wesentliches Problem stellt die Bestimmung des Marktwertes der Forderungen eines Kreditinstitutes dar. Zwar werden mit Kreditderivaten und Asset Backed Securities verstärkt Produkte zum Handel von Kreditausfallrisiken entwickelt, jedoch ist die Mehrzahl der Forderungen noch nicht am Markt handelbar. Die Ursache für die unzureichende Marktfähigkeit von Krediten liegt in ihrer nur ungenauen Bewertung. Dieses läßt sich damit begründen, daß Ausfallrisiken vom Vertragspartner beeinflußt werden können. Darüber hinaus bestehen u. U. Informationsasymmetrien zwischen dem Kreditinstitut und einem potentiellen Erwerber, welche die Handelbarkeit sowie eine angemessene Preisgestaltung erschweren.[395] Demgegenüber beruhen Marktrisiken auf exogenen Faktoren wie der Zinsentwicklung oder Wechselkursveränderungen.[396] Die Preisschwankungen der meisten Forderungen im Kreditportefeuille einer Bank lassen sich somit nicht direkt am Markt beobachten. Es sind daher alternative Ansätze zu verwenden.

Zur Bewertung von Kreditrisiken sind in den letzten Jahren von einzelnen Banken und Beratungsunternehmen portefeuilleorientierte Kreditmodelle in Anlehnung an die bereits vorhandenen Value-at-Risk-Konzepte im Handelsbereich entwickelt worden. Die bekanntesten Modelle sind CreditMetrics von J.P. Morgan, Credit Risk$^+$ von Credit Suisse, CreditMonitor/PortfolioManager von KMV und Credit Portfolio View von McKinsey & Company.[397] Sie werden bereits bei einer Reihe von Banken zur Risikosteuerung des Kreditportefeuilles eingesetzt.[398] Die Verwendung externer Modelle bietet den Kreditinstituten neben Kostenvorteilen auch die Möglichkeit, auf umfangreichere und längere Datenreihen zurückgreifen zu können. Darüber hinaus erfolgt die notwendige regelmäßige Datenpflege durch die entsprechenden Anbieter. Sie bieten daher insbesondere für kleinere Banken und Sparkassen eine Alternative zur Entwicklung eigener Modelle. Obwohl die Aufsichtsbehörden der Entwicklung verfeinerter Methoden zur Messung des Risikos des Kreditportefeuilles grundsätzlich positiv gegenüberstehen, werden sowohl die internen als auch die externen Konzepte

---

[395] So wird ein potentieller Erwerber eine entsprechende Sicherheitsmarge beim Kaufpreis einkalkulieren.

[396] Die Möglichkeiten und Grenzen einer Marktbewertung von Krediten werden ausführlich von Hartmann-Wendels beschrieben, vgl. *Hartmann-Wendels* (1998).

[397] Die einzelnen Verfahren unterscheiden sich im methodischen Aufbau und den Anwendungsmöglichkeiten voneinander. Vgl. zu den einzelnen Modellen und ihren Unterschieden u. a. *Credit Suisse* (1997), *J.P. Morgan* (1997), *Shireff* (1998), *Rudolph* (1999), *Lehrbaß* (1999), *Finger* (1999).

[398] So arbeitet J.P. Morgan bei der Entwicklung und Verbesserung von CreditMetrics eng mit einer Vielzahl von internationalen Banken zusammen, u. a. Bank of America, Deutsche Bank, United Bank of Switzerland und Swiss Bank Corporation. Vgl. *J.P. Morgan* (1997), S. 1. Aktuelle Informationen zum Modell und eine Liste der Banken kann der Homepage von J.P. Morgan unter www.jpmorgan.com entnommen werden.

aufgrund methodischer und datentechnischer Bedenken von ihnen noch nicht anerkannt.[399]

Zur Berechnung des Value-at-Risk von Kreditrisiken bedarf es analog zu der Bestimmung von Marktrisiken Annahmen über die Halteperiode, die Eintrittswahrscheinlichkeiten von Kreditausfällen sowie ihrer statistischen Verteilung.[400]

Während bei Marktrisiken wegen der schnelleren Veräußerbarkeit der Handelsobjekte sehr kurze Halteperioden von nur wenigen Tagen angesetzt werden, verwenden die Kreditinstitute in internen Modellen unterschiedlich lange Zeiträume.[401] Zumeist wird unabhängig von der tatsächlichen Vertragslaufzeit eine Haltedauer von einem Jahr für alle Kredite angesetzt.[402] Dies wird damit begründet, daß bei Kreditausfällen innerhalb eines Jahres neues Kapital von den Eigentümern beschafft und Absicherungsmaßnahmen eingeleitet werden können.[403] Darüber hinaus finden im jährlichen Rhythmus interne Budgetierungen und Kreditüberprüfungen statt. Aufgrund der noch bestehenden eingeschränkten Marktgängigkeit von Forderungen sollte jedoch im Einzelfall geprüft werden, inwieweit der Ansatz einer einheitlichen Haltedauer von z. B. einem Jahr sachgerecht ist.

Neben dem Erwartungswert und der Standardabweichung muß zur Bestimmung des Value-at-Risk auch die Wahrscheinlichkeitsverteilung der Portfolioverluste bekannt sein. Dieses ist notwendig, da bei Kreditausfällen nicht wie bei Marktrisiken von einer Normalverteilung ausgegangen werden kann. Die aufgrund der Besicherung der Forderungen geringe Gefahr eines Totalverlustes und die bei Änderungen der Bonität sich ergebenden geringfügigen Wertveränderungen führen zu einer linksschiefen Verteilung der Renditen eines Kreditportfolios.[404]

---

[399] Die Aufsichtsbehörden befinden sich noch in der Prüfungsphase, an deren Ende die Festlegung einheitlicher Standards stehen soll. Vgl. *Basle Committee on Banking Supervision* (1999). Vgl. hierzu die Aussagen führender Mitglieder der Aufsichtsbehörden *Houpt* (1998), S. 60, *Meister* (1999a), *Meister* (1999b).

[400] Um die Erweiterung auf Kreditrisiken deutlich zu machen, wird auch anstelle von Value-at-Risk (VaR) von Credit-at-Risk (CaR) gesprochen. Der grundsätzliche Aufbau und die Berechnungsmethodik unterscheiden sich jedoch nicht. Vgl. *Rudolph* (1999).

[401] Zur Ausgestaltung der internen Kreditrisikomodelle erfolgte eine Analyse durch den Baseler Ausschuß zur Bankenüberwachung. Zu den folgenden Ausführungen vgl. *Basle Committee on Banking Supervision* (1999), S. 16f.

[402] Grundsätzlich ist es auch möglich, die Liquidationszeit für jeden Kredit einzeln zu berechnen und anzusetzen. Jedoch ist dies mit erheblichem Mehraufwand verbunden, der nur bei größeren Engagements sinnvoll sein dürfte.

[403] Dermine schlägt ebenfalls vor, die Zeit anzusetzen, die für die Aufnahme neuer Eigenmittel benötigt wird, ohne jedoch eine konkrete Angabe zur Länge des Zeitraumes zugeben. Vgl. *Dermine* (1995), S. 10.

[404] Vgl. *Schwicht/Neske* (1997), S. 472, *Lehrbaß* (1999), S. 130, *Rolfes* (1999), S. 408.

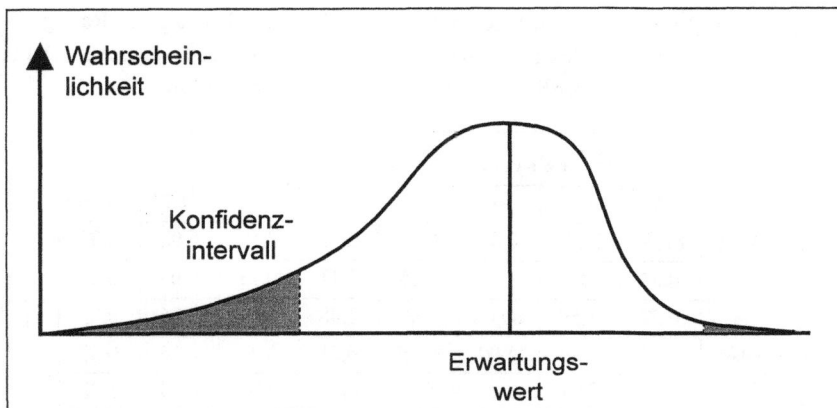

Abbildung 43: Verteilung der Renditen eines Kreditportfolios

Da das Kreditrisiko im Verlauf eines Konjunkturzyklus stark schwankt, ist es nicht sinnvoll, Ausfallwahrscheinlichkeiten und die Höhe von Kreditausfällen auf der Basis der Erfahrungen lediglich des zurückliegenden Jahres zu berechnen. Als Schätzungsgrundlage für die Risikobewertung von Krediten bedarf es daher sehr langer Datenreihen. So bedeutet der Ansatz einer Halteperiode von einem Jahr und einem Konfidenzintervall von 99%, daß in hundert Jahren mit einem Ausfall zu rechnen ist, der das berechnete Risikokapital übersteigt. Hierdurch können gravierende Schwierigkeiten bei der Konstruktion von Kreditrisikomodellen und ihrer Überprüfung entstehen.[405]

Eine Möglichkeit zur Bestimmung der Ausfallwahrscheinlichkeit und der Höhe der Marktwerte von Kreditpositionen stellt die Verwendung von Ratings dar.[406] Eine wesentliche Voraussetzung für die Anwendbarkeit des Verfahrens ist die Einordnung aller Kredite in die verschiedenen Risikoklassen des entsprechenden Ratingschemas.

Von den Ratingagenturen werden regelmäßig Statistiken erstellt und veröffentlicht, die das anfängliche Rating einer Anleihe mit dem nach verschiedenen Jahren vergleichen (sog. Wanderungsmatrix). Hieraus läßt sich z. B. ersehen, welcher Prozentsatz der Anleihen mit einem anfänglichen Rating von AA sich nach A, BBB, etc. verschlechtert bzw. nach AAA verbessert hat.

---

[405] Vgl. *Stulz* (1996), S. 21, *Basle Committee in Banking Supervision* (1999), S. 2, 6, *Meister* (1999b), S. 10. Einen Lösungsansatz könnte cie „Extreme Value Theory" liefern, jedoch befindet sie sich noch in einem frühen Forschungsstadium. Eine Einführung in die Extreme Value Theory geben *Embrechts/Resnick/Samorodnitzky* (1998). Zu den Problemen beim Einsatz des Verfahrens im Risikomanagement vgl. *Diebold/Schuermann/Stroughair* (1998).

[406] Vgl. u. a. *Groß/Knippschild* (1995), S. 98, *Rolfes* (1998), S. 30-32, *Basle Committee on Banking Supervision* (1999), S. 16f., *Lehrbaß* (1999), S. 133.

So nimmt J.P. Morgan in seinem Kreditrisikomodell eine Schätzung der Ratingveränderungen für einen Zeithorizont von einem Jahr vor, die auf historischen Daten über up- und downgrades der Ratingagentur Standard & Poor's erfolgt:[407]

		erwartetes Kreditrating in einem Jahr							
		AAA	AA	A	BBB	BB	B	CCC	Ausfall
aktuelles Rating	AAA	87,74	10,93	0,45	0,63	0,12	0,10	0,02	0,02
	AA	0,84	88,23	7,47	2,16	1,11	0,13	0,05	0,02
	A	0,27	1,59	89,05	7,40	1,48	0,13	0,06	0,03
	BBB	1,84	1,89	5,00	84,21	6,51	0,32	0,16	0,07
	BB	0,08	2,91	3,29	5,53	74,68	8,05	4,14	1,32
	B	0,21	0,36	9,25	8,29	2,31	63,89	10,31	5,58
	CCC	0,06	0,25	1,85	2,06	12,34	24,86	39,97	18,60

Abbildung 44: Erwartete Wanderungsmatrix

Quelle: *J.P. Morgan* (1997), S. 76.

Anhand der erwarteten Ratingveränderungen läßt sich der zukünftige Marktwert des Kreditportefeuilles bestimmen. Hierzu werden sämtliche Forderungen auf der Grundlage ihrer Cash-flows bewertet.[408] Marktwertveränderungen der einzelnen Kredite resultieren daraus, daß sich während der Laufzeit der anfängliche Renditespread durch eine Bonitätsverschlechterung bzw. -verbesserung verändert. Dieses liegt bei einem Wechsel in eine andere Ratingkategorie vor. Die Höhe der Marktwertveränderung ergibt sich aus den Renditeunterschieden von Anleihen verschiedener Risikoklassen, ausgedrückt in den Rating-spezifischen Renditespreads.[409]

Da ein Kreditportfolio betrachtet wird, sind ebenfalls die Risikoverbundeffekte zwischen den einzelnen Krediten zu berücksichtigen. Diese treten dadurch auf, daß die Bonität mehrerer Schuldner durch dieselben makroökonomischen Variablen wie

---

[407] Vgl. für eine genauere Erläuterung des Vorgehens zur Schätzung zukünftiger Ratingveränderungen *J.P. Morgan* (1997), S. 66-76. Standard & Poor's nimmt noch eine Feinabstufung innerhalb der Rating-Kategorien durch den Zusatz + oder - vor, so daß noch eine differenziertere Risikobetrachtung möglich ist.

[408] Rolfes nimmt eine Abdiskontierung anhand der Forward-Zinsstrukturen vor, vgl. *Rolfes* (1999), S. 416. Zur Kritik an Zerobond-Abzinsungsfaktoren vgl. u. a. *Adam/Schlüchtermann/Utzel* (1993), *Adam/Hering/Johannwille* (1995), *Bode/Fromme* (1996), *Dieckhöner* (1996).

[409] Zur Bestimmung rating-gestützter Risikoprämien für die erwarteten Kreditausfälle vgl. *Schierenbeck* (1999 I), S. 338-344, *Rolfes* (1999), S. 415-428.

Zins,- Konjunktur- und Wechselkursentwicklung beeinflußt werden. Zur Bestimmung der Korrelationen können historische Daten herangezogen werden.

Für den Fall der Zahlungsunfähigkeit müssen ergänzend Annahmen über die durchschnittlichen Resterlöse, die sog. Recovery Rates, getroffen werden. Auch diese können anhand der Erfahrungen aus der Vergangenheit abgeschätzt werden.[410] Ebenfalls sind Sicherheiten und vorzeitige Kündigungsmöglichkeiten bei einer Verschlechterung der Bonität des Kreditnehmers in die Risikobewertung miteinzubeziehen.[411]

Schwierigkeiten können in der Praxis dadurch entstehen, daß von den Ratingagenturen überwiegend Anleihen großer internationaler Emittenten bewertet werden.[412] Daher sind die entsprechenden Ratings für mittlere und kleinere Unternehmen von den Kreditinstituten selbst zu ermitteln.[413] Eine Übertragung interner Risikoklassifizierungen auf externe Ratinggrößen bereitet jedoch eine Reihe von Schwierigkeiten. Problematisch ist zum einen, daß die Ratingagenturen ihre Entscheidungsmethoden nicht detailliert offenlegen.[414] Zum anderen sind die von den Instituten selbst entwikkelten und bei der internen Risikobeurteilung verwendeten Scoring- und Rasterverfahren zur Quantifizierung von unerwarteten Kreditausfällen und Marktwertveränderungen nur bedingt geeignet, da sie nur eine geringe Grundgesamtheit umfassen und lediglich Daten weniger Jahre vorliegen. Darüber hinaus werden für Kredite an kleinere gewerbliche Kunden sowie Privatpersonen in den meisten Instituten nur sehr grobe interne Klassifizierungssysteme verwendet, die für eine ausreichend differenzierte Risikoanalyse kaum geeignet sind. Es ist daher notwendig, im Rahmen des internen Ratings ein detaillierteres Bewertungsschema sowie aussagekräftige und empirisch fundierte Beurteilungskriterien zu verwenden. Größere Engagements sollten individuell durch die Kreditabteilung bewertet werden. Bei geringeren Kreditbeträgen sollte aus ökonomischen Gründen eine Zusammenfassung der einzelnen Kredite in Risikogruppen erfolgen und eine pauschale Bewertung vorgenommen werden.

---

[410] Vgl. *Allen* (1996), S. 79f.

[411] Vgl. *Dowd* (1998), S. 177f., *Meister* (1999b), S. 7.

[412] Hierbei ist zwischen Emissions- und Emittenten-Rating zu unterscheiden. Diese können voneinander abweichen, da bei der Bewertung einer Emission auch Sicherheiten sowie die Rangposition berücksichtigt wird. Es sollte grundsätzlich das Rating verwendet werden, welches das Ausfallrisiko des zu beurteilenden Kredites am besten wiedergibt. Vgl. *Schierenbeck* (1999 I), S. 343. Von Standard & Poor's werden nur etwa 90 deutsche Unternehmen bewertet.

[413] Das externe Rating dieser Kundengruppen wird vom Deutschen Sparkassen- und Giroverband sogar als Gefahr gesehen, da diese Kunden hierdurch zur „Handelsware" würden. Die Sparkassen könnten dann ihren Vorteil, den Kunden besser zu kennen als die Ratingagenturen, nicht nutzen. Der Verband plädiert daher für die aufsichtsrechtliche Anerkennung interner Adressenrisikomodelle bei der Eigenkapitalunterlegung. Vgl. *Klein/Goebel* (1999), S. 443.

[414] Vgl. auch die Kritik an der Eignung von Ratings zur Bestimmung von differenzierten Eigenkapitalkostensätzen im Abschnitt 5.3.5.3.

Als ein wesentlicher Parameter für die Höhe des Kreditrisikos sollte auch die gesamtwirtschaftliche Lage in den Modellen Berücksichtigung finden. So ist die aktuelle Konjunktursituation von signifikanter Bedeutung für das Ausfallrisiko von Forderungen.[415] Ebenfalls variieren auch die Renditespreads im Konjunkturverlauf und je nach Zinssituation. Nur sehr wenige Informationen liegen bisher über den Einfluß von makroökonomischen Faktoren und weiteren Parametern, wie der geographischen Lage, der Branchenzugehörigkeit oder der Laufzeit des Kredites auf die Wahrscheinlichkeit von Kreditausfällen vor.[416]

Stellt man Marktrisiken und Kreditrisiken gegenüber, werden noch einmal die grundsätzlichen Unterschiede deutlich:

Marktrisiken	Kreditrisiken
• (weitgehend) vollkommene Märkte	• (noch) unvollkommene Märkte
• Handelbarkeit der Risiken ist gegeben	• Handelbarkeit der Risiken ist i.d.R. (noch) nicht gegeben
• kurze Halteperioden	• längere Halteperioden
• historische Zeitreihen verfügbar	• unzureichende Datenbasis
• symmetrische Risikoverteilung	• asymmetrische Risikoverteilung
• laufende Veränderungen	• eher sprungartige Veränderungen

Abbildung 45: Gegenüberstellung von Markt- und Kreditrisiken

Quelle: Darstellung in Anlehnung an *Paul-Choudhury* (1998), S. 20.

---

[415] Vgl. *Basle Committee on Banking Supervision* (1999), S. 28f. So erfolgt die Berücksichtigung der konjunkturellen Situation nur in wenigen Risikomodellen.

[416] Vgl. *Rudolph* (1999), S. 116.

5.2.3.2.3 Erfassung operativer Risiken

Im Rahmen eines umfassenden Risikomanagements der Gesamtbank ist es notwendig, neben den Markt- und Kreditrisiken auch die operativen Risiken angemessen zu berücksichtigen.[417] Diese umfassen potentielle Schäden, die durch menschliche oder technische Fehler bzw. bewußte Manipulationen entstehen.[418] Insbesondere die immer größer werdende Abhängigkeit von Computer- und Kommunikationssystemen birgt hohe Gefahrenpotentiale. Neben technischen Risiken sind es vermehrt auch Investitionsrisiken, die Kreditinstitute betreffen.[419] So werden hohe finanzielle Mittel zum Ausbau bestehender Geschäftsfelder und der Erschließung neuer Märkte und Vertriebswege aufgewendet. Darüber hinaus werden zur Stärkung der Marktpräsenz und dem Ausbau von Kernkompetenzen Unternehmen im In- und Ausland erworben. Ebenfalls erfolgen umfangreiche Investitionen in die Informations- und Kommunikationstechnik der Institute. Daneben erhalten aufgrund von Gesetzesänderungen und für die Kreditinstitute belastende Gerichtsurteile die juristischen Risiken eine immer größere Bedeutung.[420] Die operativen Risiken gewinnen daher in der Kreditwirtschaft zunehmend an Gewicht. Jedoch bereitet gerade ihre Messung in der Praxis besondere Schwierigkeiten. Zur Ermittlung eines Value-at-Risk bei Betriebsrisiken bedarf es analog zu den Kreditrisiken der Bestimmung von Eintrittswahrscheinlichkeiten und der Höhe des maximalen Schadens.

Für neue Projekte, wie die Erschließung eines neuen Geschäftsfeldes durch die Gründung einer Direktanlagebank bzw. eines Discountbrokers, kann anhand der Wahrscheinlichkeiten und der potentiellen Gewinne/Verluste verschiedener Szenarien das Investitionsrisiko zumindest ansatzweise berechnet werden.[421] Unter der Annahme einer Wahrscheinlichkeitsverteilung sowie eines Konfidenzintervalls läßt sich dann die Höhe des Value-at-Risk bestimmen. Ein weiterer Ansatz sieht eine Bewertung anhand der durchschnittlichen Abbaufähigkeit der Fixkosten, den sogenannten Kostenmobilitäten, vor.[422] Ebenfalls können Prämien, die zur Absicherung der Risiken am Markt zu zahlen sind, Hinweise auf die Höhe des Risikos geben. Hierbei ist insbesondere an Versicherungsleistungen zu denken.

---

[417] Diese werden vielfach auch als Betriebsrisiken bezeichnet.

[418] Die British Bankers' Association und die International Swaps and Derivatives Association definieren: „Operational risk is the risk of direct or indirect loss resulting from failed or inadequate process, systems, people or from external events." Vgl. *Wills* (1999), S. 52.

[419] Zur Bedeutung und Integration der Betriebskosten in das Risikomanagement von Kreditinstituten vgl. *Schulte* (1994).

[420] Vgl. *Dowd* (1998), S. 168. Dieses gilt insbesondere für Kreditinstitute, die umfangreichere Geschäfte in den USA betreiben, jedoch im zunehmenden Maße auch in Deutschland und der EU.

[421] Vgl. *Schüller* (1998), S. 109-110.

[422] Vgl. *Schüller* (1998), S. 109.

Als ein weiteres Verfahren zur Messung der operativen Risiken eines Kreditinstitutes schlägt Buhr das Scoring von Betriebsrisiken vor.[423] Hierzu werden sämtliche Prozesse, Systeme und Organisationsstrukturen des Kreditinstitutes anhand standardisierter Bewertungsfragen beurteilt. Anschließend werden die einzelnen Beurteilungspunkte anhand ihrer Bedeutung und Signifikanz gewichtet. Eine Qualitätskennziffer läßt sich durch die Division der maximal erzielbaren Scoringpunkte durch den tatsächlichen Punktwert bestimmen. Anhand historischer Reihen wird dann die Eintrittswahrscheinlichkeit und die maximal zu erwartende Schadenshöhe bestimmt. Die Anwendung des von Buhr vorgeschlagenen Scoringverfahrens setzt zunächst voraus, daß sämtliche Prozesse erfaßt sowie entsprechende Bewertungsfragen entwickelt werden. Zusätzlich hat eine Gewichtung der einzelnen qualitativen Kriterien zu erfolgen. All dies ist mit sehr hohem administrativen Aufwand verbunden und unterliegt im hohen Maße subjektiven Entscheidungen. Weitere Probleme bereitet - zumindest in den ersten Jahren nach Einführung - die Bestimmung der Wahrscheinlichkeiten für den Ausfall von Zins- und Tilgungszahlungen sowie der maximalen Schadenshöhe, da die notwendigen historischen Datenreihen vielfach fehlen bzw. lückenhaft sind.

Eine pragmatische Lösung zur Erfassung und Berücksichtigung der operativen Risiken wird von Falkenstein vorgeschlagen. Er regt an, eine Umlage entsprechend den operativen Risiken der einzelnen Geschäftsbereiche vorzunehmen, die sich z. B. an den Betriebskosten oder den Sachanlagen orientieren könnte.[424] Hierdurch sollen insbesondere Risiken abgedeckt werden, die sich aufgrund mangelnder Kontrollen und Kommunikation sowie von Betrugsfällen ergeben. Um Anreize zur Senkung der operativen Risiken zu geben, sollte die Umlage nicht pauschal erfolgen, sondern die individuelle Situation des Geschäftsbereiches oder Produktes berücksichtigen. Eine Differenzierung könnte auf der Grundlage von Revisionsberichten erfolgen. Die Umsetzung dieses durchaus interessanten Ansatzes von Falkenstein dürfte in der Praxis jedoch auf einige methodische Schwierigkeiten und Akzeptanzprobleme treffen. Durch die subjektiven Einflüsse, die insbesondere bei der Differenzierung der Umlagesätze für die einzelnen Unternehmenseinheiten auftreten, ergibt sich ein hohes Diskussionspotential zwischen den Beteiligten, was die Wirtschaftlichkeit und Akzeptanz des Verfahrens stark beeinträchtigen dürfte.

Bisher ist es weder der Wissenschaft noch der Praxis gelungen, ein umfassendes Konzept zur Messung des operativen Risikos zu entwickeln.[425] Hierbei reicht es nicht aus,

---

[423] Vgl. im folgenden *Buhr* (2000).

[424] Vgl. *Falkenstein* (1998), S. 19.

[425] So kommt der Baseler Ausschuß zur Bankenüberwachung nach der Befragung von 30 großen internationalen Banken zum Ergebnis: „Most banks that are considering measuring operational risk are at a very early stage". *Basle Committee on Banking Supervision* (1998), S. 3.

lediglich die operativen Risiken der einzelnen Geschäftsbereiche zu messen. Es müssen auch Korrelationen berücksichtigt werden. Die vorgestellten Methoden und pragmatischen Ansätze sind jedoch ein erster Schritt zu einer sachgerechteren Erfassung von operativen Risiken. Häufig sind es jedoch einzelne, sehr seltene Ereignisse, die gravierende Auswirkungen auf das Unternehmen haben, deren Risiken sich auf der Basis von Vergangenheitsdaten nicht bewerten lassen. Gerade die Wahrscheinlichkeiten und die potentiellen Schäden aus operativen Risiken, wie dem Ausfall eines Computersystems, der Abwanderung eines Teams im Investmentbanking oder Manipulationen von Mitarbeitern, lassen sich nur schwer quantifizieren.[426]

5.2.3.2.4 Kritische Würdigung des Value-at-Risk-Ansatzes

Das Value-at-Risk-Konzept bildet einen in sich geschlossenen Ansatz zur Erfassung und Bewertung der Risiken eines Kreditinstitutes. Durch die einheitliche Berechnung des Risikopotentials auf Basis des Value-at-Risk-Ansatzes können die Risiken unterschiedlicher Geschäfte verglichen und über Produktgruppen, Geschäftsbereiche bis hin zur Risikoposition des Gesamtinstitutes aggregiert werden. Es ist hierdurch möglich, auf der Grundlage des gebundenen Risikokapitals mittels risikoadjustierter Kennzahlen wie dem im Abschnitt 5.3.2.1 vorgestellten RARORAC, die Attraktivität und Profitabilität von einzelnen Produkten oder Geschäftsfeldern zu bestimmen. Voraussetzung ist jedoch die sachgerechte Erfassung sämtlicher Risiken eines Kreditinstitutes.

Trotz einer Reihe von Problemen wird das Value-at-Risk-Konzept in der Literatur und Praxis oftmals nur sehr unkritisch dargestellt.[427] Neben den bereits erläuterten Schwierigkeiten bei der Erfassung der einzelnen Risikoarten sind in Bezug auf den Value-at-Risk-Ansatz auch einige methodische Kritikpunkte anzuführen. Ein grundlegendes Problem des Ansatzes liegt in der Beeinflußbarkeit der Höhe des Risikokapitals durch die Wahl des Konfidenzintervalls und der Halteperiode, wodurch dieses Konzept ebenfalls nicht frei von subjektiven Einflüssen ist.[428] Darüber hinaus bleibt ein Restrisiko unberücksichtigt, dessen Höhe vom gewählten Konfidenzintervall abhängig ist.[429]

---

[426] Die Vielzahl von Fällen, in denen Manipulationen von einzelnen Mitarbeitern in Handelsbereichen zu deutlichen Schieflagen einzelner Institute geführt haben, belegt, daß die hierin liegenden Risiken nicht zu unterschätzen sind; so beispielsweise bei Barings und der WGZ-Bank.

[427] So u. a. *Groß/Knippschild* (1995), S. 102, *Schmittmann u. a.* (1996), S. 650ff., *Schierenbeck* (1997 II), S. 55.

[428] Vgl. *Süchting/Paul* (1998), S. 548f.

[429] Vgl. *Meyer* (1999), S. 382. Ein höheres Restrisiko besteht auch dann, wenn bei der Berechnung des VAR eine zu niedrige Haltedauer angesetzt wurde.

Bei der Aggregation der Risiken einzelner Geschäfte zu Teilportfolios bis hin zur Konzernebene ergeben sich weitere Probleme, die von der Datenverfügbarkeit über den notwendigen gemeinsamen Zeithorizont bis hin zur Beachtung von Risikoverbundeffekten reichen.[430] Für eine sachgerechte Bestimmung der Risikoposition ist es jedoch notwendig, die einzelnen Risikoarten nicht nur vollständig zu erfassen, sondern auch die Verbundwirkungen zu berücksichtigen. Schwierigkeiten bestehen auch deshalb, weil mit jeder Aggregationsstufe im Unternehmen, vom Einzelgeschäft über die Geschäftsbereiche bis hin zur Gesamtbank, durch die Verbundwirkungen eine Senkung des Risikos und damit auch des benötigten Risikokapitals erfolgt. Das Risiko des Bankportefeuilles ergibt sich somit nicht als Summe der Einzelrisiken. Eine Rückverteilung des geringeren Gesamtbankrisikos auf die Geschäftsbereiche ist jedoch nicht ohne weiteres möglich. Rolfes, der selbst einen Ansatz zur Gesamtbanksteuerung entwickelt hat, sieht hierin mittlerweile ein „kaum auflösbares Dilemma".[431] Darüber hinaus erwiesen sich in empirischen Untersuchungen die Volatilitäten und Korrelationen der Risikoparameter als wenig stabil.[432]

Für eine sachgerechte Risikoerfassung ist außerdem eine dynamische Betrachtung notwendig. So verändern sich mit der Geschäftsausweitung oder -reduzierung der einzelnen Unternehmenseinheiten die Korrelationskoeffizienten. Wird ein neuer Bereich erworben oder aufgebaut, so sind zusätzliche Korrelationen zu berücksichtigen. Erfolgt die Veräußerung oder Schließung einer Unternehmenseinheit, fallen die entsprechenden Korrelationen weg - und die übrigen müssen neu bestimmt werden.[433]

Weiterhin wird kritisiert, daß das Value-at-Risk einseitig die Ausfallwahrscheinlichkeit betrachtet, die Höhe der potentiellen Verluste jedoch unberücksichtigt bleibt. Bei der Auswahl von Handlungsalternativen sind jedoch sowohl die Existenz und die Höhe der Chancen als auch neben der Wahrscheinlichkeit von Verlusten auch ihre potentielle Höhe von Interesse.[434] Darüber hinaus setzt der Value-at-Risk-Ansatz die Risikoneutralität des Entscheiders voraus.[435] Auch wird bemängelt, daß es sich beim Value-at-Risk um ein eher kurzfristig orientiertes Konzept handelt.[436]

Die Berechnung des Value-at-Risk erfolgt mittels komplexer mathematisch-statistischer Methoden. Sind diese den Mitarbeitern in Handelsbereichen bereits seit län-

---

[430] Vgl. *Meyer* (1999), S. 378f., *Rolfes* (1999), S. 41-43.

[431] Vgl. *Rolfes* (1999), S. 41. Daher ist es auch nicht sachgerecht, daß einige Großbanken aus Sicherheitsgründen stets eine Korrelation von eins ansetzen. Vgl. *Schierenbeck* (1999 II), S. 47.

[432] Vgl. *Wittrock/Jansen* (1996), S. 917, *Hille/Burmeister/Otto* (2000), S. 191.

[433] Vgl. *Hille/Burmeister/Otto* (2000), S. 191f.

[434] Vgl. *Meyer* (1999), S. 382f.

[435] Vgl. *Meyer* (1999), S. 385f.

[436] Vgl. *Jansen/Wittrock* (1996), S. 24.

gerem vertraut, so dürften den übrigen Mitarbeitern vielfach die notwendigen mathematischen und statistischen Grundkenntnisse fehlen. Wie bereits vorher erläutert, sind die Einfachheit und Verständlichkeit jedoch wesentliche Kriterien für die Akzeptanz eines Steuerungsverfahrens.[437]

Daß die aufgezeigten Schwierigkeiten von den Kreditinstituten erkannt werden, belegen die Ergebnisse einer Umfrage bei deutschen, schweizerischen und österreichischen Banken zum Risikomanagement in ihrem Hause. Zwar gab die Mehrzahl der Banken an, eine Aggregation über die Risikoarten hinweg zum Gesamtrisiko des Institutes zu versuchen, jedoch ist man sich der damit verbundenen Probleme bewußt. Eine Reihe von Instituten hält eine exakte Risikoaggregation für nicht möglich oder sinnvoll.[438] Die Entwicklung verfeinerter Risikoerfassungs- und -steuerungssysteme wird von den Aufsichtsbehörden intensiv beobachtet und wohlwollend begleitet. So findet bereits ein regelmäßiger Erfahrungsaustausch statt mit dem Ziel, einheitliche Standards und Verfahren für die Messung von Kreditrisiken zu entwickeln.[439] Von der Etablierung eines Marktstandards für operative Risiken ist man sowohl in der Theorie als auch in der Praxis noch weit entfernt.[440]

Insgesamt bleibt festzuhalten, daß der Value-at-Risk-Ansatz ein hilfreiches und weitgehend akzeptiertes Instrument zur Messung des Risikos und zum Vergleich verschiedener Geschäftsalternativen in Handelsbereichen ist. Seine Anwendung auf die übrigen Risikoarten und seine Aggregation zu einer Gesamtbankposition ist jedoch mit methodischen Schwierigkeiten sowie Problemen bei der Datenbeschaffung und -aggregation verbunden. Aufgrund der beschriebenen Probleme ist es nicht möglich, das genaue Risiko sämtlicher Geschäftsbereiche und damit das benötigte Risikokapital mit der notwendigen Genauigkeit zu quantifizieren. Es besteht daher für die bisher entwickelten internen und externen Verfahren noch ein erheblicher Weiterentwicklungs- und Konsolidierungsbedarf.[441]

---

[437] Demgegenüber halten Behm und Meyer das Value-at-Risk für leicht verständlich, da die Risiken in Geldeinheiten ausgedrückt werden und sich hierdurch die Risikoposition übersichtlich und anschaulich darstellen läßt. Vgl. *Behm* (1994), S. 171, *Meyer* (1999), S. 387.

[438] Vgl. *Büschgen* (1996), S. 20.

[439] Vgl. *Basle Committee on Banking Supervision* (1999). Erste Analysen zur Berücksichtigung der operativen Risiken wurden bereits vorgenommen, vgl. *Basle Committee on Banking Supervision* (1998). Obwohl das so ermittelte Risikokapital geringer sein dürfte als das bisher vorgehaltene Eigenkapital, stellt Meister für den Fall einer Anerkennung klar, daß „der Status quo in der Eigenkapitalausstattung im Interesse der Stabilität der Banken und des Bankensystems erhalten bleibt". Er begründet dies mit weiteren Risiken, die nicht in die Messung miteinbezogen werden. Vgl. *Meister* (1999b), S. 10.

[440] Vgl. *Schierenbeck* (1999 II), S. 47.

[441] Vgl. *Rudolph* (1999), S. 116. Meyer kommt sogar zu der Einschätzung: „Die undifferenzierte Zusammenfassung des Risikopotentials in einer Zahl ist aufgrund der extremen Informationsverdichtung ... abzulehnen." *Meyer* (1999), S. 379.

5.2.3.3 Bestimmung des Risikokapitals auf der Basis des Earnings-at-Risk

Alternativ zum Value-at-Risk kann die Bestimmung des Risikokapitals der einzelnen Geschäftsbereiche auf der Grundlage der Ergebnisvolatilitäten erfolgen. Dieses grundsätzlich auf den gleichen mathematisch-statistischen Verfahren aufbauende Konzept wird daher als Earnings-at-Risk (EaR) bezeichnet.[442] Bereitet die Ermittlung der Marktpreisschwankungen sämtlicher Bankprodukte und damit die Bestimmung des Value-at-Risk - wie dargestellt - Schwierigkeiten, so ist die Schätzung der Ertragsvolatilitäten einfacher möglich.

Der Aufbau des EaR-Konzeptes läßt sich anhand des auf der nächsten Seite abgebildeten Beispiels verdeutlichen. Unter Berücksichtigung der Erträge der letzten Jahre werden bei einem festgelegten Konfidenzintervall die Earnings-at-Risk verschiedener Geschäftsbereiche ermittelt. Zwischen dem EaR der Unternehmenseinheiten und dem EaR der Gesamtbank ergibt sich durch die Risikodiversifikation eine Differenz. Dieser Diversifikationseffekt kann mittels der Korrelation der Ertragsvolatilitäten der einzelnen Geschäftsbereiche und der Gesamtbank berechnet werden. Auf der Grundlage der so ermittelten Korrelationskoeffizienten erfolgt eine Bereinigung der geschäftsbereichsspezifischen EaR. Der so ermittelte Earnings-at-Risk entspricht in dem von Matten entwickelten Ansatz jedoch noch nicht dem Risikokapital. Dieses bestimmt sich erst in einem zweiten Schritt als Volumen einer risikolosen Anlage, deren Verzinsung zu einem sicheren Ertrag in Höhe des EaR führt.[443] Im Beispiel ergibt sich daher aus dem EaR von 120 bei Annahme eines risikolosen Zinssatzes von 5 % ein Risikokapital von insgesamt 2.400 (= 120/5%). Dieses Vorgehen wird damit begründet, daß nicht nur der unerwartete Ertragsausfall zu berücksichtigen ist, sondern auch die dann fehlende zukünftige Anlagemöglichkeit zum risikolosen Zins.[444]

Die Vorzüge des Earnings-at-Risk-Ansatzes gegenüber dem Value-at-Risk-Konzept liegen in seinem einfacheren Aufbau und der grundsätzlich leichteren Datenbeschaffung. Hierdurch kann die Methode auch auf Geschäftsbereiche angewendet werden, für welche die Verwendung des Value-at-Risk-Ansatzes mit größeren Problemen verbunden ist. Jedoch ist sicherzustellen, daß für alle Geschäftsbereiche ausreichend lange Datenreihen vorliegen. Dies dürfte in der Praxis durch die Vielzahl von Organisationsveränderungen Probleme bereiten. Die notwendigen Bereinigungen sind mit einem hohen Aufwand verbunden und nicht frei von subjektiven Einflüssen. Bereits kleinere Meßfehler können zu verzerrten Ergebnissen führen.

---

[442] Vgl. zum Konzept des Earnings-at-Risk *Matten* (1995b), *Vettiger* (1996), S. 190-192, *Uyemura* (1997).

[443] Vgl. *Matten* (1995b).

[444] Vgl. *Matten* (1995b), S. 3, *Vettiger* (1997), S. 192.

Earnings-at-Risk verschiedener Geschäftsbereiche

Investment Banking

Jahr	Earnings		
1	20		
2	40	Summe	250
3	60	Erwartungswert	50
4	50	Standardabw.	20
5	80		

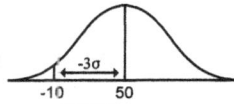

-3σ
-10   50

EaR = 60

Retail Banking

Jahr	Earnings		
1	5		
2	15	Summe	95
3	15	Erwartungswert	19
4	20	Standardabw.	12
5	40		

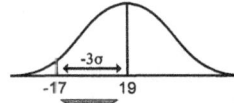

-3σ
-17   19

EaR = 36

Summe Geschäfts-bereiche EaR = 126

Private Banking

Jahr	Earnings		
1	15		
2	20	Summe	145
3	30	Erwartungswert	29
4	40	Standardabw.	10
5	40		

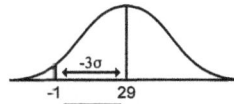

-3σ
-1   29

EaR = 30

Diversifikations-effekt = 6

Gesamtbank

Jahr	Earnings		
1	40		
2	75	Summe	480
3	105	Erwartungswert	96
4	110	Standardabw.	40
5	160		

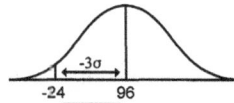

-3σ
-24   96

EaR = 120

	EaR	Korrelations-koeffizient	EaR nach Diversifikation	Gesamt-bank
Investment Banking	60	0,98	59	
Retail Banking	36	0,95	34	
Private Banking	30	0,90	27	
Total Geschäftsbereiche	**126**		**120**	**= 120**

Abbildung 46:   Beispiel zum Earnings-at-Risk-Ansatz

Quelle: *Vettiger* (1996), S. 191.

Bei der Anwendung des EaR zur strategischen Planung ist weiterhin kritisch anzumerken, daß die zukünftigen Risiken anhand vergangener Ergebnisschwankungen geschätzt werden. Diese können sich jedoch im Zeitablauf bei einzelnen Produkten verändern. Hat beispielsweise die Renditesensibilität der Kunden stark zugenommen, so kann bei Zinserhöhungen nicht mehr mit einer Ausweitung der Margen im gleichen Umfang wie in der Vergangenheit gerechnet werden. Gleiches gilt, wenn über die Jahre permanent sinkende Margen beobachtet werden. Es wäre daher nicht sachgerecht, lediglich die Daten vergangener Jahre fortzuschreiben. Darüber hinaus sind strategische Entscheidungen der Vergangenheit, die z. B. zu einer Änderung der Kundenzahl und -struktur geführt haben, bei Projektionen zu berücksichtigen. Im Sinne einer zukunftsorientierten Unternehmenssteuerung sollte daher die Ermittlung des EaR auf der Grundlage der Plandaten erfolgen. Zumindest sollte ein Datenabgleich mit den für die nächsten Jahre erwarteten Planzahlen vorgenommen werden. Aufgrund der bereits erläuterten Einwände gegen die Verwendung des Gewinns ist es ratsam, als „Earnings" den aussagekräftigeren Cash-flow zu verwenden.[445]

5.2.3.4 Anwendungsprobleme der Konzepte im Rahmen der wertorientierten Unternehmenssteuerung von Kreditinstituten

Zwischen der wertorientierten Unternehmenssteuerung und dem Value-at-Risk-Ansatz wie auch der Earnings-at-Risk-Methode bestehen grundsätzliche Inkonsistenzen. Während es sich beim VaR und EaR um unternehmensbezogene und damit interne Risikomaße handelt, wird beim Wertmanagement das Risiko aus der Sicht eines diversifizierten Anlegers und somit extern bewertet. Aufgrund der abweichenden Perspektive sind beide Ansätze in ihrer grundsätzlichen methodischen Konzeption zur Kapitalallokation im Rahmen einer eigentümerorientierten Unternehmensführung von Kreditinstituten nicht geeignet.

Um eine höhere Konsistenz herzustellen, werden nachfolgend zwei wesentliche Anpassungen vorgeschlagen, die zum einen die Abweichung von Risikokapital und Marktwert eines Kreditinstitutes und zum anderen die Berücksichtigung der Korrelationen zum Marktindex betreffen.

---

[445] So nimmt die Bank of America die Risikomessung anhand des Beitrags der einzelnen Geschäftsbereiche zur gesamten Cash-flow-Schwankung des Kreditinstitutes vor, vgl. *James* (1996), S. 5.

5.2.3.4.1 Berücksichtigung des Marktportefeuilles

Eine erste wesentliche Kritik an der Eignung der Konzepte zur wertorientierten Unternehmensführung ergibt sich aus kapitalmarkttheoretischer Sicht. Zielsetzung des Shareholder Value Ansatzes ist es, für die Anteilseigner eine risikoadäquate Rendite zu erwirtschaften. Daher ist es konsequent, nur das Risiko zu berücksichtigen und zu vergüten, das den Eigentümern entsteht. Dieses wird jedoch durch das Value-at-Risk und Earnings-at-Risk nur ungenau erfaßt, da mit Hilfe dieser Maßstäbe das Gesamtrisiko einer Bank ermittelt wird, das neben dem systematischen auch das unsystematische Risiko einschließt.[446] Die Konzepte berücksichtigen in den Korrelationsfaktoren nur Diversifikationseffekte, die innerhalb des Bankportfolios bestehen, nicht jedoch in Bezug auf das Marktportefeuille. Hierdurch werden Risikoverbundwirkungen innerhalb der Bank einbezogen, jedoch nicht die Diversifikationsmöglichkeiten der Eigentümer berücksichtigt.[447] Dieses ist zwar zur Messung des Gesamtbankrisikos aus aufsichtsrechtlicher und bankinterner Sicht konsequent, jedoch entspricht es nicht der Bewertung durch die Anteilseigner.

Beide Ansätze unterstellen implizit, daß der Aktionär lediglich Anteile am betrachteten Kreditinstitut in seinem Portefeuille hält. Da das Bankportfolio i. d. R. nicht als hinreichend diversifiziert angesehen werden kann, ergeben sich zwangsläufig Abweichungen zum Marktportefeuille.[448] So kann ein Anteilseigner die typischen Risiken eines Kreditinstitutes, wie z. B. aus einer offenen Zinsposition, durch Anlagen in anderen Gesellschaften deutlich reduzieren. Dieses gilt auch für die operativen Risiken, die aus selten auftretenden Ereignissen, wie dem Ausfall eines Computersystems oder Manipulationen von Mitarbeitern, herrühren. Ihre nur unzureichende Erfassungsmöglichkeit im Rahmen des Value-at-Risk-Ansatzes ist zwar kritisch in Bezug auf die interne Risikosteuerung des Bankportfolios, kann jedoch im Rahmen der wertorientierten Unternehmenssteuerung aufgrund der Diversifikationsmöglichkeiten im Markt weitgehend vernachlässigt werden.

Im Rahmen des Earnings-at-Risk-Ansatzes erfolgt die Messung des Risikos anhand der Schwankungen der Ergebnisse der einzelnen Geschäftsbereiche gegenüber dem Ergebnis der Gesamtbank. Die Eigentümer definieren jedoch das Risiko einer Anlage auf der Grundlage der Korrelationen der Ergebnisschwankungen mit denen des diversifizierten Marktportefeuilles. Das Konzept des Earnings-at-Risk ist daher dementsprechend zu modifizieren.

---

[446] Vgl. *Behm* (1994), S. 173, *Lehar u. a.* (1998), S. 950, *Albrecht* (1998), S. 261.

[447] Vgl. *Albrecht* (1998), S. 262, 266f.

[448] Vgl. *Albrecht* (1998), S. 262. Entspräche das Bankportefeuille weitgehend dem Marktportfolio, so würde das Kreditinstitut einen Betafaktor nahe Eins besitzen.

Ähnliche Anpassungen sind für das Value-at-Risk-Konzept notwendig. Auch hier sind nicht die Risikoverbundwirkungen zwischen den einzelnen Geschäftsbereichen, sondern zum Marktportefeuille zu betrachten.[449] Indem die einzelnen Geschäftsbereiche nicht mehr in Abhängigkeit von ihren Diversifikationswirkungen auf das Gesamtportefeuille der Bank bewertet werden, sondern anhand ihres systematischen Risikos aus Eigentümersicht, läßt sich das ansonsten beim VaR-Ansatz bestehende Simultanproblem überwinden.[450] Dieses besteht darin, daß die Vorteilhaftigkeit eines Geschäftes von der Durchführung anderer Geschäfte abhängig ist.[451] Die Berücksichtigung der Risikoverbundeffekte lediglich zum Marktportefeuille anstelle zu jeder einzelnen Anlage im Bankportfolios bietet darüber hinaus auch Vorteile bei der Datenerhebung, da eine deutlich geringere Zahl von Korrelationen bestimmt werden muß.

Um eine doppelte Berücksichtigung des systematischen Risikos, sowohl in der geforderten Rendite als auch im zu verzinsenden Risikokapital, zu vermeiden, sollte bei dem so geschilderten Vorgehen auf eine Differenzierung der Kapitalkosten verzichtet werden. Wird hingegen das Risikokapital nur aus dem Bankportfolio bestimmt, um z. B. Inkonsistenzen zu den aufsichtsrechtlichen Vorschriften zur Risikomessung zu verhindern,[452] dann enthält das so ermittelte VaR bzw. EaR durch den fehlenden Bezug zum Marktportefeuille nicht nur systematische sondern auch unsystematische Risiken. Es sollte daher in diesem Fall auch weiterhin eine Differenzierung der Kapitalkosten erfolgen.[453]

---

[449] Vgl. *Albrecht* (1998), S. 266f.

[450] So merkt James an, daß eine Reihe von Banken eine Allokation gemäß dem systematischen Risiko vornehmen würden. Jedoch gibt er keine konkreten Beispiele. Vgl. *James* (1996), S. 13.

[451] Vgl. *Albrecht* (1998), S. 265.

[452] Da für eine Risikosteuerung im Sinne der Bankenaufsicht auch weiterhin die Verbundwirkungen zwischen den einzelnen Geschäften, Unternehmensbereichen und Risikoarten berücksichtigt werden müssen, würden somit zwei verschiedenen Risikokapitalgrößen im Kreditinstitut bestehen.

[453] Vgl. *Kimball* (1997a), S. 30, *Schröck* (1997), *Lehar u. a.* (1998), S. 950.
Verfügen die Eigentümer über kein breit diversifiziertes Anlageportefeuille, so stellt für sie das Bankportefeuille und nicht das Marktportfolio die Bezugsgröße dar.

5.2.3.4.2 Verknüpfung von Marktwert und Risikokapital

Eine weitere Inkonsistenz zum Wertmanagement-Ansatz und damit den Renditeforderungen der Eigenkapitalgeber besteht darin, daß die Bankeigentümer ihren Verzinsungsanspruch nicht auf der Grundlage des Risikokapitals, sondern des Marktwertes ihrer Anlage formulieren.[454] Beide Größen weichen erheblich voneinander ab. Bei Analysen der internen Risikosteuerungsmodelle wurde festgestellt, daß das ermittelte Risikokapital unterhalb des bisher aufgrund aufsichtsrechtlicher Unterlegungsvorschriften gehaltenen Eigenkapitals liegt.[455] Dieses stellt wiederum nur einen geringen Teil der berechneten Marktwerte dar. Bei dem Ansatz des Risikokapitals als Verzinsungsgrundlage bei Kreditinstituten besteht daher die Gefahr falscher Steuerungssignale.[456] Darüber hinaus dürfte die auf dieser Basis bestimmte Eigenkapitalverzinsung nicht ausreichen, um im notwendigen Umfang Cash-flows zu generieren, hieraus Ausschüttungen vorzunehmen und durch Thesaurierung aufsichtsrechtliches Eigenkapital zu bilden.

Da i. d. R. das Risikokapital deutlich geringer ist als der Marktwert des Eigenkapitals, ist ein direkter Vergleich der auf das Risikokapital bezogenen Rendite mit den Eigenkapitalkosten des Geschäftsbereiches nicht sinnvoll. Um die Renditeforderungen der Eigentümer erfüllen zu können, muß zwischen dem Marktwert des Kreditinstitutes und dem im Unternehmen gebundenen Risikokapital eine mathematische Beziehung hergestellt werden.[457] Dieses kann durch folgenden Multiplikator erfolgen:

$$\text{Multiplikator} = \frac{\text{Marktwert des Eigenkapitals}}{\text{Risikokapital}} \cdot {}^{[458]}$$

Der Marktwert läßt sich entweder anhand der Marktkapitalisierung ermitteln oder bei nicht börsengehandelten Kreditinstituten durch die Abdiskontierung der zukünftigen Cash-flows mit den mittels der aufgezeigten Methoden aus dem Kapitalmarkt abge-

---

[454] Vgl. *Behm* (1994), S. 172. Die mangelnde Eignung des Risikokapitals als direkte Verzinsungsgrundlage wird nur von wenigen Autoren thematisiert.

[455] Vgl. u. a. *Parsley* (1995), S. 42, *Schröck* (1997), S. 102.
So belief sich das Value-at-Risk der Handelsbereiche der Deutschen Bank zum 31.12.1999 auf lediglich 45,31 Mio. Euro. Vgl. *Deutsche Bank* (2000), S. 127.

[456] Vgl. *Wilson* (1992), S. 114.

[457] Daß hierbei nicht das bilanzielle Eigenkapital anzusetzen ist, wird in der Literatur weitgehend vernachlässigt. Vgl. u. a. *Groß/Knippschild* (1995), *Lehar u. a.* (1998), S. 951.

[458] Ebenso könnte auch bei den zuvor besprochenen buchhalterischen Ansätzen zur Kapitalallokation vorgegangen werden. Hierdurch ist zwar die Erzielung einer ausreichenden Rendite zur Befriedigung der Verzinsungsforderungen der Eigenkapitalgeber auf Gesamtbankebene gesichert, jedoch ist hiermit die grundsätzliche Kritik an den Allokationsverfahren nicht ausgeräumt.

leiteten Eigenkapitalkostensatz bestimmen. Da eine Stand-alone-Betrachtung der einzelnen Unternehmensbereiche erfolgt, ist als Risikokapital die Summe der Risikokapitalbeträge der einzelnen Geschäftsbereiche und nicht das der Gesamtbank zu wählen, welches durch die bestehenden Diversifikationseffekte geringer ist.[459]

Die Anpassung der Rendite kann nun anhand zweier Methoden vorgenommen werden. Zum einen ist es möglich, die Verzinsungsgrundlage zu bereinigen, indem das ermittelte Risikokapital mit dem Faktor multipliziert wird. Alternativ kann auch die Renditeforderung der Eigentümer um diesen Faktor erhöht werden. Die Zielrendite und damit der Soll-RORAC läßt sich durch folgende Formel berechnen:

$$\text{Soll} - \text{RORAC} = \text{Zielrendite} = k_{EK} \cdot \frac{\text{Marktwert des Eigenkapitals}}{\text{Risikokapital}}.$$

Indem eine Bereinigung der Zielrendite entsprechend dem Verhältnis Marktwert zu Risikokapital vorgenommen wird, relativiert sich auch das Problem der mit der Wahl des Konfidenzniveaus sich verändernden Höhe des Risikokapitals. So führt ein bei einem niedrigerem Sicherheitsniveau ermitteltes geringeres Risikokapital zu einer Erhöhung des Multiplikators. Es ist lediglich darauf zu achten, daß innerhalb des Kreditinstitutes ein einheitliches Konfidenzintervall gewählt wird.

Die so ermittelte Zielrendite stellt nun die Hurdle-Rate dar, an der alle Investitionen zu messen sind. Nur wenn die auf das Risikokapital bezogene Rendite größer ist als der um den entsprechenden Multiplikator erhöhte Soll-RORAC, wird eine Wertsteigerung - im Sinne dieses Ansatzes - erreicht.

Ein positiver Beitrag zum Gesamtwert des Kreditinstitutes würde somit erzielt, wenn gilt:

RARORAC > 0 bzw. Ist-RORAC ./. Soll-RORAC > 0.

Wie bei den Ausführungen zur Anwendung des Discounted Cash-flow-Verfahrens soll auch hier die Bestimmung des Ergebnisanspruches an die einzelnen Geschäftsbereiche eines Kreditinstitutes sowie die Ermittlung des erzielten Wertbeitrages an einem einfachen Beispiel verdeutlicht werden:[460]

---

[459] Vgl. *Schmittmann u. a.* (1996), S. 652.

[460] Die aufsichtsrechtliche Eigenkapitalbindung berücksichtigende Beispiele finden sich bei *Schmittmann u. a.* (1996), S. 651f., *Rolfes* (1998), S. 18-20.

Geschäfts- bereich	Risiko- kapital	Ergebnis- anspruch	Ist- Ergebnis	Ist- RORAC	RARORAC	Überschuß
	(1)	(2)= (1)•30%	(3)	(4)=(3):(1)	(5)=(4)-30%	(6)=(3)-(2) =(5)•(1)
Firmenkunden	200	60	68	34 %	4 %	8
Privatkunden	160	48	32	20 %	- 10 %	- 16
Treasury	140	42	70	50 %	20 %	28
Gesamtbank	500	150	170	34 %	4%	20

Abbildung 47: Bestimmung des Übergewinns je Geschäftseinheit

Ausgangspunkt bildet ein aus den Bereichen Firmenkunden, Privatkunden und Trea-sury bestehendes Kreditinstitut mit einem unterstellten Marktwert von 1.000 Mio. Euro und einem angenommenen marktabgeleiteten Eigenkapitalkostensatz von 15 %. Hieraus ergibt sich eine Renditeforderung der Eigentümer von 150 Mio. Euro, welche entsprechend dem auf der Grundlage des Value-at-Risk bzw. Earnings-at-Risk-Ver-fahrens ermittelten Risikokapital auf die einzelnen Geschäftsbereiche verteilt wird.

Da sich die Renditeforderung der Eigentümer auf den Marktwert und nicht auf das Risikokapital des Kreditinstitutes bezieht, ist die Bestimmung des Multiplikators notwendig. Dieser ergibt sich, indem der Marktwert von 1.000 Mio. Euro ins Verhält-nis zum Risikokapital in annahmegemäßer Höhe von 500 Mio. Euro (1) gesetzt wird. Mit dem so berechneten Faktor von Zwei wird der Eigenkapitalkostensatz multipli-ziert. Als Zielrendite und damit Soll-RORAC ergibt sich nun 30 %. Bezogen auf das Risikokapital ergibt sich dann der zu fordernde Ergebnisanspruch (2). Indem dieser vom tatsächlichen Ergebnis abgezogen wird, läßt für jede einzelne Unternehmensein-heit der Übergewinn bzw. -verlust der Periode bestimmen (6).

Zum gleichen Ergebnis kommt man bei der Ermittlung des Übergewinns über den RARORAC. Hierbei ist auf der Basis der Ist-Ergebnisse und des Risikokapitals zu-nächst der IST-RORAC zu bestimmen (4). Von diesem wird dann der Ziel-RORAC abgezogen. Firmenkundenbereich und das Treasury erzielen einen positiven Wert, steigern somit – i. S. des hier dargestellten Ansatzes – den Shareholder Value. Dem-gegenüber wird ein größerer Teil hiervon wieder durch das Privatkundengeschäft vernichtet. Die absoluten Übergewinne der Geschäftsbereiche ergeben sich durch die Multiplikation des RARORAC mit dem Risikokapital (6). Zwar konnte auf der Ge-samtbankebene ein positiver Übergewinn erzielt werden, jedoch wurde dieser durch die deutliche Ergebnislücke im Privatkundengeschäft stark geschmälert.[461]

---

[461] Würde keine Bereinigung der Zielrendite durch den Faktor Marktwert zu Risikokapital vorge-nommen, so würde auch das Privatkundengeschäft einen Übergewinn erzielen, was jedoch - wie bereits dargestellt - nicht sachgerecht ist.

5.2.4 Bewertung der Verfahren

Die Risiko-/Renditesteuerung eines Kreditinstitutes über risikobereinigte Kennzahlen, wie Risk-Adjusted Return on Capital (RAROC) oder Return on Risk-Adjusted Capital (RORAC), findet eine immer größere Beachtung in der Wissenschaft und Bankpraxis.[462] Zielsetzung der von einigen Autoren entwickelten Konzepte zur risiko-/renditeorienierten Gesamtbanksteuerung ist es, auf der Grundlage der vorgestellten Kennzahlen die verschiedenen Geschäfte und Unternehmensbereiche auf einer konsistenten und vergleichbaren Basis hinsichtlich ihrer risikobereinigten Rentabilität zu beurteilen und wertsteigernde Aktivitäten zu identifizieren. Indem neben den Renditen der Geschäftsbereiche auch eine Berücksichtigung des eingegangenen Risikos erfolgt, soll eine effizientere Kapitalallokation gefördert werden.[463]

Zwar stellt die risikoproportionale Bestimmung des zu verzinsenden ökonomischen Eigenkapitals eine sachgerechtere Lösung als die häufig in der Praxis noch verwendeten aufsichtsrechtlichen Unterlegungsvorschriften dar, jedoch bestehen grundlegende Diskrepanzen zwischen den zur Ermittlung des Risikokapitals eingesetzten Grundkonzepten des Value-at-Risk bzw. Earnings-at-Risk und einer wertorientierten Institutssteuerung aus Eigentümersicht. Auf die Unterschiede und die sich hieraus ergebenden Konsequenzen gehen die Autoren in ihren Veröffentlichungen jedoch nicht ein. Obwohl sich wesentliche Abweichungen durch die vorgeschlagenen Modifikationen bereinigen lassen, verbleiben auch weiterhin Diskrepanzen zwischen dem aus theoretischer Sicht richtigen Ansatz von Marktwerten als Verzinsungsgrundlage für die einzelnen Geschäftsbereiche und dem alternativ vorgeschlagenen Risikokapital. So wie die Renditeforderungen voneinander abweichen, so variiert auch das Verhältnis von Marktwert und Risikokapital zwischen den einzelnen Geschäftsbereichen eines Kreditinstitutes. Es kann daher in der Praxis nicht von einem über alle Institutsteile konstanten Faktor ausgegangen werden. Empirische Untersuchungen über den Zusammenhang zwischen Marktwert und Risikokapital liegen nicht vor. So wurde bisher noch nicht analysiert, inwieweit die Höhe und Veränderung des Risikokapitals eines Kreditinstitutes Einfluß auf den Unternehmenswert hat. Zu klären bleibt auch, inwieweit die Größe Risikokapital und ihre Veränderung im Zeitablauf von den

---

462 Vgl. *Poppensieker* (1997), *Albrecht* (1998), S. 261.

463 Vgl. *Schmittmann u. a.* (1996), *Lister* (1997), *Vettiger* (1997), *Rolfes* (1998), *Schüller* (1998), *Goebel* (1998). Schmittmann und Rolfes berücksichtigen in ihren Ansätzen auch die bankaufsichtsrechtlichen Unterlegungsvorschriften, indem sie sowohl eine Verzinsung des Risikokapitals als auch des zur Unterlegung benötigten Eigenkapitals vornehmen. Vgl. *Schmittmann u. a.* (1996), S. 652, *Rolfes* (1998), S. 19. Hierdurch ergibt jedoch eine noch größere Abweichung der so ermittelten Renditeforderungen von der auf der Grundlage des Marktwertes bestimmten. Darüber hinaus werden Risiken doppelt erfaßt.

Bankanalysten und -anlegern wahrgenommen und bei der Bewertung von Kreditinstituten berücksichtigt wird.[464]

Daneben ergeben sich eine Vielzahl methodischer Schwierigkeiten bei der Erfassung der operativen Risiken und der Risiken aus dem Kreditgeschäft sowie der bestehenden Diversifikationseffekte. Indem zur Bestimmung des Risikokapitals das Anlageportfolio des Kreditinstitutes und nicht das Marktportefeuille herangezogen wird, findet bei der Beurteilung der einzelnen Geschäftsbereiche eine Loslösung vom Standalone-Prinzip statt. Die sich ergebenden Abweichungen sind mit Blick auf die zusätzliche Steuerungswirkung, die durch die Einbeziehung des Risikokapitals und damit eines weiteren Werttreibers erzielt werden, zu bewerten.

Angesichts der aufgezeigten Probleme, ist die Verwendung des auf der Grundlage des Value-at-Risk- oder des Earnings-at-Risk-Ansatzes bestimmten Risikokapitals zum gegenwärtigen Zeitpunkt nicht geeignet. Eine wertorientierte Steuerung der Geschäftsbereiche und Tochterunternehmen auf der Basis des Risikokapitals - wie von Vettiger angewendet - ist daher nicht zu empfehlen.[465] Anwendungsmöglichkeiten ergeben sich allenfalls für Handelsabteilungen und den Treasury-Bereich von Kreditinstituten, da dort die Marktrisiken überwiegen und der VAR bereits zur Risikosteuerung verwendet wird.[466] Eine die Renditeforderungen der Eigentümer und ihre Möglichkeiten zur Diversifikation berücksichtigende wertorientierte Kapitalallokation und Performancemessung ist nur auf Basis der Marktwerte der Geschäftsbereiche möglich. Analog zur Bewertung des Gesamtinstitutes ist der Wert der Unternehmenseinheiten und damit das zu verzinsende Kapital ebenfalls durch die Abdiskontierung der zukünftigen Zahlungsströme zu bestimmen.

Wird vom Kreditinstitut - trotz der hiermit verbundenen methodischen Schwierigkeiten und den Problemen bei der Datenbeschaffung - eine Gesamtbanksteuerung auf der Basis des Risikokapitals vorgenommen, so sollte zur Vermeidung gravierender Abweichungen ein Vergleich zu den nach Marktwerten der Geschäftsbereiche ermittelten Ergebnisansprüchen der Eigentümer erfolgen.

---

[464] In ihren Geschäftsberichten veröffentlichen die börsennotierten deutschen Kreditinstitute bisher lediglich das Value-at-Risk für Marktrisiken. Eine Ausnahme bildet die Deutsche Bank, die seit dem Jahr 1999 eine umfassendere Risikogröße publiziert, das sog. ökonomische Kapital, welches neben den Marktrisiken auch Kreditrisiken sowie operative Risiken berücksichtigt.

[465] Vgl. *Vettiger* (1997), S. 187 - 194. Auf die anderen vorgestellten Ansätze geht Vettiger nicht, oder nur auf wenigen Seiten ein, vgl. *Vettiger* (1997), S. 182 - 186.

[466] Vgl. zur wertorientierten Steuerung und Bestimmung der Eigenkapitalkosten des Treasury-Bereichs sowie der Handelsabteilungen eines Kreditinstitutes den Abschnitt 5.4.2. Schierenbeck stellt sogar fest: Es ist „nur theoretisch, kaum jedoch praktisch möglich interne und externe Risikomessung ineinander zu überführen." *Schierenbeck* (1999 II), S. 47.

5.3 Wertorientierte Geschäftsbereichssteuerung in Kreditinstituten mittels differenzierter Eigenkapitalkostensätze

5.3.1 Notwendigkeit differenzierter Eigenkapitalkostensätze in diversifizierten Kreditinstituten

Eine zentrale Aufgabe des Managements eines jeden Unternehmens ist es, die beschränkten finanziellen Ressourcen auf die einzelnen Geschäftsbereiche und Investitionsvorhaben zu verteilen. Wie bereits erläutert, ist eine effiziente Allokation der Eigenmittel für Kreditinstitute von besonderer Bedeutung. Hierbei ist sicherzustellen, daß die Geschäftsbereiche ausreichende Free Cash-flows erwirtschaften, um die Renditeforderungen der Kapitalgeber an das Kreditinstitut zu erfüllen. Daher ist bei Bereitstellung von Kapital neben der erwarteten Rendite auch das geschäftsbereichsspezifische Risiko zu betrachten.

Die Allokation der knappen finanziellen Mittel auf die unterschiedlichen Geschäftsbereiche ist um so problematischer, je heterogener die einzelnen Geschäftseinheiten und Tochterunternehmen sind, d. h. je diversifizierter das Kreditinstitut ist. Für die Umsetzung einer renditeorientierten Unternehmensführung ist daher ein aussagekräftiger Renditemaßstab notwendig, der die Vergleichbarkeit völlig unterschiedlicher Geschäfte in verschiedenen Ländern bezüglich ihres Risikos und ihrer Rentabilität ermöglicht. Diese Anforderung erfüllt der Wertmanagement-Ansatz, da nicht - wie in der Praxis häufig üblich - von einer konstanten, über alle Unternehmensbereiche gleich hohen Mindestrendite-Forderung ausgegangen wird oder wenig fundierte Risikozu- oder -abschläge vorgenommen werden.[467] Vielmehr erfolgt eine differenzierte Betrachtung des mit einem Geschäftsbereich verbunden Risikos über den Ansatz geschäftsbereichsspezifischer Eigenkapitalkosten (Divisional Cost of Equity). Diese werden aus dem Kapitalmarkt abgeleitet und stellen die von der Unternehmensleitung zu fordernde Mindestrendite des Geschäftsbereiches (Divisional Hurdle Rate) dar.

Bei einem diversifizierten Unternehmen, das auf heterogenen Märkten mit unterschiedlichsten Risiken tätig ist, führt eine Vernachlässigung des Geschäftsbereichsrisikos zwangsläufig zu Fehlallokationen.[468] Weniger risikoreiche Projekte, welche die einheitliche Mindestrendite nicht erfüllen, werden zu Gunsten von Investitionen, die höhere Renditen bei gleichzeitig höherem Risiko versprechen, benachteiligt. Hierdurch kommt es zu einer stetigen Risikoerhöhung im Unternehmensportefeuille.

---

[467] Vgl. *Lewis/Lehmann* (1992), S. 2f. So ermitteln Hupe/Ritter bei einer Befragung der 500 umsatzstärksten deutschen Unternehmen (ohne Banken und Versicherungen), daß lediglich 45 % risikoadjustierte Kalkulationszinsfüße in der Investitionsbewertung einsetzen. Von diesen verwenden 63 % vorwiegend intuitive Verfahren zur Festlegung des Risikoaufschlages. Vgl. *Hupe/Ritter* (1997), S. 604-610.

[468] Vgl. *Van Horne* (1989), S. 246, *Freygang* (1993), S. 248f.

Dieser Sachverhalt soll anhand der folgenden Abbildung veranschaulicht werden:

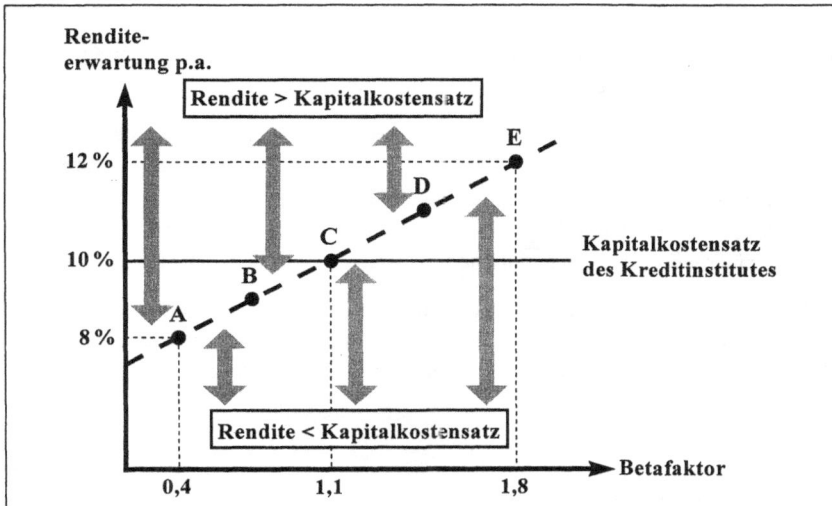

Abbildung 48: Differenzierte Kapitalkostensätze

Ein diversifiziertes Kreditinstitut besitzt fünf Geschäftsbereiche, deren erwartete Rendite-/Risiko-Kombinationen die Punkte A bis E angeben. Setzt die Geschäftsleitung als einheitliche Renditeforderung die Kapitalkosten des Gesamtunternehmens bei der Zuteilung der finanziellen Mittel an die einzelnen Geschäftsbereiche an, so entspricht dies allein der Risikoklasse des Bereiches C. Hingegen müßten Investitionsprojekte im Bereich A und B eine Rendite erwirtschaften, die oberhalb ihrer Geschäftsrisiken liegt. Dies dürfte jedoch nur schwer auf den Märkten zu realisieren sein. Begünstigt würden die Bereiche D und E, deren Geschäftsrisiko überdurchschnittlich hoch ist. Bei einer einheitlichen Renditeforderung würden die Finanzmittel verstärkt in die risikoreicheren Geschäftsbereiche D und E fließen, was zu einer Erhöhung des Unternehmensrisikos führt.[469]

Durch eine Differenzierung der Kapitalkosten entsprechend dem spezifischen Risiko eines Geschäftsbereiches wird sichergestellt, daß nur solche Investitionen durchgeführt werden, die eine ihrem Risiko angemessene Rendite erwirtschaften und somit den Unternehmenswert steigern. Dieses trifft für alle Projekte auf oder oberhalb der eingezeichneten gestrichelten Linie zu.

---

[469] So sieht Kimball in der Verwendung einheitlicher Hurdle Rates die Ursache für die Immobilienkreditkrise im US-amerikanischen Bankenmarkt der 80er Jahre, vgl. *Kimball* (1997a), S. 30.

Daher ist eine differenzierte Betrachtung des Risikos einzelner Geschäftsbereiche des Kreditinstitutes und der Ansatz geschäftsbereichsspezifischer Hurdle Rates notwendig. Da die Institutsleitung die Perspektive eines externen Anlegers einnimmt, der über Diversifizierungsmöglichkeiten auf dem Kapitalmarkt verfügt, ist lediglich das systematische Risiko eines Geschäftsbereiches zu betrachten.

Da die einzelnen Geschäftsbereiche und Tochterunternehmen eines Kreditinstitutes in aller Regel nicht börsennotiert sind, ist es nicht möglich, die Eigenkapitalkostensätze und das systematische Risiko direkt aus Marktdaten zu ermitteln.[470] Gleiches gilt für nicht-börsennotierte Kreditinstitute, deren Eigenkapitalkostensätze ebenfalls im Rahmen einer wertorientierten Unternehmenssteuerung zu bestimmen sind.

In den nachfolgenden Abschnitten werden hierzu verschiedene Verfahren detailliert vorgestellt sowie ihre Eignung zur Bestimmung des systematischen Risikos und der Eigenkapitalkostensätze von Geschäftsbereichen von Kreditinstituten kritisch analysiert.

---

[470] Eine - aus Sicht der wertorientierten Unternehmenssteuerung interessante - Besonderheit stellen die seit Mitte der 80er Jahre von US-Unternehmen ausgegebenen sogenannten „Tracking Stocks" dar (z. T. auch als „Alphabet Stocks", „Targeted Stocks" oder „Mirror Stocks" bezeichnet). Hierbei handelt es sich um börsennotierte Gewinnbezugsrechte auf rechtlich selbständige (subsidiary shares) aber auch unselbständige Geschäftsbereiche (divisional shares) der emittierenden Gesellschaft. Die Mitbestimmungsrechte der Anteilseigner sind gegenüber einer Aktienanlage eingeschränkt. Tracking Stocks ermöglichen potentiellen Anlegern, ihr Investment auf spezifische Tätigkeitsfelder des Unternehmens zu beschränken. Für den Emittenten ergeben sich eine Reihe von Vorteilen. So können Tracking Stocks als Tauschmittel bei Unternehmensübernahmen dienen und auch für bereichsspezifische Optionspläne für Führungskräfte eingesetzt werden. Darüber hinaus führt die Notierung einzelner Unternehmensbereiche i.d.R. zu einer Verringerung des Conglomerate Discount, ohne daß durch eine Ausgliederung oder Abspaltung des betreffenden Unternehmensteile und anschließendem Börsengang auf Synergieeffekte im Unternehmensverbund verzichtet werden muß. Bekannte US-Unternehmen, die Tracking Stocks emittiert haben, sind General Motors, U.S. Steel, DuPont und Sprint. Mit Donaldson Lufkin Jenrett hat sich Anfang 1999 auch eine US-amerikanische Investmentbank dieser Anlageform bedient. Die Marktkapitalisierung von Tracking Stocks lag Anfang 1999 bei etwa 50 Mrd. US$. Bisher ist die Emission von Tracking Stocks im wesentlichen auf die USA beschränkt, jedoch wird seit einigen Jahren ihre Einführung auch in Deutschland - zumeist aus juristischer Sicht - diskutiert. Vgl. hierzu u. a. *Sieger/Hasselbach* (1999) und die dort angegebene Literatur.

Die Emission von Tracking Stocks bietet im Rahmen der wertorientierten Geschäftsbereichssteuerung eine Reihe von Vorteilen. Da die Tracking Stocks und damit die einzelnen Unternehmensbereiche an der Börse notiert werden, besteht die Möglichkeit, die Renditeforderungen der Anleger direkt aus den entsprechenden Kursdaten abzuleiten. Hierbei sollte jedoch sichergestellt sein, daß eine marktgerechte Bewertung des Geschäftsbereiches an der Börse erfolgt. Indem sich das Management des Unternehmensbereichs gegenüber den Besitzern der Tracking Stocks verantworten muß, wird zusätzlich ein direkter Kapitalmarktdruck ausgeübt. Darüber hinaus kann das Bereichsmanagement über Optionen auf die entsprechenden Tracking Stocks an den für die Aktionäre erzielten Kurssteigerungen beteiligt werden.

5.3.2 Bestimmung des systematischen Risikos einzelner Geschäftsbereiche eines Kreditinstitutes durch Analogieansätze

Bei der Herleitung geschäftsbereichsspezifischer Betafaktoren durch Analogieansätze kann man zurückgreifen auf den Betafaktor einer Branche (industry beta), einer Gruppe ausgewählter Unternehmen (peer group) oder eines einzelnen Referenzunternehmens (pure play).[471]

5.3.2.1 Ansatz von Branchen-Betawerten

Grundgedanke bei der Verwendung von Branchen-Betawerten ist, daß das Risiko eines Geschäftsbereiches wesentlich durch den Industriezweig bzw. die Branche, in dem er tätig ist, beeinflußt wird.[472] Die entsprechenden Betafaktoren werden als Durchschnittswert der am Markt notierten Unternehmen der Branche gebildet.[473] Ihre Ermittlung kann auf der Grundlage publizierter oder eigener Branchenklassifizierungen erfolgen. Je nach Detaillierungsgrad der Branchenklassifizierung ermöglichen Branchen-Betawerte mehr oder weniger präzise Einschätzungen der relativen Risikolage einzelner Wirtschaftszweige. Eine Reihe von Institutionen publiziert regelmäßig Branchen-Betawerte sowohl für amerikanische als auch für europäische und deutsche Unternehmen. Mittels geeigneter Kursdatenbanken (z. B. Datastream, Reuters) ist es möglich, die entsprechenden Werte auch selbst anhand eigener Branchenklassifizierungen zu generieren. Branchenindizes werden für den deutschen Markt u. a. von der Deutschen Börse AG auf Basis des DAX 100 und des Composite-Dax (CDAX) ermittelt sowie von der Commerzbank, der Westdeutschen Landesbank und der Frankfurter Allgemeinen Zeitung auf der Grundlage der entsprechenden Indizes errechnet. Anhand der Renditeentwicklung des Branchen- und des Gesamtmarktindex lassen sich die gewünschten Branchen-Betafaktoren bestimmen.

---

[471] Vgl. zu den folgenden Ausführungen *Freygang* (1993), S. 253-274, *Arbeitskreis „Finanzierung"* (1996), S. 552-554.

[472] So kommt eine Untersuchung des Bankhauses Schröder Münchmeyer Hengst & Co zu dem Ergebnis: „im Bankensektor wird der Beta-Faktor augenscheinlich stark durch die Branchenzugehörigkeit bestimmt.", *Schröder Münchmeyer Hengst & Co* (1988), S. 6. Einen Zusammenhang zwischen dem Branchenbeta und der durchschnittlichen Renditen von Unternehmen belegt eine weitere Untersuchung, vgl. *Schröder Münchmeyer Hengst & Co* (1991), S. 1-7.

[473] Vgl. *Brealy/Myers* (1996), S. 212. Hierbei sollte eine Gewichtung der Unternehmen, z. B. anhand ihrer Marktkapitalisierung, erfolgen.

Am marktbreitesten ist der CDAX, der über 16 Branchenklassifizierungen auf Basis von ca. 530 Unternehmen verfügt.[474] Die Betawerte der CDAX-Branchen werden täglich von der Deutsche Börse AG berechnet und u. a. in der Börsen-Zeitung, dem Handelsblatt und auch im Internet veröffentlicht.

So ergaben sich beispielsweise für den 4. Januar 1999 folgende 250-Tage-Branchen-Betawerte:

CDAX-Branchen	Beta	EK-Kosten	CDAX-Branchen	Beta	EK-Kosten
Automobil	1,28	12,6	Konsum	0,54	9,7
Bau	0,55	9,7	Kreditbanken	1,18	12,2
Beteiligungen[475]	0,42	9,2	Maschinenbau	1,06	11,7
Brauereien	0,10	7,9	Papier	0,05	7,7
Chemie	0,84	10,9	Textil	0,69	10,3
Eisen & Stahl	0,79	10,7	Verkehr	1,21	12,3
Elektro	1,32	12,8	Versicherungen	1,09	11,9
Hypothekenbanken	0,33	8,8	Versorger	0,79	10,3

Abbildung 49: Branchen-Betafaktoren und Eigenkapitalkosten des CDAX

Quelle: *Deutsche Börse AG*, eigene Berechnungen, Stand: 4.1.1999.

Unter der Annahme eines risikolosen Zinssatzes von 7,5 % und einer Marktrendite von 11,5 % lassen sich auf der Basis der Betafaktoren die Eigenkapitalkosten der Branchen bestimmen. Die höchsten Betawerte und damit auch Kapitalkosten besitzen die Branchen Elektro, Automobil und Verkehr. Demgegenüber weisen die Papierindustrie, Brauereien und Hypothekenbanken die geringsten systematischen Risiken aus.

Die im CDAX enthaltenen 6 Hypothekenbanken und 24 Kreditbanken werden vom Markt als unterschiedlich risikoreich bewertet. Dies führt zu deutlich abweichenden Eigenkapitalkostensätzen der Branchen. So liegen die Renditeforderungen der Aktio-

---

[474] Der CDAX umfaßt alle an der Frankfurter Wertpapierbörse gehandelten Aktien des Amtlichen Handels, Geregelten Marktes und Neuen Marktes. Sehr viel detaillierter sind jedoch die Einteilungen im US-amerikanischen, britischen und japanischen Markt, da dort eine größere Zahl von Unternehmen an der Börse notiert wird. Die Einteilung der US-Unternehmen erfolgt zumeist anhand des sehr umfangreichen Standard Industrial Classifikation Code (SIC).

[475] Hierzu zählen insbesondere Unternehmen, die einen besonderen Schwerpunkt ihrer Geschäftstätigkeit in dem Erwerb und der Veräußerung von Beteiligungen bzw. Immobilien besitzen. Die Unternehmen mit der höchsten Marktkapitalisierung in dieser Branche sind IVG, Harpen sowie WCM Beteiligungen und Grundstücke.

näre von Hypothekenbanken mit 8,3 % um 3,4 Prozentpunkte unterhalb derer von Kreditbanken. Auch dies unterstreicht die Notwendigkeit einer differenzierten Risikobetrachtung der einzelnen Geschäftsbereiche eines Kreditinstitutes.

Untersucht man die Entwicklung der Betafaktoren der Finanzintermediäre von 1990 bis 1999, so zeigt sich, daß Hypothekenbanken ein deutlich geringeres systematisches Risiko aufweisen als Kreditbanken. Der Durchschnitt der betrachteten 250-Tage-Betas am ersten Tag eines Quartals liegt bei den Hypothekenbanken bei etwa 0,22, für Versicherungsunternehmen und Kreditbanken bei 1,00 bzw. 1,07. Während damit das systematische Risiko von Versicherungsaktien dem des Marktes entspricht, besitzen Kreditbanken einen etwas höheren und Hypothekenbanken einen deutlich niedrigeren Betafaktor.

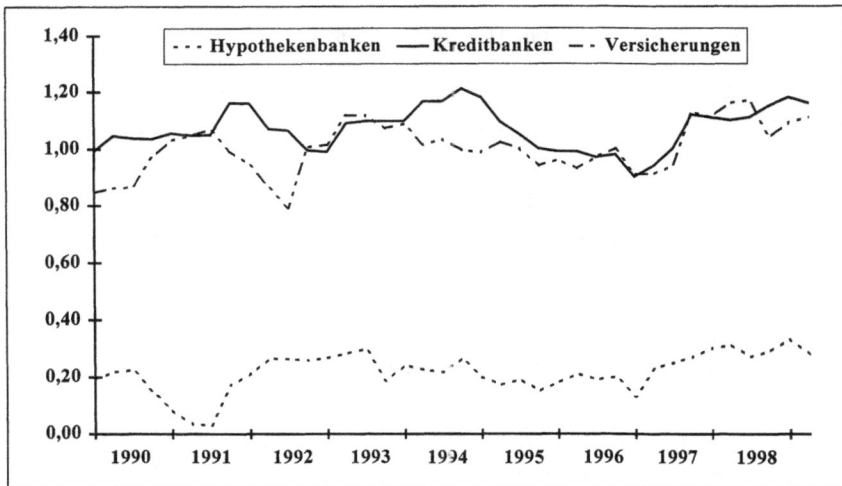

Abbildung 50: **Entwicklung der 250-Tage-Betafaktoren von Hypothekenbanken, Kreditbanken und Versicherungen**

Anfang März 1999 wurde die Branchenklassifizierung von der Deutsche Börse AG überarbeitet. Die Anzahl der Branchen wurde von 16 auf 19 erweitert. Es erfolgte eine Zusammenlegung der Kredit- und Hypothekenbanken, zusätzlich wurde jedoch eine neue Branche Financial Services eingeführt.[476] Der Branchenindex Banken um-

---

[476] Die Zusammenfassung in eine Branche Banken führt leider zu einer Verwässerung der Daten. So ergeben sich deutliche Diskrepanzen zwischen den Betafaktoren der im Subindex enthaltenen Institute. Jedoch ist es durch die Verwendung von Informationssystemen möglich eigene, stärker differenzierte Brancheneinteilungen durchzuführen. Der FAZ-Index differenziert die Kreditinstitute nach Großbanken und sonstigen Kreditinstituten.

faßt nunmehr 21 Institute.[477] Eine Übersicht über die am 30. Juni 2000 im Index enthaltenen Werte und ihre Gewichtung entsprechend ihrer Marktkapitalisierung innerhalb der Branche gibt die folgende Abbildung:

Banken	Anteil innerhalb der Branche
Deutsche Bank	34,11 %
Bayerische Hypo- und Vereinsbank	17,19 %
Dresdner Bank	15,18 %
Commerzbank	12,64 %
BHW Holding	3,04 %
Comdirect Bank[478]	2,91 %
Deutsche Pfandbrief und Hypotheken Bank	2,46 %
BHF-Bank	2,11 %
Bankgesellschaft Berlin	1,77 %
Deutsche Hypothekenbank Frankfurt a. M.	1,44 %
Vereins- und Westbank	1,03 %
Rheinische Hypotheken Bank	1,00 %
HSBC Trinkaus & Burkhardt	0,95 %
IKB Deutsche Industriebank	0,94 %
Eurohypo (vorm. Frankfurter Hyp. Centralboden)	0,88 %
Baden-Würtembergische Bank	0,78 %
Berlin-Hannoversche Hypothekenbank	0,58 %
Gontard und Metallbank	0,32 %
DSL Holding	0,22 %
Deutsche Verkehrs-Bank	0,20 %
Deutsche Hypotheken Bank Actien-Ges. Hannover	0,16 %
Frankfurter Bankgesellschaft gegr. 1899	0,10 %

Abbildung 51: Unternehmen des CDAX-Branchenindizes Banken (Stand: 30.06.2000)

---

[477] Es gibt noch eine Reihe weiterer Kreditinstitute, deren Aktien jedoch nur im Freiverkehr notiert werden, bzw. bei denen das Kreditinstitut selbst den außerbörslichen Handel durchführt. Häufig findet eine Kursfeststellung nur sporadisch statt, da sich lediglich eine geringer Anteil der Aktien in den Händen von Privatanlegern befinden. Betroffene Institute sind u. a. die Oldenburgische Landesbank, die National-Bank und die Westfalenbank.

[478] Die Zuordnung ist in diesem Fall inkonsistent. Während die comdirect bank im CDAX-Branchenindex Banken vertreten ist, werden die anderen Direktbanken im Index Financial Services erfaßt.

Der Branchenindex "Financial Services" umfaßt 52 Unternehmen, die insbesondere im Bereich des Direktbankgeschäftes, des Handels und der Emission von Wertpapieren, der Immobilienverwaltung und der Unternehmensbeteiligung tätig sind. Als mögliche Pure-Plays für einzelne Geschäftsbereiche von Kreditinstituten sind u. a. folgende Unternehmen von Bedeutung:

Financial Services	Anteil innerhalb der Branche
MLP	27,00 %
WCM Beteiligungen	12,65 %
Consors	11,92 %
Wüstenrot	6,49 %
Direkt Anlage Bank	6,11 %
Entrium Direct Brokers (vormals Quelle Bank)	5,63 %
Gold-Zack	2,82 %
Baader Wertpapierhandelsbank	1,89 %
Berliner Effektengesellschaft	1,31 %
Net.IPO	0,86 %
Knorr Capital Partners	0,82 %
Deutsche Balaton Broker	0,61 %
Concord Effekten	0,58 %
Value Management	0,58 %
TFG Venture Capital	0,52 %
Börsenmakler Schnigge	0,47 %
MWB Wertpapierhandels AG	0,22 %
AHAG Wertpapierhandelshaus	0,22 %
Spütz	0,17 %
German Brokers	0,13 %
Kling, Jelko, Dr. Dehmel	0,11 %
HWAG Hanseatische Wertpapier-Handelshaus	0,10 %
Fritz Nols Global Equity Service	0,06 %

Abbildung 52: Auswahl von Unternehmen des CDAX-Branchenindizes Financial Services (Stand: 30.06.2000)

Wie aus der Abbildung 50 ersichtlich, unterliegt der Betafaktor im Zeitablauf Schwankungen. So variierte das 250-Tage-Branchenbeta der Kreditbanken im Zeitraum 1990 bis 1999 von 0,9 bis zu 1,2. Werden aktuelle Betawerte angesetzt, so sind häufigere Anpassungen an Marktveränderungen notwendig, wodurch sich die Planungssicherheit der Geschäftsbereiche verringert. Ebenfalls erhöht sich durch die Berücksichtigung kurzfristiger Abweichungen vom langjährigen Mittel die Gefahr von Fehlsteuerungen. Daher ist es auch bei der Verwendung von Branchen-Betafaktoren zur Bestimmung des systematischen Risikos eines Geschäftsbereiches sinnvoll, einen mehrjährigen Durchschnitt zu bilden.

Der Ansatz von Branchenbetas bietet auch Vorteile bei der Bestimmung des systematischen Risikos von börsennotierten Tochterunternehmen. Da diese i. d. R. im Mehrheitsbesitz des Kreditinstitutes sind, ist der Anteil der frei gehandelten Aktien nur sehr gering. So verfügt die Deutsche Bank über 96 % der Eurohypo-Aktien und die Commerzbank über 98 % der Rheinhyp Anteile. Ein regulärer Handel und eine marktgerechte Kursbildung sind daher nur eingeschränkt möglich.[479] Da die einzelnen Betaschätzungen stets Standardfehler enthalten, kann der Betawert kleinerer börsennotierter Gesellschaften nur eine ungenaue Auskunft über das Marktrisiko der betreffenden Unternehmen geben. Ein Großteil des statistischen Schätzfehlers läßt sich beseitigen, indem man die Schätzwerte mehrerer Gesellschaften zu einem Branchenportfolio zusammenfaßt.[480] Daher ist trotz einer Börsennotierung von Tochterunternehmen vielfach den Branchen-Betawerten der Vorzug zu geben.[481]

Da die bestehenden Brancheneinteilungen entweder alle Kreditinstitute in einer Branchenklassifizierung erfassen bzw. lediglich Großbanken und sonstige Kreditinstitute unterscheiden, sind sie für die differenzierte Betrachtung einzelner Geschäftsbereiche eines Kreditinstitutes i. d. R. nicht geeignet. Weil bei der Verwendung von Branchen-Betafaktoren implizit angenommen wird, daß das systematische Risiko und die Kapitalstruktur innerhalb einer Branche für alle Unternehmen in etwa gleich groß sind, ist der Ansatz von Branchenbetas nur sinnvoll, wenn Geschäftsbereiche beurteilt werden, deren Risiko dem der Branche weitgehend entsprechen.[482] In einem breiter diversifizierten Kreditinstitut bedarf es jedoch einer genaueren Risikodifferenzierung.

---

[479] Ein Problem tritt auch dann auf, wenn lediglich Vorzugsaktien emittiert wurden, deren Kurs sich kaum als Indikator für den Marktwert des Unternehmens eignet.

[480] Vgl. zur größeren Stabilität von Portfolio-Betas vgl. u. a. *Alexander/Chervany* (1980), *Schröder Münchmeyer Hengst & Co* (1991), S. 3f., *Weber/Schiereck* (1993), S. 145, *Elton/Gruber* (1995), S. 141.

[481] Vgl. *Brealy/Myers* (1996), S. 211.

[482] Der Ansatz von Branchenbetas kann auch zur Ermittlung der Eigenkapitalkosten nicht börsennotierten Kreditinstitute angewendet werden, wenn ihre Geschäftsstruktur in etwa dem Branchendurchschnitt entspricht.

5.3.2.2 Auswahl von Referenzunternehmen

Sind Branchen-Betawerte nicht verfügbar oder für den betrachteten Geschäftsbereich des Kreditinstitutes insgesamt zu wenig repräsentativ, so besteht alternativ die Möglichkeit, auf Betawerte einzelner oder einer Gruppe von Referenzunternehmen zurückzugreifen.

Im Rahmen des Peer Group-Ansatzes wird eine möglichst große Anzahl börsennotierter Unternehmen, die mit dem betrachteten Geschäftsbereich vergleichbar sind, zur Bestimmung eines repräsentativen Durchschnittsbetawertes ausgewählt. Notwendig ist es daher, für jeden Geschäftsbereich in einem diversifizierten Kreditinstitut vergleichbare, börsennotierte Unternehmen zu identifizieren, deren wirtschaftliche Aktivitäten sich ausschließlich oder überwiegend auf die Segmente beschränken, in denen sich auch der jeweilige Geschäftsbereich betätigt.[483] Die Auswahl der Referenzunternehmen sollte anhand bewertungsrelevanter betrieblicher Merkmale erfolgen wie Produktpalette, Kundenstruktur, Unternehmensgröße und Marktanteil. Je ähnlicher die ausgewählten Referenzunternehmen den Geschäftsbereichen sind, desto deutlicher kann die Schwankungsbreite der beobachteten Betafaktoren eingeschränkt und die Repräsentativität der ermittelten Stellvertreter-Betawerte erhöht werden.

Der Betafaktor der Peer-Group läßt sich als Arithmetisches Mittel der Betafaktoren der börsennotierten Vergleichsunternehmen berechnen. Hierdurch gehen die Betafaktoren der Referenzunternehmen mit dem gleichen Gewicht ein. Denkbar ist jedoch auch eine individuelle Gewichtung jedes einzelnen Unternehmensbetas, z. B. anhand der Kriterien Börsenkapitalisierung, Marktanteil oder Bilanzsumme.

Demgegenüber basiert die Pure Play-Technik auf einer sorgfältigen Auswahl eines einzelnen Referenzunternehmens für den betreffenden Geschäftsbereich.[484] Anstelle der Branche oder einer Gruppe von Kreditinstituten vergleicht man den Geschäftsbereich nur mit einem Unternehmen, z. B. dem größten Mitbewerber.

Sowohl das multidivisionale Kreditinstitut, dessen Geschäftsbereiche beurteilt werden, als auch die Referenzunternehmen sollten eine Reihe von Voraussetzungen erfüllen. So sollte sich die betrachtete Division in einem klar identifizierbaren und abgrenzbaren Geschäftszweig bewegen, und auch das Rechnungswesen sollte in der Lage sein, eine getrennte Rechnungslegung für alle Geschäftsbereiche durchzuführen.

---

[483] Vgl. *Hergert* (1987), S. 29, *Van Horne* (1989), S. 243.

[484] Die Pure Play Technique wurde auf der Basis der Arbeiten von Van Horne und Brigham vor allem von Fuller/Kerr weiterentwickelt und empirisch untersucht. Vgl. *Brigham* (1977), *Van Horne* (1977), *Fuller/Kerr* (1981). Fuller/Kerr kommen bei ihrer Untersuchung zu dem Ergebnis: „It is shown that an appropriately weighted average of the betas of the pure-play firms closely approximates the beta of the multidivision firm.", *Fuller/Kerr* (1981), S. 997.

Die bewertete Einheit sollte eine homogene Risikostruktur aufweisen, was häufig die Bildung mehrerer Value-Center innerhalb eines strategischen Geschäftsbereiches erfordert.[485] Die ausgewählten Referenzunternehmen sollten idealerweise nur einen Geschäftsbereich umfassen. Ebenfalls sollten Vergleichsunternehmen und Division in demselben Branchensegment tätig sein, über ähnliche Vertriebswege und -regionen verfügen und auch die Umsatzerlöse sollten eine vergleichbare Größenordnung besitzen.[486] Die Auswahl geeigneter Referenzunternehmen wird in Deutschland insbesondere durch die Vielzahl von diversifizierten Unternehmen sowie die nur geringe Zahl börsennotierter Gesellschaften erschwert.[487] So werden an deutschen Börsen ca. 750 inländische Unternehmen notiert, gegenüber mehr als 6.500 in den USA (NYSE und NASDAQ), etwa 2.300 in Großbritannien und ca. 1.900 in Japan.[488]

Durch die Vielzahl von Neuemissionen ist in den letzten Jahren die Zahl der börsennotierten deutschen Unternehmen stark angestiegen. Für 2000 wird mit einer erneuten Rekordzahl von Börseneinführungen gerechnet. Durch die Neuemissionen hat sich nicht nur die Auswahl an Referenzunternehmen deutlich verbessert, es sind nun auch neue Branchen bzw. Branchensegmente an der Börse vertreten. Viele der an den deutschen Börsen neu gehandelten Unternehmen stammen aus dem Finanzdienstleistungssektor. So werden Finanzdienstleister aus dem Bereich des Wertpapier- und Börsenhandels (u. a. Schnigge, Berliner Freiverkehr, Kling, Jelko, Dr. Dehmel sowie Spütz), des Bausparwesens (BHW, Wüstenrot) und der Aktienemission/Beteiligung (Gold-Zack, Knorr Capital Partners) notiert. Im April 1999 wurde mit Consors auch der erste deutsche Discountbroker an der Börse eingeführt, der sogleich den fünften Platz in der Börsenkapitalisierung aller deutschen Kreditinstitute einnahm. Es folgten mit den Großbankentöchtern comdirect und Direkt Anlage Bank sowie Entrium (vormals Quelle Bank) drei weitere Institute aus dem Direktbankensegment.[489] Seit 1999 wird mit der Gontard & Metallbank auch das erste Emissionshaus an der Börse notiert.

---

[485] Vgl. *Zens/Rehnen* (1994), S. 106.

[486] Vgl. *Freygang* (1993), S. 262f., *Zens/Rehnen* (1994), S. 106.

[487] Dennoch halten Zens/Rehnen die Anzahl von Vergleichsunternehmen i. d. R. für ausreichend, vgl. *Zens/Rehnen* (1994), S. 91.

[488] Eine Übersicht über die Zahl der börsennotierten inländischen Aktien in den wichtigsten Industrieländern gibt: *Deutsche Börse AG* (2000), S. 73.

[489] Während die comdirect bank und die Direkt Anlage Bank überwiegend als Discountbroker tätig sind, liegt der Schwerpunkt von Entrium im Einlagengeschäft.

Die Betawerte geeigneter börsennotierter Unternehmen können aus Publikationen der Research-Gesellschaften deutscher Banken entnommen werden. So veröffentlicht u. a. die Westdeutsche Landesbank die Betawerte der im WestLB-Aktienindex enthaltenen Unternehmen. Sie lassen sich auch anhand der entsprechenden Kursreihen selbst errechnen. So ergaben sich im Durchschnitt der Jahre 1997 und 1998 folgende 250 Tage-Betafaktoren bezogen auf den CDAX für ausgewählte Finanztitel:[490]

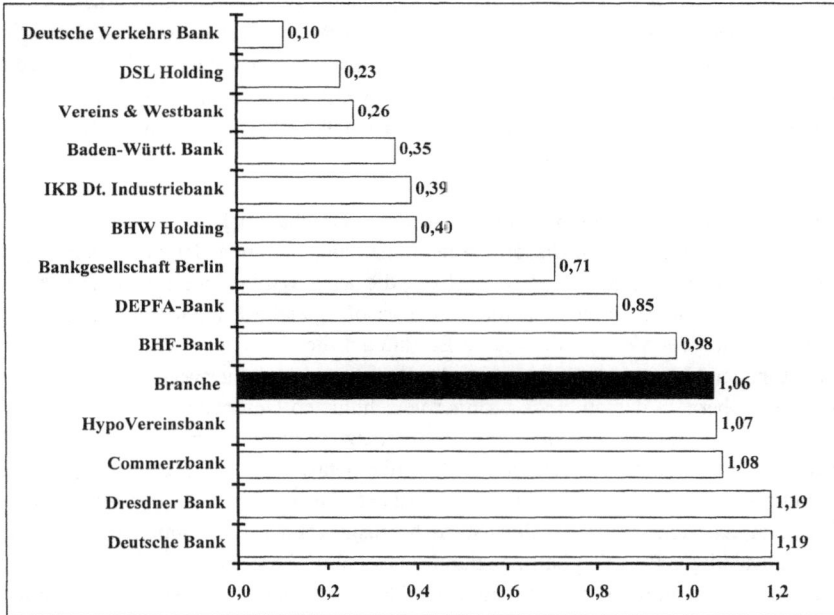

Bank	Betawert
Deutsche Verkehrs Bank	0,10
DSL Holding	0,23
Vereins & Westbank	0,26
Baden-Württ. Bank	0,35
IKB Dt. Industriebank	0,39
BHW Holding	0,40
Bankgesellschaft Berlin	0,71
DEPFA-Bank	0,85
BHF-Bank	0,98
Branche	1,06
HypoVereinsbank	1,07
Commerzbank	1,08
Dresdner Bank	1,19
Deutsche Bank	1,19

Abbildung 53: Betawerte ausgewählter deutscher Aktienbanken

Quelle: Datastream, eigene Berechnungen.

Betrachtet man die verschiedenen Betafaktoren der Kreditinstitute, so wird deutlich, daß der Kapitalmarkt Banken mit unterschiedlichen Geschäftsschwerpunkten auch als unterschiedlich risikoreich einstuft. Die Institute mit einer stärker internationalen Ausrichtung sowie umfangreichen Handels- und Investmentbanking-Aktivitäten werden, trotz ihres höheren Diversifikationsgrades, aufgrund ihrer höheren Ergebnisvo-

---

[490] Hierbei ist jedoch zu beachten, daß die Aktienwerte im verwendeten Marktindex enthalten sind. So ist es wenig sinnvoll, den Betafaktor der BHF-Bank gegenüber dem DAX-Index zu berechnen. Ebenfalls sollte die Berechnung einheitlich erfolgen, z. B. auf der Basis von 250-Tage-Betas oder 24 Monats-Betas.

latilitäten deutlich risikoreicher bewertet als Institute, die ihren Geschäftsschwerpunkt im Hypotheken- und Firmenkreditgeschäft besitzen. So liegt das systematische Risiko der vier Großbanken oberhalb des, auf der Grundlage des CDAX-Index Kreditbanken errechneten, Branchendurchschnitts.

Angesichts der zunehmenden Globalisierung der Märkte und der sich international angleichenden Branchenrisiken und Branchenkonjunkturen wird die Heranziehung von Branchen-Betawerten sowie von Vergleichsunternehmen aus dem Ausland diskutiert.[491] Insbesondere für europa- oder weltweit tätige deutsche Kreditinstitute, die im intensiven Wettbewerb mit ausländischen Banken stehen, ist es durchaus sinnvoll, ihre Renditeforderungen durch einen Vergleich mit ihrer ausländischen Konkurrenz zu ermitteln.[492] Durch die höhere Zahl möglicher Pure-Plays wird eine differenziertere Risikobetrachtung ermöglicht.

Das Beta-Risiko der Aktie beinhaltet neben dem Geschäftsrisiko auch das finanzielle Risiko der Unternehmung. Bisher wurde implizit angenommen, daß die Unternehmen innerhalb einer bestimmten Branche bzw. die ausgewählten Referenzunternehmen und der betrachtete Geschäftsbereich in etwa die gleiche Kapitalstruktur verfügen. Jedoch besitzt der Verschuldungsgrad Einfluß auf die Höhe des systematischen Risikos (Financial Leverage).[493] So müßte der Betawert eines höher verschuldeten Unternehmens oberhalb dessen eines geringer verschuldeten Unternehmens liegen. Unterscheiden sich die Kapitalstrukturen von Referenzunternehmen und Geschäftsbereich deutlich voneinander, so wird empfohlen, die Betawerte der Referenzunternehmen rechnerisch um den Verschuldungseinfluß zu bereinigen.[494] Hierbei wird zunächst der Fremdkapitaleffekt beim Vergleichsbeta herausgerechnet und damit ein Betafaktor bei vollständiger Eigenkapitalfinanzierung bestimmt. Anschließend erfolgt eine Anpassung des Betafaktors für das unverschuldete Unternehmen entsprechend der Kapitalstruktur des zu bewertenden Geschäftsbereiches.[495]

---

[491] So u. a. *Freygang* (1993), S. 274, *Zens/Rehnen* (1994), S. 106, *Arbeitskreis „Finanzierung"* (1996), S. 554. Vgl. hierzu auch die Diskussion im Abschnitt 4.3.2.2.4.

[492] Vgl. hierzu die Ausführungen zur wertorientierten Steuerung international tätiger Kreditinstitute im Abschnitt 5.5.2.

[493] Zum finanziellen Risiko, vgl. *Süchting* (1995), S. 463-466.

[494] So u. a. *Freygang* (1993), S. 207-210, *Herter* (1994), S. 102f.

[495] Vgl. u. a. *Serfling/Marx* (1990), S. 427, *Herter* (1994), S. 103, *Unzeitig/Köthner* (1995), S. 79. Hierbei wird u. a. unterstellt, daß das Fremdkapital risikolos ist, ebenfalls müssen die entsprechenden Daten des Vergleichsunternehmens bekannt sein. Zur Berücksichtigung des Risikos von Fremdkapital wird auf die Umrechnungsverfahren von Hamada und Conine/Tamarkin verwiesen. Vgl. *Hamada* (1969), S. 19ff., *Conine/Tamarkin* (1985), S. 54ff.

Als Bereinigungsformel ergibt sich:

$$\text{Beta}_{uV} = \frac{\text{Beta}_{vV}}{1 + (1 - s_V) \bullet (FK / EK)_V}$$

$$\text{Beta} = \left[1 + (1 - s) \bullet (FK / EK) \right] \bullet \text{Beta}_{uV}$$

Beta_{uV} = Betafaktor des unverschuldeten Vergleichsunternehmen,

Beta_{vV} = Betafaktor des verschuldeten Vergleichsunternehmens,

Beta = Betafaktor des Geschäftsbereiches,

s_V = Steuersatz des Vergleichsunternehmens,

s = (fiktiver) Steuersatz des Geschäftsbereiches,

FK/EK_V = Verschuldungsgrad des Vergleichsunternehmens,

FK/EK = (fiktiver) Verschuldungsgrad des Geschäftsbereiches.

Entgegen den Erwartungen, die sich aus der Finanzierungstheorie ergeben, führten empirische Untersuchungen von Fuller/Kerr, Mohr und Butler/Mohr/Simons zu dem Ergebnis, daß eine Anpassung der Betafaktoren von pure-play Unternehmen an die Kapitalstruktur des betrachteten Geschäftsbereiches oder Tochterunternehmens nicht notwendig ist.[496]

Da Kreditinstitute bedingt durch die aufsichtsrechtlichen Eigenkapitalvorschriften über ähnliche Kapitalstrukturen verfügen, kann auf eine Anpassung i. d. R. verzichtet werden.

5.3.2.3 Analyse der Geschäftsbereichsrenditen von Konkurrenzunternehmen sowie die Bestimmung von Sparten- und Segment-Betafaktoren

Häufig bereitet die Auswahl börsennotierter Kreditinstitute, die eine identische Geschäftsstruktur wie der zu bewertende Geschäftsbereich besitzen, Schwierigkeiten. Vielfach sind Konkurrenzinstitute nicht börsennotiert, da sie selbst Teil eines Bankkonzerns sind. Diesem Umstand trägt ein insbesondere in der US-amerikanischen Literatur diskutiertes Verfahren Rechnung, das zur Bestimmung der Verzinsungsforderungen für einzelne Unternehmensbereiche die Renditen von Geschäftseinheiten der Konkurrenten heranzieht (sogenanntes Benchmarking).[497] Analog zum bisherigen

---

[496] Vgl. *Fuller/Kerr* (1981), S. 1002ff., *Mohr* (1985), S. 589, *Butler/Mohr/Simons* (1991), S. 899.

[497] So u. a. *Schmidt* (1994), S. 8f., *Copeland/Koller/Murrin* (1998), S. 347-349.
Zur Ermittlung der Kapitalkosten durch die Analyse von Geschäftsbereichen börsennotierter Unternehmen vgl. *Boquist/Moore* (1983), *Harris/O'Brian/Wakeman* (1989), *Ehrhardt/Bhagwat* (1991), *Kulkarni/Powers/Shannon* (1991).

Vorgehen werden auf der Basis veröffentlichter Daten, wie z. B. dem Jahresüberschuß und dem Eigenkapital, die Renditen einzelner Geschäftsbereiche der Konkurrenz bestimmt. Hierzu können neben den Jahresabschlüssen auch Analystenberichte und Presseartikel herangezogen werden. Die Daten sind jedoch um Einflüsse der Besteuerung und gegebenenfalls der Kapitalstruktur zu bereinigen.

Ein weiteres, ebenfalls auf der Analyse von Geschäftsbereichen von Konkurrenzunternehmen aufbauendes Konzept wurde von Kulkarni/Powers/Shannon entwickelt und in Deutschland durch Serfling/Pape publiziert.[498] Hierbei werden die Renditeforderungen an die einzelnen Geschäftsbereiche unter der Verwendung sog. Sparten-Betafaktoren (Product-Line Betas) berechnet. Es werden mehrere börsennotierte Unternehmen ausgewählt, die ebenfalls über den zu untersuchenden Geschäftsbereich (Serfling/Pape verwenden hierfür den Begriff Sparte) verfügen. Unter der Annahme, der Betafaktor eines diversifizierten Unternehmens ließe sich in Betafaktoren der einzelnen Sparten aufspalten, wird die Bestimmung des systematischen Risikos der einzelnen Geschäftsbereiche auf der Basis von Daten des externen Rechnungswesens vorgenommen. Zentrales Kriterium bildet hierbei die Gewinnentwicklung der einzelnen Sparten. Es wird davon ausgegangen, daß die Höhe der Eigenkapitalkosten des Gesamtunternehmens vom systematischen Risiko der aggregierten Gewinne der einzelnen Sparten abhängt. Der Betafaktor einer Sparte läßt sich nun dadurch errechnen, daß man die Kovarianz der Spartenrendite mit der Rendite des Gesamtunternehmens untersucht und durch die Varianz der Unternehmensrenditen teilt. Die Spartenrenditen werden auf Basis der Veröffentlichungen über die spartenbezogenen Gewinne und das eingesetzte Betriebskapitals errechnet. Analog werden die Unternehmensrenditen aus den Gewinnen und dem Betriebskapital des Gesamtunternehmens bestimmt.[499] Aus der Spartenrendite und der Unternehmensrendite läßt sich die Kovarianz beider Größen und der Sparten-Betafaktor ermitteln.

---

[498] Vgl. *Kulkarni/Powers/Shannon* (1989), *Kulkarni/Powers/Shannon* (1991), *Serfling/Pape* (1994). Vgl. diese auch zur folgenden Darstellung des Ansatzes. Selfling/Pape beziehen sich sehr stark auf Kulkarni/Powers/Shannon. Ein ähnlicher Ansatz wurde von Ehrhardt/Bhagwat entwickelt, vgl. *Ehrhardt/Bhagwat* (1991).

[499] Als Betriebskapital bezeichnen Serfling/Pape das durch die betrieblichen Aktiva gebundene Kapital. Vgl. *Serfling/Pape* (1994), S. 523 in Anlehnung an *Kulkarni/Powers/Shannon* (1991), S. 499. Anstelle des Betriebskapitals könnten zur Renditeberechnung auch die Marktwerte des Gesamtinstitutes und der einzelnen Sparten verwendet werden. Die Ermittlung beider Größen dürfte für den externen Analysten aber nur sehr ungenau möglich sein.

Die Berechnung der Sparten-Betafaktoren erfolgt nach folgender Formel:

$$\beta_j = \frac{\text{cov}(r_j, r_u)}{\sigma_u^2} \quad \text{wobei: } r_j = \frac{\sum\limits_{i=1}^{n} G_{ji}}{\sum\limits_{i=1}^{n} K_{ji}}, \ r_u = \frac{\sum\limits_{i=1}^{n} G_{ui}}{\sum\limits_{i=1}^{n} K_{ui}}$$

β_j = aus dem Rechnungswesen abgeleiteter Betafaktor der Sparte j,

r_j = Rendite der Sparte j,

r_u = Rendite des Gesamtunternehmens,

G_{ij} = Gewinn der Sparte j im Jahr i,

K_{ij} = für die Sparte j im Jahr i eingesetztes Betriebskapital,

G_{ui} = Unternehmensgewinn im Jahr i,

B_{ui} = Betriebskapital des Unternehmens im Jahr i.

Der Betafaktors des Gesamtinstitutes ergibt sich durch die Gewichtung der Betafaktoren der einzelnen Sparten mit dem Anteil am Betriebskapital:

$$\beta_U = \sum_{j=1}^{m} w_j \cdot \beta_j$$

β_U = auf Basis der Spartenbetas geschätzter Unternehmens-Betafaktor,

w_j = Anteil der Unternehmenssparte j am Betriebskapital.

Eine Plausibilitätsprüfung ist bei börsennotierten Kreditinstituten durch den Vergleich des aus den gewichteten Spartenbetas berechneten Betafaktors des gesamten Unternehmens mit dem am Markt beobachteten Betafaktor möglich.[500]

Obwohl zur Berechnung von Sparten-Betafaktoren ein Vergleichsunternehmen ausreicht, sollten mehrere börsennotierte Gesellschaften mit ähnlichen Sparten analysiert werden. Durch die Aggregation von Daten aus gleichartigen Geschäftsbereichen mehrerer Unternehmen lassen sich statistische Fehler reduzieren.[501] Da ein einzelnes Untersuchungsjahr nur eine unzureichende statistische Grundlage bildet, werden mehrjährige Datenreihen benötigt.

---

[500] Vgl. *Kulkarni/Powers/Shannon* (1991), S. 503. Bei der Berechnung des Unternehmensbetas gehen Kulkarni/Powers/Shannon implizit von der Gültigkeit des Wertadditivitätsprinzips aus. Risikoverbundeffekte werden somit nicht berücksichtigt.

[501] Vgl. *Serfling/Pape* (1994), S. 525f.

Beide durchaus interessanten Ansätze stoßen jedoch schnell an Grenzen und werden sich kaum in Deutschland in der Praxis umsetzen lassen. Problematisch ist zum einen die Verwendung des in den einzelnen Geschäftsbereichen gebundenen Betriebskapitals. Bezugsgröße für die Renditeberechnung sollte im Rahmen der wertorientierten Steuerung von Kreditinstituten der Marktwert des Unternehmensbereiches sein. Ebenfalls kritisch zu sehen ist die Ermittlung des systematischen Risikos der einzelnen Sparten auf der Basis des Gewinns, da dieser nur bedingt aussagefähig ist. Es sollte stattdessen der Cash-flow verwendet werden. Die Bestimmung sowohl der Marktwerte als auch der Cash-flows dürfte jedoch einem externen Betrachter kaum möglich sein. Die Berechnung von Spartenrenditen und -betas bedingt, daß ausreichende Informationen über die betrachteten Vergleichsunternehmen und ihre Geschäftsbereiche vorliegen. Im Rahmen der Segmentberichterstattung nach IAS publizieren die deutschen Großbanken seit Mitte der 90er Jahre u. a. den Jahresüberschuß, das gebundene Eigenkapital und auch die Eigenkapitalrendite differenziert nach Geschäftsbereichen. Jedoch sind die Daten nur begrenzt aussagefähig. So bildet die Bezugsbasis bei der Berechnung der Eigenkapitalrendite der einzelnen Unternehmensbereiche der Buchwert und nicht der Marktwert des Eigenkapitals. Je nach Eigenkapitalzuordnung ergeben sich z. T. gravierende Abweichungen bei den einzelnen Kreditinstituten. Während beispielsweise die Deutsche Bank in 1999 für ihren Geschäftsbereich „Asset Management" einen Return on Equity von 198 % publiziert, verzichten die Dresdner Bank und die HypoVereinsbank angesichts des geringen Eigenkapitals der Unternehmenseinheit auf die Angabe einer Rendite.[502] Cash-flows für einzelne Segmente werden nicht veröffentlicht. Erschwert wird ein Vergleich darüber hinaus auch durch die unterschiedliche Abgrenzung der Geschäftsbereiche bei den verschiedenen Instituten. Sparkassen und Genossenschaftsbanken nehmen in der Regel in ihren Geschäftsberichten keine Differenzierung vor, so daß sich Spartenrenditen und -Betafaktoren von einen externem Analysten nicht berechnen lassen. Aufgrund des mangelnden Detaillierungsgrades der externen Rechnungslegung und der weitreichenden Ansatz- und Bewertungswahlrechte ist es nicht möglich, die Renditen für Geschäftsbereiche deutscher Kreditinstitute auf Basis des publizierten Jahresabschlusses zu bestimmen. Jedoch mag es aufgrund der umfassenderen Segmentberichterstattung insbesondere in den angelsächsischen Ländern möglich sein, Daten ausländischer Konkurrenzunternehmen heranzuziehen.[503]

---

[502] Vgl. *Deutsche Bank* (2000), S. 110, *Dresdner Bank* (2000), S. 89, *HypoVereinsbank* (2000), S. 165ff. Die Commerzbank verfügt über keinen eigenen Unternehmensbereich „Asset Management". Vgl. Organigramm sowie Segmentberichterstattung in *Commerzbank* (2000), S. 29, 81.

[503] Copeland/Koller/Murrin halten dieses Vorgehen in den USA für praktikabel, vgl. *Copeland/Koller/Murrin* (1998), S. 348. Werden ausländische Kreditinstitute herangezogen, so ist es notwendig, abweichende Besteuerungen zu berücksichtigen.

Probleme ergeben sich beim Ansatz von Spartenbetas auch aus der Berechnungsmethodik, die zu stark vom Unternehmensbeta abweichenden Geschäftsbereichsfaktoren führt. So kommen Kulkarni/Powers/Shannon bei ihren Beispielrechnungen aufgrund des nur wenige Jahre umfassenden Betrachtungszeitraumes und Ergebnisschwankungen von bis zu 20% zu Sparten-Betafaktoren, die zwischen - 1 und + 2,5 liegen.[504] Hieraus resultieren Abweichungen in den Renditeforderungen an die einzelnen Geschäftsbereiche, die sachlich kaum zu begründen sind.

Ein weiteres Verfahren zur Ableitung geschäftsbereichsspezifischer Betafaktoren aus der Analyse von Konkurrenzunternehmen wird unter dem Begriff „Segment Beta Regression" diskutiert.[505] Hierbei werden zunächst mehrere börsennotierte Unternehmen ausgewählt, die in dem Marktsegment des eigenen Geschäftsbereiches tätig sind. In einem weiteren Schritt wird der prozentuale Anteil der einzelnen Geschäftsbereiche der Konkurrenzunternehmen am Gewinn des Gesamtunternehmens festgelegt.[506] Durch eine Regressionsanalyse ist es nun möglich, unter Verwendung der Betafaktoren der börsennotierten Konkurrenzunternehmen, die einzelnen Segmentbetas zu bestimmen. Überträgt man das von Pettit gewählte Beispiel der holzverarbeitenden Industrie auf Kreditinstitute, so ergibt sich folgendes Schema:[507]

	Betafaktor	Privatkunden-geschäft	Firmenkunden-geschäft	übrige Geschäftsbereiche
A-Bank	0,70	49 %	44 %	7 %
B-Bank	0,77	12 %	57 %	31 %
C-Bank	0,69	17 %	36 %	47 %
. . .		. . .	. . .	. . .
Segmentbeta		**0,50**	**0,66**	

Abbildung 54: Bestimmung von Segment-Betafaktoren

Quelle: In Anlehnung an *Pettit* (1999), S. 119.

---

[504] Vgl. *Kulkarni/Powers/Shannon* (1991), S. 506. Serfling/Pape kommen bei ihrem Beispiel zu ähnlichen Ergebnissen, vgl. *Serfling/Pape* (1994), S. 525.

[505] Vgl. hierzu *Pettit* (1999), S. 119f.

[506] Grundsätzlich können auch andere Größen als der Gewinn verwendet werden. Vgl. *Pettit* (1999), S. 119.

[507] Vgl. *Pettit* (1999), S. 119. Pettit bereinigt zuvor die Betafaktoren der börsennotierten Konkurrenzunternehmen um den Einfluß der unterschiedlichen Verschuldungsgrade auf das systematische Risiko. Angesichts der sehr ähnlichen Kapitalstruktur von Kreditinstituten, die in gleichen Marktsegmenten tätig sind, ist eine Bereinigung in der Regel nicht notwendig.

Prämisse auch dieser Methode ist, daß der Betafaktor eines börsennotierten Unternehmens dem gewichteten Mittel der Betafaktoren der einzelnen Geschäftsbereiche entspricht. Der wesentliche Vorteil der Bestimmung von Segmentbetas gegenüber den beiden vorher beschriebenen Ansätzen ist, daß zu ihrer Ermittlung lediglich Annahmen über den prozentualen Anteil der einzelnen Geschäftsbereiche am Gesamtgewinn des Kreditinstitutes notwendig sind. Es ist nicht erforderlich, Spartenrenditen zu berechnen und damit Annahmen über das Betriebskapital bzw. den Marktwert der Unternehmensbereiche zu treffen. Jedoch bestehen weiterhin die Vorbehalte gegen die Verwendung des Gewinns als Gewichtungskriterium sowie die grundsätzliche Schwierigkeit der Beschaffung der notwendigen Daten von den Konkurrenzinstituten. Eine Lösung des Informationsproblems wäre durch unternehmensübergreifende Auswertungen möglich. Hierzu würden die einzelnen Kreditinstitute die notwendigen Informationen an eine neutrale Stelle weiterleiten, welche auf Basis der Daten aggregierte Sparten- bzw. Segmentbetas veröffentlicht.[508] Dabei ist insbesondere an die einzelnen Banken- und Sparkassenverbände zu denken, die z. T. bereits heute Betriebsvergleiche durchführen und an ihre Mitglieder in anonymisierter Form weiterleiten. In der Praxis dürfte die Weitergabe interner Daten, welche eine wesentliche Voraussetzung für die Anwendbarkeit des Verfahrens ist, jedoch häufig auf Widerstände stoßen.

---

[508] Vgl. *Serfling/Pape* (1994), S. 526.

5.3.2.4 Expertenbefragung

Ergänzend zu den im vorherigen Abschnitt dargestellten Analogieverfahren zur Ermittlung eines geschäftsbereichsspezifischen Betafaktors ist es möglich, bei der Auswahl der mit einem Geschäftsbereich vergleichbaren Branchen bzw. Unternehmen das Management des Kreditinstitutes oder externe Experten zu befragen.[509]

Aufgrund genauer Kenntnis der Wettbewerbssituation und der im entsprechenden Marktsegment agierenden Konkurrenten kann die Auswahl der geeigneten Referenzunternehmen im Rahmen des Peer Group- und Pure Play-Ansatzes vom Unternehmens- oder Bereichsmanagement vorgenommen werden.[510] Die Beurteilung sollte sowohl auf der Basis objektiver Kriterien (Produktpalette, Unternehmensgröße) als auch anhand subjektiver Einschätzungen des Managements (Wettbewerbspositionierung, Produktqualität, Flexibilität) erfolgen. Für die Güte des Ergebnisses ist daher die Sachkenntnis und Erfahrung des Beurteilers von großer Bedeutung.

Ein wesentlicher Vorteil der Managementbefragung liegt in der einfachen Handhabung. So sind keine ausführlichen Rechnungen notwendig, vielmehr reicht es in den meisten Fällen aus, rein qualitative Aussagen zu treffen. Zudem dürften die festgelegten Eigenkapitalkostensätze auf eine breitere Akzeptanz stoßen, da bei der Risikoeinschätzung das Management des Geschäftsbereichs miteinbezogen wird.

Weil die Zuordnung einzelner Geschäftsbereiche Einfluß auf die Höhe der vom Management zu erzielenden Mindestverzinsung und die Erfolgsmessung hat, werden die Beurteiler die Auswahl auch unter diesen Gesichtspunkten vornehmen. Daher sollten - soweit möglich - mehrere Personen getrennt voneinander befragt werden und eine genaue Analyse der auftretenden Abweichungen erfolgen. Zur Plausibilitätskontrolle der Einschätzungen des Managements können die nachfolgend dargestellten alternativen Verfahren herangezogen werden.

Sollen Interessenkonflikte weitgehend vermieden werden, so ist es möglich, neutrale Experten mit der Zuordnung zu beauftragen. Durch ihre genaue Kenntnis des Unternehmens wären z. B. Wirtschaftsprüfer als externe Beurteiler geeignet.[511] Auch könnte dies durch spezialisierte und erfahrene Unternehmensberater geschehen.

---

[509] Vgl. *Zens/Rehnen* (1994), S. 102, *Copeland/Koller/Murrin* (1998), S. 345f.

[510] Vgl. *Copeland/Koller/Murrin* (1998), S. 345f.

[511] Hierbei wäre jedoch zu prüfen, inwieweit Konflikte durch die Verschwiegenheitspflicht bestehen.

5.3.2.5 Anwendung des Analogieansatzes

Trotz der geringen Zahl börsennotierter deutscher Kreditinstitute ist es grundsätzlich möglich, für Geschäftsbereiche und Tochterunternehmen Betafaktoren durch Analogieschlüsse zu bestimmen. Alle drei vorgestellten Verfahren, der Ansatz von Branchenbetas, die Auswahl von Peer Groups oder von Pure Plays können hierzu in der Praxis zur Bestimmung des systematischen Risikos parallel angewendet werden.

So ist es z. B. möglich, die IKB Deutsche Industriebank als Pure Play für den Geschäftsbereich Firmenkunden auszuwählen.[512] Ebenfalls kann MLP näherungsweise für den Bereich der Vermögensverwaltung bzw. des Private Banking als Vergleichsunternehmen dienen. Als Pure Plays für das Emissionsgeschäft können beispielsweise die Gontard & Metallbank, Net.IPO oder Gold-Zack herangezogen werden. Vergleichsunternehmen lassen sich auch für Tochterunternehmen am Markt finden. So kann eine zum Konzernverbund gehörende Bausparkasse mit BHW oder Wüstenrot und eine Direktbank bzw. ein Discountbroker je nach Geschäftsausrichtung mit der Direkt Anlage Bank, Consors, der comdirect bank oder Entrium bzw. aus den Instituten gebildete Peer Groups verglichen werden. Demgegenüber bietet sich der Ansatz von Branchen-Betawerten insbesondere bei einer Hypothekenbanktochter an. Ist ein Tochterunternehmen im Bereich des Versicherungsgeschäfts tätig, so sollte seine Risikobewertung anhand einer Peer-Group von börsennotierten Versicherungsunternehmen bestimmt werden, die in ähnlichen Marktsegmenten tätig sind.

Ein auf das Investment-Banking spezialisiertes Institut wird in Deutschland nicht an der Börse notiert. Es besteht jedoch die Möglichkeit, aufgrund der zumeist europaweiten bzw. internationalen Ausrichtung des Geschäftes und der Konkurrenzsituation, auf ausländische börsennotierte Unternehmen, insbesondere auf britische und US-amerikanische Investmenthäuser, als Vergleichsunternehmen zurückzugreifen.[513]

Schwierigkeiten bereitet die Anwendung des Analogieansatzes auf das Privatkundengeschäft, da in Deutschland kein börsennotiertes Kreditinstitut ausschließlich in diesem Marktsegment tätig ist.[514] Der Ansatz des Branchen-Betafaktors ist als Vergleichsmaßstab nicht geeignet, da seine Höhe sehr stark von den vier Großbanken und ihrem überdurchschnittlichen systematischen Risiko beeinflußt wird. Durch eine

---

[512] Die Westfalenbank ist als Pure Play nicht geeignet, da die Aktien nur noch im Freiverkehr gehandelt werden. Die dort nur sporadisch ermittelten Kurse sind jedoch aufgrund des geringen Umsatzes nicht als Vergleichsgröße geeignet.

[513] Vgl. hierzu auch die Ausführungen zur Steuerung im Ausland tätiger Geschäftsbereiche und Tochterunternehmen im Abschnitt 5.5.2.

[514] Die Citibank Privatkunden AG wird aufgrund der geringen Zahl freier Aktien seit 1992 nicht mehr an der Börse notiert.

Managementbefragung bzw. einer Analyse der Ergebnisschwankungen könnte versucht werden, ein einzelnes oder eine Gruppe von börsennotierten Kreditinstituten zu finden, die über ein ähnlich hohes Risiko verfügen. So sind die Bankgesellschaft Berlin und die Frankfurter Bankgesellschaft gegr. 1899 stärker im Privatkundengeschäft engagiert. Alternativ können zur Ermittlung geschäftsbereichsspezifischer Betafaktoren und Renditeforderungen auch die nachfolgend in den Abschnitten 5.3.3 bis 5.3.5 beschriebenen Verfahren angewendet werden.

5.3.3 Verwendung von Analyseansätzen zur Bestimmung des geschäftsbereichsspezifischen Betafaktors

Vor dem Hintergrund der skizzierten deutschen Kapitalmarktgegebenheiten stellen die sogenannten Analyseansätze eine vielversprechende Alternative zu den Analogieansätzen dar. Es wird versucht, die wesentlichen ökonomischen Bestimmungsfaktoren für das systematische Risiko einer Unternehmung zu ermitteln. Gelingt es, entsprechende Merkmale zu identifizieren, so kann eine ersatzweise Bestimmung divisionaler Betafaktoren vorgenommen werden. Hierzu werden Kennziffern berechnet, deren Beziehungen zu den Rendite- und Risikodaten des Marktes mittels statistischer Verfahren überprüft werden. Basis bilden die durch das interne Rechnungswesen bereitgestellten Informationen. Notwendig ist auch hier, daß für die getrennt zu steuernden Geschäftsbereiche des diversifizierten Unternehmens eine getrennte Rechnungslegung erfolgt.

Grundsätzlich werden zwei Konzepte zur Schätzung divisionaler Eigenkapitalkosten mittels Analyseansätzen diskutiert. Dieses sind die Ermittlung von buchhalterischen Betawerten (accounting beta) und von Fundamentalbetas (fundamental beta).[515]

5.3.3.1 Berechnung von buchhalterischen Betawerten

Die Ermittlung buchhalterischer Betawerte basiert auf der Annahme, daß Daten des Rechnungswesens grundsätzlich durch dieselben Ereignisse und Informationen beeinflußt werden, die auch für Marktpreise bestimmend sind und daher eine bedeutende Informationsquelle für die (zukünftige) Kursbestimmung durch die Investoren darstellen. Kann hiervon ausgegangen werden, so werden enge Beziehungen zwischen buchhalterischen Größen und den in Marktschwankungen zum Ausdruck kommenden Marktrisiken bestehen.[516] Liegt eine systematische Beziehung zwischen buchhalterischen und aus Marktdaten abgeleiteten Risikomaßen vor, dann ist es möglich, eine auf die Geschäftsbereiche divisionaler Kreditinstitute bezogene Risikomessung vorzunehmen.

Ihre einfachste Form, die Berechnung von Gewinnbetawerten (sogenanntes earning beta), beruht auf der These, daß der buchhalterische Gewinn und seine Veränderung

---

[515] Vgl. *Freygang* (1993), S. 274-323. Die von Herter verwendete Unterteilung in vergangenheits- und zukunftsbezogene fundamentale Bestimmung ist wenig sinnvoll. Die Ermittlung der Betawerte ist bei beiden Verfahren auch auf der Basis von aus Erwartungen und Prognosen ermittelten Plandaten durchführbar. Vgl. *Herter* (1994), S. 104-111.

[516] Dieses wird von einer Vielzahl von Untersuchungen bestätigt. So u. a. *Beaver/Kettler/Scholes* (1970), S. 679, *Lev* (1974), *Bildersee* (1975), *Thompson* (1976), S. 82, *Morin* (1984), S. 54f., *Mandelker/Rhee* (1984).

von zentraler Bedeutung für die Bewertung eines Unternehmens auf dem Kapitalmarkt sind.[517] Der ermittelte Gewinnbetawert ist ein Maß für die im Kreditinstitut bzw. der betrachteten Unternehmenseinheit aufgetretenen Erfolgsschwankungen im Vergleich zu der aggregierten Ergebnisentwicklung der Unternehmen einer Volkswirtschaft oder einer ihrer Segmente. Alternativ können auch Renditekennziffern wie die Eigenkapital- oder die Umsatzrentabilität zur Bestimmung des geschäftsbereichsspezifischen Risikos verwendet werden.[518]

Grundannahme der Gewinnansätze ist, daß aus den Veränderungen der Ergebnisschwankungen des externen Rechnungswesens wesentliche Informationen über die Risikocharakteristik eines Unternehmens gewonnen werden können. Bestünde ein Zusammenhang zwischen buchhalterischen Gewinnen und der Bewertung eines Kreditinstitutes an der Börse, so wären das aus Unternehmenserfolgen abgeleitete Gewinnbeta und ein durch Marktwertschwankungen bestimmter Betawert stark positiv korreliert.[519] Wie bereits dargestellt, stößt die Verwendung des buchhalterischen Gewinns im Rahmen der wertorientierten Steuerung auf starke Kritik. So werden zum einen die umfangreichen Gestaltungsmöglichkeiten des Jahresüberschusses durch eine Vielzahl von Bewertungs- und Ansatzwahlrechte kritisiert, zum anderen der nur schwache empirische Zusammenhang zwischen Gewinnentwicklung und Börsenbewertung bemängelt.[520] Läßt sich der erste Kritikpunkt im Rahmen der internen Steuerung durch die Verwendung manipulationsfreier Daten ausräumen, so verbleibt jedoch als gewichtiger Kritikpunkt die geringe empirische Signifikanz. Aufgrund der alleinigen Berücksichtigung buchhalterischer Gewinne und deren Wachstumsraten spiegeln Gewinnbetawerte das systematische Risiko eines Geschäftsbereichs nur ungenau wider.[521] Wegen seines größeren Erklärungsgehaltes für die Marktbewertung[522] sollten daher im Rahmen der internen Steuerung anstelle des buchhalterischen Gewinns oder hieraus abgeleiteter Renditekennziffern Cash-flows verwendet werden.

Die Berechnung von Gewinn- bzw. Cash-flow-Betas trifft in der Praxis auf weitere Schwierigkeiten. So dürfte es in vielen Kreditinstituten kaum möglich sein, ausreichend lange Zeitreihen für eine aussagekräftige Regressionsanalyse bereitzustellen. Die Vergangenheitsdaten für die einzelnen Geschäftsbereiche sind häufig im Rech-

---

[517] Ein zunächst von Gordon/Halpern entwickeltes Modell wurde später von Weston/Lee modifiziert. Vgl. *Gordon/Halpern* (1974), *Weston/Lee* (1977).

[518] So verwendet Rüsberg in seinem Banken-Rating als Risikomaß die Standardabweichung der Umsatzrentabilitäten der einzelnen Kreditinstitute. Vgl. *Rüsberg* (1992), S. 186.

[519] Vgl. *Coenenberg/Sautter* (1988), S. 706.

[520] Vgl. Abschnitt 3.1.3 und die dort zitierte Literatur.

[521] Vgl. *Freygang* (1993), S. 290.

[522] Vgl. *Lewis/Stelter* (1993), S. 111, *Lewis* (1994), S. 47ff., *Kaplan* (1996), S. 45f., *Copeland/Koller/Murrin* (1998), S. 111.

nungswesen bzw. Controlling nicht vorhanden oder nur sehr unvollständig. Durch Akquisitionen, Desinvestments und nicht zuletzt Umstrukturierungen im Bank-Konzern sind die Daten häufig nicht sinnvoll miteinander vergleichbar. Neue Zuordnungen sind, soweit überhaupt durchführbar, mit einem sehr hohen Aufwand verbunden und nicht frei von subjektiven Einflüssen. Bereits kleine Meßfehler können zu verzerrten Schätzwerten des Betafaktors führen.[523] Angesichts der aufgezeigten Probleme ist dieses Verfahren nur für Kreditinstitute geeignet, die mehrere Jahre lang über eine stabile Geschäfts- und Organisationsstruktur verfügen.

Ebenfalls ist es möglich, eine Mehrzahl signifikanter buchhalterischer Größen und Kennzahlen als Ersatz für eine fehlende Marktrisikogröße auszuwählen. Die bisher veröffentlichten Untersuchungen offenbaren jedoch eine große Vielfalt von verwendeten Lösungsansätzen, -methoden und Ergebnissen. Selbst bei den Befürwortern buchhalterischer Betawerte besteht keine vollständige Übereinstimmung über Anzahl und Auswahl der anwendbaren Kennzahlen.

Als erste untersuchten Beaver/Kettler/Scholes den statistischen Zusammenhang von Kennziffern der externen Jahresabschlußanalyse und der Bewertung von Unternehmen auf dem Aktienmarkt. Sie identifizierten für den amerikanischen Markt drei Risikogrößen, deren Veränderungen im Zeitablauf einen signifikanten Zusammenhang mit der Entwicklung des Betawertes aufweisen: Dividendenrendite, Wachstum und Ertragsvariabilität.[524] Weitere Untersuchungen mit z. T. abweichenden Ergebnissen wurden u. a. von Gonedes, Beaver/Manegold, Rosenberg/McKibben, Bildersee und Thomas durchgeführt.[525]

Für den deutschen Aktienmarkt haben bislang erst einige Autoren den Zusammenhang zwischen jahresabschlußbezogenen und marktdeterminierten Risikogrößen untersucht. Eine spezifische Analyse börsennotierter Kreditinstitute erfolgte nicht. Aufgrund abweichender Bilanzierungs- und Publizitätsvorschriften können die für den amerikanischen Kapitalmarkt ermittelten Ergebnisse nur mit Einschränkungen auf die deutschen Verhältnisse übertragen werden.[526]

In einer Untersuchung konnte Müller die höchste Korrelation für die Kennzahlen Ertragsvariabilität sowie die Veränderung der Bilanzsumme und des Cash-flow feststellen.[527] Bei einer anderen Analyse von Bauer haben die Kennzahlen zur Unter-

---

[523] Vgl. *Copeland/Koller/Murrin* (1998), S. 349.

[524] Vgl. *Beaver/Kettler/Scholes* (1970).

[525] Vgl. *Gonedes* (1973), *Rosenberg/McKibben* (1973), *Beaver/Manegold* (1975), *Bildersee* (1975), *Thompson* (1976).

[526] Vgl. *Möller* (1986), S. 150, *Freygang* (1993), S. 297.

[527] Vgl. *Müller* (1992), S. 151ff.

nehmensgröße relativ den größten Beitrag zur Erklärung unterschiedlicher Betafaktoren ergeben.[528] Gleiches gilt für die Dividendenrendite als Maß für das Ausschüttungsverhalten und die Maschinenquote als Kennzahl für das leistungswirtschaftliche Risiko.[529] Für den Verschuldungsgrad als Indikator für das finanzwirtschaftliche Risiko konnte hingegen kein signifikanter Zusammenhang mit den Betafaktoren gemessen werden.[530]

Da die Prognosequalität gegenüber der Annahme konstanter, aus historischen Kursdaten ermittelten Betawerten höher ist, können durch die Ausschöpfung des durch das betriebliche Rechnungswesen bereitgestellten Informationspotentials zum Teil verbesserte Erklärungs- und Prognoseresultate erzielt werden.[531] Die Bestimmung buchhalterischer Betafaktoren ist jedoch mit einem erhöhten Erhebungs- und Auswertungsaufwand verbunden, so daß auch hier der Grundsatz der Wirtschaftlichkeit berücksichtigt werden sollte.

5.3.3.2 Fundamentale Bestimmung des Betafaktors

5.3.3.2.1 Methodische Grundlagen

Im Unterschied zu historischen Betafaktoren werden fundamentale Betafaktoren nicht durch eine Regression der historischen Kursverläufe ermittelt, sondern durch fundamentale Risikocharakteristika der Aktie bestimmt. Die Schätzung der zukünftigen Renditeveränderung erfolgt mittels eines Mehrfaktorenmodells.[532] Ein solches Modell quantifiziert die Risiken von Wertpapieren durch eine Reihe von charakteristischen Merkmalen. Hierbei werden neben Kapitalmarktdaten auch fundamentale In-

---

[528] Vgl. *Bauer* (1992), S. 212.

[529] Von der Deutschen Bank wurden erstmals im Jahr 2000 Zertifikate emittiert, die versuchen, aus dem Zusammenhang zwischen Dividendenrendite und Kursbewertung eine Überrendite für die Angler zu erzielen. Hierbei handelt es sich um die Produkte XAVEX EuroLeader und WorldLeader.

[530] Vgl. *Bauer* (1992), S. 241.
Möller kommt bei seiner Untersuchung zu dem Ergebnis, daß auch auf dem deutschen Aktienmarkt ein statistisch signifikanter Zusammenhang zwischen den auf den Daten des externen Jahresabschlusses basierenden buchhalterischen Kennziffern und dem am Markt zu ermittelnden systematischen Risiko besteht. Da je nach betrachtetem Unternehmen aber verschiedene Kennziffern dominieren und diese auch noch zeitlichen Schwankungen unterliegen, hält er die Bestimmung von Betawerten anhand von Jahresabschlußdaten für nicht geeignet. Vgl. *Möller* (1986).

[531] Vgl. *Steiner/Beiker/Bauer* (1993), S. 126, *Günther* (1997), S. 184f.

[532] Da an dieser Stelle nicht auf die mathematischen Details eingegangen werden kann, sei für eine systematische Einführung in die modelltheoretischen Grundlagen von Multi-Faktorenmodellen auf Albrecht/Maurer/Mayser und die dort zitierte Literatur verwiesen. Vgl. *Albrecht/Maurer/Mayser* (1996).

formationen aus Jahresabschlüssen und Marktanalysen verwendet. Bei den wenigen bisher veröffentlichten empirischen Untersuchungen wurde ein deutlich höherer Erklärungsgehalt von fundamentalen Betawerten gegenüber historischen Betas bei der Bestimmung des zukünftiger Betafaktors eines Unternehmens nachgewiesen.[533]

Von einer Reihe von Beratungsunternehmen werden fundamentale Betafaktoren bzw. Risikoindizes für einzelne Unternehmen und Branchen angeboten. So u. a. von Stern Stewart & Co. und BARRA. Beispielhaft soll das von BARRA entwickelte Verfahren näher beschrieben werden, bevor zur Eignung fundamentaler Betafaktoren kritisch Stellung genommen wird.

Das von BARRA verwendete Analyseverfahren basiert auf den Forschungsarbeiten des Unternehmensgründers Barr Rosenberg.[534] In einem ersten Schritt hat Rosenberg anhand umfangreicher Untersuchungen die Faktoren ermittelt, die einen wesentlichen Einfuß auf die Marktrendite besitzen. Durch eine multiple Regression wird die Marktrendite auf einzelne Risikofaktoren aufgeschlüsselt. Es ergeben sich sogenannte Faktorrenditen.

Von BARRA wurden neben einem „Global Equity Model" auch regionale (z. B. für Europa) und nationale Analysemodelle, u. a. auch für den deutschen Aktienmarkt, entwickelt.[535] Das deutsche Fundamentalfaktorenmodell unterscheidet insgesamt zehn Risikofaktoren. Dem engen Zusammenhang zwischen systematischem Risiko und Branchenzugehörigkeit wird durch die zusätzliche Berücksichtigung der Branche (insgesamt 17 Branchen) Rechnung getragen. Der durch das Modell und seine Risikofaktoren nicht erfaßte Teil des Gesamtrisikos wird als aktienspezifisches (unsystematisches) Risiko aufgefaßt.

Jede einzelne Aktie reagiert unterschiedlich stark auf Veränderungen der einzelnen Faktorrenditen und besitzt somit eine individuelle Risikostruktur. Diese unterschiedlichen Sensitivitäten, sogenannte Exposers, werden empirisch bestimmt und drücken die Reagibilität der Aktie auf eine Veränderung der Faktorrenditen aus. Hierbei werden neben der Kursentwicklung der Aktie und des Gesamtmarktes auch jahresabschlußbezogene Daten sowie Brancheninformationen und andere fundamentale Cha-

---

[533] Vgl. *Rosenberg/Marathe* (1975), *Rosenberg* (1985). Connor nimmt einen Vergleich verschiedener Faktormodelle vor, vgl. *Connor* (1995).

[534] Bereits zu Beginn der 70er Jahre hat sich Rosenberg mit der Bestimmung und Prognose des systematischen Unternehmensrisikos beschäftigt. Vgl. *Rosenberg/McKibben* (1973) und *Rosenberg/Guy* (1976).

[535] Vgl. zu den verschiedenen Modellen: *BARRA* (1992), *BARRA* (1998), *BARRA* (1999) sowie weitere Informationen im Internet unter www.barra.com. Monatlich werden von BARRA die fundamentalen Betafaktoren von 832 deutschen Aktien berechnet (Stand 31.08.2000).

rakteristika des Unternehmens verwendet. Die Sensitivitäten werden als Quotient der bei fundamentalen ökonomischen Ereignissen zu erwartenden Renditeveränderungen der betrachteten Aktie und des Gesamtmarktes berechnet. Aktien, deren Rendite z. B. auf ein ökonomisches Ereignis, wie die Veränderung der Inflationsrate, der Wachstumsrate des Sozialprodukts, der Marktzinsen oder der Energiepolitik, in gleicher Weise wie die Marktrendite reagieren, besitzen eine Sensitivität von Eins für dieses Ereignis.[536]

In einem weiteren Schritt läßt sich der auf die Zukunft bezogene fundamentale Betafaktor eines börsennotierten Kreditinstitutes anhand der prognostizierten Renditeentwicklung des Kreditinstitutes sowie des Marktes berechnen.

Der fundamentale Betafaktor ergibt sich nach folgender Formel:[537]

$$\text{ß} = a_1x_1 + a_2x_2 + a_3x_3 + \ldots + a_9x_9 + a_{10}x_{10} + a_Bx_B$$

ß: fundamentaler Betafaktor des Unternehmens

x_{1-10}:   Risikofaktoren

x_B: Risikofaktor der Branche

a_{1-10}:   Sensitivität des Unternehmens bezüglich des Risikofaktors x_{1-10}

a_B: Sensitivität des Unternehmens bezüglich des Risikofaktors der Branche.

Die einzelnen Faktoren sowie die zur Ermittlung der Sensitivitäten verwendeten Kennzahlen werden in der Abbildung 55 auf der nächsten Seite aufgeführt und näher erläutert.[538]

---

[536] Dies soll anhand eines Beispiels verdeutlicht werden: Der Faktor Unternehmensgröße (Size) sei für eine Renditeveränderung von 2 % verantwortlich. Bei einem, gegenüber dem Marktdurchschnitt, kleineren börsennotierten Unternehmen ergibt sich bei diesem Faktor ein Exposer (Sensitivität) von z. B. 0,5. Hieraus ermittelt sich eine auf den Faktor Unternehmensgröße bezogene Renditeveränderung von lediglich 1 %. Die Aktie weist somit ein geringeres Faktorrisiko (nicht zwangsläufig auch Gesamtrisiko) als der Gesamtmarkt auf.

[537] Darstellung in Anlehnung an *Rosenberg/Marathe* (1975), S. 85ff., *Elton/Gruber* (1995), S. 151.

[538] Ein dem BARRA-Model sehr ähnliches Verfahren wurde von Stern, Steward & Co. entwickelt. Zunächst werden die Brancheneinflüsse auf das Risiko untersucht und dann die unternehmensindividuellen bzw. geschäftsfeldspezifischen Risikofaktoren analysiert und berücksichtigt. Stewart identifiziert vier signifikante Faktoren: „operating risk", „strategic risk", „asset-management" sowie „size and geographical diversity". Die einzelnen Risikobewertungen münden in den sogenannten Business Risk Index. Vgl. für eine ausführliche Darstellung der Methode *Stewart* (1991), S. 449-472.

Risikofaktor	Faktorbeschreibung	Kennzahlen
Schwankungen der Markterfolge (Variability in Markets)	Sensitivität des Wertpapiers gegenüber dem Markt unter Berücksichtigung des historischen Verhaltens. Technische Signale des Marktes und buchhalterische Informationen werden kombiniert.	– historischer Betafaktor – Bandbreite logarithmierter Aktienkurse (1 Jahr) – historische Volatilität – historischer Betafaktor · historische Volatilität
Erfolg (Success)	Erfolg der Aktie im Vergleich zum Markt	– historischer Alphafaktor – relative Stärke (1 Jahr) – DVFA-Gewinn netto / Eigenkapital – Netto DVFA-Cash-flow / Verbindlichkeiten < 5 Jahre
Größe (Size)	Größe des Unternehmens	– Logarithmus der Marktkapitalisierung – Bilanzsumme
Wert (Value)	Bewertung von Vermögenswerten und Erträgen der Gesellschaft durch den Markt	– DVFA-Gewinn pro Aktie / Kurs-Jahresende – Eigenkapital / durchschnittliche Börsenwert
Verschuldungsgrad (Financial Leverage)	Finanzstruktur des Unternehmens	– Finanzschulden / Bilanzs. – (Eigenkapital + Finanzschulden) / Eigenkapital – Reagibilität Zinsänderungen
Auslandseinkommen (Foreign Income)	Absatzmärkte und Exportabhängigkeit	– Auslandsumsatz / Umsatz – Währungssensitivität (US$)
Lohnintensive Tätigkeit (Labor Intensity)	Verhältnis Lohnkosten zu tatsächlichen Kapitaleinsatz	– Personalkosten / Umsatz – Umsatz / Sachanlagen netto
Ertrag (Yield)	derzeitige und frühere Erträge	– aktuelle Dividendenrendite – durchschnittliche Dividendenrendite (5 Jahre) – Dividendensumme / [(DVFA-Gewinn netto + Jahresüberschuß)/2]
Außerordentliche Erträge (Extraordinary Items)	Umfang der durch sporadische Ereignisse beeinflußten Erträge	– (DVFA-Gewinn netto - Jahresüberschuß) / DVFA-Gewinn netto
Nicht bewertete Aktiva (Non-Estimation Universe)	Beschreibung des Verhaltens einiger kleinerer Gesellschaften, die nicht regelmäßig bewertet werden.	– Index, der die Renditeentw. der nicht in der Datenbasis enthalten Aktien erklärt
17 Industriezweige	Zuordnung zu demjenigen Industriezweig, in dem die Hauptaktivitäten bestehen.	– u. a. Banken, Versicherungen

Abbildung 55: Risikofaktoren im deutschen Risikoanalysemodell von BARRA

Quelle: *Nielsen* (1992), S. 229 und *Kleeberg* (1992), S. 475.

Ein besonderer Vorteil wird darin gesehen, daß fundamentale Betafaktoren sofort wesentliche Veränderungen im Unternehmen (z. B. Akquisition oder Desinvestment bedeutender Geschäftsbereiche), aber auch des Gesamtmarktes (z. B. Börsencrash 1987) berücksichtigen, da sie sich nicht auf historische Kursbeobachtungen stützen, sondern anhand fundamentaler Charakteristika bestimmt werden. Auf der Grundlage historischer Kursreihen ermittelte Betafaktoren reagieren demgegenüber nur mit zeitlichen Verzögerungen.[539] Fundamentale Betafaktoren können auch für erst kurz an der Börse eingeführte Unternehmen ermittelt werden, von denen nur unzureichende Datenreihen für eine historische Betaschätzung vorliegen. So ist es möglich, auch Betafaktoren für die folgenden erstmals in 1999 bzw. 2000 börsennotierten Direktbanken sowie Emissions- und Wertpapierhandelshäuser zu verwenden:

Unternehmen	fundamentaler Betafaktor
Comdirect Bank	0.586
ConSors	0.765
Direkt Anlage Bank	0.586
Entrium Direct Bank	0.586
Gontard&Metallbank	0.284
net.IPO	0.796
Schnigge	0.483

Abbildung 56: Fundamentale Betafaktoren ausgewählter Unternehmen zum 31. August 2000

Quelle: Die Daten wurden dem Verfasser durch BARRA International, Frankfurt zur Verfügung gestellt.

Ein zentrales Problem bei der Bestimmung fundamentaler Betafaktoren besteht in der Identifizierung der verschiedenen Einflußfaktoren auf das systematische Risiko eines Unternehmens. Schwierigkeiten ergeben sich ebenfalls bei der Festlegung der Gewichtung mit der die einzelnen Risikofaktoren in die Gesamtrisikogröße eingehen.

Die Ermittlung der unternehmensspezifischen Risikofaktoren auf der Basis eines Mehrfaktorenmodells ist mit einem großen Analyseaufwand verbunden. So bedarf es

---

[539] Vgl. u. a. *Nielsen* (1992), S. 229, *Elton/Gruber* (1995), S. 150f.
Bei einer der von BARRA verwendeten Kennzahlen handelt es sich auch um den historischen Betafaktor. Der Aussagehalt historischer Betas für zukünftige Betas wird somit nicht grundsätzlich abgelehnt, jedoch soll durch die Einbeziehung weiterer Faktoren die Prognosequalität gesteigert werden.

der Anwendung komplexer mathematisch-statistischer Verfahren. Darüber hinaus ist in regelmäßigen Abständen eine Überprüfung der ausgewählten Risikofaktoren und ihrer Gewichtung notwendig. Es gilt daher abzuwägen, inwieweit der zusätzliche Erklärungsgehalt eine aufwendige Analyse rechtfertigt.[540] Alternativ können die entsprechenden Daten von hierauf spezialisierten Analysefirmen wie BARRA bezogen werden.[541] Jedoch werden die verwendeten mathematischen und statistischen Verfahren sowie die Gewichtungen der einzelnen Risikofaktoren und die Bestimmung der Risikokoeffizienten von den Analysefirmen nur unzureichend offen gelegt. Betrachtet man das von BARRA entwickelte Modell, so ergeben sich zwischen den einzelnen Risikofaktoren Abgrenzungsprobleme und eine Vielzahl von Überschneidungen. Die Ergebnisse sind daher intransparent und nicht nachvollziehbar. Eine weitere Schwäche des fundamentalen Ansatzes besteht darin, daß implizit unterstellt wird, daß die Reaktion der Betafaktoren verschiedener Unternehmen auf die dem Modell zugrunde liegenden Fundamentalfaktoren übereinstimmen.[542]

Anstelle historischer Betafaktoren können im Rahmen von Analogieansätzen grundsätzlich auch die fundamentalen Betas der börsennotierten Vergleichsunternehmen verwendet werden.[543] Jedoch handelt es sich bei fundamentalen Betafaktoren nur um eine Zeitpunktbetrachtung. Sie unterliegen daher wie historische Betafaktoren Schwankungen im Zeitablauf. Da der Prognosehorizont nur wenige Monate beträgt, sind sie für die Bestimmung langfristiger zukünftiger Betas nicht geeignet.[544] Sie bilden jedoch dann eine sinnvolle Alternative zu historischen Betas, wenn diese aufgrund zu kurzer Datenreihen oder fundamentaler Veränderungen im betrachteten Vergleichsinstitut zu wenig aussagefähig sind.

---

[540] Ebenfalls kritisch werden Multifaktormodelle von Elton/Gruber gesehen. In ihrem Standardwerk zur Wertpapieranalyse stellen die Autoren fest: „Although complex models better describe the historical correlation, they often contain more noise than information with respect to prediction. There is still a great deal of work to be done before complicated models consistently outperform simple ones.", *Elton/Gruber* (1995), S. 174.

[541] BARRA ist nach eigenen Angaben Marktführer bei der Bestimmung fundamentaler Aktienrenditen und Betafaktoren. Das Unternehmen verfügt weltweit über Niederlassungen und zählte im Jahr 1997 1.200 Finanzinstitute zu seinen Kunden. Vgl. *BARRA* (1998), S. 1.

[542] Vgl. *Elton/Gruber* (1995), S. 150.

[543] So wird die Verwendung fundamentaler Betawerte im Rahmen der wertorientierten Steuerung von Geschäftsbereichen u. a. von Copeland/Koller/Murrin und von Rappaport empfohlen. Vgl. *Rappaport* (1995a), S. 62, *Copeland/Koller/Murrin* (1998), S. 282. Ballwieser sieht die Verwendung von fundamentalen Betafaktoren für deutsche Unternehmen kritisch, da eine Schätzung der Betawerte auf Basis der wenigen börsennotierten Unternehmen in Deutschland mit größeren Unsicherheiten behaftet ist. Vgl. *Ballwieser* (1994), S. 1398. Seit seiner Kritik hat sich jedoch die Zahl der an der Börse notierten Gesellschaften nahezu verdoppelt.

[544] Fundamentale Betafaktoren werden daher primär von institutionellen Anlegern zur Unterstützung kurzfristiger Anlageentscheidungen verwendet.

5.3.3.2.2 Bestimmung fundamentaler Betafaktoren für Geschäftsbereiche eines Kreditinstitutes

Da bei der Ermittlung fundamentaler Betafaktoren nicht nur Kursdaten, sondern im hohen Maße auch Jahresabschlußinformationen und Branchendaten, eingehen, ist es grundsätzlich möglich, auch für nicht börsennotierte Kreditinstitute und einzelne Geschäftsbereiche fundamentale Betas zu bestimmen.[545]

Ausgangsbasis bilden wie bei Schätzung von Betas börsennotierter Kreditinstitute die einzelnen Faktorrenditen. Die Anpassung an die individuelle Risikostruktur des betrachteten Unternehmens oder Geschäftsbereichs erfolgt anhand der Sensitivitäten bzw. Risikokoeffizienten. Diese werden instituts- und geschäftsbereichsspezifisch auf der Basis verschiedener Kennzahlen berechnet. Es können jedoch bei nicht börsennotierten Kreditinstituten und Geschäftsbereichen nur Kennziffern verwendet werden, die sich aus den Daten des Rechnungswesens bzw. aus Branchenanalysen bestimmen lassen. Beim internationalen Prognosemodell von BARRA wären dies insbesondere die Risikofaktoren „Wachstumsorientierung", „Gewinnschwankungen" und „Verschuldungsgrad".[546] Während man bei den Sensitivitäten der übrigen Risikofaktoren auf z. B. den Branchendurchschnitt bzw. börsennotierte Vergleichsunternehmen zurückgreifen kann, ist es möglich, zu den drei obengenannten Faktoren individuelle Risikokoeffizienten zu bestimmen. Hierdurch kann die Prognosequalität gegenüber dem Ansatz von Betafaktoren der Branche, von Pure-Plays oder von Peer-Groups erhöht werden. Dies gilt insbesondere für die Geschäftsbereiche und Kreditinstitute, die sich wesentlich vom Branchendurchschnitt unterscheiden und für die sich keine börsennotierten Vergleichsunternehmen bestimmen lassen.

Auf Basis des Betafaktors der entsprechenden Branche, in der die Division tätig ist, erfolgen entsprechend der Reagibilität auf die einzelnen Fundamentalfaktoren Zu- und Abschläge. Beispielhaft soll ein Geschäftsbereich eines diversifizierten Kreditinstitutes untersucht werden. Gegenüber dem durchschnittlichen Betawert von Eins erfolgt aufgrund des etwas geringeren Risikos in der Branche Banken ein Abschlag von 0,05. Weisen die Kennziffern auf ein langsameres Wachstum als der Gesamtmarkt hin, so ergibt sich aufgrund des unterdurchschnittlichen Wachstumsfaktorwertes ein weiterer Abschlag von z. B. 0,15 bei der Betaprognose. Da schließlich die Gewinne

---

[545] Zur Bestimmung von fundamentalen Betafaktoren nicht-börsennotierter Unternehmen und Geschäftsbereiche vgl. *Rosenberg/Rudd* (1986), *Freygang* (1993), S. 319-323.

[546] Vgl. *Rosenberg/Rudd* (1986), S. 66. Beim deutschen Modell wären es insbesondere die Faktoren Erfolg, Verschuldungsgrad, Auslandseinkommen, lohnintensive Tätigkeit und außerordentliche Einkünfte. Vgl. hierzu die auf der S. 193 dargestellten und erläuterten Risikofaktoren des German Equity Model von BARRA sowie *Nielsen* (1992), S. 229, *Kleeberg* (1992), S. 475.

des Geschäftsbereichs stärker als die Gewinne der übrigen Kreditinstitute im Markt-segment schwanken, ist durch den Faktor Gewinnschwankungen ein Zuschlag von 0,10 vorzunehmen. Insgesamt ergibt sich hieraus eine Fundamentalbetaprognose von $1 - 0,05 - 0,15 + 0,10 = 0,9$.[547]

Indem bei der Bestimmung geschäftsbereichsspezifischer Betafaktoren Börsendaten sowie Jahresabschlußinformationen und Branchencharakteristika verwendet werden, vereinigen Fundamentalmodelle sowohl Elemente des Analogieansatzes als auch buchhalterischer Verfahren. Inwieweit fundamentale Prognosemodelle bessere Er-gebnisse für geschäftsbereichsspezifische Betafaktoren liefern, ist jedoch kritisch zu hinterfragen. So bestehen – wie bei der Bestimmung von buchhalterischen Betas – die grundsätzlichen Probleme in der Identifizierung der verschiedenen Einflußfakto-ren auf das systematische Risiko eines Unternehmens und ihrer eindeutige Abgren-zung voneinander um Überschneidungen zu vermeiden sowie in der Festlegung der unternehmensspezifischen Sensitivitäten, mit der die einzelnen Risikofaktoren in die Gesamtrisikogröße eingehen.[548] Da bei der Bestimmung der fundamentalen Betafak-toren von Geschäftsbereichen auf institutsinterne Daten zurückgegriffen werden kann, läßt sich jedoch die Prognosequalität erhöhen. Hierbei ist es möglich, die ge-schäftsbereichsspezifischen Betafaktoren nicht nur auf der Basis aktueller Daten des Rechnungswesens, sondern auch von Plangrößen zu bestimmen. Dadurch können die Auswirkungen fundamentaler Veränderungen innerhalb des Geschäftsbereiches, z. B. durch eine umfangreiche Akquisition oder ein Desinvestment, auf das systematische Risiko und damit die Höhe des Eigenkapitalkostensatzes bestimmt werden. Jedoch ist die Ermittlung fundamentaler Betafaktoren mit einem sehr umfangreichen Datenerhe-bungs- und Analyseaufwand verbunden. Darüber hinaus ist die Berechnung sehr in-transparent, was die bankinterne Akzeptanz des Verfahrens beeinträchtigt.

Anwendung finden fundamentale Betafaktoren insbesondere in der Aktienanalyse und im Management von Aktienportefeuilles. So ist es einem Portfoliomanager, der einen Markttrend richtig vorhergesehen hat, möglich, seine Performance durch die Berücksichtigung des fundamentalen Betas zu steigern. Im Rahmen der wertorien-tierten Steuerung von Kreditinstituten ist die Verwendung fundamentaler Betas zur Bestimmung risikoadjustierter Eigenkapitalkosten von Tochterunternehmen und Ge-schäftsbereichen aufgrund der aufgezeigten Mängel nicht zu empfehlen.

---

[547] Beispiel in Anlehnung an *Rosenberg/Rudd* (1986), S. 66.

[548] Verschiedene Untersuchungen kommen zu unterschiedlichen Ergebnissen bezüglich der Eig-nung fundamentaler Daten zur Schätzung zukünftiger Betas und der Auswahl geeigneter Ein-flußfaktoren. Vgl. u. a. *Logue/Merville* (1972), *Breen/Lerner* (1973), *Rosenberg/McKibben* (1973), *Melicher* (1974), *Thompson* (1976).

5.3.4 Risikoanpassung anhand qualitativer Kriterien

5.3.4.1 Entwicklung von Kriterienrastern zur Beurteilung des Geschäftsrisikos

Eine weitere Möglichkeit zur Differenzierung des Risikos einzelner Geschäftsbereiche stellen qualitative Kriterien dar. Hierzu erfolgt die Bestimmung des Geschäftsrisikos eines Unternehmensteiles anhand der Einordnung in ein Kriterienraster. Die Beurteilung kann von unternehmensinternen, aber auch von externen Personen mit entsprechender Fachkenntnis vorgenommen werden. Im Unterschied zur vorher dargestellten Expertenbefragung erfolgt nicht die Auswahl von börsennotierten Gesellschaften, die den Geschäftsbereichen des Kreditinstitutes in wesentlichen Kriterien entsprechen, sondern eine isolierte Risikobeurteilung der einzelnen Unternehmensbereiche. Die Eigenkapitalkosten werden somit nicht über eine Analogie zu einem ausgewählten Vergleichsunternehmen auf dem Aktienmarkt bestimmt, sondern direkt anhand einer Risikostrukturanalyse ermittelt. Zur Beurteilung des systematischen Risikos eines Geschäftsbereichs anhand eines Kriterienschemas sind die verschiedensten Methoden und Bewertungskriterien denkbar. Im folgenden soll das Prinzip anhand von drei Beispielen von Risikostrukturanalysen für Industrieunternehmen erläutert werden. Nachfolgend soll dann die Verwendung qualitativer Kriterien beurteilt und die Eignung für Kreditinstitute analysiert werden.

Das von Bühner vorgeschlagene Scoring-Modell sieht eine Risikoprämienermittlung auf der Basis der Einschätzung von zehn Kriterien vor.[549]

Der Bewerter hat auf einer Skala von eins bis fünf zu entscheiden, ob der Geschäftsbereich in dem zu beurteilenden Kriterium mit Blick auf das Risiko günstig (=1) oder eher ungünstig (=5) positioniert ist. Durch Addition der einzelnen Bewertungen ergibt sich ein Zahlenwert. Dieser wird anhand einer Vergleichsskala einem bestimmten Risikoprämienwert zugeordnet. Addiert man zur Risikoprämie die risikolose Sokkelrendite, so ergibt sich die Höhe des Eigenkapitalkostensatzes des Geschäftsbereichs.[550] Die Risikoanpassung erfolgt somit nicht über den Betafaktor, sondern wird direkt auf der Ebene des Eigenkapitalkostensatzes vorgenommen.

---

[549] Vgl. *Bühner* (1993b), zitiert nach *Hardtmann* (1996), S. 79.

[550] Einen ähnlichen Ansatz wählt Mirow, der jedoch den Betafaktor und nicht direkt den Risikozuschlag ermittelt. Vgl. *Mirow* (1994), S. 99.

Kriterien	günstig ⇔ ungünstig				
	1	2	3	4	5
Konjunkturabhängigkeit					
Empfindlichkeit gegenüber staatl. Eingriffen					
Nachfragewachstum					
Produktlebenszyklus					
Wettbewerbsverhalten der Konkurrenz					
Marktzutrittsschranken					
Sunk Costs (bei Investitionsausfall)					
Managementkompetenz					
Fähigkeiten der Arbeitnehmer					
Ergebnis					

Risikoprämie	0	1	2	3	4	5	6	7	8	9	10	11	12
Gesamtpunkte	10	11-13	14-16	17-19	20-22	23-25	26-28	29-31	32-34	35-37	38-40	41-43	44-50

Abbildung 57: Bestimmung der Risikoprämie nach Bühner

Quelle: *Bühner* (1993b), zitiert nach *Hardtmann* (1996), S.79.

Als ein ähnliches Verfahren zur Bestimmung der Risikoprämie schlägt ebenfalls Bühner die Entwicklung eines unternehmens- bzw. geschäftsbereichsspezifischen Risikoprofils vor:[551]

---

[551] Vgl. *Bühner* (1994), S. 28. Jedoch macht Bühner nicht deutlich, wie die Transformation der Ergebnisse in Risikoprämien erfolgen soll. Je nach Risikograd ergeben sich Werte von 0,7 (geringes Risiko) bis 1,5 (hohes Risiko), deren Mittelwert den synthetischen Betafaktor ergibt.

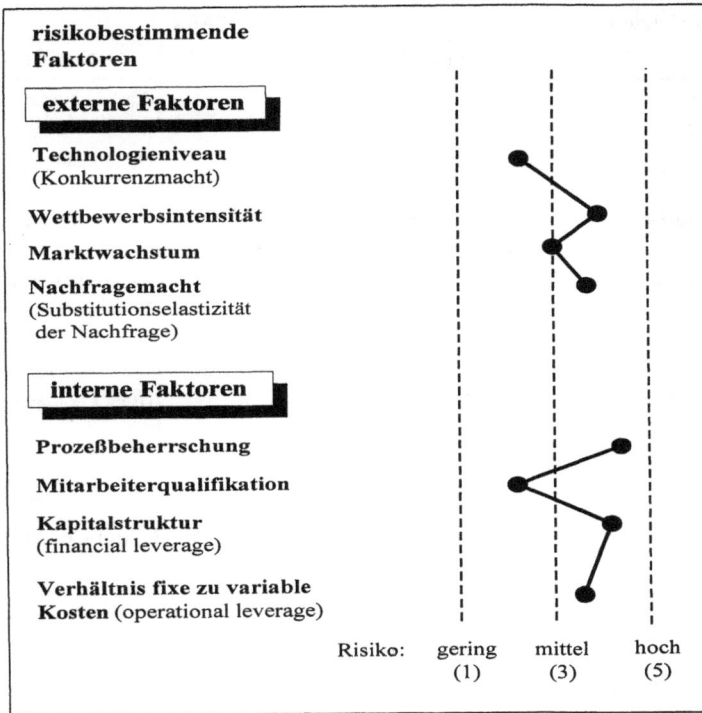

```
risikobestimmende
Faktoren

┌────────────────────┐
│ externe Faktoren   │
└────────────────────┘

Technologieniveau
(Konkurrenzmacht)

Wettbewerbsintensität

Marktwachstum

Nachfragemacht
(Substitutionselastizität
der Nachfrage)

┌────────────────────┐
│ interne Faktoren   │
└────────────────────┘

Prozeßbeherrschung

Mitarbeiterqualifikation

Kapitalstruktur
(financial leverage)

Verhältnis fixe zu variable
Kosten (operational leverage)

                    Risiko:   gering    mittel   hoch
                               (1)       (3)      (5)
```

Abbildung 58:   Risikoprofil von Bühner

Quelle: *Bühner* (1994), S. 28.

Ein weiteres qualitatives Verfahren ist von der Boston Consulting Group entwickelt und veröffentlicht worden. Basierend auf dem Eigenkapitalkostensatz des Gesamtunternehmens werden für die einzelnen Unternehmensbereiche Zu- bzw. Abschläge ermittelt.[552] Das Risiko einer Geschäftseinheit wird anhand der Planungssicherheit der Cash-flows bestimmt. Es werden die sechs gleichgewichteten Kriterien Kontrolle, Markt, Wettbewerber, Produkte, Markteintrittsbarrieren und Kostenstruktur auf der Grundlage eines Scoringverfahrens bewertet und das arithmetische Mittel hieraus gebildet.

---

[552] Zur Anpassung der Kapitalkosten an das Geschäftsrisiko eines Unternehmensbereiches anhand qualitativer Faktoren gemäß der Boston Consulting Group, vgl. *Lewis* (1994), S. 85-87.

215

Kriterien	Ausprägung						
	Geringes Risiko	1	2	3	4	5	Hohes Risiko
Kontrolle	Geringe externe Renditeeinflüsse						Starke externe Renditeeinflüsse
Markt	Stabil, ohne Zyklen						Dynamisch, zyklisch
Wettbewerber	Wenige, konstante Marktanteile						Viele, variable Marktanteile
Produkte/Konzepte	Langer Lebenszyklus, nicht substituierbar						Kurzer Lebenszyklus, substituierbar
Markteintrittsbarrieren	Hoch						Niedrig
Kostenstruktur	Geringe Fixkosten						Hohe Fixkosten
Durchschnitt							

Abbildung 59: Bestimmung der Risikoprämien durch die Boston Consulting Group

Quelle: *Lewis* (1994), S. 86.

5.3.4.2 Bewertung der qualitativen Verfahren

Die wesentlichen Vorteile einer qualitativen Analyse liegen in der einfacheren Handhabung und Transparenz sowie der – bei Einbeziehung des Bereichsmanagements in die Bewertung – höheren Akzeptanz. Dem stehen einige grundsätzliche Einwände zur Anwendung qualitativer Verfahren im Rahmen der wertorientierten Geschäftsbereichssteuerung gegenüber.

Bei der Anwendung qualitativer Verfahren ergeben sich eine Reihe von Schwierigkeiten, insbesondere bei der Spezifizierung und Gewichtung der Kriterien. Ebenfalls dürfen sich die Kriterien nicht gegenseitig beeinflussen und müssen somit unabhängig voneinander sein. Die vorgestellten Konzepte belegen recht deutlich, daß eine Vielzahl möglicher Kriterien zur Ermittlung des Risikos denkbar ist. Die Auswahl der Einflußfaktoren erfolgt in den vorgestellten Ansätzen eher willkürlich, auch liegen bisher zu allen drei vorgestellten Verfahren noch keine Veröffentlichungen über Erfahrungen in der Praxis vor. Insoweit sind keine Aussagen zu ihrer empirischen Signifikanz zu treffen. Darüber hinaus ist es notwendig, die Kriterien an die Gegebenheiten der Branche, in der das Unternehmen bzw. der Geschäftsbereich tätig ist, anzupassen. Zur Ermittlung des Risikos einzelner Kreditinstitute und ihrer Geschäftsbereiche sind die auf Industrieunternehmen ausgerichteten Kriterien entsprechend zu modifizieren. Von besonderer Bedeutung dürften in der Kreditwirtschaft Kriterien zur Reagibilität auf Zinsschwankungen sein. Bei der Beurteilung von Handelsbereichen sollte auch die Empfindlichkeit gegenüber Währungs- und Aktien- bzw. Rentenmarktschwankungen einbezogen werden. Weniger aussagefähig sind, aufgrund der Besonderheiten der Bankleistung, Kriterien zum Produkt/Produktlebenszyklus und der Substitutionselastizität sowie, infolge der spezifischen Wettbewerbssituation und der weitgehend gesättigten Märkte insbesondere im Kreditgeschäft, die Bewertungspunkte Markteintrittsbarrieren und Marktwachstum. Bei Kreditinstituten, die im gleichen Marktsegment tätig sind und i.d.R. über eine sehr ähnliche Finanzierungsstruktur verfügen, kann auf das Kriterium Verschuldungsgrad verzichtet werden.[553]

Kritisch ist weiterhin gegen qualitative Verfahren einzuwenden, daß die Ermittlung der Risikozuschläge meist recht pauschal erfolgt und objektiv nur schwer nachvollziehbar ist. Um einen höheren Grad an Objektivität zu erreichen, ist es notwendig, die einzelnen qualitativen Kriterien quantitativ zu unterlegen. Hierzu können Kennziffern und Marktanalysen verwendet werden. Neben der Einordnung der einzelnen Geschäftsbereiche in das Kriterienraster stellt die Auswahl der Beurteiler mit das größte Problem dar. Hierbei wird es sich in erster Linie um das Bereichsmanagement selbst handeln, da dieses die notwendige Unternehmens- und Marktkenntnis besitzt. Grundsätzlich sind aber auch externe Beurteiler, die über langjährige Erfahrung in dem Marktsegment verfügen, geeignet. Schwierigkeiten treten darüber hinaus auch bei der Umrechnung der Ergebnisse in Risikozu- und -abschläge sowie der Festlegung eines Basiswertes auf. Die von Bühner zur Umrechnung von Punktwerten in Risikoprämien vorgestellte Vergleichsskala ist keineswegs empirisch fundiert. Ebenfalls bleibt unklar, inwieweit der Betafaktor bzw. die Rendite des Gesamtmarktes oder der einzelnen Branche verwendet werden soll.

Grundlegender Kritikpunkt ist jedoch, daß es vor dem Hintergrund der geforderten eigentümerorientierten Unternehmenspolitik grundsätzlich nicht auf die subjektive Risikoeinschätzung der Führungskräfte des Unternehmens oder externer Beurteiler ankommt. Entscheidend ist vielmehr die Risikobeurteilung durch den Kapitalmarkt und die hieraus abzuleitende Renditeforderung. Eine Trennung in systematisches und unsystematisches Risiko findet daher bei einer qualitativen Analyse nicht statt und wird in der Praxis auch nicht möglich sein.

---

[553] Bestehen deutlichere Abweichungen bei der Eigenkapitalquote zum Durchschnitt der Konkurrenten bzw. der Branche, so sollten aufgrund des damit verbundenen Leverage-Effektes entsprechende Risikozu- bzw. -abschläge vorgenommen werden.

Die Risikoanpassung anhand qualitativer Kriterien weist eine Reihe von Parallelen zu der vorher vorgestellten fundamentalen Bestimmung des systematischen Risikos einzelner Geschäftsbereiche von Kreditinstituten auf. Während der Ermittlung fundamentaler Betafaktoren umfangreiche statistische Analysen zur Bestimmung der Risikofaktoren und der instituts- bzw. geschäftsbereichsspezifischen Sensitivitäten vorausgehen, erfolgt die Auswahl und Gewichtung der einzelnen qualitativen Kriterien weitgehend willkürlich. Aufgrund der aufgezeigten generellen Mängel sind qualitative Verfahren für die Bestimmung risikoadjustierter Eigenkapitalkostensätze von Geschäftsbereichen und Tochterunternehmen von Kreditinstitute auch dann nicht geeignet, wenn die Beurteilungskriterien an die spezifische Branchensituation angepaßt werden.

5.3.5 Weitere in der Literatur und Praxis diskutierte Verfahren

Neben den bereits erläuterten Ansätzen werden noch weitere Methoden zur Bestimmung des systematischen Risikos und der Eigenkapitalkosten von Geschäftsbereichen in der Literatur diskutiert. Nachfolgend sollen fünf Verfahren vorgestellt und bewertet werden.

5.3.5.1 Auswahl von Vergleichsunternehmen mit ähnlichen Cash-flow-Schwankungen

Eine Verbindung zwischen dem systematischen Risiko und den Cash-flow-Veränderungen eines Geschäftsbereichs sehen ebenfalls Krueger/Linke. Jedoch unterscheidet sich ihr als „Spanning Approach" bezeichnetes Vorgehen deutlich von den bisher vorgestellten Analyseverfahren zur Bestimmung geschäftsbereichsspezifischer Eigenkapitalkostensätze von Kreditinstituten.[554]

Im Rahmen dieses Ansatzes gilt es zunächst, ein Portfolio aus beliebigen börsennotierten Unternehmen zu konstruieren, deren Cash-flow-Schwankungen dem des betrachteten Geschäftsbereichs des Kreditinstitutes entsprechen. Es wird unterstellt, daß das Vergleichsportfolio aufgrund ähnlicher Cash-flow-Schwankungen das gleiche systematische Risiko wie der Geschäftsbereich besitzt und daß die ermittelte Portfoliorendite mit dem Eigenkapitalkostensatz der betrachteten Unternehmenseinheit annähernd übereinstimmt.[555]

Der wesentliche Vorteil des Verfahrens liegt darin, daß zur Bestimmung des Kapitalkostensatzes des Geschäftsbereichs des Kreditinstitutes keine Vergleichsunternehmen aus der Branche benötigt werden. Es reicht aus, börsennotierte Gesellschaften auszuwählen, die über ähnliche Cash-flow-Volatilitäten verfügen. Die Umsetzung des Ansatzes ist jedoch aufwendig und bedingt umfangreiche Datenerhebungen und komplexe Analysen. Empirische Untersuchungen können die Gültigkeit des Ansatzes bisher noch nicht eindeutig bestätigen.[556]

---

[554] Vgl. *Krueger/Linke* (1994).

[555] Vgl. *Krueger/Linke* (1994), S. 64, *DeBono* (1997), S. 41.

[556] Vgl. *DeBono* (1997), S. 41. Krueger/Linke kommen bei ihrer Untersuchung zu einer positiven Einschätzung, vgl. *Krueger/Linke* (1994), S. 69.

5.3.5.2 Verwendung unternehmensbezogener Volatilitäten

Als weiteres Verfahren zur Bestimmung risikoadjustierter Eigenkapitalkosten wird die Verwendung von institutsbezogenen Volatilitäten vorgeschlagen. Im Unterschied zu buchhalterischen Betas werden die Schwankungen einzelner Erfolgsgrößen der Unternehmenseinheiten nicht im Verhältnis zur Entwicklung auf dem Gesamtmarkt, sondern zum betreffenden Kreditinstitut untersucht und hieraus das geschäftsbereichs- spezifische Risiko bestimmt.

Ein auf den Schwankungen des Teilbetriebsergebnisses basierendes Verfahren haben Adolf/Cramer/Ollmann vorgestellt.[557] Sie ermitteln keine Betafaktoren, sondern be- rechnen für jeden einzelnen Geschäftsbereich direkt den individuellen Risikozuschlag zum risikolosen Zinssatz. Die Grundannahme des Verfahrens ist, daß die Eigenkapi- talkosten der Gesamtbank dem gewichteten Durchschnitt der Eigenkapitalkosten sämtlicher Geschäftsbereiche entspricht.

Das Risiko eines einzelnen Geschäftsbereichs ergibt sich als Standardabweichung der historischen Teilbetriebsergebnisse der einzelnen Geschäftsbereiche. Das Teilbe- triebsergebnis bestimmt sich aus den Konditionsbeiträgen zuzüglich dem Provisions- ergebnis abzüglich den Betriebskosten. Adolf/Cramer/Ollmann nehmen jedoch eine Bereinigung um Änderungen des Teilbetriebsergebnisses (TBE) vor, die durch trend- mäßige Volumensteigerungen verursacht werden. Diese stellen kein Risiko für Adolf/Cramer/Ollmann dar, da in der Volatilität nur unerwartete Schwankungen und damit Abweichungen vom Trend berücksichtigt werden sollen. Unter Verwendung der durchschnittlichen Wachstumsrate des Geschäftsvolumens (DWG) ergibt sich ein korrigiertes Teilbetriebsergebnis (kTBE):

$$kTBE_t = TBE_t - TBE_t \bullet \left[(1 + DWG)^{t-1} - 1 \right].$$

Auf Basis dieses korrigierten Teilbetriebsergebnisses wird für jeden Geschäftsbereich die Standardabweichung berechnet. Anhand eines Gleichungssystems läßt sich nun der Risikozuschlag für die einzelne Unternehmenseinheit des Kreditinstitutes be- stimmen:[558]

$$\frac{\text{Gesamtbank TBE}}{1 + r_f + RP_{GB}} = \sum_{i=1}^{n} \frac{TBEGB_i}{1 + r_f + RP_i}$$

$$\text{wobei gilt: } \frac{STD_i}{STD_j} = \frac{RP_i}{RP_j}$$

---

[557] Vgl. *Adolf/Cramer/Ollmann* (1989b), S. 552ff.

[558] Vgl. *Adolf/Cramer/Ollmann* (1989b), S. 553. Darstellung der Formeln in Anlehnung an *Strutz* (1993), S. 93.

RP_{GB}	=	Risikoprämie der Gesamtbank,
$TBEGB_i$	=	Teilbetriebsergebnis des Geschäftsbereichs i,
RP_i	=	Risikoprämie des Geschäftsbereichs i,
STD_i	=	Standardabweichung des korrigierten Teilbetriebs-ergebnisses des Geschäftsbereichs i,
n	=	Anzahl der Geschäftsbereiche.

Die Eigenkapitalkosten jedes Geschäftsbereichs ergeben sich dann anhand der Addition der risikolosen Sockelrate mit der errechneten Risikoprämie der Unternehmenseinheit.

Anstelle des Teilbetriebsergebnisses können auch andere Erfolgsgrößen verwendet werden. So bestimmt Rüsberg im Rahmen seines Banken-Ratings das Risiko eines Kreditinstitutes anhand der Schwankungen der Umsatzrentabilität im Zeitablauf.[559] Das Risiko eines Geschäftsbereiches läßt sich berechnen, indem die Umsatzrentabilität der einzelnen Unternehmenseinheiten mit der Gesamtbankentwicklung verglichen wird. Alternativ ist es auch möglich, die geschäftsbereichsspezifischen Eigenkapitalkosten auf der Grundlage der Schwankungen der Free Cash-flows der einzelnen Unternehmenseinheiten des Kreditinstitutes im Verhältnis zum Gesamtunternehmen zu bestimmen.[560] Hierbei tritt an die Stelle eines allgemeinen Marktportfolios das Geschäftsportefeuille des Kreditinstitutes. Die risikoadjustierten Eigenkapitalkostensätze werden somit anhand des Beitrags der einzelnen Geschäftsbereiche zur Senkung des Gesamtrisikos des Kreditinstitutes ermittelt.

Wie bei der Bestimmung von buchhalterischen Betawerten dürfte die Bereitstellung ausreichend langer und aussagefähiger Datenreihen für die einzelnen Geschäftsbereiche in der Praxis häufig Probleme bereiten.[561] Darüber hinaus sollten Free Cash-flows anstelle von buchhalterischen Gewinngrößen verwendet werden, da diese nur eine ungenaue Erfolgsgröße darstellen und im aussagefähigeren Free Cash-flow enthalten sind.[562] Ein grundlegender Mangel liegt darin, daß die Standardabweichung gegenüber der Gesamtbank und nicht dem Marktportefeuille berechnet wird. Dies entspricht zwar der Sichtweise des Managements, das eine Risikooptimierung auf Basis

---

[559] Vgl. *Rüsberg* (1992), S. 186. Rüsberg verwendet in seinem Banken-Rating die Kriterien Rendite, Risiko und Wachstum. Hierbei ermittelt er das Risiko eines Kreditinstitutes anhand der Standardabweichung der Umsatzrentabilitäten.

[560] Vgl. *Strutz* (1993), S. 92f., *Kirsten* (1995), S. 675. Kirsten spricht nur von Cash-flows, ohne ihre Zusammensetzung näher zu spezifizieren.

[561] Durch veränderte Organisationsstrukturen sowie Unternehmenskäufe oder -verkäufe ist eine Vergleichbarkeit der Daten häufig nicht gewährleistet.

[562] Vgl. *Strutz* (1993), S. 92f.

der bestehenden Geschäftsbereiche vornimmt. Da jedoch in der Regel kein diversifiziertes Portfolio vorliegt und die Marktmechanismen fehlen, ergeben sich keine Gleichgewichtspreise.[563] Die ermittelten Risikoprämien lassen sich daher nicht theoretisch fundieren. Darüber hinaus beinhalten diese auch unsystematische Risikobestandteile. Investoren betrachten jedoch nur das systematische Risiko einer Anlage, da sie durch Portefeuillebildung das unsystematische Risiko wegdiversifizieren können.[564] Da die Bewertung des Kapitalmarktes und damit die Diversifizierungsmöglichkeiten der Bankeigentümer unberücksichtigt bleiben, führt dieser Ansatz zu nicht marktgerechten Risikoprämien und damit zu falschen Steuerungssignalen.

Sinnvollerweise sollten deshalb die Schwankungen des Free Cash-flow der einzelnen Geschäftsbereiche im Verhältnis zu der aggregierten Cash-flow-Entwicklung sämtlicher Kreditinstitute betrachtet werden.

5.3.5.3 Differenzierung der Eigenkapitalkosten von Geschäftsbereichen auf der Grundlage von Rating-Verfahren

Größere Kreditinstitute werden regelmäßig von internationalen Rating-Agenturen bewertet. Von besonderer Bedeutung ist das Rating für die Kosten der Refinanzierung und damit die Höhe des Fremdkapitalkostensatzes. Jedoch besitzt das Rating und seine Veränderung auch Einfluß auf die Börsenbewertung eines Unternehmens. So hat beispielsweise im Herbst 2000 die Einstufung einer Anleihe von Kamps als spekualtives Investment sowie die Herabstufung des Ratings der Deutschen Telekom zu - zumindest kurzfristigen - Kurssenkungen der betreffenden Aktien geführt. Eine Heraufstufung wirkt sich demgegenüber tendenziell positiv auf den Aktienkurs eines Unternehmens aus, da sich die Fremdfinanzierungskosten reduzieren und damit der Free Cash-flow an die Eigentümer steigt. Vielfach führt bereits der Hinweis auf eine anstehende Überprüfung des Ratings, das betreffende Unternehmen wird hierfür von der Rating-Agentur auf die sog. Watch-list gesetzt, zu Kursbewegungen nicht nur bei den Anleihen, sondern auch bei den Aktien der Gesellschaft. Aufgrund ihrer Finanzierungsstruktur wirken sich Ratingveränderungen im besonderen Maße auf die Höhe der Kapitalkosten von Kreditinstituten aus. Entsprechend empfindlich reagieren die Kurse börsennotierte Aktienbanken auf Ratingveränderungen.

---

[563] Das Portfolio einer Universalbank stellt noch kein vollständig diversifiziertes Marktportefeuille dar. Hierfür reicht es nicht aus, daß lediglich verschiedene Anlagen vorgenommen werden, sondern daß diese auch mit dem entsprechenden Gewicht ins Portefeuille eingehen. Würde das Bankportfolio dem Marktportefeuille entsprechen, so wäre der Betafaktor des Kreditinstitutes gleich 1. In der Praxis weicht der Betafaktor jedoch auch bei den vier deutschen Großbanken deutlich von 1 ab. Vgl. hierzu Abschnitt 5.3.3.2.

[564] Zur Kritik an dem Vorgehen vgl. *Hupe/Ritter* (1997), S. 598.

Neben externen Ratings nehmen Kreditinstitute im Rahmen ihrer Kreditwürdigkeitsprüfung eigene Bewertungen, sogenannte interne Ratings, von Konkurrenzunternehmen vor, mit denen sie in Geschäftsbeziehung stehen. Nachfolgend soll daher untersucht werden, inwieweit eine Differenzierung der Eigenkapitalkostensätze der einzelnen Unternehmensbereiche eines Kreditinstitutes auf der Basis von veröffentlichten Ratings bzw. internen Risikoklassifizierungen erfolgen kann.

Ratingagenturen nehmen regelmäßig die Bewertung einzelner Unternehmen, Anleiheemissionen sowie Länder vor.[565] Die hierfür entwickelten Rating-Verfahren dienen der Klassifikation des Ausfallrisikos von Finanztiteln und deren Emittenten. Hierbei werden sowohl qualitative als auch quantitative Maßstäbe bei der Beurteilung verwendet. Die einzelnen Untersuchungsobjekte werden entsprechend ihrem Ausfallrisiko in verschiedene Risikoklassen eingestuft (z. B. bei Standard & Poor's und Fitch IBCA von AAA bis C und Moody's von Aaa bis Ca).[566] Kriterien für die Bonitätseinstufung bilden u. a. die zukünftige Ertragskraft, die Branchenzugehörigkeit, aber auch anleihespezifische Faktoren wie die Besicherung und die Ausgestaltung der Anleihebedingungen. Hierbei werden neben veröffentlichten Informationen zumeist auch unternehmensinterne Daten verwendet.

Die Bestimmung der geschäftsbereichsspezifischen Ratings kann sowohl direkt als auch indirekt erfolgen. Während bei den von Ratingagenturen beurteilten Tochterunternehmen das Rating direkt vorliegt, können bei nicht gerateten Geschäftsbereichen des Kreditinstitutes die Ratings von Vergleichsunternehmen herangezogen werden.

Zwar ist es grundsätzlich möglich, die Ratingergebnisse zur Bestimmung der risikoadjustierten Eigenkapitalkostensätze zu verwenden, jedoch ist dies mit einer Vielzahl von Schwierigkeiten und einigen methodischen Mängeln verbunden. Da nur eine ordinale Messung vorgenommen wird, eignet sich ein Rating nicht zur direkten Bestimmung der Eigenkapitalkosten von Geschäftsbereichen. Die entsprechenden Bonitätseinstufungen müssen hierfür in kardinale Risikogrößen transformiert werden. Die einzelnen Risikozuschläge können anhand der auf den Rentenmärkten bestehenden Renditedifferenzen für Anleihen mit unterschiedlichen Ratings bestimmt werden. Da sich der Risikospread im Konjunkturverlauf verändert, sollte ein langjähriger Durchschnitt verwendet werden. Werden von den Agenturen nicht die Unternehmen bewertet, sondern einzelne Emissionen, so können die Ratings je nach Ausgestaltung und Laufzeit der Anleihen z. T. deutlich voneinander abweichen. Problematisch ist es darüber hinaus, daß ein Rating zumeist auf Antrag des Emittenten erfolgt. Vielfach

---

[565] Von internationaler Bedeutung sind insbesondere die New Yorker Ratingagenturen Standard & Poor's und Moody's sowie die Londoner Fitch IBCA.

[566] Auf die Methodik der Ratingerstellung kann hier nicht eingegangen werden. Es sei daher auf die Literatur verwiesen, vgl. u. a. *Everling* (1991), *Süchting* (1995), S. 448-452.

wird aber auch auf ein Rating verzichtet, so daß keine Beurteilungsinformationen über diese Unternehmen vorliegen. Weil die Kapitalmärkte i. d. R. nur von größeren Kreditinstituten zur Aufnahme von Fremdkapital genutzt werden, verfügen bei Standard & Poor's von den ca. 3.000 deutschen Kreditinstituten nur 32 über eine Ratingbewertung (Stand: 1.9.2000).[567] Hierbei handelt es sich insbesondere um Großbanken, Landesbanken und Hypothekenbanken. Nachfolgend eine Übersicht der von Standard & Poor's vorgenommenen Ratings deutscher Kreditinstitute:

Rating	Kreditinstitut
AAA	Bayerische Landesbank
	Deutsche Ausgleichsbank
	Kreditanstalt für Wiederaufbau
	Landesbank Baden-Württemberg
	Landesbank Hessen-Thüringen
	Landeskreditbank Baden-Württemberg
	Landwirtschaftliche Rentenbank
AA +	Landesbank Rheinland-Pfalz
	Landesbank Sachsen
	Westdeutsche Landesbank
AA	Deutsche Bank
	DGZ Deka Bank
	Eurohypo
AA -	Commerzbank
	Dresdner Bank
	Hypothekenbank in Essen
	Rheinische Hypothekenbank
A +	Bayerische Handelsbank
	Bayerische Hypo- und Vereinsbank
	SGZ Bank
	Süddeutsche Bodencreditbank
	Westfälische Hypothekenbank
	Württembergische Hypothekenbank
A	Deutsche Apotheker- und Ärztebank
	Deutsche Genossenschafts-Hypothekenbank
A -	Allgemeine Hypothekenbank
	Deutsche Verkehrsbank

Abbildung 60: Rating deutscher Kreditinstitute durch Standard & Poor's

Quelle: Im Internet veröffentlichte Ratingliste von Standard & Poor's, Stand:1.9.2000.

---

[567] Insgesamt werden von Standard & Poor's lediglich 91 deutsche Unternehmen bewertet. Eine Übersicht findet sich unter: www.standardpoors.com.
Für die Landesbank Schleswig-Holstein und die Norddeutsche Landesbank liegen lediglich sogenannte Short Term Ratings vor.

Somit wird nur ein Bruchteil der deutschen Kreditinstitute von den Ratingagenturen bewertet. Da bei der Beurteilung auch Haftungszusagen der Eigentümer mitberücksichtigt werden, spiegelt das Rating der öffentlich-rechtlichen Institute nicht die Risikosituation des Instituts wieder, sondern die Bonität der Gewährträger.[568] Gleiches gilt für die Mehrzahl der Hypothekenbanken, da hier die Muttergesellschaften eine Patronatserklärung für ihre Töchter übernommen haben. Angesichts der geringfügigen Unterschiede in der Bewertung der Kreditinstitute, so reicht die Spanne lediglich von AAA bis A-, ergeben sich nur sehr geringe Renditespreads.

Aufgrund der nur sehr geringen Zahl von beurteilten deutschen Kreditinstitute, dem engen Ratingbereich und der häufig durch die Eigentümerstruktur nicht gegebenen Stand-alone-Beurteilung, lassen sich auf der Grundlage der veröffentlichten Ratings deutscher Kreditinstitute keine, dem systematischen Risiko der inländischen Geschäftsbereiche und Tochterunternehmen entsprechenden, Eigenkapitalkostensätze ermitteln.

Eine Alternative zu externen Ratings bilden interne Klassifizierungen. Da die Kreditinstitute u. a. über den Interbankenhandel in enger Geschäftsbeziehung zueinander stehen, liegt für eine Vielzahl von nationalen und internationalen Instituten interne Risikobeurteilungen vor. Diese erfolgen wie bei Nichtbanken vor der Einräumung einer Kreditlinie bzw. der Einrichtung eines Kontrahentenlimits im Geldhandel. Für die Bonitätsanalyse können die verschiedensten quantitativen und qualitativen Informationsquellen herangezogen werden, wie z. B. der veröffentlichte Jahresabschluß, die Renditespreads an den Kapitalmärkten, Markt- und Wettbewerbsanalysen. Das interne bietet gegenüber dem externen Rating den Vorteil, daß die Beurteilungskriterien und ihre Gewichtung vom Kreditinstitut selbst festgelegt werden, wohingegen die Ratingagenturen ihre Bonitätskriterien nicht offen legen. Anhand der im Kreditinstitut vorgenommenen Klassifizierung von Vergleichsunternehmen könnten dann die Renditeforderungen an die einzelnen Geschäftsbereiche bestimmt werden.

Die Verwendung interner Ratings zur Bestimmung geschäftsbereichsspezifischer Eigenkapitalkosten stößt in der Praxis ebenfalls auf Schwierigkeiten. Auch bei internen Klassifizierungen besteht das Problem, eine Differenzierung der Renditeforderungen anhand der einzelnen Risikoklassen vorzunehmen. Die in der Praxis von den Kreditinstituten verwendeten Klassifizierungssysteme verfügen zumeist nur über fünf bis sechs verschiedene Risikoklassen, wohingegen z. B. Standard & Poor's 27 Ratingstufen (AAA bis D sowie + und -) verwendet. Darüber hinaus ist es wie bei externen Ratings notwendig, die einzelnen Klassifizierungen in Rating-spezifische Risikoprä-

---

[568] Moody's nimmt daher ergänzend ein Bank Financial Strength Rating vor, das Eigentumsverhältnisse und Haftungszusagen nicht berücksichtigt.

mien zu überführen. Während bei der Verwendung externer Ratings Risikozuschläge aus dem am Markt beobachtbaren Renditespreads abgeleitet werden können, ist dies für institutsspezifische Ratings nicht ohne weiteres möglich. Es ist daherr notwendig, die internen Ratingsklassifizierungen in am Geld- und Kapitalmarkt gängige externe Ratings zurück zu transformieren.

Unabhängig davon, ob ein internes oder externes Rating verwendet wird, verbleibt ein grundlegendes Problem in der unterschiedlichen Definition des Risikos durch Eigenkapital- und Fremdkapitalgeber. Beide Gruppen verfügen über ein voneinander abweichendes Verlust- und Gewinnprofil. So werden die Eigenkapitalgeber im Falle eines Konkurses erst nach den Fremdkapitalgebern befriedigt. Da sie aber auch an Wertsteigerungen des Unternehmens partizipieren, ist ihre Gewinnchance nicht nur auf die Höhe der Zinszahlungen beschränkt. Ratingagenturen und Kreditinstitute nehmen ihre Bewertungen aber primär unter dem Gesichtspunkt des Ausfall- bzw. Bonitätsrisikos vor. Private und institutionelle Aktienanleger berücksichtigen bei ihren Renditeforderungen insbesondere Kriterien wie Innovationskraft, Wachstumschancen und Wettbewerbsposition. Des weiteren beziehen sie gesamtwirtschaftliche Größen wie Zins- und Währungsrisiken und Inflationserwartungen in die Analyse mit ein. Von besonderer Bedeutung sind für Aktienanleger auch Portfolioeffekte und somit lediglich das systematische Risiko einer Anlage.

Obwohl zwischen dem Rating eines Unternehmens und seiner Bewertung an der Börse und damit der Höhe der Eigenkapitalkosten ein empirischer Zusammenhang besteht, ist aufgrund der aufgezeigten praktischen Probleme und methodischen Defizite die Bestimmung des systematischen Risikos und der Eigenkapitalkosten von Geschäftsbereichen von Kreditinstituten auf der Basis von Ratings wenig sinnvoll. Allenfalls kann ein Vergleich der Ratings verschiedener Kreditinstitute zur Überprüfung der Plausibilität der Ergebnisse anderer Ermittlungsmethoden dienen.[569]

5.3.5.4 Direkte Befragung der Kapitalanleger

Als weitere Möglichkeit zur Ermittlung der von den Investoren geforderten Rendite und damit der Kapitalkosten des Kreditinstitutes und seiner Geschäftsbereiche wird von Albrecht die Befragung von Anlegern angeregt.[570] Diese sollen über ihre Renditeerwartungen bezüglich einzelner Aktienanlagen Auskunft geben.

Dieses Vorgehen ist jedoch sehr kritisch zu sehen. Zielsetzung ist die Bestimmung des systematischen Risikos einer Anlage. In der Regel werden Privatanleger jedoch

---

[569] Vgl. *Günther* (1997), S. 187.

[570] Vgl. *Albrecht* (1997), S. 577f.

das Gesamtrisiko einer Aktie bewerten und somit Portfolioeffekte vernachlässigen. Schwierigkeiten dürfte ebenfalls die Durchführung der Befragung verursachen. So ist eine Vielzahl von Personen und Institutionen auszuwählen und zu ihrer Risikoeinschätzung und Renditeerwartung zu befragen. Neben Problemen bei der Datenerhebung besteht die Gefahr, daß auf der Basis der positiven Kursentwicklung der letzten Jahre von den Anlegern unrealistisch hohe Renditeforderungen erhoben werden.

Die direkte Befragung der Anleger ist daher sowohl aus methodischen Gründen als auch praktischen Erwägungen abzulehnen.

5.3.5.5 Bestimmung potentialorientierter Renditen

Ein qualitatives Verfahren zur Festlegung der Renditeforderungen an die einzelnen Unternehmensbereiche wurde von Mannesmann entwickelt.[571] Basis für die Bestimmung der zu erzielenden Renditen ist im Rahmen des Wertmanagement-Ansatzes von Mannesmann eine Potentialanalyse der einzelnen Geschäftseinheiten im Konzern. Die Höhe der Zielrenditen bestimmt sich nicht aus dem Kapitalmarkt, sondern den Absatzmärkten und der Konkurrenzumgebung. Die potentialorientierten Zielrenditen werden individuell für jeden Unternehmensbereich ermittelt, unter Berücksichtigung der jeweiligen Markt- und Wettbewerbsposition. Kriterien sind hierbei u. a. der Marktanteil, das Marktvolumen, das Wachstum des betreffenden Marktes sowie relative Produkt- und Servicequalitäten.[572] Berücksichtigung finden auch die jeweiligen Unternehmens- und Kostenstrukturen, welche sich in Wertschöpfungsquoten, Anlage- und Kostenintensitäten oder auch Kapazitätsauslastungen widerspiegeln. Die notwendigen Daten bezieht Mannesmann u. a. aus Wettbewerbs- und Mankoanalysen.[573] Da es sich um eine Durchschnittsbetrachtung über einen gesamten Konjunkturzyklus handelt, werden kurzfristige konjunkturelle Schwankungen nicht berücksichtigt.

Die Ermittlung potentialorientierter Zielrenditen ist grundsätzlich auch bei Kreditinstituten möglich, jedoch widerspricht ein solches Vorgehen den Prinzipien einer wertorientierten Unternehmenssteuerung, in deren Mittelpunkt ja gerade die Rendite-

---

[571] Vgl. zum Ansatz potentialorientierter Renditen *Esser* (2000), S. 179f. Die Veröffentlichung Essers bezieht sich auf die Situation vor der Übernahme von Mannesmann durch Vodafone im März 2000. Inwieweit der Ansatz auch nach der Übernahme Anwendung findet entzieht sich der Kenntnis des Autors.

[572] Jedoch werden diese Kriterien nicht näher operationalisiert.

[573] Erreicht ein Geschäftsbereich die gesteckten Ziele nicht, so wird eine Mankoanalyse betrieben. Mit ihr sollen die Ursachen für die Zielabweichung ergründet sowie verbessernde Aktionen, sogenannte Mankomaßnahmen, festgelegt und zeitlich fixiert werden. Vgl. hierzu *Esser* (2000), S. 182.

forderungen der Eigentümer stehen. Mannesmann begründet ein solches Vorgehen mit den Schwierigkeiten, die bei der Bestimmung aus dem Kapitalmarkt abgeleiteter Renditen bestehen. Die Ermittlung potentialorientierter Renditevorgaben für jede Geschäftseinheit eines Konzerns dürfte bei näherer Betrachtung nicht einfacher sein und darüber hinaus hohe Informations- und Abstimmungskosten verursachen. Hinzu kommt die höhere Subjektivität und damit auch die schwerere Kommunizierbarkeit und geringere Akzeptanz des Verfahrens.

Da die Bestimmung potentialorientierter Renditen mit einer Vielzahl von Problemen behaftet ist und einer kapitalmarktorientierten Unternehmenssteuerung grundsätzlich widerspricht, ist ein solches Vorgehen generell und damit auch für Kreditinstitute abzulehnen.

5.3.6 Zusammenfassung und Bewertung der vorgestellten Verfahren

Wie aufgezeigt, bestehen verschiedene Möglichkeiten zur Bestimmung des systematischen Risikos eines Geschäftsbereichs und entsprechender differenzierter Kapitalkostensätze. Die einzelnen Verfahren sind jedoch mit einer Reihe von Vor- und Nachteilen verbunden, so daß die generelle Empfehlung einer Methode nicht möglich ist. Es ist vielmehr einzelfallbezogen zu entscheiden, welches Verfahren für das eigene Kreditinstitut bzw. den betrachteten Geschäftsbereich am geeignetsten ist.

Die Vorteile von Analogieverfahren liegen insbesondere in der einfacheren Handhabung sowie der Möglichkeit, das Bereichsmanagement in die Risikobestimmung zu integrieren. Die Anwendbarkeit ist jedoch davon abhängig, ob von ausreichend vielen Unternehmen Marktdaten vorliegen und inwieweit sich Vergleichsunternehmen für einzelne Geschäftsbereiche finden lassen. Angesichts der geringen Zahl börsennotierter Finanzdienstleister in Deutschland bereitet die Auswahl geeigneter Gesellschaften Schwierigkeiten. Häufig sind diese ebenfalls breiter diversifiziert. Wie aufgezeigt wurde, lassen sich jedoch für größere Geschäftsbereiche und Tochterunternehmen auch in Deutschland vergleichbare börsennotierte Gesellschaften finden. Durch eine weitere Zunahme von Neuemissionen und eine fortschreitende Integration der nationalen Aktienmärkte in den Weltmarkt steigt die Zahl der möglichen Vergleichsunternehmen und damit steigen auch die Anwendungsmöglichkeiten des Analogieansatzes.

Treten bei der Auswahl von Vergleichsunternehmen Schwierigkeiten auf, bzw. werden die Konkurrenzunternehmen nicht oder erst kurz an der Börse notiert, so können Analyseansätze herangezogen werden, welche den Betafaktor anhand buchhalterischer oder fundamentaler Daten bestimmen. Erfolgt die Bestimmung der Betafaktoren der Geschäftsbereiche durch eine einzelne buchhalterische Größe, so ist dem Cash-flow aufgrund seines größeren Erklärungsgehaltes für die Marktbewertung an der Börse der Vorzug gegenüber dem Gewinn und den hieraus abgeleiteten Rentabilitäten zu geben. Wird nur eine Größe verwendet, so ist die Erhebung zwar grundsätzlich einfacher, jedoch auch mit größeren Unsicherheiten behaftet. Auf Mehrfaktormodelle aufbauende Verfahren können demgegenüber zu exakteren Ergebnissen führen, erfordern jedoch einen umfangreichen Analyseprozeß. Eine Risikoadjustierung der Eigenkapitalkosten anhand qualitativer Kriterien dürfte im Unternehmen auf die größte Akzeptanz stoßen, da das Bereichsmanagement in die Bewertung miteinbezogen wird. Kritisch sind jedoch die unzureichende Quantifizierbarkeit der eher qualitativ ausgerichteten Kriterien und die mangelnde Objektivität des Verfahrens zu sehen. Daher sind qualitative Analysen zur Risikoadjustierung grundsätzlich nicht geeignet.

Da die Risikobeurteilung der einzelnen Geschäftsbereiche aus der Perspektive der Eigenkapitalgeber und nicht des Kreditinstitutes erfolgen soll, ist bei allen Verfahren darauf zu achten, daß lediglich das systematische Risiko einer Anlage betrachtet wird. Dieses ist bei der Verwendung unternehmensbezogener Volatilitäten, bei Analyse- und Ratingverfahren sowie der direkten Befragung der Anleger nicht gegeben.

Ein Kriterium für die Auswahl der Ermittlungsmethode sollte die unternehmensinterne Zustimmung zu den einzelnen Methoden sein. Um eine breite Akzeptanz der Verfahren und ihrer Ergebnisse zu erzielen, ist es daher sinnvoll, die Risikoeinschätzung im Dialog der Unternehmensleitung mit allen Bereichsmanagern durchzuführen. Letztendlich ist es jedoch die Institutsleitung, welche die Festlegung der Zielrenditen vornimmt.

Aufgrund der mit den einzelnen Verfahren verbundenen Prognoseschwierigkeiten und -ungenauigkeiten ist eine Berechnung nach mehreren Methoden zu empfehlen, um so die Evidenz der ermittelten Werte überprüfen zu können.[574] Bei börsennotierten Konzernen kann eine Plausibilitätsprüfung auch durch den Vergleich des gewichteten Durchschnitts der Betafaktoren der Geschäftsbereiche mit dem zu beobachtenden Betafaktor des Gesamtunternehmens erfolgen.[575]

Daneben gilt es auch im Rahmen der wertorientierten Unternehmenssteuerung, das Prinzip der Wirtschaftlichkeit zu berücksichtigen. Es ist daher abzuwägen, inwieweit

---

[574] So auch *Arbeitskreis „Finanzierung"* (1996), S. 558.

[575] Vgl. *Freygang* (1993), S. 259. Das Wertadditivitätsprinzip besitzt jedoch nur in den Fällen Gültigkeit, in denen keine Synergien zwischen den Geschäftsbereichen bestehen. Vgl. *Herter* (1994), S. 103, *Hachmeister* (1995), S. 102-106, *Günther* (1997), S. 99.

aufwendigere Verfahren zur Ermittlung des systematischen Risikos von Geschäftsbereichen entsprechend präzisere Ergebnisse liefern und ob die höhere Genauigkeit erforderlich ist.

Ungenauigkeiten bei der Ermittlung der risikoadjustierten Eigenkapitalkosten lassen sich jedoch mit keinem Verfahren völlig vermeiden. Jedes Steuerungsinstrument unterliegt bis zu einem gewissen Grad subjektiven Einflüssen und Ungenauigkeiten bei der Bestimmung einzelner Bewertungsparameter. Da es im Rahmen der wertorientierten Unternehmenssteuerung jedoch weniger darum geht, einen exakten Unternehmenswert zu berechnen, sondern ein Vergleich verschiedener Handlungsalternativen erfolgt, sind geringe Ungenauigkeiten zu tolerieren.[576]

Die in den Unternehmen noch vorherrschende Praxis, auf eine Risikodifferenzierung zu verzichten oder kaum nachvollziehbare Risikozuschläge vorzunehmen, bildet - wie aufgezeigt - im Rahmen einer wertorientierten Unternehmenssteuerung von Kreditinstituten keine sinnvolle Alternative. Die unterschiedlichen Risiken der einzelnen Geschäftsbereiche werden hierbei nicht oder nur unzureichend berücksichtigt, wodurch es zu Fehlsteuerungen kommt. Darüber hinaus dürften anhand der Vorgaben des Kapitalmarktes abgeleitete Renditeforderungen und Steuerungsgrößen angesichts der Nähe der Produkte und Geschäftsbereiche eines Kreditinstitutes zum Kapitalmarkt eine weitaus größere Akzeptanz bei den Mitarbeitern erzielen. Bereits im Rahmen ihrer Tätigkeit sind das Management und die Mitarbeiter von Banken und Sparkassen täglich mit den Entwicklungen an den Wertpapiermärkten konfrontiert.

---

[576] Die Auswirkungen wesentlicher Parameterveränderungen können anhand einer ergänzenden Sensitivitätsanalyse abgeschätzt werden.

5.4 Besondere Stellung der Unternehmenszentrale, des Treasury-Bereichs sowie der Handelsabteilungen in Kreditinstituten

Aufgrund ihrer Bedeutung nehmen die Unternehmenszentrale und der Bereich Treasury sowie die Handelsabteilungen im Rahmen der wertorientierten Steuerung von Kreditinstituten eine besondere Stellung ein. Auf die Besonderheiten dieser Unternehmensteile sowie die sich hieraus ergebenden Konsequenzen für das Steuerungsinstrumentarium und die Ermittlung der Eigenkapitalkosten soll daher ausführlicher eingegangen werden.

5.4.1 Berücksichtigung der Unternehmenszentrale im Rahmen der wertorientierten Institutssteuerung

Die Unternehmenszentrale eines Kreditinstitutes erfüllt eine Vielzahl von Aufgaben. So übernimmt sie neben der Leitungsfunktion auch eine Reihe von Dienstleistungen für die einzelnen Geschäftsbereiche. Hierfür ist sie in verschiedene organisatorische Einheiten (Stabs- bzw. Zentralbereiche) untergliedert, wie Rechnungswesen, Steuern/Bilanzen, Organisation, Recht und Personal. Neben diesen primär verwaltenden Tätigkeiten obliegt der Unternehmenszentrale auch die Kommunikation nach innen (z. B. die Bereitstellung von Informationssystemen) und außen (konzernweites Marketing) sowie die Beratung der Geschäftseinheiten. Nachfolgend eine Aufstellung der wichtigsten Organisationseinheiten der Bankzentrale:[577]

- Beteiligungen
- Controlling
- Datenverarbeitung (EDV)
- interne Revision
- Konzernplanung
- Marketing und Kommunikation, Investor Relations
- Organisation
- Personal
- Rechnungswesen/Bilanzen
- Recht
- Risikomanagement
- Steuern
- Treasury
- Volkswirtschaft
- Vorstand und Vorstandssekretariat.

---

[577] Da eine Rangfolge der einzelnen Organisationseinheiten der Zentrale entsprechend ihrer Bedeutung nur schwer zu bestimmen ist, erfolgt die Auflistung in alphabetischer Reihenfolge.

Wie bereits angesprochen, werden die Geschäftsbereiche eines Kreditinstitutes so behandelt, als ob sie selbständig auf den Märkten agieren (Stand Alone-Prinzip). Daher sollte die Zentrale eine eigene Bewertungseinheit bilden. Den Auszahlungen der Zentrale ist der durch die Zusammenfassung unterschiedlicher Bereiche in einem Kreditinstitut generierte Nutzen gegenüber zu stellen. [578]

Auszahlungen der Zentrale	Bewertung	Nutzen der Zentrale	Bewertung
Kosten der unterstützenden Stabsabteilungen (Personal, Controlling etc.)	monetär	Steuervorteile (internationale Steueroptimierung, Verlustausgleich)	monetär
Grundstücks- und Einrichtungskosten	monetär	Größere Verschuldungskapazität und geringere Zinskosten	monetär
Personalkosten der Geschäftsleitung	monetär	unterstützende Leistungen für Marktbereiche	monetär
Konzernweites Marketing	monetär	Operative Synergien (economies of scale, cross selling)	monetär / nicht monetär
Konzernweite Beratung	monetär	Informationsvorteile	nicht monetär
Kommunikation (intern/extern)	monetär	Kommunikationsvorteile	nicht monetär
soziales Engagement	monetär	Planungsvorteile	nicht monetär
...		...	

Abbildung 61: Auszahlungen und Nutzen der Unternehmenszentrale

Quelle: In Anlehnung an *Günther* (1997), S. 103, *Copeland/Koller/Murrin* (1998), S. 340-344.

Den Unternehmenseinheiten sind nur die Kosten zuzurechnen, die entstünden, wenn sie ohne die Unterstützung und das Standing der Muttergesellschaft bzw. der übrigen Konzerneinheiten auftreten würden.[579] Dieses bedingt jedoch, daß die Vorteile, die für die Geschäftsbereiche durch den Verbund innerhalb eines Konzerns entstehen, nicht den einzelnen Einheiten, sondern der Zentrale des Kreditinstitutes zugerechnet werden. Dieses sind neben steuerlichen Vorteilen, z. B. durch die sofortige Verlustverrechnung im Konzern, insbesondere die Bereitstellung von Cross Selling-Potentialen sowie günstigere Finanzierungs- und Anlagemöglichkeiten durch höhere Vo-

---

[578] Eine Übersicht über die Kosten und den Nutzen der Zentrale geben *Copeland/Koller/Murrin* (1998), S. 339-344 und *Günther* (1997), S. 102-104.

[579] Vgl. *Arbeitskreis „Finanzierung"* (1996), S. 551, *Copeland/Koller/Murrin* (1998), S. 523f.

lumina und einem diversifikationsbedingt geringeren unsystematischen Risiko. Lassen sich die Auszahlungen der Zentrale verhältnismäßig einfach ermitteln,[580] so ist eine monetäre Bewertung des Nutzens häufig nur ungenau möglich. So sind Synergien sowie Kommunikations- und Informationsvorteile kaum zu quantifizieren.

Die von der Zentrale erbrachten Leistungen sind zu Marktkonditionen den Geschäftsbereichen in Rechnung zu stellen. So wären zu verrechnende Leistungen der Zentrale beispielsweise die Übernahme der Personalverwaltung für die Geschäftsbereiche und Tochterunternehmen oder die Beratung in rechtlichen oder betriebswirtschaftlichen Sachverhalten.[581] Darüber hinaus ist es sinnvoll, für einige Aufgaben der Zentrale wie die Beteiligungsverwaltung oder das Inhouse Consulting „fiktive" Geschäftsbereiche und Value-Center zu bilden, um so eine höhere Werttransparenz zu erzielen.[582] Nicht zurechenbare Größen verbleiben bei der Zentrale. Hierunter fallen insbesondere Aufwendungen für die Unternehmensleitung und den Vorstandsstab bzw. das Vorstandssekretariat. Diesen stehen als Nutzen u. a. die sich in einem Konzernverbund ergebenden Steuer- und Finanzierungsvorteile sowie Synergien gegenüber.

Die Bewertung der Unternehmenszentrale sollte auf der Grundlage der erwarteten Zahlungsströme sowie des Eigenkapitalkostensatzes des Gesamtinstitutes erfolgen.[583] Grundsätzlich ist auch der Ansatz hiervon abweichender Kapitalkostensätze möglich. So empfehlen einige Autoren, je nach Art der zu diskontierenden Nutzen und Kosten, unterschiedliche Kapitalkostensätze zu verwenden.[584] Jedoch läßt sich dieses Vorgehen nur schwer begründen und ist darüber hinaus sehr aufwendig. Ein einheitlicher Kapitalkostensatz läßt sich auch dadurch rechtfertigen, daß letztlich die Unterneh-

---

[580] Bei den Auszahlungen der Zentrale handelt es sich primär um Personal- und Sachmittel.
Aus einer starken Zentralisierung können sich auch eine Reihe von Nachteilen ergeben, die nur ungenau zu quantifizieren sind. Erwähnt seien hier verlängerte Entscheidungswege, längere Reaktionszeiten und geringere Mitarbeitermotivation durch eine zunehmende Bürokratisierung. Vgl. *Vogel* (1998), S. 100.

[581] Vogel empfiehlt eine Unterscheidung der Organisationseinheiten der Zentrale in Cost- und Service-Center. Unterscheidungskriterium bildet hierbei die Marktfähigkeit der erbrachten Leistungen. Vogel stellt jedoch selbst fest, daß eine eindeutige Trennung nur schwer möglich ist, da von der Mehrzahl der Einheiten sowohl Verwaltungsfunktionen (= Cost-Center) wie auch Dienstleistungsfunktionen (= Service-Center) erfüllt werden. So übernimmt beispielsweise der Bereich Steuern neben der Erstellung des Konzern-Jahresabschlusses auch die Beratung von Geschäftseinheiten und Tochterunternehmen in steuerlichen Fragen. Vgl. *Vogel* (1998), S. 100ff.

[582] Vgl. *Günther* (1997), S. 102. In der Regel werden diese Tätigkeiten bereits als eigene (Stabs-) Abteilungen oder sogar selbständige Tochterunternehmen geführt. Lediglich bei kleineren Instituten wird für einige Aufgaben auf eine organisatorische Trennung verzichtet. Vielfach wird dort z. B. die Beteiligungsverwaltung vom Vorstandssekretariat mitübernommen.

[583] So auch *Vogel* (1998), S. 118f.

[584] Eine Differenzierung wird u. a. von Günther und Copeland/Koller/Murrin vorgeschlagen. Vgl. *Günther* (1997), S. 103f., *Copeland/Koller/Murrin* (1998), S. 341f.

menszentrale die Verantwortung für die Zusammensetzung des Kreditinstitutes und damit den Marktwert sowie die Höhe der Eigenkapitalkosten trägt. Da sich der ermittelte Wert der Zentrale nicht empirisch überprüfen läßt, führt eine Differenzierung des Diskontierungssatzes lediglich zu einer Scheingenauigkeit.[585] Da viele Vorteile der Zentrale nur schwer zu quantifizieren sind, ist ein negativer Wertbeitrag mit Vorsicht zu interpretieren.[586]

5.4.2 Wertorientierte Steuerung des Treasury-Bereichs und der Handelsabteilungen in Kreditinstituten

Eine besondere Position im Rahmen der wertorientierten Unternehmenssteuerung von Kreditinstituten nimmt ebenfalls der Bereich Treasury ein. Er bildet die zentrale Dispositionsstelle der Bank. Im Laufe der Jahre haben sich die Aufgaben deutlich ausgeweitet und umfassen insbesondere die Steuerung des Zinsänderungs-, Liquiditäts- und Währungsrisikos der Gesamtbank.

Zu den Kernfunktionen eines modernen Treasury-Management gehört heute u. a.:[587]

- die Steuerung der Geschäftsstrukturen in Bezug auf Elastizitäten, Fristen und Währungen (Transformationsfunktion),

- der Eigenhandel insbesondere mit Zinsinstrumenten (Handelsfunktion),

- die Sicherstellung einer ausreichenden Ausstattung mit liquiden Mitteln sowie die Einhaltung von Liquiditätsnormen (Liquiditätssicherungsfunktion),

- die Festlegung von Einstandskonditionen für die Marktbereiche (Preisstellungsfunktion).

Eine der Hauptaufgaben des Treasury ist die Entscheidung über die Anlage und Aufnahme von überschüssigen bzw. notwendigen Geldern. Kreditinstitute erzielen ihren Zinsüberschuß nicht nur aus der Marge des Kundengeschäftes, sondern auch durch Fristentransformation. Hierunter versteht man das bewußte Eingehen eines Zinsänderungsrisikos durch eine nicht betrags-, risiko- und/oder laufzeitkongruente Refinanzierung. Dieses geschieht unter Ausnutzung der unterschiedlichen Zinsstrukturen auf den internationalen Geld- und Kapitalmärkten. Hierzu werden verstärkt auch derivative Finanzinstrumente eingesetzt. Das Treasury-Ergebnis kann, unabhängig von den zu Grunde liegenden Kundengeschäften, durch Transaktionen auf den Geld- oder Kapitalmärkten generiert werden. Daher besitzt das Treasury wesentlichen Einfluß

---

[585] Vgl. *Vogel* (1998), S. 119.

[586] Vgl. *Günther* (1997), S. 104.

[587] Zu den Funktionen des Treasury vgl. *Schierenbeck* (1999 II), S. 80.

auf das Bilanzstrukturmanagement des Institutes.[588] Durch die Übernahme von Risiken im Rahmen der Fristentransformation ist es dem Treasury-Bereich möglich, einen positiven Beitrag zum Wert des Kreditinstitutes zu leisten. Erfüllt sich die Zinserwartung des Managements nicht, so kann dies zu einer Vernichtung von Unternehmenswert führen.

Im Rahmen der wertorientierten Unternehmenssteuerung sollte der Bereich als eigenständiger Profit- (bzw. Value-) Center geführt werden, der seine Einzahlungsüberschüsse insbesondere aus der Fristen- und Währungstransformation erzielt.[589] Der Erfolgsbeitrag läßt sich mit Hilfe der Marktzinsmethode bestimmen und wird als Struktur- bzw. Fristentransformationsbeitrag bezeichnet.

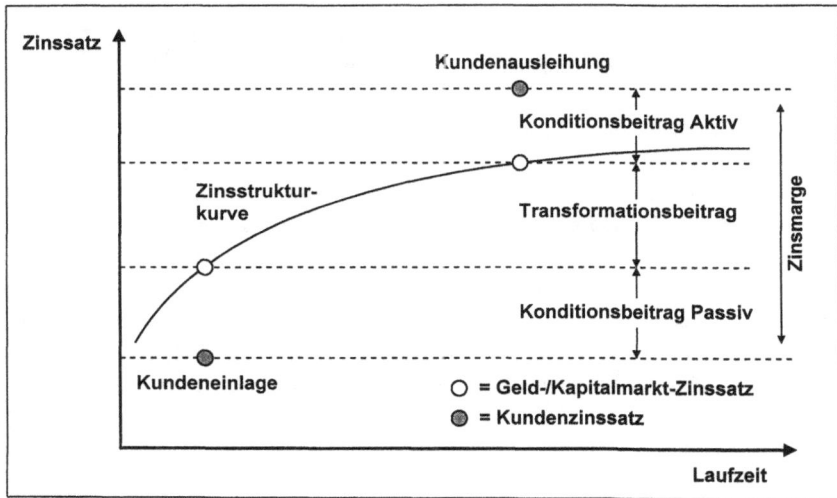

Abbildung 62: Das Transformationsergebnis im Rahmen der Marktzinsmethode

Quelle: *Rüegsegger* (1996), S. 137.

Die Bestimmung der Eigenkapitalkosten des Treasury-Bereichs kann auf zwei Arten erfolgen. Zum einen ist es möglich, die Eigenkapitalkosten durch Abdiskontierung der erwarteten Cash-flows mit dem Eigenkapitalkostensatz für ähnlich hohe systematische Risiken zu berechnen. Dieser läßt sich durch den Vergleich der historischen Cash-flow Schwankungen mit der Volatilität von Anlagen am Kapitalmarkt mit glei-

---

[588] Vgl. *Süchting/Paul* (1998), S. 416.

[589] Das Treasury hat sich hierbei im Rahmen der aufsichtsrechtlichen Vorschriften zu bewegen.

chem Risiko bestimmen.[590] Der so ermittelte Marktwert des Bereiches Treasury ist dann mit dem Eigenkapitalkostensatz zu multiplizieren. Da es sich um Finanzgeschäfte handelt, lassen sich die Zahlungsströme der letzten Jahre verhältnismäßig einfach ermitteln. Schwierigkeiten bereitet jedoch ihre Schätzung für die Zukunft, da Entscheidungen über die Höhe der offenen Positionen in der Währungs- und Fristentransformation kurzfristig – in Abhängigkeit von der Zins- und Währungserwartung des Managements – getroffen werden. Da je nach Markterwartung und Risikobereitschaft unterschiedlich hohe Risiken im Zeitablauf übernommen werden, ist der Ansatz eines auf der Grundlage historischer Daten berechneten, konstanten Eigenkapitalkostensatzes für den Bereiches Treasury nicht sachgerecht. Der Ansatz eines konstanten Kapitalkostensatzes birgt insbesondere bei Handelsabteilungen die Gefahr, daß zur Erfüllung der Renditeforderungen riskantere Geschäfte eingegangen werden. So ist es dem Treasury-Bereich innerhalb kurzer Zeit möglich, durch den Abschluß entsprechender Geschäfte seine Risikoposition fundamental zu verändern. In anderen Unternehmensbereichen eines Kreditinstitutes, wie z. B. dem Firmenkreditgeschäft, bedarf dies eines längeren Zeitraums.[591] Um Fehlsteuerungen zu vermeiden, ist die Höhe des Eigenkapitalkostensatzes in kurzen Zeitabständen an die tatsächliche Risikosituation und damit die Renditeforderungen des Marktes für ähnlich riskante Geschäfte anzupassen.[592] Erfolgt keine Absicherung der offenen Zins- und Währungsposition, so sollte der Eigenkapitalkostensatz des Treasury-Bereichs deutlich oberhalb dessen der Gesamtbank liegen. Er sinkt jedoch mit der zunehmenden Absicherung der Risiken. Eine regelmäßige Anpassung ist jedoch mit einem hohen zeitlichen und finanziellen Aufwand verbunden. Darüber hinaus ergeben sich im Zeitablauf stärkere Schwankungen des Eigenkapitalkostensatzes und des Marktwertes des Treasury-Bereichs.

Da die Bestimmung des Marktwertes und des risikoadjustierten Eigenkapitalkostensatzes für den Treasury-Bereich mit einer Reihe von Schwierigkeiten behaftet ist, bietet die Verwendung des Risikokapitals als Verzinsungsgrundlage bei der Ermittlung der Eigenkapitalkosten eine Alternative. Weil es sich um Marktrisiken handelt, läßt sich das Risikokapital mittels des bereits dargestellten Value-at-Risk-Ansatzes auf der Grundlage der vom Treasury übernommenen Risiken recht gut quantifizie-

---

[590] Der Eigenkapitalkostensatz kann auch durch das einsetzen der berechneten Cash-flow-Volatilität in die Formel der Kapitalmarktlinie des CAPM bestimmt werden. Vgl. zur Kapitalmarktlinie *Süchting* (1995), S. 372f.

[591] Durch den hohen Anteil des Bestandsgeschäftes kann eine fundamentale Risikoveränderung nur längerfristig erfolgen. Darüber hinaus durchlaufen größere Kredite eine Vielzahl von Entscheidungsgremien und Kontrollinstanzen. Zur Begrenzung der Risiken werden in Handelsabteilungen Limitsysteme verwendet.

[592] Vgl. *Copeland/Koller/Murrin* (1998), S. 523.

ren.[593] Darüber hinaus liegen die notwendigen Daten bereits im Institut vor, da sie im Rahmen der internen Risikomodelle verwendet werden. Da das Risiko in der Kapitalgröße berücksichtigt wird, sollte die Verzinsung mit dem Eigenkapitalkostensatz des Gesamtinstitutes erfolgen. Trotz der fehlenden Investoren-Perspektive und der weiteren diskutierten Mängel ist der Value-at-Risk-Ansatz bei der Bestimmung der Eigenkapitalkosten des Treasury-Bereichs zu präferieren, da er es ermöglicht, die aktuelle Risikosituation bei der Festlegung des zu erzielenden Ergebnisbeitrages zu erfassen.

Abweichungen bei der Ermittlung der Eigenkapitalkosten ergeben sich auch für den Aktien-, Renten- und Devisenhandel. Neben der Abwicklung der Kundengeschäfte übernehmen die Bereiche auch den immer bedeutenderen Eigenhandel des Kreditinstitutes. Hierbei werden Risiken auf den einzelnen Märkten bewußt eingegangen, um zusätzliche Erträge für das Institut zu erzielen. Insbesondere die sehr positive Entwicklung der Aktienmärkte hat in 1999 zu einer deutlichen Steigerung des Eigenhandelsergebnisses der deutschen Kreditinstitute geführt. So konnte die Deutsche Bank im Jahr 1999 ihr Handelsergebnis auf 4.761 Mio. Euro mehr als verdoppeln.[594] Auch bei den anderen Großbanken, aber auch bei den öffentlich-rechtlichen und genossenschaftlichen Spitzeninstituten, stellt der Eigenhandel eine wesentliche Ertragsposition dar.[595] Schwierigkeiten bei der wertorientierten Unternehmenssteuerung und der Festlegung der Eigenkapitalkosten bereitet auch hier - wie im Bereich Treasury - die Berechnung des zu verzinsenden Marktwertes auf der Grundlage der zukünftigen Zahlungsströme sowie die Bestimmung des risikoadjustierten Eigenkapitalkostensatzes. Da auch im Aktien-, Renten- und Devisenhandel im wesentlichen Marktrisiken betrachtet werden, sollte ebenfalls in diesen Geschäftsbereichen des Kreditinstitutes die Renditeforderung in Abhängigkeit vom tatsächlich eingegangenen Risiko auf der Grundlage des Value-at-Risk ermittelt werden.[596] Dieses Vorgehen bietet noch weitere Vorzüge. Zum einen stehen die notwendigen Daten ohne zusätzlichen Erhebungsaufwand zur Verfügung, da diese täglich anhand der internen Risikomodelle vom Risikocontrolling des Kreditinstitutes ermittelt werden. Zum anderen wird durch die Verwendung des Risikokapitals im Rahmen der wertorientierten Steuerung der Handelsbereiche eine Verbindung zur internen Risikosteuerung hergestellt.

---

[593] Alternativ ist es auch möglich, die Kosten einer vollständigen Absicherung der offenen Position anzusetzen.

[594] Vgl. *Deutsche Bank* (2000), S. 56.

[595] So erzielte die Dresdner Bank in 1999 ein Handelsergebnis von 1.274 Mio. Euro und die Commerzbank von 592 Mio. Euro. Aufgrund des Zinsanstieges und der hiermit verbundenen Wertberichtigungen auf den umfangreichen Anleihebestand verzeichnete die HypoVereinsbank ein leicht rückläufiges Ergebnis von 401 Mio. Euro. Vgl. *Dresdner Bank* (2000), S. 70, *Commerzbank* (2000), S. 60, *HypoVereinsbank* (2000), S. 127.

[596] Der im Abschnitt 5.2.3 ausführlich beschriebenen Mängel sollte man sich bei der Bestimmung der Eigenkapitalkosten auf der Grundlage des Risikokapitals bewußt sein.

5.5 Wertorientierte Steuerung des Beteiligungsportefeuilles und des internationalen Geschäfts von Kreditinstituten

5.5.1 Wertorientiertes Controlling von Beteiligungen

5.5.1.1 Bedeutung von Beteiligungen

Deutsche Kreditinstitute verfügen über ein im internationalen Vergleich sehr umfangreiches Beteiligungsportefeuille. So besitzen sie mehr als 10 % aller börsennotierten deutschen Aktien. Lediglich in Japan ist der Anteil der Banken am Aktienbesitz höher, wohingegen er in Frankreich und Großbritannien deutlich niedriger ist. Aufsichtsrechtliche Vorschriften schränken in den USA den Aktienbesitz von Banken weitgehend ein.

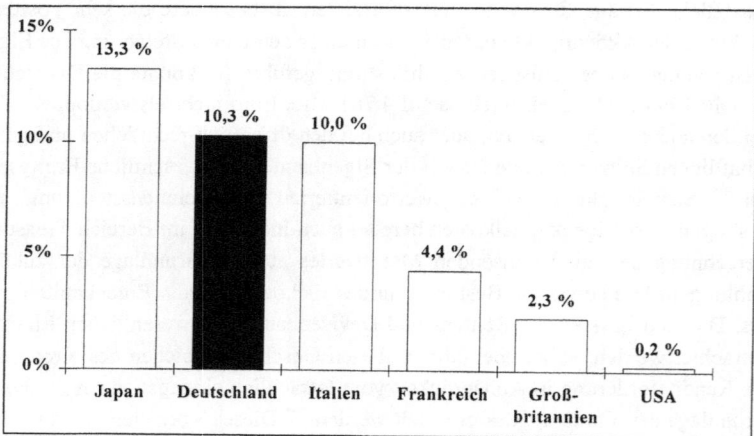

Abbildung 63: **Anteil der Kreditinstitute am Aktienbesitz in verschiedenen Ländern**

Quelle: *Deutsches Aktieninstitut* (1998), Tab. 08.6-4.

Ende 1999 hielten alle deutschen Kreditinstitute zusammen Beteiligungen an börsen- und nicht-börsennotierten Unternehmen im In- und Ausland mit einem Buchwert von 109 Mrd. Euro.[597] Hierbei handelt es sich sowohl um banknahe Beteiligungen, z. B.

---

[597] Vgl. *Deutsche Bundesbank* (Bankenstatistik, März 2000), S. 54. Da es sich hierbei um Buchwerte handelt, dürfte das tatsächliche Volumen um ein Mehrfaches höher liegen. So besaß die Industrie-Beteiligungsgesellschaft DB Investor der Deutschen Bank Ende 1999 wesentliche Anteile an börsennotierten Unternehmen zum Marktwert von 22,7 Mrd. Euro, welche in die Bilanz zum Buchwert von 4,7 Mrd. Euro eingingen. Vgl. *Deutsche Bank* (2000), S. 40. Die von der Dresdner Bank Ende 1999 gehaltenen börsenfähigen Anteile an nicht verbundenen Unternehmen im Buchwert von 2,8 Mrd. Euro entsprachen einem Marktwert von 10,1 Mrd. Euro. Vgl. *Dresdner Bank* (2000), S. 96.

an Leasing- oder Factoringunternehmen sowie Fondsgesellschaften, als auch um Anlagen in bankfremden Branchen.

Eine Übersicht über das Volumen der von deutschen Kreditinstituten gehaltenen Beteiligungen an börsen- und nicht-börsennotierten Unternehmen gibt die Deutsche Bundesbank in ihrer Bankenstatistik. Sie differenziert dabei zum einen in Beteiligungen und zum anderen in Anteile an verbundenen Unternehmen. Von einem verbundenen Unternehmen ist insbesondere dann auszugehen, wenn ein Beherrschungs- und Gewinnabführungsvertrag besteht bzw. das Unternehmen zum Konsolidierungskreis des Kreditinstitutes gehört und somit in den Konzernabschluß integriert wurde.[598] Hierbei dürfte es sich in der Regel um Anteile an anderen Kreditinstituten oder an Unternehmen in banknahen Branchen handeln

Betrachtet man die Entwicklung der Jahre 1993 bis 1999, so hat sich innerhalb von fünf Jahren der Buchwert der Beteiligungen und der Anteile an verbundenen Unternehmen mehr als verdoppelt:

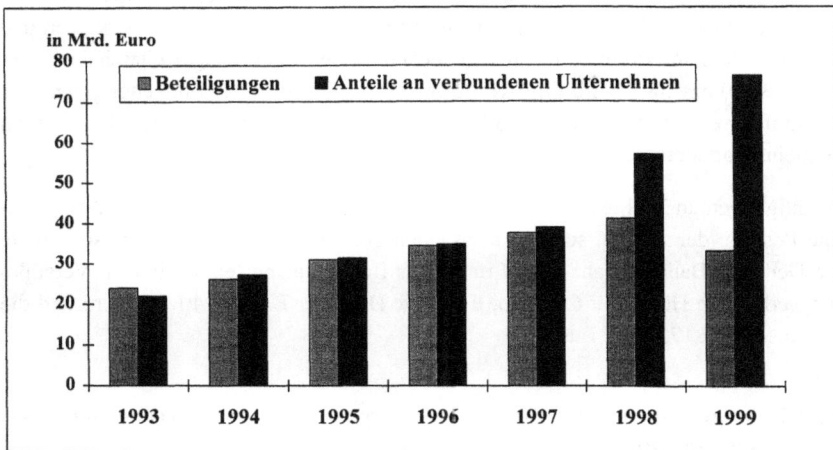

Abbildung 64: Entwicklung der Beteiligungen und der Anteile an verbundenen Unternehmen zu Buchwerten

Quelle: *Deutsche Bundesbank* (Bankenstatistik, März 2000), S. 7.[599]

---

[598] Vgl. zur Abgrenzung von Beteiligungen und verbundenen Unternehmen *Krumnow et. al.* (1994), S. 248.

[599] Bis 1998 wurden unter Beteiligungen auch das den Auslandsfilialen zur Verfügung gestellte Betriebskapital miteinbezogen. Daher ist das Beteiligungsvolumen ab 1999 stark gesunken. Vgl. *Deutsche Bundesbank* (Bankenstatistik, März 2000), S. 7, Anmerkung 6.

Die Position Beteiligungen hat sich in den Jahren 1989 bis 1998 bei den einzelnen Bankengruppen recht unterschiedlich entwickelt:

Buchwert in Mio. DM	1989	1993	1998
Großbanken	9.124	6.544	5.157
Regionalbanken	3.474	1.648	2.542
Landesbanken	3.583	4.066	8.013
Sparkassen	1.776	2.799	8.325
Gen. Zentralbanken	2.428	1.914	1.978
Kreditgenossenschaften	1.067	1.891	2.455

Abbildung 65: Entwicklung des Beteiligungsvolumens wichtiger Bankengruppen
Quelle: Auswertung der Deutschen Bundesbank auf Anfrage des Verfassers.

Auffallend bei der Analyse der Daten ist, daß der Beteiligungsumfang der Großbanken (in Buchwerten) kontinuierlich abgebaut wurde, wohingegen die Sparkassen und Landesbanken ihr Portefeuille in den letzten Jahren stark ausgeweitet haben. Mit mehr als 8,0 bzw. 8,3 Mrd. Euro verfügen sie im Vergleich der Bankengruppen über das umfangreichste Beteiligungsportfolio. Hierin sind insbesondere Beteiligungen an Gemeinschaftsunternehmen enthalten.

Beteiligungen an Nichtbanken bilden bei vielen Kreditinstituten nicht nur eine wichtige Position der Aktiva, sondern auch einen bedeutenden Ertragsfaktor. So erzielte die Deutsche Bank im Jahr 1999 Erträge aus Beteiligungen (einschließlich Veräußerungserlöse) in Höhe von 655 Mio. Euro, die Dresdner Bank 494 Mio. Euro und die Commerzbank 173 Mio. Euro.[600]

5.5.1.2 Integration der Beteiligungen in die wertorientierte Steuerung von Kreditinstituten

Die Beteiligungspolitik der Kreditinstitute wird von den Aktienmärkten sehr aufmerksam beobachtet. Insbesondere Beteiligungen in unternehmensfremden Branchen werden von den Anlegern und Analysten sehr kritisch gesehen. Sie befürchten, daß die Investitionen nicht zur Wertsteigerung des Unternehmens beitragen, da Beteiligungen erworben werden, deren Renditen unterhalb der Kapitalkosten liegen. So kommen Gerke/Garz/Oerke bei einer Analyse der Übernahmen mit Beteiligung deutscher Un-

---

[600] Vgl. *Deutsche Bank* (2000), S. 67, *Dresdner Bank* (2000), S. 84, *Commerzbank* (2000), S. 75.

ternehmen im Zeitraum 1987-1992 zu dem Ergebnis, daß konglomerate Übernahme-absichten von den Börsenteilnehmern deutlich negativ bewertet werden. Es erzielte zumeist nur das übernommene Unternehmen Kurssteigerungen. Demgegenüber führt die Ankündigung einer horizontalen Übernahme i. d. R. zu Kurssteigerungen beim übernehmenden Unternehmen.[601]

Aufgrund des z. T. sehr umfangreichen Beteiligungsportefeuilles und der aufgezeigten Kritik ist es notwendig, sowohl Beteiligungen in banknahen als auch in bankfremden Branchen in die wertorientierte Unternehmensführung zu integrieren. Wie andere Geschäftstätigkeiten des Kreditinstitutes müssen auch Beteiligungen einen positiven Beitrag zur Steigerung des Unternehmenswertes leisten. Der Wertmanagement-Ansatz stellt somit eine wichtige Ergänzung zum bestehenden Steuerungsinstrumentarium dar, indem es wertsteigernde Beteiligungsaktivitäten identifiziert und wertvernichtende offenlegt.

Nachfolgend soll unter einer Beteiligung das mittel- bis langfristige Engagement in einem Unternehmen verstanden werden. Dieses ist abzugrenzen von dem eher kurzzeitigen Halten von Handelspositionen bzw. den Anlagen zur Liquiditätsreserve. Da die Unternehmensleitung beim Erwerb von banknahen Beteiligungen und Anlagen in bankfremden Branchen verschiedene Motive verfolgt und unterschiedliche Kontroll- und Steuerungsmöglichkeiten besitzt, sind beide Beteiligungsarten differenziert zu betrachten.[602]

5.5.1.3 Banknahe Beteiligungen

Die wesentlichen Motive für den Erwerb banknaher Unternehmen liegen in der Sicherung und Erweiterung der Marktposition, der Ausweitung des Produktangebotes und der Realisierung von Synergieeffekten. Weiterhin kann es auch Ziel sein, das Standing in einzelnen Marktsegmenten zu erhöhen und zusätzliches Know-how zu erwerben.[603]

---

[601] Vgl. *Gerke/Garz/Oerke* (1995), S. 819. So kommen Denis/Denis/Sarin bei einer empirischen Analyse zu dem Ergebnis, daß der Conglomerate Discount bei horizontalen Beteiligungen tendenziell geringer ist, vgl. *Denis/Denis/Sarin* (1997), S. 74.

[602] Für die Zuordnung sind jedoch weniger der Bestand eines Beherrschungsvertrages oder die Einbeziehung in den Jahresabschluß des Kreditinstitutes, sondern vielmehr die mit einer Beteiligung verbundenen geschäftspolitischen Absichten sowie die faktischen Einflußmöglichkeiten der Institutsleitung auf das Beteiligungsunternehmen.

[603] Größere Akquisitionen der letzten Jahre dienten insbesondere dem Ausbau des Investment Banking. Zur Stärkung ihrer Marktpositionen übernahm die Dresdner Bank das britische Investmenthaus Kleinwort Benson und die Deutsche Bank das Londoner Wertpapierhaus Morgan Grenfell sowie die US-amerikanische Bankers Trust.

Darüber hinaus sind viele Kreditinstitute in den letzten Jahren dazu übergegangen, Geschäftsbereiche als Tochterunternehmen auszugliedern. Dieses erfolgte vorrangig aus steuerlichen und arbeitsrechtlichen Gründen, aber auch um ein effizienteres Controlling zu ermöglichen. Zu den ausgegliederten Bereichen gehören u. a. das Research, das Asset Management, die Immobilienverwaltung und -bewirtschaftung, die EDV sowie auch der Zahlungsverkehr und die Wertpapierabwicklung.[604]

Die Ausgliederungen führen zu einer zunehmenden Dezentralisierung von Aufgaben und Entscheidungen in den Kreditinstituten. Den sich durch die Bildung rechtlich selbständiger Einheiten ergebenden Vorteilen stehen insbesondere Informations- und Koordinierungsprobleme gegenüber. Daher ist es eine wesentliche Aufgabe des Controlling, die Ausrichtung der dezentralen Einheiten auf ein einheitliches Unternehmensgesamtziel sicherzustellen. Probleme bestehen jedoch dann, wenn es sich nicht um 100-prozentige Beteiligungen handelt.[605] Halten konzernfremde Eigentümer Anteile an dem Unternehmen, so sind die Einflußmöglichkeiten auf die Geschäftspolitik des Unternehmens insbesondere von der Rechtsform, der Anteilsquote und der Anzahl der übrigen Gesellschafter abhängig. Von einer beherrschenden Stellung und damit einer direkten Einflußnahme auf das Management kann ab einer Beteiligungsquote von mehr als 50 % ausgegangen werden.[606] Bei Minderheitsbeteiligungen sind die Steuerungsmöglichkeiten in der Regel nur gering, da die Gesellschaften nicht nur rechtlich, sondern auch organisatorisch und personell weitgehend selbständig operieren. Besondere Bedeutung besitzen Gemeinschaftsunternehmen im genossenschaftlichen und öffentlich-rechtlichen Bereich, wo eine Vielzahl von Aufgaben institutsübergreifend gebündelt werden. Hierzu zählen u. a. das Fondsgeschäft, Versicherungs- und Bausparaktivitäten sowie Leasing und Factoring. Die einzelnen Kreditinstitute verfügen aufgrund der Vielzahl von Eigentümern nur über geringe Einflußmöglichkeiten.

Banknahe Mehrheitsbeteiligungen sind in der Regel in die Organisationsstruktur des Kreditinstitutes eingebunden. Daher sind sie wie die im Rahmen der wertorientierten Unternehmensführung zuvor ausführlich beschriebenen Geschäftsbereiche zu steuern und als eigene Value-Center in das bestehende Controllingsystem zu integrieren. Deshalb kann auf die entsprechenden Ausführungen in den vorhergehenden Abschnitten zur Bestimmung risikoadjustierter Eigenkapitalkosten verwiesen werden.

---

[604] So wurden in dem Konzernabschluß der Deutschen Bank 1998 insgesamt 414 Unternehmen einbezogen, weitere 698 verbundene Unternehmen wurden aufgrund ihrer untergeordneten Bedeutung nicht konsolidiert. Vgl. *Deutsche Bank* (1999), S. 52f.

[605] Hierzu gehören z. B. Gemeinschaftsgründungen mit anderen Kreditinstituten, aber auch sogenannte Spin-offs, bei denen Anteile an Tochterunternehmen an der Börse plaziert werden.

[606] Zu den Einflußmöglichkeiten in Abhängigkeit von der Höhe der Beteiligungsquote vgl. *Kleinschnittger* (1993), S. 17ff.

Nur wenn ein positiver Wertbeitrag von einem Beteiligungsunternehmen erzielt wird und auch in Zukunft die Erfüllung der Renditeforderungen zu erwarten ist, sollte die Beteiligung aus Sicht der Anteilseigner des Kreditinstitutes aufrecht erhalten werden. Sind die Anlagekriterien nicht erfüllt, so sollte das Kreditinstitut zunächst auf das Management des Beteiligungsunternehmens einwirken und eine stärkere Renditeorientierung einfordern sowie auf die Implementierung wertorientierter Steuerungsverfahren drängen. Es sind vom Management Strategien zu entwickeln, die langfristig die Erzielung zumindest der Kapitalkosten sicherstellen. Gelingt dies nicht aus eigener Kraft, so können Kooperationen oder Fusionen der Tochtergesellschaft mit im gleichen Marktsegment tätigen Kreditinstituten eingegangen werden. So wäre z. B. eine Bündelung der Aktivitäten im Privatkundengeschäft, wie bereits 1999 von der Deutschen und Dresdner Bank angedacht, möglich.[607] Wird nicht mit einer nachhaltigen Verbesserung der Ertragssituation gerechnet, so ist ein Desinvestment zu erwägen.

Ist es bei branchenfremden Beteiligungen, aufgrund der weitgehenden wirtschaftlichen Unabhängigkeit und der geringen ökonomischen Verflechtungen zum Kreditinstitut, grundsätzlich einfacher möglich, sich von unrentablen Unternehmen zu trennen, so bereitet dies bei in den Konzern integrierten banknahen Beteiligungen größere Schwierigkeiten. Probleme bestehen insbesondere dann, wenn es sich um Beteiligungen in Kerngeschäftsfeldern des Kreditinstitutes handelt. Veräußerungen dürften aufgrund der bestehenden engen Verbundeffekte, z. B. im Rahmen der Sortimentspolitik, zumindest kurzfristig nicht möglich sein.

Eine Trennung von einzelnen Unternehmensteilen kann auch durch einen Börsengang erfolgen. Im Rahmen eines Going Public kann ein Tochterunternehmen vollständig oder auch nur teilweise am Aktienmarkt veräußert werden.[608] Hierdurch ist es neben der Beschaffung von Finanzmitteln möglich, die Bewertung und Performance einzelner Unternehmensbereiche transparent zu machen, um so den Conglomerate Discount und damit die Finanzierungskosten auf ein Minimum zu reduzieren.[609] Verbleibt die

---

[607] Positive Wirkungen auf den Unternehmenswert können auch durch den Zusammenschluß von im selben Marktsegment tätigern Tochterunternehmen erzielt werden. Durch die Bündelung der Kräfte und die bestehenden Synergien kann eine Wertsteigerung der Gesamtbank realisiert werden. So haben sowohl die Deutsche Bank als auch die Dresdner Bank im Jahren 1998 ihre Hypothekenbanken in jeweils ein Unternehmen zusammengeführt.

[608] Von Industrieunternehmen wird dies bereits seit einigen Jahren praktiziert. So hat die BAYER AG die Mehrheit an AGFA an der Börse plaziert, ebenfalls hat sich die VEBA AG über die Börse von Anteilen an Stinnes getrennt und Siemens von EPCOS und Infineon. Erstmals wurde in 1999 mit der Direkt Anlage Bank ein Tochterunternehmen eines deutschen Kreditinstitutes an der Börse plaziert. In 2000 folgte die Commerzbank mit ihrer Direktbank comdirect.

[609] Die Aufgabe von Eigentumsrechten ist jedoch auch mit Nachteilen verbunden. So verfügen die weiteren Eigentümer über z. T. umfangreiche Mitwirkungs- und Entscheidungsrechte, welche den Handlungsspielraum und die unternehmerische Unabhängigkeit einschränken. Darüber hinaus unterwirft sich die Gesellschaft weitreichenderen Publizitätsanforderungen.

Mehrheit der Aktien bei der Mutter, so kann diese auch weiterhin die unternehmerische Führung und Kontrolle ausüben.

Von zentraler Bedeutung im Rahmen der wertorientierten Unternehmenssteuerung ist neben der Performancemessung bei eng an den Konzern angebundenen Mehrheitsbeteiligungen die Überwachung und Koordination der strategischen Planungen der Beteiligungsunternehmen. Hierbei gilt es, die verschiedenen Investitionsprojekte zu bewerten und zu vergleichen, um eine effiziente Kapitalallokation im Konzern sicherzustellen. Daneben sollte regelmäßig analysiert werden, inwieweit die banknahen Beteiligungsunternehmen noch der strategischen Ausrichtung des Kreditinstitutes entsprechen. Ist dies nicht der Fall, so sollte auch hier eine konsequente Trennung von den betreffenden Beteiligungen vorgenommen werden. Die frei werdenden Mittel können dann zur Stärkung der Wettbewerbsposition des Kreditinstitutes in den Kerngeschäftsfeldern eingesetzt werden.

5.5.1.4 Beteiligungen in bankfremden Branchen

Beteiligungen in bankfremden Branchen erfolgen primär aus Renditemotiven. Durch Ausschüttungen der Gesellschaft und die Veräußerung der Anteile soll eine unter Ertrags- und Risikogesichtspunkten überdurchschnittliche Rendite erzielt werden. Seltener sind Fälle, wo größere Beteiligungen aus Kreditengagements herrühren.[610] Eine besondere Situation besteht bei den Sparkassen und Landesbanken. Diese werden vielfach von ihren Gewährträgern mit der Wahrnehmung wirtschaftspolitischer Aufgaben betraut. Daher halten sie neben Wohnungsbauförderungsanstalten und Investitionsbanken auch Beteiligungen an Wirtschaftsförderungsgesellschaften und kommunalen Versorgungsunternehmen.

Da die Beteiligungen in bankfremden Branchen nicht die Kerngeschäftsfelder des Instituts betreffen, sondern primär unter Renditegesichtspunkten erfolgen, beträgt der Anlagehorizont bei der Mehrzahl der Beteiligungen lediglich einige Jahre. Jedoch sind längerfristige Engagements bei einer positiven Wertentwicklung nicht selten.[611]

Eine wertorientierte Bewertung und Steuerung sollte sowohl für die einzelnen Beteiligungsunternehmen als auch für die gesamte Beteiligungspolitik des Kreditinstitutes vorgenommen werden. Während die Steuerung der banknahen Beteiligungen in der Regel durch das Geschäftsbereichs-Controlling erfolgt, werden bankfremde Beteiligungen je nach Umfang des Beteiligungsportefeuilles in einer eigenen Abteilung,

---

[610] Spektakuläre Fälle waren in den letzten Jahren die Metallgesellschaft sowie das Handelshaus Klöckner.

[611] Aufgrund der hohen stillen Reserven, die bei einer Veräußerung bis Ende 2000 zu versteuern sind, wird vielfach auf einen Verkauf verzichtet.

dem Beteiligungs-Controlling oder dem Vorstandsstab, verwaltet.[612] Zur Erhöhung der Ergebnis- und Werttransparenz ist zu empfehlen, den Bereich Beteiligungen als einen eigenen Value-Center innerhalb des Kreditinstitutes zu führen.[613]

Zur Bewertung der Beteiligungspolitik der Institutsleitung und zur strategischen Steuerung des Beteiligungsportefeuilles können grundsätzlich die bereits erläuterten Methoden zur wertorientierten Unternehmensführung verwendet werden. Jedoch wird die Institutsleitung nur bei höheren Anteilsquoten direkten Einfluß auf das Beteiligungsunternehmen ausüben können und auch interne Daten zur Wertanalyse erhalten. In den übrigen Fällen kann eine Bewertung der Beteiligung nur auf Basis der von der Gesellschaft veröffentlichten Unterlagen erfolgen. Das Management ist somit bei seiner Beurteilung in einer ähnlichen Position wie ein externer Analyst. Verfügt es jedoch über Daten des internen Rechnungswesens der Beteiligungsgesellschaft, so kann es auf Basis der umfassenderen und objektiveren internen Informationen eine fundiertere Wertanalyse des Unternehmens vornehmen.

Bei der wertorientierten Steuerung branchenfremder Beteiligungen sind einige Besonderheiten gegenüber der bisher für Kreditinstitute dargestellten Methodik zu beachten. Diese betreffen insbesondere die Zusammensetzung des Free Cash-flow und die Bestimmung der Eigenkapitalkostensätze. Da die wertorientierte Steuerung von Industrie- und Handelsunternehmen Gegenstand zahlreicher Veröffentlichungen zur Shareholder Value-Analyse ist, soll hierauf nur kurz eingegangen werden. Für weitergehende Ausführungen sei auf die umfangreiche Literatur verwiesen.[614]

Wie bereits erläutert, unterscheiden sich die Zahlungsströme von Kreditinstituten und Nichtbanken grundlegend, daher ergeben sich einige Abweichungen bei der Ermittlung des Free Cash-flow. Zunächst kann auf die bei Kreditinstituten notwendige Erweiterung der Cash-flow-Definition verzichtet werden. Es ist somit bei Nichtbanken auf den im Abschnitt 4.2.3.1.4 dargestellten Cash-flow I abzustellen. Zur Bestimmung des Free Cash-flow sind noch die geplanten Investitionen in das Anlagevermögen sowie die Veränderungen des Nettoumlaufvermögens (Working Capital) zu be-

---

[612] So unterscheidet die Deutsche Bank bei der Steuerung ihres Beteiligungsportefeuilles in Konzernbeteiligungen und Industriebeteiligungen, die von jeweils eigenen Zentralbereichen überwacht und gesteuert werden.

[613] Ende 1998 haben sowohl die Deutsche Bank als auch die Dresdner Bank die Mehrzahl ihrer Beteiligungen in jeweils eine Dachgesellschaft gebündelt. Ursächlich hierfür waren jedoch nicht Überlegungen zur Steuerung des Beteiligungsportefeuilles, sondern steuerliche Gründe.
Da der Erwerb und die Veräußerung von Beteiligungsanteilen aufgrund der zumeist höheren Anlagebeträge eine geschäftspolitische Entscheidung des Vorstandes darstellt, sollte der Erfolg auch direkt der Unternehmensleitung zugerechnet werden.

[614] So u. a. *Günther* (1997), S. 137, *Copeland/Koller/Murrin* (1998), S. 157ff.

rücksichtigen. Soweit möglich, sollte bei der Bestimmung des Cash-flow auf unternehmensinterne Daten und Planungen zurückgegriffen werden. Ist dies nicht möglich, so ist der Cash-flow anhand der Informationen des Jahresabschlusses, aber auch weiterer veröffentlichter quantitativer und qualitativer Daten zu ermitteln.

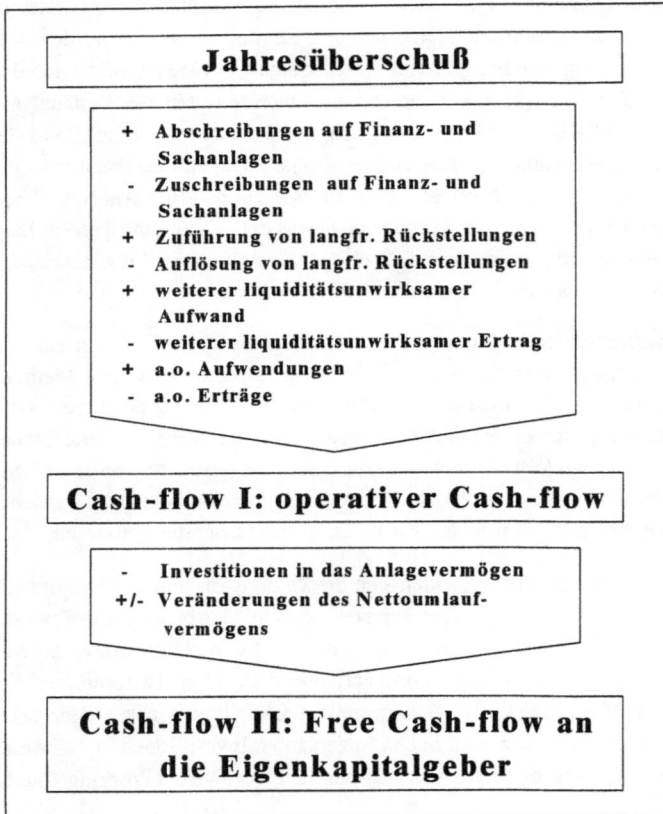

Jahresüberschuß

+ **Abschreibungen auf Finanz- und Sachanlagen**
- **Zuschreibungen auf Finanz- und Sachanlagen**
+ **Zuführung von langfr. Rückstellungen**
- **Auflösung von langfr. Rückstellungen**
+ **weiterer liquiditätsunwirksamer Aufwand**
- **weiterer liquiditätsunwirksamer Ertrag**
+ **a.o. Aufwendungen**
- **a.o. Erträge**

Cash-flow I: operativer Cash-flow

- **Investitionen in das Anlagevermögen**
+/- **Veränderungen des Nettoumlaufvermögens**

Cash-flow II: Free Cash-flow an die Eigenkapitalgeber

Abbildung 66: Bestimmung des Free Cash-flow von Nichtbanken

Zur Ermittlung des Wertbeitrages von einzelnen Beteiligungen sind die Eigenkapitalkosten des Unternehmens zu bestimmen. Da die Höhe der Eigenkapitalkostensätze der Gesamtbank und der Beteiligungen in bankfremden Branchen in der Regel voneinander abweichen, sind individuelle Berechnungen notwendig. So ist auch von den Beteiligungsunternehmen eine – dem Risiko angemessene – Verzinsung des investierten Kapitals zu verlangen. Die Renditeforderung sollte analog zur Steuerung der

Geschäftsbereiche aus dem Kapitalmarkt abgeleitet werden. Hierbei können die in den vorhergehenden Abschnitten vorgestellten Verfahren angewendet werden. Die Auswahl der geeignetsten Methode ist insbesondere von der Verfügbarkeit und Aussagekraft der Geschäftsdaten des Unternehmens abhängig. Aus Vereinfachungsgründen bietet es sich an, auf Branchen-Betafaktoren zurückzugreifen. Diese sind ohne größeren Aufwand, z. B. von der Deutsche Börse AG, zu beziehen bzw. anhand der Daten aus Kursinformationssystemen (z. B. Reuters, Bloomberg) zu berechnen. Stehen Branchenbetas nicht zur Verfügung bzw. sind diese für die das Beteiligungsunternehmen nicht repräsentativ, so können auch Peer-Groups aus den wichtigsten börsennotierten Konkurrenten des Beteiligungsunternehmens gebildet werden.

Wird an Stelle des für Kreditinstitute empfohlenen Netto-Ansatzes (Equity Methode) zur Bewertung der Beteiligungen der in der Literatur und Praxis für Nichtbanken vorherrschende Brutto-Ansatz (Entity Methode) gewählt, so sind die Zinszahlungen beim Free Cash-flow hinzuzuaddieren. Es ergibt sich somit ein Free Cash-flow an die Eigen- und Fremdkapitalgeber. Die Abdiskontierung erfolgt dann mit dem Gesamtkapitalkostensatz (Weighted Average Cost of Capital). Hierbei gehen die Eigen- und Fremdkapitalkostensätze entsprechend den Marktwerten des Eigen- und Fremdkapitals ein.

Das Beteiligungs-Controlling begleitet die Unternehmen während des gesamten Lebenszyklus einer Beteiligung. Dieser umfaßt neben dem Erwerb auch die Nutzung und gegebenenfalls auch die Veräußerung. Der Wertmanagement-Ansatz trägt in allen drei Phasen wesentlich zur Bewertung und Steuerung des Anlageportefeuilles eines Kreditinstitutes bei. So kann ermitteln werden, ob durch den Erwerb, das Halten oder die Veräußerung einer Beteiligung in einer bankfremden Branche Wert geschaffen oder vernichtet wird.[615] Während dem Erwerb von Beteiligungen regelmäßig umfangreiche strategische Planungen und Berechnungen vorausgehen, wird der laufenden Überwachung und dem Desinvestment deutlich weniger Aufmerksamkeit in Theorie und Praxis gewidmet.[616]

Im Rahmen eines aktiven, auf die Eigentümerinteressen ausgerichteten Vermögensmanagements hat eine regelmäßige Überprüfung des bestehenden Beteiligungsportefeuilles hinsichtlich der Erreichung der mit dem Erwerb gesetzten Ziele zu erfolgen. So gilt es zu überprüfen, ob die mit dem Kauf verbundenen Erwartungen erfüllt wurden. Hierbei ist der tatsächliche Wertbeitrag zu bestimmen und mit den Planungen zu

---

[615] Zum wertorientierten Beteiligungs-Controlling sind erst wenige Veröffentlichungen erschienen. Diese beziehen sich auf die Steuerung des Beteiligungsportefeuilles von Nicht-Banken, vgl. *Gebhard* (1995), *Vogel* (1998).

[616] Vgl. *Krüger* (1996), S. 74.

vergleichen. Auftretende Abweichungen sind zu analysieren und falls notwendig, sind Gegenmaßnahmen einzuleiten.[617] Nur wenn - unter Berücksichtigung der mit einer Beteiligung verbundenen Risiken - ein positiver Wertbeitrag auch in der Zukunft zu erwarten ist, sollte das Unternehmen weiterhin im Beteiligungsportefeuille gehalten werden.

Angesichts des häufig historisch gewachsenen und z. T. auch aus vergangenen Strategien herrührenden Beteiligungsportfolios ist es eine wesentliche Aufgabe des Beteiligungs-Controlling, regelmäßig das Portefeuille dahingehend zu überprüfen, ob es noch der aktuellen Geschäftspolitik entspricht, und gegebenenfalls eine Bereinigung vorzuschlagen. Bei der Entscheidung über das Halten oder die Veräußerung einer Beteiligung und damit einem aktiven Vermögensmanagement liefert ein wertorientiertes Steuerungsinstrumentarium wichtige Informationen. So ist es möglich, den Wert einer Beteiligung mittels der aufgezeigten Bewertungsverfahren zu bestimmen und mit einem alternativ zu erzielenden Veräußerungserlös zu vergleichen.

Nur wenn es dem Kreditinstitut gelingt, aus einer Beteiligung eine höhere Rendite zu generieren als ein diversifizierter Anleger bei einem Investment mit gleichem Risiko am Kapitalmarkt erzielen könnte, ist eine Beteiligung aus Eigentümersicht wertsteigernd. Bei bankfremden Beteiligungen dürfte die Erzielung einer Überrendite jedoch kaum möglich sein, da in der Regel keine Synergiepotentiale zwischen den Beteiligungen und dem Bankgeschäft bestehen. Ausnahmen bestehen nur dann, wenn eine aktive Beteiligungspolitik betrieben und direkter Einfluß auf die Unternehmen genommen wird. Eine Wertsteigerung könnte z. B. dann erzielt werden, wenn aus mehreren Beteiligungen ein neues Unternehmen geformt wird und hierdurch Synergiepotentiale erschlossen werden können.[618] Eine solche aktive Beteiligungspolitik wird jedoch nur selten von Kreditinstituten verfolgt. Bei der Mehrzahl der Beteiligungen in bankfremden Branchen handelt es sich um reine Finanzbeteiligungen, die aus Anlegersicht keinen zusätzlichen Shareholder Value generieren. Daher sind Minderheitsbeteiligungen an Unternehmen in bankfremden Branchen grundsätzlich sehr kritisch zu sehen. Aufgrund der ab 2002 bestehenden Steuerfreiheit auf Veräußerungsgewinne ist eine deutlichen Bereinigung und Reduzierung des Beteiligungsportefeuilles zu erwarten.

---

[617] Auf die Probleme, die bei der Integration von erworbenen Unternehmen in das Controlling-System der Gesamtbank entstehen können, soll in dieser Arbeit nicht weiter eingegangen werden. Vgl. hierzu u. a. *Müller* (1992), *Müller* (1996).

[618] So hat die WestLB Mitte der 90er Jahre mehrere Reiseveranstalter, Reisebüroketten sowie Fluggesellschaften erworben, um hieraus einen neuen Touristik-Konzern zu formen.

5.5.2 Integration des internationalen Geschäfts in das Konzept

5.5.2.1 Bedeutung des Auslandsgeschäfts für deutsche Kreditinstitute

Die zunehmende Globalisierung der Märkte hat zu einer stärker international ausgerichteten Geschäftspolitik bei den größeren deutschen Kreditinstituten geführt. So wird von den Großbanken bereits ein hoher Anteil des Geschäftsvolumens und der Erträge im Ausland erwirtschaftet. Die Bedeutung der Auslandsaktivitäten belegt die nachfolgende Übersicht aus der Segmentberichterstattung der vier größten börsennotierten deutschen Banken in ihren Geschäftsberichten 1999:[619]

	Deutsche Bank				Dresdner Bank				Commerz-bank		Hypo-Vereins-bank	
	Bilanzsumme		Erträge aus gewöhnl. Geschäftst.		Bilanzsumme		Gewinn vor Steuern		Ergebnis gewöhnl. Geschäftst.		Ergebnis gewöhnl. Geschäftst.	
	absolut	%	absolut	%	absolut	%	absol.	%	absol.	%	absol.	%
Deutschland	348.191	41,5	11.205	48,8	280 894	70,8	1.728	81,1	697	50,8	641	61,2
Europa (ohne D)	324.983	38,7	5.460	23,8	115.915	29,2	180	8,5	485	35,4	222	21,2
Asien/Pazifik	107.319	12,8	1.991	8,7	35.992	9,1	94	4,4	33	2,4	21	2,0
Afrika					-	-	-	-	10	0,7	-	-
Nordamerika	283.368	33,7	5.784	25,2	48.658	12,3	43	2,0	146	10,7	164	15,6
Südamerika	12.321	1,5	289	1,3	11.389	2,9	85	4,0				
Konsolidierungsposten	-236.317	-28,1	-1.791	-7,8	-96.002	-24,2	0	0	0	0	0	0
Summe	839.865	100	22.938	100	396.846	100	2.130	100	1.371	100	1.048	100

Beträge in Mio. Euro

Abbildung 67: Geschäftsdaten der deutschen Großbanken nach Regionen

Quelle: Geschäftsberichte 1999 der Institute.

Die Geschäfte werden z. T. zentral von Deutschland aus wahrgenommen, zumeist jedoch direkt im Ausland über Niederlassungen und Tochterunternehmen betreut und abgewickelt. So sind an den wichtigen internationalen Finanzplätzen insbesondere die

---

[619] Von den einzelnen Instituten werden im Rahmen der Segmentberichterstattung unterschiedliche Größen veröffentlicht, so daß ein direkter Vergleich nur eingeschränkt möglich ist. Die Zuordnung richtet sich nach dem Sitz der operativen Einheiten.

Großbanken und größere private Banken sowie aus dem Bereich der öffentlich-rechtlichen Kreditinstituten die Landesbanken und für den Genossenschaftsverbund die DG Bank vertreten. Die Art der Geschäfte und ihr Umfang sind hierbei von der Bedeutung und Attraktivität des jeweiligen Finanzmarktes sowie der Marktpositionierung des Institutes abhängig. Die Aktivitäten umfassen sämtliche Bankgeschäfte und reichen vom klassischen Firmenkreditgeschäft über Handelsaktivitäten und Investmentbanking bis zum filialgestützten Privatkundengeschäft. Einige Institute haben sogar einzelne Geschäftsaktivitäten konzernweit im Ausland gebündelt.[620] Die ausländischen Niederlassungen und Tochtergesellschaften sind in die einzelnen Geschäftsfelder (z. B. Privatkunden, Firmenkunden) des Kreditinstitutes integriert. Dies führt dazu, daß die einzelnen Geschäftsfelder im Ausland sowohl durch eigene Tochterunternehmen präsent sind, aber auch Geschäfte über Niederlassungen und gemeinschaftliche Gesellschaften mit anderen Unternehmensbereichen des Kreditinstitutes betreiben. Die sich hieraus ergebenden Organisations- und Geschäftsstrukturen sollen anhand eines Ausschnittes aus einem idealtypischen Organigramm dargestellt werden.

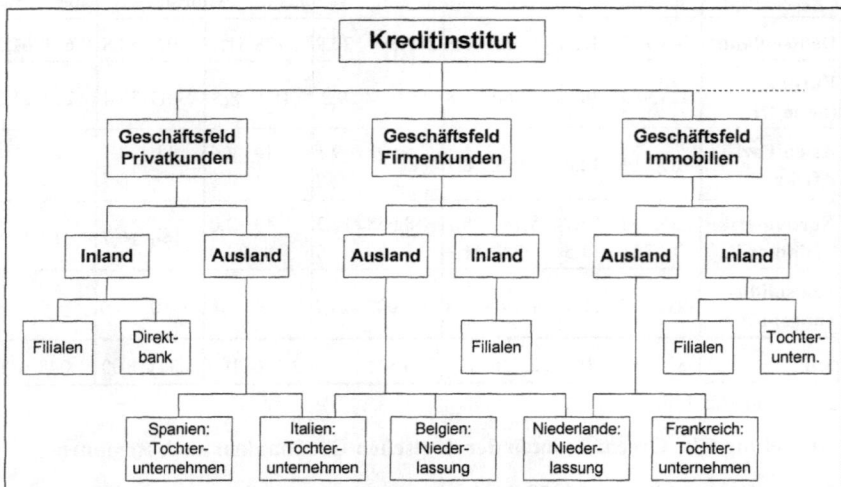

Abbildung 68: Integration ausländischer Betriebsstellen in die Organisationsstruktur eines Kreditinstitutes

Quelle: eigene Darstellung.

---

[620] So haben die Deutsche Bank und die Dresdner Bank eine Reihe von Investmentbanking-Aktivitäten in London zentralisiert.

Bankgeschäfte im Ausland unterliegen gegenüber Aktivitäten im Inland einer Reihe zusätzlicher Risiken. Dieses sind bei Ländern außerhalb des Euroraumes das Währungs- und Transferrisiko sowie sonstige politische Risiken. Darüber hinaus bestehen abweichende rechtliche und steuerliche Vorschriften sowie gegebenenfalls Kapitalverkehrsbeschränkungen. Vielfach sind diese Risiken nur sehr schwer zu erfassen. Jedoch ist auch hier zu beachten, daß nur die Risiken im Rahmen der wertorientierten Unternehmenssteuerung berücksichtigt werden sollten, die von den Eigentümern des Kreditinstitutes nicht durch eine Diversifikation des Anlageportefeuilles zu neutralisieren sind. Daher ist auch im Rahmen des internationalen Geschäftes lediglich das systematische Risiko zu berücksichtigen.

Aufgrund der beschriebenen Risiken und der wachsenden Bedeutung des Auslandsgeschäfts ist es notwendig, diese Aktivitäten in das Controlling-System der Bank zu integrieren. In die rendite-/risikoorientierte Unternehmenssteuerung des Kreditinstitutes sind auch die Auslandsaktivitäten einzubinden und ihr Beitrag zum Marktwert des Eigenkapitals und der Performance der Gesamtbank zu ermitteln. Ein wesentliches Merkmal des Wertmanagement-Ansatzes liegt ja gerade darin, daß er die Vergleichbarkeit sämtlicher Aktivitäten eines Kreditinstitutes sowohl im Inland als auch im Ausland ermöglicht.

5.5.2.2 Ermittlung der Eigenkapitalkosten

Die Bewertung und Steuerung ausländischer Tochterunternehmen und Geschäftsbereiche eines Kreditinstitutes erfolgt grundsätzlich nach den bisher beschriebenen Verfahren für inländische Unternehmensteile. Jedoch bedarf es zur Integration des internationalen Geschäftes in ein wertorientiertes Steuerungssystem einiger Anpassungen der wesentlichen Bestimmungsgrößen. Diese betreffen insbesondere die Ermittlung des Eigenkapitalkostensatzes und des Free Cash-flow.

Die Bestimmung der Eigenkapitalkosten einer ausländischen Unternehmenseinheit sollte in vier Schritten unter Berücksichtigung der aufgeführten Nebenbedingungen erfolgen:

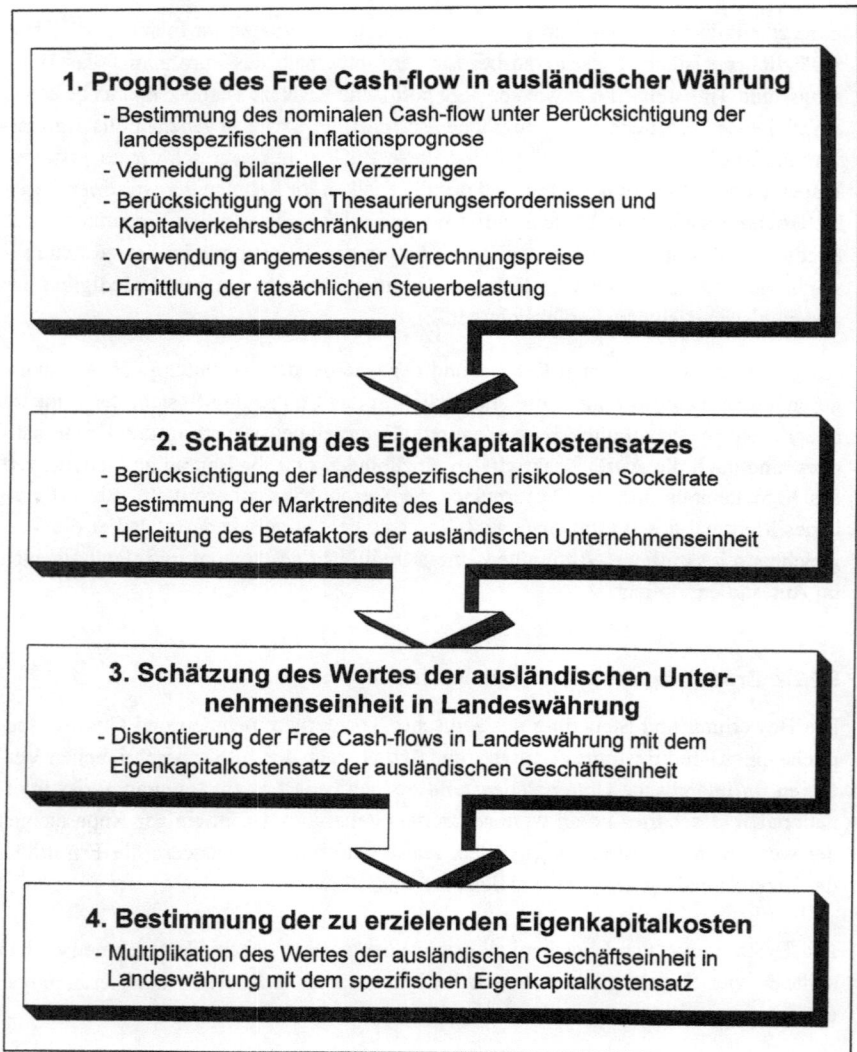

1. Prognose des Free Cash-flow in ausländischer Währung
- Bestimmung des nominalen Cash-flow unter Berücksichtigung der landesspezifischen Inflationsprognose
- Vermeidung bilanzieller Verzerrungen
- Berücksichtigung von Thesaurierungserfordernissen und Kapitalverkehrsbeschränkungen
- Verwendung angemessener Verrechnungspreise
- Ermittlung der tatsächlichen Steuerbelastung

2. Schätzung des Eigenkapitalkostensatzes
- Berücksichtigung der landesspezifischen risikolosen Sockelrate
- Bestimmung der Marktrendite des Landes
- Herleitung des Betafaktors der ausländischen Unternehmenseinheit

3. Schätzung des Wertes der ausländischen Unternehmenseinheit in Landeswährung
- Diskontierung der Free Cash-flows in Landeswährung mit dem Eigenkapitalkostensatz der ausländischen Geschäftseinheit

4. Bestimmung der zu erzielenden Eigenkapitalkosten
- Multiplikation des Wertes der ausländischen Geschäftseinheit in Landeswährung mit dem spezifischen Eigenkapitalkostensatz

Abbildung 69: Vorgehensweise bei der Bestimmung der Eigenkapitalkosten einer ausländischen Unternehmenseinheit

Quelle: In Anlehnung an *Copeland/Koller/Murrin* (1998), S. 363.

5.5.2.2.1 Bestimmung des Free Cash-flow

Die Daten der lokalen Jahresabschlüsse der ausländischen Betriebsstellen und Tochterunternehmen deutscher Kreditinstitute sind zur Erfolgsbeurteilung und Cash-flow-Prognose i. d. R. nicht geeignet, da sie den finanzwirtschaftlichen Erfolg aus Sicht der Kapitalgeber nicht zutreffend abbilden. So ist die Höhe des ausgewiesenen Gewinns sehr stark von geschäftspolitischen Entscheidungen der Unternehmenszentrale abhängig, die vom lokalen Management nicht zu beeinflussen sind. Ebenfalls unterscheiden sich die Bilanzierungs- und Bewertungsvorschriften der einzelnen Länder.[621]

Zielsetzung sollte es daher sein, für die ausländischen Niederlassungen und Tochterunternehmen einen um sämtliche Verzerrungen bereinigten Free Cash-flow in Landeswährung zu ermitteln. Einfluß nimmt die Konzernleitung insbesondere zur konzernweiten Optimierung der Besteuerung. So führen unterschiedliche Besteuerungsvorschriften und abweichende Steuersätze in den einzelnen Ländern zu Gewinnverschiebungen innerhalb eines Konzerns mit dem Ziel, den Steueraufwand des Gesamtunternehmens zu minimieren. Ergebnisbe- und -entlastungen können insbesondere aus nicht marktgerechten Verrechnungspreisen innerhalb des Konzernverbundes und Konzernumlagen resultieren. Der Erfolgsbeitrag von Geschäftsaktivitäten im Ausland läßt sich nur sinnvoll ermitteln, wenn eine Bereinigung um solche Ergebnisverzerrungen erfolgt.

Vielfach spiegeln auch die korrigierten lokalen Ergebnisse nur unzureichend die tatsächlich verfügbaren Finanzmittel und die Höhe der potentiellen Ausschüttung an die Muttergesellschaft wider. So können gesetzliche Thesaurierungszwänge, Devisenbeschränkungen, aber auch ein starkes Wachstum die frei verfügbaren Finanzmittel ausländischer Tochterunternehmen deutlich reduzieren. Eine Rentabilitätsberechnung und -beurteilung sollte daher auch bei Auslandsaktivitäten auf Basis der bei der Konzernmutter anfallenden Einzahlungsüberschüsse erfolgen.[622] Diese resultieren u. a. aus Ausschüttungen an die Konzernzentrale bzw. die zwischengeschaltete Führungsgesellschaft, Zins- und Tilgungszahlungen aus konzerninternen Finanzkrediten sowie Leistungsverbunde und „Umlagen" innerhalb des Konzerns.

Anpassungsbedarf ergibt sich darüber hinaus aufgrund der je nach Land unterschiedlichen Besteuerung von Gewinnen und Ausschüttungen. So sind neben den jeweiligen nationalen Ertrags- und Substanzsteuern bei Ausschüttungen der ausländischen Betriebsstelle an die deutsche Muttergesellschaft anfallende Quellensteuern des Aus-

---

[621] Größere Abweichungen ergeben sich insbesondere gegenüber den angelsächsischen Ländern. So liegen den US-GAAP und den IAS eine andere Bewertungsphilosophie und Zielsetzung zu Grunde.

[622] Vgl. *Gebhardt* (1995), S. 2231.

lands sowie die inländische Besteuerung zu berücksichtigen. Die notwendigen Anpassungen sind insbesondere von dem Vorhandensein eines Doppelbesteuerungsabkommens und seiner konkreten Ausgestaltung abhängig.[623]

Weitere Steuerungsprobleme entstehen dann, wenn eine ausländische Niederlassung oder ein Tochterunternehmen nicht nur für einen Geschäftsbereich tätig ist, sondern die Interessen mehrerer Unternehmenseinheiten wahrnimmt. In diesen Fällen ist eine weitere Differenzierung notwendig und auf eine genaue Zurechnung der Erfolgsbeiträge zu achten. Bei der Aufspaltung in verschiedene Value Center kann man sich an den bisher bestehenden Organisations- und Führungsstrukturen orientieren.

5.5.2.2.2 Bestimmung des Eigenkapitalkostensatzes

Zur Bestimmung der risikoadjustierten Eigenkapitalkostensätze ausländischer Geschäftsbereiche und Tochterunternehmen können ebenfalls die bereits beschriebenen kapitalmarkttheoretischen Methoden angewendet werden.

Bestimmungsgrößen für die Eigenkapitalkosten sind auf der Basis des CAPM der risikolose Zinssatz, die Marktrendite und das systematische Risiko, ausgedrückt im Betafaktor.[624] Wurden diese Größen bisher aus dem deutschen Finanzmarkt gewonnen, so sind sie nun an die Situation der betrachteten international tätigen Unternehmensbereiche anzupassen. Trotz der zunehmenden Integration der einzelnen nationalen Kapitalmärkte weichen diese Größen - wie nachfolgend gezeigt wird - in den einzelnen Ländern noch deutlich voneinander ab. Daher können in der Regel die für Deutschland ermittelten Werte nicht für andere Länder übernommen werden.

Zunächst gilt es festzustellen, in welchen Ländern z. B. ein Tochterunternehmen tätig ist. Beschränken sich die Aktivitäten auf einen nationalen Markt, so sind dessen Daten zur Ermittlung der Eigenkapitalkosten anzusetzen. Zunächst gilt es, die risikolose Sockelrate und die Marktrendite des Landes zu ermitteln. Beide Größen weichen z. T. deutlich von den deutschen Werten ab. So kommen Untersuchungen zur Renditeentwicklung von Aktien und Staatsanleihen für westliche Industrieländer zu folgenden Ergebnissen:[625]

---

[623] Vgl. *Arbeitskreis „Finanzierung"* (1996), S. 566. Anpassungsbedarf ergibt sich auch dann, wenn ausländische Ausschüttungen in Deutschland nicht der Besteuerung unterliegen. So werden diese in das EK_0 eingestellt. Im Falle einer späteren Dividendenzahlung an deutsche Aktionäre erhalten diese keine Körperschaftsteuergutschrift.

[624] So sind das CAPM und die APT grundsätzlich in allen westlichen Volkswirtschaften anwendbar. Vgl. *Copeland/Koller/Murrin* (1998), S. 378.

[625] Vgl. für eine Übersicht von Untersuchungen zu den Aktien- und Anleiherenditen verschiedener Länder *Deutsches Aktieninstitut* (1999b).

Land (Zeitraum)	Aktien	Staats-anleihen	Markt-risikoprämie
Deutschland (1954 - 1996) [1]	11,7 %	6,9 %	4,8 %
Schweiz (1926 - 1997) [2]	8,6 %	4,6 %	4,0 %
Großbritannien (1918 - 1997) [3]	12,2 %	6,1 %	6,1 %
Frankreich (1950 - 1996) [4]	13,7 %	7,9 %	5,8 %
Österreich (1953 - 1988) [5]	12,8 %	7,4 %	5,4 %
Niederlande (1946 - 1996) [6]	12,2 %	5,9 %	6,3 %
Japan (1973 - 1987) [7]	13,3 %	8,9 %	4,4 %
USA (1954 - 1988) [8]	12,8 %	5,4 %	7,4 %

1 Bimberg (1997);   2 Pictet & Cie Banquiers (1997);
3 Barclays Capital (1998);   4 Barclays de Zoete Wedd France (1998);
5 Uhlir/Steiner (1994;   6 Barclays de Zoete Wedd Netherlands (1997);
7 Hamao (1989), S. 24;   8 Bimberg (1991), S. 7.

Abbildung 70: Renditen im internationalen Vergleich

Als risikolose Rendite kann i. d. R. die Verzinsung eines 10-jährigen Staatspapieres in Landeswährung herangezogen werden. Die Marktrendite läßt sich anhand eines nationalen Aktienindex bestimmen. Hierbei sollte es sich um marktbreite Performanceindizes handeln, da diese um Dividendenausschüttungen und Bezugsrechtsabschläge bereinigt werden. Kursindizes wie der Dow Jones Industrial oder der Nikkei 225 sind als Marktindex nicht geeignet, weil die Gewichtung der einzelnen Werte im Index anhand des Kurses und nicht der Marktkapitalisierung vorgenommen wird.

Alternativ ist es auch möglich, zur Bestimmung der Marktrendite Aktienindizes zu verwenden, die von hierauf spezialisierten international tätigen Institutionen berechnet werden. So werden für eine Vielzahl von Ländern u. a. von der Financial Times, Dow Jones International sowie von Morgan Stanley Indizes veröffentlicht. Dow Jones International ermittelt 29 Länderindizes auf der Basis von annähernd 3.000 Aktienwerten. Morgan Stanley bezieht auch noch eine Reihe von Emerging Markets mit ein und publiziert Indizes für 51 Länder. Demgegenüber werden von der Financial Times nur 22 länderspezifische Indizes auf der Basis von 2.300 Unternehmen berechnet. Die Verwendung von Indizes internationaler Gesellschaften bietet gegenüber nationalen Aktienindizes wie DAX, FT-SE 100 oder CAC 40 den Vorteil, daß von den jeweiligen Gesellschaften einheitliche Kriterien bei der Zusammensetzung und Berechnung der Indizes angewendet werden. Eine Liste der verschiedenen Landesindizes und der Zahl der berücksichtigten Aktienwerte folgt auf der nächsten Seite.[626]

Ist die Bestimmung des risikolosen Zinssatzes und der Marktrendite bei westlichen Industrieländern weitgehend unproblematisch, so treten eine Reihe von Schwierigkeiten bei Schwellenländern sowie Entwicklungsländern auf. Zum einen verfügen die Staaten zumeist über eine geringere Bonität, so daß die Rendite der Staatsanleihen nicht als risikolos angesehen werden kann. Gerade in Entwicklungsländern bestehen häufig überhaupt keine funktionierenden Aktien- und Anleihemärkte. Darüber hinaus führen hohe Inflationsraten zu Verzerrungen sowohl bei dem Eigenkapitalkostensatz als auch im Cash-flow. Zur Bestimmung der von den ausländischen Niederlassungen und Tochterunternehmen zu erzielenden Eigenkapitalkosten sollte daher der Cash-flow von der Landeswährung in eine stabile Währung umgerechnet werden. So bietet sich beispielsweise aufgrund der engen Handelsbeziehungen Süd- und Mittelamerikas zu den USA für diese Länder der US-Dollar an. Konsequenterweise sollte der Eigenkapitalkostensatz den Renditeforderungen US-amerikanischer Anleger für vergleichbare Risiken entsprechen (ohne Berücksichtigung des Währungsrisikos, da dieses ja eliminiert wurde).[627] Die so bestimmten Ergebnisse sind jedoch nur bedingt aussagefähig, da die Abschätzung zukünftiger Wechselkurse mit einer Vielzahl von Unsicherheiten behaftet ist.[628]

Es stellt sich jedoch die Frage, ob Niederlassungen und Tochterunternehmen in diesen Ländern überhaupt anhand ökonomischer Kennzahlen zu beurteilen sind. Häufig erfolgt die Präsenz in Entwicklungs- und Schwellenländern weniger aus ökonomischen Gesichtspunkten, sondern aus strategischen Überlegungen. Zum einen soll der Bekanntheitsgrad und das Image des Institutes gesteigert werden, zum anderen erste Kontakte zu den Regierungen und den einheimischen Unternehmen aufgebaut werden. Vielfach gilt es auch, deutsche Kunden ins Ausland zu begleiten, um für diese Finanzgeschäfte vor Ort abzuwickeln.[629] Der Nutzen läßt sich somit nur sehr eingeschränkt in monetären Größen erfassen.

---

[626] Die Landesindizes werden in verschiedenen Wirtschaftszeitungen publiziert. So veröffentlicht die Börsen-Zeitung die Financial Times-Actuaries-Aktienindizes und das Handelsblatt sowie die Frankfurter Allgemeine Zeitung die Morgan Stanley Capital International Indizes. Darüber hinaus lassen sich historische Indexreihen auch über Kursinformationssysteme abrufen.

[627] Vgl. *Copeland/Koller/Murrin* (1998), S. 415-418.

[628] Zur Wechselkursprognose können beispielsweise die auf der Grundlage der Inflationserwartungen bestimmten Kaufkraftparitäten verwendet werden.

[629] Insbesondere Landesbanken erfüllen durch ihre Präsenz z. B. in Osteuropa auch wirtschaftspolitische Ziele.

Land	Morgan Stanley Capital Internat.	Dow Jones Global Indizes	Financial Times-Actuaries-Indizes
USA	391	734	620
Japan	309	447	446
Großbritannien	132	145	208
Kanada	83	127	119
Australien	55	66	76
Frankreich	67	86	75
Hong Kong	35	62	67
Deutschland	66	45	55
Italien	53	42	53
Schweden	29	43	46
Singapur	37	49	41
Südafrika	55	76	40
Norwegen	24	39	38
Dänemark	24	34	34
Schweiz	36	29	30
Spanien	31	27	30
Mexiko	43	32	29
Finnland	20	31	28
Niederlande	22	24	27
Österreich	24	21	22
Belgien	16	23	22
Neuseeland	10	18	18
Irland	11	11	16
Süd Korea	116	150	
Taiwan	77	142	
Malaysia	76	126	
Thailand	62	60	
Brasilien	59	44	
Indonesien	48	39	
Chile	32	34	
Philippinen	35	32	
Venezuela	14	12	
Indien	65		
Israel	50		
Türkei	45		
Griechenland	37		
Pakistan	33		
China	32		
Portugal	23		
Argentinien	21		
Tschechien	19		
Polen	19		
Jordanien	14		
Peru	14		
Rußland	14		
Sri Lanka	10		
Kolumbien	9		
Ungarn	9		
Zahl der Aktien	2.506	2.850	2.140

Abbildung 71: Länderindizes verschiedener Gesellschaften

Quelle: *Morgan Stanley Capital International* (1998), S. 15, *Dow Jones & Company* (1998), S. 11, *Börsen-Zeitung* Nr. 234 vom 4.12.1998, S. 16.

Die Anpassung der durchschnittlichen Marktrisikoprämie an die spezifische Risikosituation der betrachteten Unternehmenseinheit erfolgt anhand des Betafaktors. Auch
hierzu können nicht die Daten des deutschen Aktienmarktes verwendet werden, da
- trotz der zunehmenden Integration der nationalen Märkte in den Weltmarkt in den
letzten Jahrzehnten - die systematischen Risiken international noch deutlich voneinander abweichen. So untersuchten Erb/Harvey/Viskanta im Rahmen einer sehr breit
angelegten Analyse die erwarteten Renditen und die Volatilität von 135 Morgan
Stanley Capital International (MSCI) Länderindizes gegenüber dem MSCI Welt Index.[630] Hierbei ermittelten sie folgende Betafaktoren für die wichtigsten internationalen Aktienmärkte im Betrachtungszeitraum April 1990 bis März 1995:[631]

Land	Betafaktor	Land	Betafaktor
Australien	0,69	Japan	1,79
Belgien	0,76	Kanada	0,48
Dänemark	0,91	Neuseeland	0,89
Deutschland	0,85	Niederlande	0,84
Finnland	1,10	Norwegen	0,92
Frankreich	1,03	Österreich	0,72
Großbritannien	1,08	Schweden	1,23
Hong Kong	0,84	Schweiz	0,80
Irland	1,28	Spanien	1,31
Italien	0,83	USA	0,50

**Abbildung 72: Betafaktoren ausgewählter MSCI-Länderindizes gegenüber dem
MSCI-Weltindex**

Quelle: *Erb/Harvey/Viskanta* (1996), S. 49f.

Da die ausländischen Tochterunternehmen i. d. R. nicht börsennotiert sind, gilt es,
analog dem Vorgehen für nicht-börsennotierte deutsche Kreditinstitute und Geschäftsbereiche, einen Betafaktor zu ermitteln, der - abgeleitet aus dem Kapitalmarkt des
betreffenden Landes - das systematische Risiko der Unternehmenseinheit annähernd
widerspiegelt. Grundsätzlich können hierzu die bereits für inländische Geschäftsbereiche ausführlich beschriebenen Verfahren angewendet werden. So ist es zum einen

---

[630] Vgl. *Erb/Harvey/Viskanta* (1996).

[631] Eine eingeschränkte Aussagekraft besitzen die Marktrendite und der Betafaktor kleinerer Volkswirtschaften, wenn deren Aktienmärkte stark von einzelnen Branchen bzw. einzelnen Unternehmen geprägt sind. In diesen Fällen repräsentiert der lokale Aktienindex kein vollständig
diversifiziertes Portefeuille.

möglich, Branchenbetafaktoren zu bestimmen oder auch einzelne oder eine Gruppe von Konkurrenzunternehmen auszuwählen. Wie für den deutschen CDAX erfolgt auch bei marktbreiten ausländischen Aktienindizes zumeist eine Differenzierung nach Branchen. Landesspezifische Branchenindizes für Kreditinstitute werden auch von der Financial Times, Morgan Stanley sowie Dow Jones International angeboten. So berechnet die Financial Times Branchenindizes für Kreditinstitute der folgenden Länder:

Belgien	Kanada
Brasilien	Mexiko
Dänemark	Niederlande
Deutschland	Norwegen
Finnland	Österreich
Frankreich	Philippinen
Griechenland	Portugal
Großbritannien	Schweden
Hong Kong	Schweiz
Indonesien	Spanien
Irland	Südafrika
Italien	Thailand
Japan	USA

Abbildung 73: Branchenindizes der Financial Times für Kreditinstitute verschiedener Länder

Quelle: Eine Übersicht über die veröffentlichten Branchenindizes findet sich unter www.financial-times.com.

Die einzelnen Subindizes für Kreditinstitute können dann zur Berechnung der landesspezifischen Branchen-Betafaktoren verwendet werden. Da diese jedoch nur das durchschnittliche systematische Risiko der Branche angeben, sind die so ermittelten Betafaktoren nur dann für die Ermittlung der Eigenkapitalkosten der ausländischen Tochterunternehmen und Geschäftsbereiche geeignet, wenn diese ebenfalls ein branchendurchschnittliches Risiko aufweisen. Dieses dürfte nur dann zutreffen, wenn die Auslandsgesellschaft sämtliche Bankgeschäfte wahrnimmt.[632]

---

[632] So ist die Deutsche Bank über Tochterunternehmen in Spanien und Italien im Privat- und Firmenkundengeschäft tätig. Die Renditeforderung sollte sich daher an der im Branchendurchschnitt erzielten Eigenkapitalrendite orientieren.
Ist das Kreditinstitut in einem Land in mehreren Geschäftsfeldern mit unterschiedlichem Risiko tätig, so kann - wie im Inland - der Ansatz eines einheitlichen Eigenkapitalkostensatzes für alle Geschäftsaktivitäten zu Fehlsteuerungen führen. Es sollten daher differenzierte Renditevorgaben für die einzelnen Marktsegmente erfolgen.

Häufig sind deutsche Kreditinstitute auf einem Auslandsmarkt jedoch nur in einzelnen Marktsegmenten tätig. Daher ist es zumeist sinnvoller, börsennotierte Konkurrenzunternehmen im Ausland als Benchmark zur Bestimmung der Eigenkapitalverzinsung heranzuziehen, die über ähnliche Geschäftsstrukturen verfügen. Als Pure-Play könnte z. B. der Marktführer ausgewählt werden. Alternativ ist auch die Bildung einer Peer-Group, z. B. aus den drei größten Marktteilnehmern, möglich. Die entsprechenden Marktdaten zur Bestimmung des Betafaktors der Konkurrenzunternehmen sind durch Kursinformationssysteme, über die jedes Kreditinstitut in der Wertpapierberatung verfügt, unproblematisch zu ermitteln.[633] Darüber hinaus können zur Auswahl der Vergleichsunternehmen und der Bestimmung des systematischen Risikos von der eigenen Research-Abteilung bzw. über die Landesbanken oder genossenschaftlichen Zentralbanken Sonderauswertungen und -analysen vorgenommen werden. Je nach Detaillierungsgrad der Rechnungslegung ist u. U. auch die Berechnung von Sparten- bzw. Segmentbetas möglich.

Neben Analogieverfahren können im Ausland auch Analysemethoden zur Bestimmung des systematischen Risikos angewendet werden. So werden für die wichtigsten ausländischen Kapitalmärkte ebenfalls fundamentale Betafaktoren angeboten,[634] die zur Berechnung der Eigenkapitalkostensätze ausländischer Betriebsstellen herangezogen werden können.[635]

Operiert ein Geschäftsbereich nicht nur auf einem nationalen Markt, sondern in mehreren Ländern bzw. europa- oder sogar weltweit, so ist es nicht sinnvoll, zur Ermittlung der Renditeforderung nur einen einzelnen Kapitalmarkt heranzuziehen. Die einzelnen Bestimmungsgrößen des Eigenkapitalkostensatzes sind an die Geschäftsstruktur des Unternehmensbereiches bzw. der Tochtergesellschaft anzupassen. So ist es möglich, durch eine Gewichtung, z. B. nach dem Geschäftsvolumen, die für den Geschäftsbereich spezifische risikolose Sockelrate und Marktprämie zu bestimmen.[636]

---

[633] Vorteilhaft wirkt sich hierbei das in einigen Ländern vorherrschende Trennbankensystem aus. Hierdurch ist es leichter möglich, geeignete Vergleichsunternehmen für den betrachteten Geschäftsbereich zu finden. So können für Bereiche des Investment Banking einzelne börsennotierte US-amerikanische Investmentbanken ausgewählt werden.

[634] So ermittelt BARRA fundamentale Betafaktoren u. a. für folgende Länder: Australien, Deutschland, Frankreich, Großbritannien, Japan, Kanada, Mexiko, Niederlande, Neuseeland, Schweden, Schweiz, Südafrika und USA. Zu den einzelnen Mehrfaktorenmodellen vgl. *BARRA* (1998). Ergänzend wurde von BARRA auch ein Global Equity Model entwickelt vgl. *BARRA* (1999).

[635] Grundsätzlich können auch die anderen Verfahren, wie die Berechnung von buchhalterischen Betafaktoren oder die Verwendung relativer Volatilitäten, zur Bestimmung risikoadjustierter Eigenkapitalkostensätze für ausländische Tochterunternehmen und Geschäftsbereiche angewendet werden. Hierbei sind jedoch die im Abschnitt 5.3 aufgeführten Kritikpunkte zu beachten.

[636] Weichen die Größen in den einzelnen Ländern deutlich voneinander ab, so kann die Bildung von Durchschnitten jedoch zu Fehlsteuerungen führen, da hierdurch die tendenziell risikoreicheren Geschäfte subventioniert werden.

Zur Bestimmung der Marktrisikoprämie sowie der Betafaktoren für Geschäftsbereiche, die in einzelnen Regionen oder sogar weltweit tätig sind, können ebenfalls Indizes der Financial Times, von Dow Jones International und Morgan Stanley verwendet
werden. So sind beispielsweise die Dow Jones Global Indizes wie folgt nach Regionen aufgebaut:[637]

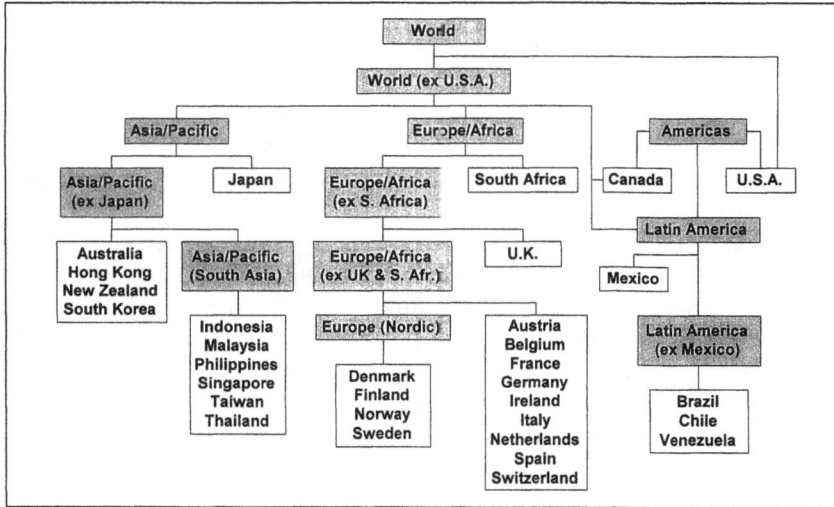

World

World (ex U.S.A.)

Asia/Pacific — Europe/Africa — Americas

Asia/Pacific (ex Japan) — Japan — Europe/Africa (ex S. Africa) — South Africa — Canada — U.S.A.

Latin America

Australia, Hong Kong, New Zealand, South Korea — Asia/Pacific (South Asia) — Europe/Africa (ex UK & S. Afr.) — U.K. — Mexico

Indonesia, Malaysia, Philippines, Singapore, Taiwan, Thailand — Europe (Nordic) — Austria, Belgium, France, Germany, Ireland, Italy, Netherlands, Spain, Switzerland — Latin America (ex Mexico)

Denmark, Finland, Norway, Sweden — Brazil, Chile, Venezuela

Abbildung 74: Aufbau der Dow Jones Global Indizes
Quelle: *Dow Jones & Company* (1998), S. 10.

Für Geschäftsbereiche und Tochterunternehmen, die schwerpunktmäßig in Westeuropa oder dem Euro-Ausland tätig sind, bietet sich die Bestimmung des Betafaktors
und der Marktrendite auf der Basis der neuen Indizes Dow Jones Stoxx und Dow Jones Euro Stoxx sowie der hierin enthaltenen Werte an.[638] Die Indizes umfassen 599
bzw. 326 europäische Aktientitel, davon 64 bzw. 32 Kreditinstitute. Im Dow Jones
Stoxx sind folgende Kreditinstitute in der Reihenfolge ihrer Marktkapitalisierung in
Euro enthalten (Stand: Juni 2000):[639]

---

[637] Einen ähnlichen Aufbau haben die Indizes von Morgan Stanley und der Financial Times.

[638] Die Dow Jones Stoxx Indizes werden seit Anfang 1998 publiziert. Neben den Gesamtmarktindi-
zes werden auch aus den jeweils 50 bedeutendsten Unternehmen ermittelte Blue Chip-Indizes
sowie 19 Branchenindizes u. a. im Handelsblatt und der Börsen-Zeitung veröffentlicht. Eine
Rückrechnung der Indizes ist bis 1992 möglich, so daß bereits ausreichend lange Datenreihen
vorliegen.

[639] Eine Übersicht über die im Dow Jones Stoxx und Euro Stoxx vertretenen Unternehmen findet
sich im Internet unter www.stoxx.com. Eine Alternative zum Dow Jones Stoxx und Euro Stoxx
stellt der von der Financial Times ermittelte EUROTOP- bzw. EUROBLOC-Index dar.

Kreditinstitute 1-32		Kreditinstitute 33-64	
HSBC HLD	GB	ROLO BANCA 1473 SPA	I
UBS	CH	FORENINGSSPARBANKEN AB	S
LLOYDS TSB GROUP PLC	GB	ALLIED IRISH BANKS PLC	IRL
DEUTSCHE BANK AG	D	SKANDINAVISKA ENSKILDA	S
BANCO BILBAO VIZCAYA	E	BNL	I
BNP	F	BANCO POPULAR ESPANOL	E
BANCO SANTANDER CENTRAL	E	ALPHABANK SA	GR
ROYAL BANK OF SCOTLAND	GB	BANCA ROMA	I
BARCLAYS PLC	GB	BANK OF IRELAND	IRL
ABN AMRO HOLDING NV	NL	DEN DANSKE BANK	DK
HYPOVEREINSBANK	D	BANCO COMERCIAL PORT.	P
SOCIETE GENERALE	F	ALLIANCE & LEICESTER	GB
SAN PAOLO-IMI	I	BANK AUSTRIA AG	AUT
UNICREDITO ITALIANO	I	COMMERCIAL BANK OF GR.	GR
DRESDNER BANK AG	D	BANKINTER - BANCO INTERC	E
HALIFAX	GB	PINTO MAYOR (BPSM)	P
NORDIC BALTIC HOLDING	S	JULIUS BAER	CH
BANCA INTESA	I	EFG EUROBANK	GR
COMMERZBANK AG	D	DNB HOLDING	N
ABBEY NATIONAL PLC	GB	CHRISTIANIA BANK OG	N
CREDIT LYONNAIS	F	BANCO ESPIRITO SANTO	P
BANCA FIDEURAM	I	BANCO PORT. DO ATLANTICO	P
DEXIA	B	BANCA POPOLARE DI VERONA	I
STANDARD CHARTERED	GB	ERGO BANK SA	GR
KBC BANCASSURANCE HOLD.	B	BANCA LOMBARDA	I
BIPOP-CARIE SPA	I	NORTHERN ROCK	GB
BANK OF SCOTLAND	GB	BANK OF PIRAEUS	GR
CCF	F	VONTOBEL	CH
BANCA COMMERCIALE ITAL.	I	BCA POP. DI BERGAMO VARESI	I
SVENSKA HANDELSBANKEN	S	BANCA POPOLARE DI MILANO	I
NATIONAL BANK OF GREECE	GR	ERSTE BANK AUSTRIA	AUT
BCA MONTE DEI PASCHI SIENA	I	IKB DT. INDUSTRIEBANK	D

Abbildung 75: Kreditinstitute des Dow Jones Stoxx

Für die bedeutendsten Kreditinstitute im Dow Jones Stoxx und den Branchenindex ergaben sich im Mittel der Jahre 1997 und 1998 folgende 250-Tage-Betafaktoren:

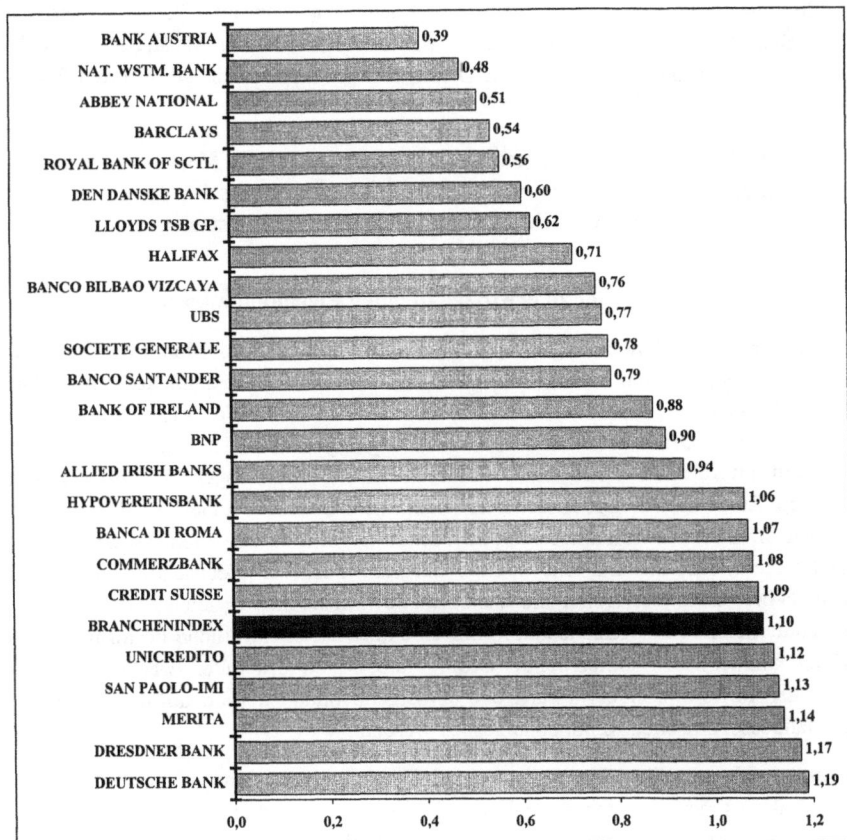

Institut	Betafaktor
BANK AUSTRIA	0,39
NAT. WSTM. BANK	0,48
ABBEY NATIONAL	0,51
BARCLAYS	0,54
ROYAL BANK OF SCTL.	0,56
DEN DANSKE BANK	0,60
LLOYDS TSB GP.	0,62
HALIFAX	0,71
BANCO BILBAO VIZCAYA	0,76
UBS	0,77
SOCIETE GENERALE	0,78
BANCO SANTANDER	0,79
BANK OF IRELAND	0,88
BNP	0,90
ALLIED IRISH BANKS	0,94
HYPOVEREINSBANK	1,06
BANCA DI ROMA	1,07
COMMERZBANK	1,08
CREDIT SUISSE	1,09
BRANCHENINDEX	1,10
UNICREDITO	1,12
SAN PAOLO-IMI	1,13
MERITA	1,14
DRESDNER BANK	1,17
DEUTSCHE BANK	1,19

Abbildung 76: Betafaktoren von Kreditinstituten im Dow Jones Stoxx

Quelle: Datastream, eigene Berechnungen.

Mit einem Betafaktor von 1,10 besitzt die Branche im Vergleich zu anderen Wirtschaftszweigen des Dow Jones Stoxx ein überdurchschnittliches systematisches Risiko. Auffallend ist, daß die deutschen Kreditinstitute in der Gruppe der am höchsten marktkapitalisierten europäischen Banken über die höchsten Betafaktoren verfügen. Diese liegen z. T. oberhalb des Branchenbetas. Aufgrund des höheren systematischen Risikos stellen Anleger im europäischen Vergleich an die deutschen Institute deutlich höhere Renditeforderungen als z. B. an britische und spanische Banken.

5.5.2.2.3 Schätzung des Wertes der ausländischen Unternehmenseinheit

Die Bestimmung der Marktwerte der ausländischen Betriebsstelle des Kreditinstitutes in den jeweiligen Landeswährungen erfolgt analog dem bei inländischen Geschäftsbereichen. Hierfür werden die erwarteten Free Cash-flows der ausländischen Tochterunternehmen und Geschäftsbereiche mit dem jeweiligen risikoadjustierten Eigenkapitalkostensatz abdiskontiert.

Nachdem nun die Höhe der Eigenkapitalkostensätze und die Marktwerte bestimmt sind, gilt es in einem weiteren Schritt nun die von den ausländischen Geschäftseinheit des Kreditinstitutes zu erwirtschaftenden Eigenkapitalkosten festzulegen.

5.5.2.2.4 Bestimmung der zu erwirtschaftenden Eigenkapitalkosten

Die zu erwirtschaftenden Eigenkapitalkosten ermitteln sich nun durch die Multiplikation des berechneten Marktwertes mit dem ermittelten Eigenkapitalkostensatz. Die Höhe der von der ausländischen Geschäftseinheit zu erzielenden Eigenkapitalkosten sollte aus zwei Gründen in Landeswährung festgelegt werden. Zum einen müßten die Ergebnisanforderungen aufgrund der Wechselkursschwankungen ständig angepaßt werden. Zum anderen gilt es, die Performance der Geschäftseinheit im Vergleich zu seinen direkten Marktkonkurrenten zu bestimmen und zu bewerten. So ist es nicht sachgerecht, eine ausländische Tochter aufgrund positiver Wechselkursentwicklungen als besonders erfolgreich einzuschätzen, obwohl sie im Vergleich zu den Konkurrenzunternehmen im Auslandsmarkt nur eine unterdurchschnittliche Performance erzielen konnte. Daher sollten bei der Bestimmung des zu fordernden Ergebnisbeitrages die Cash-flows in Landeswährung und der Eigenkapitalkostensatz auf der Grundlage der landesspezifischen Renditen angesetzt werden.[640]

Positive wie negative Wechselkurs- und Portfolioeffekte sind - entsprechend der Stand-alone Prämisse - der Zentrale des Kreditinstitutes zuzurechnen, da diese über die Zusammensetzung des Unternehmensportefeuilles entscheidet und dieses daher auch zu verantworten hat.

Durch die Einbeziehung der ausländischen Niederlassungen und Tochterunternehmen in die wertorientierte Steuerung des Kreditinstitutes ist es möglich festzustellen, inwieweit auch von diesen ein positiver Beitrag zum Unternehmenswert geleistet wird und das Management des Kreditinstitutes durch die Geschäftstätigkeit im Ausland eine Wertsteigerung für die Bankaktionäre erzielt. Werden die Renditeforderungen

---

[640] Eine Ausnahme bilden aufgrund der beschriebenen Schwierigkeiten bei der Bestimmung der risikolosen Rendite und der Marktrisikoprämie die in Entwicklungs- und Schwellenländern tätigen Niederlassungen und Tochterunternehmen.

nicht erfüllt, so ist - wie bei inländischen Geschäftsbereichen - von der Institutsleitung zu analysieren, inwieweit durch die Umsetzung wertsteigernder Maßnahmen die Renditeziele zukünftig erreicht werden können. Hierbei bieten sich insbesondere Kooperationen mit anderen Kreditinstituten an.[641] Ist es nicht möglich, in den nächsten Jahren eine dem Risiko entsprechende Renditen zu erzielen, so ist in letzter Konsequenz auch über die Schließung von Niederlassungen sowie den Verkauf ausländischer Tochterunternehmen zu entscheiden. Hierbei sind jedoch der häufig strategische Charakter einer Präsenz auf ausländischen Märkten sowie die Auswirkungen auf inländische Kunden und andere Unternehmensbereiche des Kreditinstitutes zu berücksichtigen.[642]

---

[641] So kann die Bündelung der Auslandsaktivitäten innerhalb eines Verbundes zu deutlichen Wertsteigerungen führen.

[642] Daher ist an dieser Stelle noch einmal die korrekte Ermittlung von Verrechnungspreisen zu betonen. Nur wenn sämtliche Leistungen zu Marktpreisen erfaßt werden, die ein ausländischer Betriebsteil für andere Geschäftsbereiche des Kreditinstitutes erbringt, ist es möglich, den Wertbeitrag korrekt zu bestimmen.

5.6 Anpassung der Steuerungsgrößen an endogene und exogene Veränderungen

Um Fehlsteuerungen zu vermeiden, sind die im Rahmen der wertorientierten Steuerung des Kreditinstitutes verwendeten Steuerungsparameter in regelmäßigen Abständen auf ihre Gültigkeit hin zu überprüfen. Anpassungsbedarf ergibt sich zum einen durch Marktveränderungen, zum anderen durch bankinterne Maßnahmen, die sich auf die Risikostruktur einzelner Geschäftsbereiche und des Gesamtinstitutes auswirken.

Als wesentliche exogene Faktoren sind insbesondere Veränderungen des risikolosen Zinssatzes und der Marktrisikoprämie bei der Bestimmung der Eigenkapitalkosten zu berücksichtigen. Beide Größen sind daher im Abstand einiger Jahre neu zu bestimmen. Hierbei ist insbesondere zu prüfen, ob die sich seit Anfang der 90er Jahren abzeichnenden Tendenzen auf den Aktien- und Rentenmärkten auch zukünftig fortsetzen. So sind bedingt durch weltweit niedrigere Inflationsraten die Zinssätze in den meisten westlichen Industrieländern deutlich unter die früherer Jahre gesunken. Demgegenüber haben sich seit 1988 die Aktienkurse und damit die Marktrenditen insbesondere in Westeuropa und den USA deutlich erhöht. Auch hier gilt es zu überprüfen, ob es sich um eine dauerhafte Veränderung oder nur um eine kurzfristige Schwankung handelt. Ebenfalls kann es zu einer grundlegenden Neubewertung des systematischen Risikos einzelner Wirtschaftszweige oder Branchensegmente kommen.[643] Die sich hieraus ergebenden Veränderungen des Betafaktors sind bei der Ermittlung der Eigenkapitalkosten miteinzubeziehen. Um den einzelnen Unternehmenseinheiten eine Planungssicherheit zu geben, sollten Anpassungen nur im größeren zeitlichen Abstand sowie bei dauerhaften und signifikanten Veränderungen vorgenommen werden.[644]

Weiterhin gilt es zu beobachten, inwieweit es durch ein stärker international ausgerichtetes Anlageverhalten zu einer fortschreitenden Harmonisierung der nationalen Kapitalmärkte und Wertpapierrenditen kommt. Ist eine weitgehende Angleichung erreicht, so sollte anstelle des nationalen Aktienmarktes ein regionales oder sogar weltweites Marktportefeuille angesetzt werden. Dies hätte darüber hinaus auch Auswirkungen für die Bestimmung des Betafaktors inländischer Geschäftsbereiche anhand von Analogieansätzen. So könnten als Pure Plays bzw. Peer Group auch ausländische börsennotierte Kreditinstitute herangezogen werden.

---

[643] Die möglichen Ursachen hierfür sind vielfältig. So kann eine zunehmende Deregulierung zu einem erhöhten Wettbewerb auf nationalen und internationalen Märkten führen.

[644] Bei der Wahl der Anpassungsintervalle sollte der Grundsatz der Wirtschaftlichkeit berücksichtigt werden.

Wesentliche Impulse für eine zunehmende Integration der nationalen Anleihe- und Aktienmärkte zu einem gesamteuropäischen Kapitalmarkt gehen hierbei von der europäischen Wirtschafts- und Währungsunion aus. Die einheitliche europäische Währung ermöglicht sowohl institutionellen als auch privaten Anlegern eine breitere Diversifikation ihres Wertpapierportefeuilles ohne ein Währungsrisiko einzugehen. Bereits vor Einführung des Euro Anfang 1999 haben sich die Zinssätze von Staatsanleihen der teilnehmenden Länder einander weitgehend angeglichen. Es bestehen somit nur noch geringe Abweichungen bei den landesspezifischen risikolosen Zinssätzen.[645] Demgegenüber haben sich die Aktienmärkte im Jahr 1999 sehr inhomogen entwickelt. Die Spanne reicht von Kursverlusten in Höhe von -57 % in Belgien bis zu einer Indexsteigerung von 162 % in Finnland.[646]

Neben exogenen Faktoren können auch endogene Gründe eine Anpassung der Steuerungsgrößen erfordern. So kann sich durch den Erwerb oder die Veräußerung von Unternehmensteilen die Risikosituation des Kreditinstitutes grundlegend verändern. Gleiches gilt auch für einzelne Geschäftsbereiche, deren systematisches Risiko durch Akquisitionen oder Desinvestments deutlich steigt oder sinkt. In diesen Fällen sollte eine sofortige Anpassung der Steuerungsparameter erfolgen.[647] Neben diesen Ad-hoc-Ereignissen kann es auch zu einer kontinuierlichen Veränderung der Risikosituation eines Kreditinstitutes oder Unternehmensbereiches durch die schrittweise Umsetzung von Geschäftsstrategien kommen. Hierunter fallen insbesondere der sukzessive Ausstieg aus einzelnen Marktsegmenten, wie z. B. dem Privatkundengeschäft.

Wird das systematische Risiko einzelner Geschäftsbereiche mittels Analogieansätzen bestimmt, so ist regelmäßig zu prüfen, inwieweit die ausgewählte Branche bzw. die börsennotierten Vergleichsunternehmen noch repräsentativ für die betreffenden in- oder ausländischen Geschäftsbereiche und Tochterunternehmen sind. Gegebenenfalls sind ein anderer Branchenindex oder ein anderes Pure-Play-Unternehmen auszuwählen bzw. die Peer Group neu zusammenzusetzen. Ebenfalls sind bei der Anwendung von buchhalterischen und fundamentalen Betafaktoren die ausgewählten Risikofaktoren und die ermittelten Sensitivitäten zu überprüfen und bei signifikanten Veränderungen anzupassen.

---

[645] Schwierigkeiten bei der Bestimmung eines einheitlichen risikolosen Zinssatzes bereitet jedoch die nur sehr geringe statistische Basis. Die Zins- und Kursdaten der Staatsanleihen der einzelnen Länder vor 1999 sind nur bedingt zu verwenden, so daß (noch) keine ausreichend lange Datenreihe zur Berechnung des risikolosen Zinssatzes für den Euro-Raum vorliegt.

[646] Vgl. für eine Übersicht *Deutsche Börse AG* (2000), S. 72.

[647] Bei börsennotierten Unternehmen ist zu berücksichtigen, daß sich der Betafaktor durch den mehrjährigen Erhebungszeitraum nur sukzessiv anpaßt. Bis dieses erfolgt ist, sind Annahmen bezüglich des systematischen Risikos, z. B. durch Analogien zu anderen Unternehmen oder die Verwendung fundamentaler Betafaktoren zu treffen.

Während es sich bei exogenen Veränderungen um eher langfristige Entwicklungen handelt, die Anpassungen erst nach mehreren Jahren erfordern, muß auf signifikante endogene Veränderungen sofort reagiert werden, um Fehlallokationen zu vermeiden.

Werden im Rahmen der strategischen Planung des Kreditinstitutes gravierende geschäftspolitische Veränderungen beabsichtigt, so sind die sich hieraus ergebenden Auswirkungen auf die Risikostruktur und die Cash-flow-Entwicklung der Gesamtbank bzw. der betreffenden Geschäftsbereiche bereits bei der Planung und Bewertung der Maßnahmen zu berücksichtigen.

5.7 Wertorientierte Produktsteuerung und -kalkulation

5.7.1 Berücksichtigung der Eigenkapitalkosten in der Produkt-steuerung und -kalkulation

Nachdem in den vorherigen Abschnitten die Bestimmung der Eigenkapitalkosten und des Marktwertes sowie die sich hieraus ergebenden eigentümerorientierten Steue-rungsmöglichkeiten von Geschäftsbereichen aufgezeigt wurden, gilt es nun, die Ren-diteforderungen der Bankeigentümer auch im Rahmen einer wertorientierten Pro-duktkalkulation zu berücksichtigen. Zielsetzung ist es hierbei, die Eigenkapitalkosten bereits in die Kalkulation eines Produktes zu integrieren, um so die Erzielung einer - dem Risiko angemessenen - Rendite sicherzustellen. Darüber hinaus ist es notwen-dig, im Sinne einer an den Eigentümerinteressen ausgerichteten Unternehmensfüh-rung die Produkte zu identifizieren, die einen positiven Beitrag zur Erhöhung des Unternehmenswertes leisten.

Die Produktkalkulation in Kreditinstituten wurde in den letzten Jahrzehnten ständig ausgebaut und verbessert.[648] So hat sich die Marktzinsmethode zur Bestimmung der Erfolgsbeiträge einzelner Zinsgeschäfte mittlerweile in der Bankpraxis durchgesetzt. Hierauf aufbauend wurde das Barwertkonzept entwickelt und in die bankbetriebliche Steuerung integriert, welches den auf den Zeitpunkt des Geschäftsabschlusses abdis-kontierten Erfolg eines Geschäftes über seine gesamte Laufzeit ermittelt. Ebenfalls wurden u. a. basierend auf Ratingverfahren und der Optionspreistheorie komplexe Ansätze zur Bemessung der Ausfallrisiken im Kreditgeschäft entwickelt, mit denen es möglich ist, die individuellen Risikokosten eines einzelnen Geschäftes zu bestim-men. Durch verfeinerte Kostenrechnungsverfahren, insbesondere auch der Prozeß-kostenrechnung, ist darüber hinaus eine verbesserte Zurechnung der Betriebskosten auf Produkte möglich.[649]

Nur wenig Aufmerksamkeit wurde bisher im Rahmen der Produktkalkulation auf die Bestimmung der Eigenkapitalkosten gelegt.[650] Häufig wird hierbei, ausgehend vom Mindestgewinn und aufsichtsrechtlichen Unterlegungsvorschriften, ein sehr pau-

---

[648] Es besteht insoweit eine hierarchische Beziehung zwischen den Einzelgeschäften und Produk-ten, als unter einem Einzelgeschäft die kleinste, am Markt absetzbare Einheit eines Produktes zu verstehen ist. Diese wäre z. B. ein Kreditvertrag oder eine Wertpapiertransaktion. Vgl. *Rüegs-egger* (1996), S. 132.

[649] Für einen Überblick über die Methoden zur Risiko- und Betriebskostenkalkulation und die da-mit verbundene Bestimmung der Standard-Risikokosten und Betriebskosten für Produkte und Einzelgeschäfte, vgl. u. a. *Süchting/Paul* (1998), S 431-446, *Schierenbeck* (1999 I), S. 292-366.

[650] So werden die Eigenkapitalkosten im Grundmodell der Marktzinsmethode nicht explizit erfaßt. Vgl. *Schierenbeck* (1999 I).

schales Vorgehen empfohlen. Eine Abschätzung, ob einzelne Produkte aus Sicht der Eigentümer der Bank Wert generieren, ist jedoch nur möglich, wenn die Eigenkapitalkosten für jedes einzelne Produkt anhand seines produktspezifischen Risikos bestimmt und in der Kalkulation angesetzt werden. Nur so ist sichergestellt, daß die einzelnen Produkte eine risikoadäquate Rendite erwirtschaften.

In der Literatur zur wertorientierten Unternehmensführung in Kreditinstituten hat sich lediglich Behm mit der Einbeziehung der Produkte in die Institutssteuerung befaßt.[651] Jedoch verwendet er keine risikoadjustierten Eigenkapitalkosten, sondern bestimmt statt dessen eine Mindestverzinsung, die unabhängig vom Marktwert des Produktes bzw. dem gebundenen Eigenkapital ist.[652]

Es ist noch einmal zu betonen, daß aus Eigentümersicht nicht nur Aktivgeschäfte einen positiven Wertbeitrag erzielen müssen, sondern auch Passivgeschäfte und Nicht-Zinsgeschäfte. Der Ansatz von Eigenkapitalkosten ist deshalb konsequent, da zum einen auch diese Geschäfte einen Wert für den Eigentümer darstellen; in ihnen ist Kapital gebunden, welches durch Veräußerung z. B. an ein Konkurrenzinstitut realisiert werden könnte.[653] Zum anderen unterliegt dieses Kapital der Gefahr von Marktwertschwankungen. Es ist daher nicht sachgerecht, wie Behm, lediglich die Aktivgeschäfte zu betrachten.[654]

Nachfolgend soll, in Analogie zu dem Vorgehen auf Geschäftsbereichsebene, ein wertorientiertes Verfahren zur Bestimmung produktspezifischer Eigenkapitalkosten und deren Berücksichtigung in der Produktkalkulation vorgestellt werden. Ausgangsbasis bilden auch hier die aus dem Kapitalmarkt abgeleiteten risikoadjustierten Eigenkapitalkosten sowie die Marktwerte, bezogen jedoch nicht auf Geschäftsbereiche, sondern Produkte oder Produktgruppen. Aufgrund ihrer spezifischen Unterschiede wird nachfolgend in Zinsgeschäfte und Nicht-Zinsgeschäfte differenziert. Wie bereits im Abschnitt 3.3 ausgeführt, unterscheidet sich die Kreditwirtschaft von anderen Branchen insbesondere durch sehr langfristige Vertrags- und Kundenbeziehungen. Im

---

[651] Vgl. *Behm* (1994), S, 165ff.

[652] Darüber hinaus sind die von ihm nur sehr knapp vorgestellten Verfahren, der Mittelwert-Varianz-Ansatz und der Hedgekostenansatz, sind - wie Behm selbst feststellt - lediglich für Produkte geeignet, die am Kapitalmarkt bewertet werden. Vgl. *Behm* (1994), S. 180, 182f. Der von Behm gewählte Ansatz soll daher hier nicht weiter verfolgt werden.

[653] So ist für Handelsgeschäfte vom Gesamtinstitut aufgrund der Unterlegungsvorschriften der Bankenaufsicht Eigenkapital vorzuhalten. Darüber hinaus wird Sach- und Humankapital gebunden.

[654] Vgl. *Behm* (1994). Behm bezieht sich in seinen Ausführungen zur Produktsteuerung lediglich auf die Aktivseite und läßt das Passivgeschäft sowie das bilanzunwirksame Dienstleistungsgeschäft unberücksichtigt.

Rahmen des Relationship Banking stehen daher die Kundenbeziehung und die über mehrere Jahre hieraus erzielten Erträge im Mittelpunkt der Unternehmenssteuerung. Die sich hieraus ergebenden Konsequenzen für die wertorientierte Produktsteuerung in Kreditinstituten werden zum Abschluß des Kapitels diskutiert.

5.7.2 Integration der Eigenkapitalkosten in eine kostenorientierte Preiskalkulation

5.7.2.1 Ermittlung der Eigenkapitalkosten von Zinsgeschäften

Zielsetzung einer wertorientierten Preiskalkulation ist es, auf der Grundlage der entstehenden Kosten einen Mindestpreis für Produkte zu bestimmen. Hierzu ist es notwendig, sämtliche Kostenarten – und damit auch die Eigenkapitalkosten – angemessen zu berücksichtigen.

Da ein Kreditinstitut eine Wertschöpfung sowohl auf der Aktiv- als auch auf der Passivseite erzielen kann, sind nicht nur die Kosten der Geldbeschaffung bei Aktivgeschäften, sondern auch der Nutzen aus der Geldanlage von Passivgeschäften zu bestimmen. Im Rahmen der Marktzinsmethode erfolgt daher im Sinne einer Opportunitätsbetrachtung ein Vergleich mit alternativ möglichen Geschäften am Geld- oder Kapitalmarkt.[655] Ausgehend hiervon gilt es, bei der Kalkulation nun die hierauf zu erzielende Mindestmarge zu bestimmen.

Mit der Marktzinsmethode steht seit Anfang der 80er Jahre ein Steuerungsinstrument zur Verfügung, das eine verfeinerte Zinsverrechnung im Kreditinstitut ermöglicht.

Bei Betrachtung der nachfolgenden Abbildung 77 wird deutlich, daß bei der Marktzinsmethode eine Aufspaltung des Zinsergebnisses in drei Komponenten stattfindet:

- Konditionsbeitrag Aktiv,

- Konditionsbeitrag Passiv,

- Strukturbeitrag bzw. Fristentransformationsbeitrag.

---

[655] Auf die Marktzinsmethode wird in dieser Arbeit nur sehr kurz eingegangen. Für eine vertiefende Betrachtung der Methodik sei auf die Literatur verwiesen, vgl. u. a. *Schierenbeck* (1999 I).

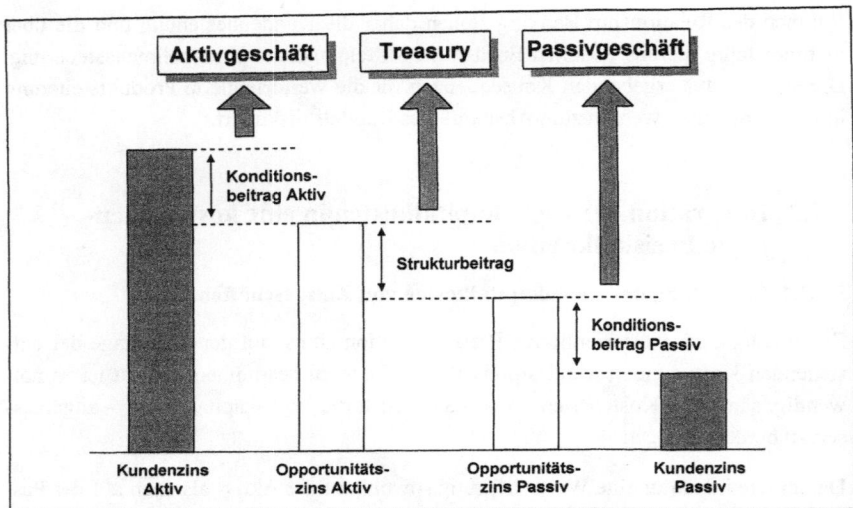

Abbildung 77: Zinsverrechnung im Rahmen der Marktzinsmethode

Quelle: *Rüegsegger* (1996), S. 139.

Die Konditionsbeiträge stellen die Differenz zwischen dem erzielten Kundenpreis und dem Alternativgeschäft am Geld- und Kapitalmarkt dar. Der Strukturbeitrag bestimmt sich als Differenz zwischen den beiden als Opportunität gewählten Marktzinssätzen.

Da mit einem Kundengeschäft noch weitere Kosten und Erlöse verbunden sind, ist der Konditionsbeitrag lediglich als Bruttoergebnisgröße anzusehen, der um weitere Größen zu korrigieren ist. Hierzu zählen bei Aktiv- und Passivgeschäften neben den Betriebskosten[656] auch die bei einem Geschäft anfallenden Provisionen (z. B. zu zahlende Provisionen an einen Zuführer im Baufinanzierungsgeschäft, aber auch erhaltene Provisionen wie Bearbeitungsgebühren). Im Aktivgeschäft sind zusätzlich als eine wesentliche Kalkulationsgröße die sogenannten Standard-Risikokosten miteinzubeziehen.[657] Diese dienen zur Kompensation der erwarteten Kreditausfälle. Unter Berücksichtigung dieser zusätzlichen Ergebniskomponenten ergibt sich der Netto-Konditionsbeitrag:[658]

---

[656] Zur Bestimmung der Betriebskosten vgl. u. a. *Süchting/Paul* (1998), S. 438-446, *Schierenbeck* (1999 I), S. 345-370.

[657] Zur Ermittlung der Standard-Risikokosten vgl. u. a. *Süchting/Paul* (1998), S. 431-438, *Schierenbeck* (1999 I), S. 292-345, *Rolfes* (1999), S. 360-379.

[658] Vgl. *Schierenbeck* (1999 I), S. 291.

```
Brutto-Konditionsbeitrag
-  Risikokosten
   (im Aktivgeschäft)
-  Betriebskosten
+  Provisionserlöse
=  Netto-Konditionsbeitrag
```

Die Höhe des Netto-Konditionsbeitrags sagt noch nichts darüber aus, ob durch ein Produkt eine Wertsteigerung im Sinne der Bankeigentümer erzielt wird. Hierzu müssen zusätzlich noch die Eigenkapitalkosten bestimmt und in der Kalkulation berücksichtigt werden. Hierbei hat eine eindeutige Trennung von Risikokosten und Eigenkapitalkosten zu erfolgen. Während die Risikokosten die erwarteten Ausfälle kompensieren sollen, entschädigen die Eigenkapitalkosten den Eigentümer für die Kapitalüberlassung sowie das systematische Risiko seiner Anlage. Zinsänderungsrisiken sind nicht zu betrachten, da diese auf den Bereich Treasury übertragen wurden.[659]

Ein Produkt erwirtschaftet seine Eigenkapitalkosten nur, wenn gilt:

Netto-Konditionsbeitrag $\geq$ Eigenkapitalkostensatz · investiertes Kapital.

Das oben angeführte Kalkulationsschema zur Ermittlung des Netto-Konditionsbeitrag ist dementsprechend zu ergänzen:

```
Brutto-Konditionsbeitrag
-  Risikokosten
   (im Aktivgeschäft)
-  Betriebskosten
+  Provisionserlöse
=  Netto-Konditionsbeitrag
-  Eigenkapitalkosten
=  Wertbeitrag des Einzelgeschäfts
```

---

[659] Vgl. *Rüegsegger* (1996), S. 140f., 149, *Schierenbeck* (1999 I), S. 292.

Zur Bestimmung der Eigenkapitalkosten, die als zusätzliche Marge dem Produkt auferlegt werden, ist es zum einen notwendig, die Höhe des Eigenkapitalkostensatzes zu bestimmen, und zum anderen die Verzinsungsgrundlage festzulegen.

Wie bereits erläutert, entspricht der Eigenkapitalkostensatz im Sinne einer wertorientierten Unternehmensführung den Renditeforderungen der Eigentümer. Diese leiten ihre Verzinsungserwartung anhand der am Kapitalmarkt für Anlagen mit gleichem Risiko zu erzielenden Rendite ab. Daher gilt es nun, die Höhe der Renditeforderungen für einzelne Produkte oder Produktgruppen zu bestimmen. Eine besondere Betrachtung des einzelnen Geschäftes unter Risikogesichtspunkten ist nicht notwendig, da durch die Berücksichtigung des Ausfallrisikos in den Risikokosten eine Risikohomogenität aus Eigentümersicht erzielt wird.[660]

Eine erste Möglichkeit zur Festlegung des risikoadjustierten Eigenkapitalkostensatzes eines Produktes besteht in der Übernahme des entsprechenden Satzes des Geschäftsbereiches. Dieses ist nur dann sachgerecht, wenn der Geschäftsbereich nur ein einzelnes Produkt bzw. risikohomogene Produkte anbietet. In diesen Fällen können die Eigenkapitalkosten direkt anhand des Marktwertes des Geschäftsbereiches ermittelt und auf die einzelnen Geschäfte verteilt werden.

Werden Produkte mit unterschiedlichen systematischen Risiken durch den Geschäftsbereich vertrieben, so ist die Ermittlung differenzierter Eigenkapitalkosten notwendig. Wie ein Kreditinstitut aus Geschäftsbereichen mit unterschiedlichen systematischen Risiken besteht, stellen auch die adjustierten Eigenkapitalkosten einzelner Unternehmensteile ebenfalls nur Durchschnittswerte dar. So weichen die Risiken der Produkte innerhalb eines Unternehmensbereiches häufig voneinander ab. Werden innerhalb eines Geschäftsbereiches einheitliche Renditeforderungen erhoben, so wird implizit angenommen, daß sämtliche Produkte bezüglich ihres systematischen Risikos homogen sind. Daher ist es zumeist notwendig, eine weitere Risikodifferenzierung vorzunehmen.

Für Produkte lassen sich die risikoadjustierten Eigenkapitalkosten ebenfalls auf der Grundlage des CAPM aus dem Kapitalmarkt herleiten. Analog zum Vorgehen bei nicht-börsennotierten Unternehmen und Geschäftsbereichen kann auch das unterschiedliche systematische Risiko von Produkten durch den Ansatz produktspezifischer Betafaktoren berücksichtigt werden.[661] Dabei kann auf die vorgestellten Methoden zur Ermittlung der Betafaktoren von Geschäftsbereichen zurückgegriffen werden.

---

[660] So werden die unsystematischen Risiken eines Einzelgeschäftes in den Standard-Risikokosten erfaßt.

[661] Vgl. *Rüegsegger* (1996), S. 150f., *Albrecht* (1998), S. 265f.

Eine Anwendung von Analogieansätzen ist aufgrund der fehlenden Vergleichsunternehmen nicht möglich. Stellt die Auswahl von risikoäquivalenten Finanzanlagen am Aktienmarkt bereits für Geschäftsbereiche ein Problem dar, so ist dies für Produkte kaum mehr praktikabel. Ebenfalls bereitet die Bestimmung von fundamentalen Betafaktoren auf der Produktebene Schwierigkeiten.[662] Es sollte daher die Ermittlung des systematischen Risikos einzelner Produkte auf der Grundlage ihrer Cash-flow-Schwankungen erfolgen.[663] Während dies bei Industrieunternehmen durch kurze Produktlebenszyklen gravierende Probleme bereitet, stehen für die Mehrzahl der Bankprodukte langjährige Datenreihen zur Verfügung.[664] Anhand der Schwankungen der Cash-flows des Produktes und des Marktportefeuilles lassen sich produktspezifische Betafaktoren bestimmen.[665] Sie geben an, über welches systematische Risiko ein Produkt, z. B. im Aktivgeschäft Konsumenten- oder Hypothekarkredit und im Passivgeschäft Spar- oder Termineinlagen, aus der Sicht eines diversifizierten Anlegers verfügt. Im Cash-flow sind sämtliche Ein- und Auszahlungen des Produktes zu erfassen. Dieses sind neben Zinsen - auch die mittels der Marktzinsmethode bestimmten Opportunitäten - im wesentlichen Auszahlungen für Personal- und Sachmittel. Ist von einem sehr ähnlichen systematischen Risiko der Produkte innerhalb eines Geschäftsbereiches oder einer Produktgruppe auszugehen, so ist eine weitere Differenzierung nicht notwendig und unter ökonomischen Gesichtspunkten auch nicht sinnvoll.

Zur Bestimmung der Eigenkapitalkosten ist in einem weiteren Schritt die Höhe des investierten Kapitals zu bestimmen. In der Praxis wird auch bei der Produktkalkulation insbesondere im Kreditgeschäft zumeist auf die aufsichtsrechtlichen Unterlegungsvorschriften zurückgegriffen oder es erfolgt eine volumenproportionale Verteilung. Dies ist jedoch, wie bereits erläutert, nicht sachgerecht, da hierbei die produktspezifischen Risiken nur unzureichend berücksichtigt werden. Analog zum Vorgehen auf der Geschäftsbereichsebene sollte als Verzinsungsgrundlage im Rahmen einer wertorientierten Produktkalkulation ebenfalls der Marktwert des Produktes gewählt werden. Dieser läßt sich durch die Abdiskontierung der erwarteten zukünftigen Cashflows des Produktes mit dem risikoadjustierten Eigenkapitalkostensatz bestimmen.

---

[662] Bei einigen Produkten dürfte dies dann möglich sein, wenn diese auf die Veränderung eines Faktors besonders empfindlich reagieren. Zu denken wäre hierbei insbesondere an Zinsprodukte, deren Nachfrage und Margen stark von der Zinsentwicklung abhängig sind.

[663] Vgl. *Rüegsegger* (1996), S. 150f., *Albrecht* (1998), S. 265, *Rüegsegger* (1998), S. 44.

[664] Vgl. *Albrecht* (1998), S. 265. Veränderte Organisationsstrukturen wirken sich auf Produktebene i. d. R. nicht aus.

[665] Zur Vermeidung von Verzerrungen sollte eine Bereinigung um Volumenveränderungen erfolgen.

Dieses Vorgehen entspricht vom Grundprinzip dem bereits in der Bankpraxis angewendeten Barwertkonzept der Marktzinsmethode.[666] Hierbei werden die Cash-flows der einzelnen Geschäfte mittels sogenannter Zerobond-Abzinsungsfaktoren auf den Bewertungszeitpunkt abdiskontiert. Zur wertorientierten Produktsteuerung ist das Barwertkonzept in zwei wesentlichen Punkten zu modifizieren. Zum einen sollte die Abdiskontierung der zukünftigen Zahlungsströme nicht mit den aus der aktuellen Zinsstruktur bestimmten Zerobond-Abzinsungsfaktoren erfolgen, sondern mit dem Eigenkapitalkostensatz, da dieser die Opportunität aus Eigentümersicht darstellt.[667] Zum anderen berücksichtigt das Barwertkonzept lediglich bestehende Geschäfte und ermittelt somit einen auf den auf den Bewertungszeitpunkt bezogenen Substanzwert. Es ist daher notwendig, auch zukünftige Geschäftsabschlüsse einzubeziehen. Dies ist i. d. R. mit keinem zusätzlichen Erhebungsaufwand verbunden, da die Daten als Grundlage für die Cash-flow-Planungen des Geschäftsbereiches benötigt werden.

Die sich durch die Multiplikation des Eigenkapitalkostensatzes mit dem Marktwert des Produktes ergebenden absoluten Eigenkapitalkosten sind dann in einem weiteren Schritt über geeignete Bezugsgrößen auf die Einzelgeschäfte zu übertragen. Im Zinsgeschäft sind dies das Kredit- bzw. Einlagenvolumen. Indem die Eigenkapitalkosten z. B. ins Verhältnis zum Gesamtvolumen der Hypothekarkredite gesetzt werden, ergeben sich die zu erzielenden Eigenkapitalkosten pro Euro Kredit. Die so ermittelten Eigenkapitalkosten sind dann im Rahmen der Preiskalkulation sowohl im Aktiv- als auch im Passivgeschäft im Mindestkonditionsbeitrag zu berücksichtigen.

5.7.2.2 Ermittlung der Eigenkapitalkosten von Nicht-Zinsgeschäften

Wie bereits erläutert, ist auch von Nicht-Zins-Geschäften ein angemessener Ergebnisbeitrag zu leisten. Die Bemessung seiner Höhe bereitet jedoch bisher in der Praxis Schwierigkeiten. Zumeist wird auf subjektive Größen und kostenrechnungsorientierte Kennziffern wie Cost/Income Ratio oder Return on Assets under Management zurückgegriffen.

Bei der Kalkulation von Nicht-Zins-Produkten sollte analog zur vorher geschilderten Methodik bei Aktiv- und Passivgeschäften verfahren werden. Jedoch ist die Berück-

---

[666] Vgl. zum Barwertkonzept u. a. *Benke/Gebauer/Piaskowski* (1991), *Schierenbeck* (1999 I), S. 178-202, *Süchting/Paul* (1998), S. 422-431.

[667] Die Verwendung von Zerobond-Abzinsungsfaktoren im Rahmen des Barwertkonzeptes wird z. T. sehr kritisch gesehen, da diese aus der aktuellen Zinsstruktur abgeleitet werden. Hierdurch schwankt ihre Höhe sehr stark in Abhängigkeit von der Zinsstruktur. Ebenfalls wird ihnen die Eignung als Prognoseinstrument für zukünftige Zinsstrukturen abgesprochen. Vgl. u. a. *Adam/Schlüchtermann/Utzel* (1993), *Adam/Hering/Johannwille* (1995), *Bode/Fromme* (1996), *Dieckhöner* (1996).

sichtigung von Geldeinstands- und Risikokosten bei der Bestimmung der Soll-Marge des Einzelgeschäftes nicht notwendig. Es ist somit lediglich auf die Betriebs- und Eigenkapitalkosten abzustellen.

Auch hier gilt es zunächst, die produktspezifischen Eigenkapitalkosten festzulegen. Vertreibt der Geschäftsbereich oder das Tochterunternehmen nur ein Produkt bzw. mehrere Produkte mit ähnlichem systematischen Risiko, so kann bei der Produktkalkulation der Eigenkapitalkostensatz der Unternehmenseinheit verwendet werden. Werden jedoch Produkte mit unterschiedlichem Risiko angeboten, so hat auch hier eine Risikodifferenzierung zu erfolgen. Das produktspezifische Risiko läßt sich für Nicht-Zins-Produkte ebenfalls anhand der Cash-flow-Volatilität im Zeitablauf ermitteln. Hierzu werden die in den letzten Jahren z. B. im Rahmen der Wertpapierabwicklung erzielten Ein- und Auszahlungen bestimmt, und anhand der Schwankungen der Cash-flows des Produktes und des Marktportefeuilles wird der produktspezifische Betafaktor berechnet. Einzahlungen resultieren beispielsweise aus erhaltenen Abwicklungs- und Depotgebühren, Auszahlungen aus Personal- und Sachkosten sowie fremden Kosten (Börse, Korrespondenzbank, Wertpapiersammelbank). Als Verzinsungsgrundlage wird wiederum der auf der Basis der erwarteten Cash-flows bestimmte Marktwert verwendet. Wird dieser mit dem Eigenkapitalkostensatz multipliziert, ergibt sich die aus Sicht der Eigentümer an das Produkt zu stellende Ergebnisforderung. Je nach Produkt sind nun geeignete Größen zur Verteilung der Eigenkapitalkosten auf die Einzelgeschäfte zu wählen. So kann z. B. im Wertpapier- und Zahlungsverkehrsgeschäft eine stückproportionale Zurechnung auf die einzelnen Transaktionen erfolgen. Denkbar ist auch eine volumenproportionale Verteilung z. B. bei Beratungsleistungen über die entsprechenden Stunden- bzw. Tagessätze.

Die bei der Bestimmung der Mindestmarge einzelner Produkte auftretenden Schwierigkeiten betreffen nicht nur die Eigenkapitalkosten, sie bestehen ebenfalls bei der Verrechnung der Betriebskosten. Grundsätzlich ist es daher möglich, sich bei der Produktkalkulation an dem hierfür gewählten Verteilungsverfahren zu orientieren.

5.7.3 Vorzüge und Grenzen einer wertorientierten Produktsteuerung

Indem auf den Marktwert und produktspezifische risikoadjustierte Eigenkapitalkostensätze abgestellt wird, ist es möglich, Eigenkapitalkosten für sämtliche Bankprodukte sowohl im Zins- als auch im Nicht-Zinsbereich zu bestimmen. Diese können dann auf die einzelnen Geschäfte mittels hierfür geeigneter Bezugsgrößen als zusätzlich zu erzielende Marge neben den Geldeinstands-, Risiko- und Betriebskosten verteilt werden. Zur Ermittlung der Mindestmargen bedarf es weitgehend exakter Verrechnungspreise innerhalb des Kreditinstitutes. Dieses Problem ist jedoch nicht spezifisch für die wertorientierte Produktsteuerung, sondern besteht bei jedem Kalkulationsverfahren, unabhängig davon, wie die Bestimmung der zu erzielenden Mindestrendite erfolgt und welche Verzinsungsgrundlage gewählt wird.

Zur Ermittlung des Wertbeitrages eines Produktes kann die bereits auf Geschäftsbereichsebene eingesetzte Methodik verwendet werden. Die zur Bestimmung des Marktwertes notwendigen Daten werden bereits für die Geschäftsbereichsplanung benötigt, so daß kein zusätzlicher Aufwand entsteht. Durch den Vergleich des tatsächlich erzielten Ergebnisses eines Produktes mit dem aus Sicht der Eigentümer - anhand des risikoadjustierten Kapitalkostensatzes und des Marktwertes - bestimmten Soll-Ergebnis läßt sich feststellen, inwieweit in der betrachteten Periode die Renditeforderung erfüllt werden konnte oder nicht. Ebenfalls kann auf der Grundlage der Plandaten ermittelt werden, ob auch in den nächsten Jahren die Kapitalkosten erwirtschaftet werden. Die hieraus gewonnenen Erkenntnisse sollten im Rahmen der Sortimentspolitik des Geschäftsbereiches bzw. des Kreditinstitutes eine angemessene Berücksichtigung finden. Durch den Vergleich des Marktwertes des Geschäftsbereiches mit der Summe der zugehörigen Produktwerte läßt sich analog zur Gesamtbank feststellen, inwieweit es gelungen ist, durch z. B. eine stärkere Kundenbindung oder die Nutzung von Cross-Selling-Potentialen, eine Wertsteigerung zu erzielen.

Schwierigkeiten könnten bei der Bestimmung des systematischen Risikos neuer Produkte entstehen, da keine historischen Datenreihen zur Verfügung stehen. Weil es sich zumeist um Variationen bereits im Sortiment vertretener Produkte und nur selten um wirkliche Innovationen handelt, lassen sich die Eigenkapitalkosten zumeist über Analogieschlüsse zu bestehenden Produkten oder Produktgruppen bestimmen.

Da die Berechnung des Betafaktors auf der Grundlage historischer Daten vorgenommen wird, sollte auch auf der Produktebene in regelmäßigen Abständen eine Überprüfung der Eigenkapitalkostensätze und gegebenenfalls eine Anpassung an exogene und endogene Veränderungen erfolgen.[668]

---

[668] Vgl. *Rüegsegger* (1996), S. 152.

Die Preisbildung bei Banken unterliegt einer Reihe von Einflußfaktoren. Zum einen sind es die verschiedenen Kostenbestandteile, die Eingang in die Preiskalkulation finden, wie Refinanzierungs-, Betriebs-, Risiko- und Eigenkapitalkosten. Daneben sind die Bedingungen am Markt zu berücksichtigen. Einen wesentlichen Faktor für den am Markt zu erzielenden Preis bilden die Konkurrenzumgebung und damit die von anderen Kreditinstituten angebotenen Konditionen, die Stellung des Institutes im Markt sowie die Loyalität der Kunden und damit ihre Preissensibilität.[669]

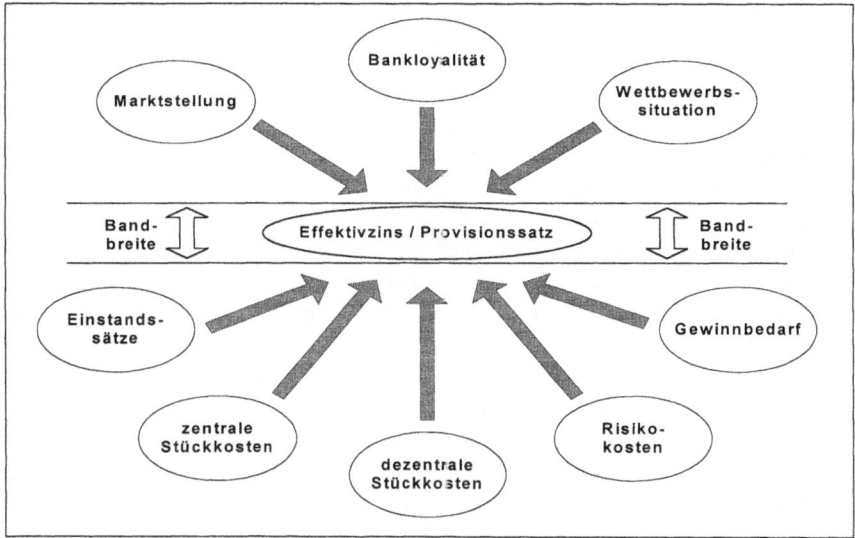

Abbildung 78: Einflußfaktoren auf die Preisbildung

Quelle: In Anlehnung an *Brakensiep* (1996), S. 139.

Die zu erwirtschaftenden produktspezifischen Eigenkapitalkosten können auch als Soll-Eigenkapitalkosten bzw. Standard-Eigenkapitalkosten bezeichnet werden. Die bei einem einzelnen Geschäft tatsächlich erzielten Erfolgsbeiträge können sowohl positiv als auch negativ hiervon abweichen. Die Ursachen hierfür sind vielfältig. Sie können zum einen aus der Wettbewerbssituation herrühren, zum anderen können auch geschäftspolitische Entscheidungen Einfluß auf die Preisgestaltung haben. So kann die Geschäftsstrategie eines Institutes eine Ausweitung des Geschäfts und die Gewinnung neuer Kunden vorsehen, in der Erwartung, die Preiszugeständnisse bei

---

[669] Zur Theorie der Bankloyalität vgl. *Süchting* (1972), *Süchting/Paul* (1998), S. 62ff.

einem Produkt durch zusätzliche Geschäfte überzukompensieren. So wird im Unterschied zum Transaction Banking im Rahmen des Relationship Banking bei der Preisgestaltung die gesamte Geschäftsbeziehung zu einem Kunden berücksichtigt.[670] Unter dem Relationship Banking ist die „bewußte Nutzung der in einer solchen Beziehung liegenden Chancen durch die Bank und ihre Bereitschaft, die damit ebenfalls verbundenen Risiken im Kauf zu nehmen"[671] zu verstehen. Zielsetzung ist es, einen Kunden für das Kreditinstitut zu gewinnen und ihn dauerhaft zu binden. Dieses kann zur Vereinbarung besonders günstiger Konditionen bei einzelnen Geschäften führen, wenn die Ertragsausfälle durch andere Transaktionen ausgeglichen werden. Das Kreditinstitut verfolgt damit eine langfristige, investive Perspektive.

Wird von jedem einzelnen Geschäft ein positiver Wertbeitrag gefordert, so ist der Aufbau einer Kundenbeziehung durch Preiszugeständnisse und damit eine auf das Relationship Banking ausgerichtete Geschäftspolitik nicht möglich. Die Anbahnung neuer und der Ausbau bestehender Kundenbeziehungen würde somit zumindest erschwert und damit wesentliche Potentiale zur Steigerung des Unternehmenswertes vernachlässigt. Werden im Rahmen der wertorientierten Steuerung des Kreditinstitutes lediglich die einzelnen Geschäfte betrachtet, so führt dies zu Fehlsteuerungen. Es ist daher notwendig, die wertorientierte Institutssteuerung über Geschäftsbereiche und Produkte hinaus um die zusätzliche Komponente Kundenbeziehung zu ergänzen. Zielsetzung sollte es sein, aus der einzelnen Kundenbeziehung einen positiven Wertbeitrag zu erwirtschaften. Dies kann durch bestehende Geschäfte, aber auch durch zukünftig erwartete Transaktionen erfolgen. So ist es durchaus sinnvoll, Schüler und Studenten durch eine kostenlose Kontoführung frühzeitig an das Kreditinstitut zu binden. Auf der Grundlage von statistischen Erhebungen über die Loyalität der gewonnenen Kunden und ihre Bereitschaft, nach der Ausbildung die Geschäftsverbindung zum Kreditinstitut, z. B. durch den Abschluß einer Baufinanzierung oder einer Lebensversicherung, zu intensivieren, läßt sich der Wert einer Kundenbeziehung, der sogenannte Customer Lifetime Value, bestimmen. Hierbei kann man sich ebenfalls der Investitionsrechnung bedienen, indem für jeden einzelnen Kunden bzw. eine weitgehend homogene Kundengruppe ein Kapitalwert durch die Abdiskontierung der erwarteten Cash-flows ermittelt wird. Nur wenn dieser positiv ist, sollte in die Kundenverbindung investiert werden. Insoweit leistet eine wertorientierte Steuerung einen wesentlichen Beitrag zur Identifizierung wertsteigernder Kundenzielgruppen und zur Fokussierung auf diese.

---

[670] Zum Transaction und Relationship Banking vgl. *Süchting* (1998), S. 9ff., *Süchting/Paul* (1998), S. 631ff.

[671] *Süchting/Paul* (1998), S. 632.

Analog der Bestimmung des Unternehmenswertes anhand der Wertbeiträge der einzelnen Geschäftsbereiche, läßt sich der Wert einer Kundenbeziehung aus den erwarteten Zahlungsüberschüssen der Kundengeschäfte ermitteln:

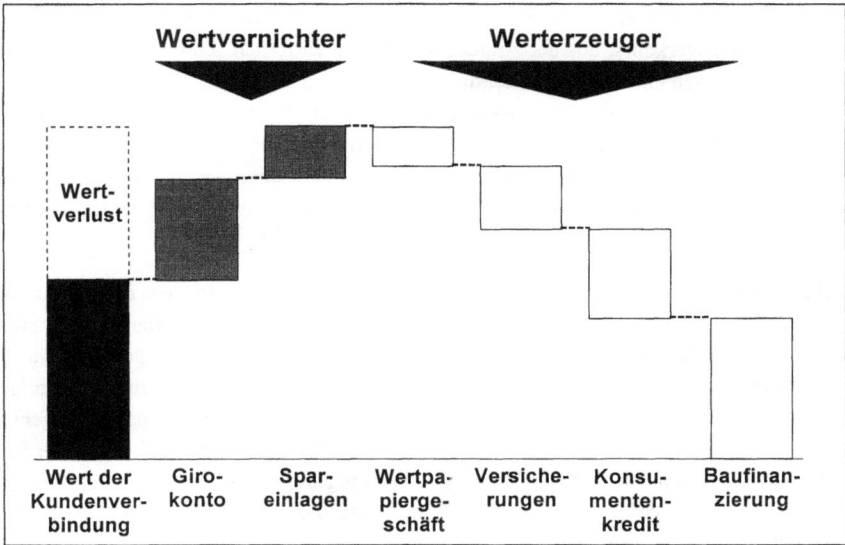

Abbildung 79: Wert einer Kundenverbindung

Quelle: eigene Darstellung.

Durch die abnehmende Bankloyalität und die auch in Deutschland zunehmende Bereitschaft der Kunden zum „Cherry-picking" gewinnt jedoch eine stärker einzelgeschäftsbezogene Renditebetrachtung an Gewicht.[672] Der Aufbau einer langfristigen ertragreichen Geschäftsverbindung durch Preiszugeständnisse in einzelnen Produkten ist nur noch bedingt erfolgreich, da die Kunden in den letzten Jahren deutlich preissensibler geworden sind und mehrere Bankverbindungen unterhalten. Sie wickeln die einzelnen Geschäfte bei dem jeweils günstigsten Kreditinstitut ab. Ein Preisausgleich über andere Produkte ist daher kaum mehr möglich. Konsequenterweise sollte deshalb von jedem einzelnen Geschäft eine risikoadäquate Rendite verlangt werden.

Angesichts der Wettbewerbssituation in der deutschen Kreditwirtschaft und im internationalen Bankenmarkt wird es auch zukünftig nicht möglich sein, die Eigenkapitalkosten bei jedem Geschäft bzw. bei sämtlichen Produkten am Markt durchzusetzen.

---

[672] Zur abnehmenden Bankloyalität vgl. *Süchting/Paul* (1998), S. 648f.

Dennoch ist es notwendig, den Wertbeitrag eines jeden Produktes zu bestimmen, um so fundierte Entscheidungen über die Sortimentspolitik des Kreditinstitutes treffen zu können. Jedoch stößt eine konsequente wertorientierte Sortimentsgestaltung in der Praxis auf Schwierigkeiten. Aufgrund der Verbundbeziehungen zwischen den verschiedenen Produkten ist es problematisch, einzelne wertvernichtende Produkte, z. B. des Zahlungsverkehrs, aus der Angebotspalette zu entfernen. Zum einen erwartet der Kunde von seinem Kreditinstitut die Bereitstellung bestimmter Produkte. Werden diese nicht mehr angeboten, so kann dies zu einer Reduzierung des Geschäftsumfanges bis hin zu einer Auflösung der Kundenverbindung führen. Zum anderen bereitet die exakte monetäre Erfassung der Verbundbeziehungen in der Praxis erhebliche Schwierigkeiten, so daß der Wertbeitrag eines Produktes nur näherungsweise bestimmt werden kann.

Auch wenn sich Quersubventionierungen zwischen verschiedenen Produkten und einzelnen Geschäften in der Praxis nicht vermeiden lassen, so werden diese zumindest offengelegt und stärker in das Bewußtsein des Managements gerückt. Da die Entscheidung zu Preiszugeständnissen von der Geschäftsbereichsleitung getroffen wird, hat diese die bei einzelnen Geschäften eintretende Unterdeckung der Eigenkapitalkosten zu verantworten. Sie sind daher nicht dem Produkt anzulasten. Die Entscheidung, ob und in welcher Höhe ggf. Preiszugeständnisse bei einzelnen Kunden vorgenommen werden, sollte auf der Grundlage des auf Basis der erwarteten Geschäfte ermittelten Wertes der Kundenbeziehung erfolgen.

6 Zusammenfassung

Die Kreditwirtschaft sieht sich in den letzten Jahren und auch zukünftig mit einer Vielzahl von neuen Herausforderungen konfrontiert. Sich immer schneller wandelnde Umweltbedingungen, eine sich verstärkende Wettbewerbsdynamik und sinkende Margen zwingen die deutschen Kreditinstitute zu einer Neuausrichtung des strategischen Managements hin zu einer stärker rendite-/risikoorientierten Unternehmensführung und -steuerung.

Diese hat sich aufgrund der veränderten Eigentümerstrukturen sowie des gestiegenen Wettbewerbs um die knappe Ressource Eigenkapital an den Interessen der Eigentümer auszurichten. Nur wenn eine - dem Risiko entsprechende - Rendite vom Unternehmen erzielt wird, werden die bisherigen Anteilseigner oder potentielle Investoren bereit sein, dem Kreditinstitut weiterhin Kapital zur Verfügung zu stellen, welches zur Stärkung der Wettbewerbsposition dringend benötigt wird. Ist das Kreditinstitut nicht in der Lage, eine risikoadäquate Rendite zu erwirtschaften, so wird ein rational handelnder Anleger sein Kapital einem anderen Unternehmen zur Verfügung stellen, das bei vergleichbarem Risiko seine Renditeerwartungen erfüllt. Somit können nur bei einer ausreichenden Ertragskraft die zusätzlich erforderlichen Eigenmittel erwirtschaftet oder eingeworben werden.

Mit dem Wertmanagement-Ansatz steht der Leitung des Kreditinstitutes ein Controlling-Instrumentarium zu Verfügung, das eine an den Interessen der Eigenkapitalgeber ausgerichtete strategische Planung und operative Steuerung sowohl für die Gesamtbank als auch für Geschäftsbereiche und Produkte ermöglicht.

Hierbei ist der Kreis der Anwender nicht, wie der häufig verwendete Begriff Shareholder Value nahelegt, auf börsennotierte Kreditinstitute beschränkt. Auch Sparkassen und Genossenschaftsbanken sehen sich im immer intensiveren Wettbewerb gezwungen, eine angemessene Rendite in ihren Geschäften zu erzielen und die vorhandenen Eigenmittel effizienter einzusetzen. Nur wenn es ihnen gelingt, ausreichende Gewinnthesaurierungen vorzunehmen, können sie am Wachstum der Branche teilhaben. Daher gewinnt auch für nicht-börsennotierte Kreditinstitute eine stärker integrierte Risiko-/Rendite-Betrachtung zunehmend an Bedeutung. Wie aufgezeigt, ist eine kapitalmarktorientierte Unternehmenssteuerung durchaus mit dem Gemeinnützigkeitsprinzip und dem Grundsatz der Mitgliederförderung vereinbar. Bei ihren Renditeforderungen an die einzelnen Geschäftsbereiche sollten sich daher auch diese Institute an den am Markt zu erzielenden Renditen orientieren.

Im Rahmen der wertorientierten Unternehmensführung werden die legitimen Interessen der Eigentümer an einer angemessenen Verzinsung des investierten Kapitals in den Mittelpunkt des unternehmerischen Handelns gerückt. Die hierdurch ausgelöste Kritik am Wertmanagement-Ansatz ist jedoch unberechtigt. Die Steigerung des Wertes eines Kreditinstitutes ist langfristig nur möglich, wenn es gelingt, die Interessen aller Beteiligten, so auch der Kunden, der Arbeitnehmer und des Staates, in Einklang zu bringen. Wird dies von den Eigenkapitalgebern und der Unternehmensleitung erkannt, so mündet der Stakeholder- in den Shareholder-Ansatz.

Von besonderer Bedeutung im Rahmen der wertorientierten Unternehmenssteuerung sind die aus dem Kapitalmarkt abgeleiteten Eigenkapitalkosten. Diese setzen sich aus einer Mengenkomponente, dem zu verzinsenden Eigenkapital, und einer Preiskomponente, dem Eigenkapitalkostensatz, zusammen.

Grundlage für die Verzinsung sollte nicht das – u. U. vor Jahrzehnten – investierte Kapital, sondern der aktuell zu erzielende Marktwert sein. Dieser läßt sich durch verschiedene Verfahren zur Unternehmensbewertung bestimmen. Analog zur Bewertung auf dem Aktienmarkt bestimmt sich der Marktwert eines Kreditinstitutes im Rahmen der wertorientierten Unternehmenssteuerung durch Abdiskontierung der an die Bankeigentümer fließenden zukünftigen Freien Cash-flows. Die Höhe des Eigenkapitalkostensatzes entspricht den Renditeforderungen der Eigentümer an das Kreditinstitut. Die von den Anteilseignern geforderte (Mindest)Rendite bildet die Meßlatte für alle operativen und strategischen Entscheidungen im Kreditinstitut. Nur wenn eine Rendite oberhalb des Eigenkapitalkostensatzes erwirtschaftet wird, erfolgt eine Wertsteigerung für die Eigentümer. Die Höhe der Renditeforderung der Bankeigentümer läßt sich bei börsennotierten Kreditinstituten direkt aus dem Kapitalmarkt ableiten. Hierzu werden im Rahmen des Capital Asset Pricing Model der risikolose Zinssatz, die Marktrendite sowie das institutsspezifische systematische Risiko benötigt. Für nichtbörsennotierte Institute können die Eigenkapitalkostensätze durch Analogien zu am Aktienmarkt gehandelten Banken oder durch Analyseverfahren ermittelt werden.

Die Allokation der knappen finanziellen Mittel auf die unterschiedlichen Geschäftsbereiche ist um so problematischer, je heterogener die einzelnen Geschäftseinheiten und Tochterunternehmen sind, d. h. je diversifizierter das Kreditinstitut ist. Deshalb ist es notwendig, innerhalb eines Kreditinstitutes eine Differenzierung der Eigenkapitalkosten vorzunehmen, um so die unterschiedlich hohen Risiken der einzelnen Geschäftsbereiche und Produkte zu berücksichtigen. Erst hierdurch wird die Vergleichbarkeit unterschiedlicher Geschäfte auch in verschiedenen Ländern bezüglich ihres Risikos und ihrer Rentabilität ermöglicht.

Lassen sich die Eigenkapitalkostensätze für börsennotierte Kreditinstitute direkt am Kapitalmarkt ableiten, so bedarf es für nicht-börsennotierte Banken und Sparkassen sowie für Geschäftsbereiche alternativer Verfahren zu ihrer Bestimmung. Unter Verwendung kapitalmarkttheoretischer Modelle ist es möglich, auf der Grundlage der Risikoeinschätzung des Marktes das spezifische Risiko von Geschäftsbereichen und nicht-börsennotierten Tochterunternehmen zu ermitteln. Im Rahmen des Capital Asset Pricing Model erfolgt die Differenzierung der Risiken anhand des Betafaktors. Hierbei finden nur systematische Risiken Berücksichtigung, da ein diversifizierter Anleger das mit einer einzelnen Investition verbundene unsystematische Risiko durch Portefeuillebildung eliminieren kann.

Geschäftsbereichsspezifische Betafaktoren können durch den Vergleich mit börsennotierten Unternehmen sowie durch buchhalterische und fundamentale Verfahren ermittelt werden. Bei der Herleitung anhand von Analogieansätzen kann zunächst auf den Branchen-Betafaktor zurückgegriffen werden. Ist dieser für den betrachteten Geschäftsbereich zu wenig repräsentativ, so besteht die Möglichkeit, Betawerte einzelner oder einer Gruppe von börsennotierten Referenzunternehmen anzusetzen, die der betrachteten Unternehmenseinheit in Risiko- und Geschäftsstruktur weitgehend entsprechen. Alternativ ist die Bestimmung des systematischen Risikos auch durch - auf buchhalterischen Größen wie dem Gewinn oder Cash-flow aufbauende - Analyseverfahren sowie auf der Grundlage fundamentaler Daten möglich. Qualitativ ausgerichtete Ansätze sind demgegenüber für eine Risikodifferenzierung nicht geeignet.

Durch die Berücksichtigung des geschäftsbereichsspezifischen Risikos in der Bewertung ist es möglich, den Beitrag eines Geschäftsbereiches zum Gesamtwert des Kreditinstitutes zu bestimmen und werterzeugende Aktivitäten zu identifizieren. Hierdurch kann eine systematische Lenkung der finanziellen Ressourcen in die Unternehmensbereiche mit den größten Wertsteigerungspotentialen erfolgen. Durch den Ansatz von Plandaten ist es möglich, frühzeitig negative Tendenzen in einzelnen Geschäftsbereichen zu erkennen und gegenzusteuern. Da eine angemessene Rendite auch von Beteiligungen sowie ausländischen Geschäftsbereichen und Tochterunternehmen zu fordern ist, sind diese in die wertorientierte Steuerung eines Kreditinstitutes zu integrieren.

Im Rahmen der wertorientierten Unternehmensführung sollten die einzelnen Geschäftsbereiche so gestellt werden, als ob sie unabhängig von ihrer Mutter am Markt operieren müßten. Diesem Grundprinzip widerspricht jedoch die Verwendung des Risikokapitals zur Performancemessung und Kapitalallokation. Darüber hinaus sind die in der Praxis zur Bestimmung der Risikoposition der Gesamtbank und der einzelnen Geschäftsbereiche verwendeten Value-at-Risk-Ansätze und Earnings-at-Risk-

Ansätze mit einer Vielzahl von methodischen Mängeln und Problemen bei der Beschaffung der Daten behaftet. Da die Eigenkapitalgeber ihre Renditeforderung auf den Marktwert einer Anlage beziehen, ist dieser als Verzinsungsgrundlage zu wählen. Dem buchhalterischen Eigenkapital kommt nur insoweit eine Bedeutung zu, als es im ausreichenden Umfang vom Gesamtinstitut zur Erfüllung der aufsichtsrechtlichen Unterlegungsvorschriften vorgehalten werden muß. Aufgrund der besonderen Risiken der Geschäfte ist es lediglich für den Treasury-Bereich sowie die Handelsabteilungen sinnvoll, die Eigenkapitalkosten auf der Grundlage des Risikokapitals zu bestimmen.

Eine wertorientierte Unternehmenssteuerung sollte jedoch nicht auf die Geschäftsbereichsebene beschränkt bleiben, sondern die Produkte und Kundenbeziehungen miteinbeziehen. Bereits im Rahmen der Produktkalkulation sollten die aus dem Kapitalmarkt abgeleiteten Renditeforderungen der Eigentümer als zusätzliche Preiskomponente berücksichtigt werden. Dies gilt sowohl für die Zins- als auch die Nicht-Zinsgeschäfte des Kreditinstitutes. Da im Mittelpunkt des Relationship-Banking der einzelne Kunde steht, ist es notwendig, auch die Kundenverbindung in die wertorientierte Unternehmenssteuerung zu integrieren. Nur wenn im Laufe einer langjährigen Geschäftsverbindung ein positiver Wertbeitrag eines Kunden zu erwarten ist, sollten Preiszugeständnisse in einzelnen Geschäften vorgenommen werden.

Eine Erhöhung des Unternehmenswertes wird jedoch nicht dadurch erreicht, daß Strategien formuliert und in der Öffentlichkeit präsentiert werden, sondern daß in der Praxis eine konsequente Umsetzung der Planungen erfolgt. Eine wesentliche Voraussetzung für eine erfolgreiche wertorientierte Unternehmensführung ist daher ein Wandel im Denken und Verhalten der Mitarbeiter aller Managementebenen hin zur stärkeren Berücksichtigung der Interessen der Eigenkapitalgeber. Die Mitarbeiter des Kreditinstitutes müssen die Bereitschaft besitzen, Erwartungen des Kapitalmarktes als Erfolgskriterium zu akzeptieren. Deshalb ist es von zentraler Bedeutung, daß die Strategien nicht von der Unternehmensleitung vorgegeben, sondern im Dialog mit den Führungsebenen entwickelt werden. Hierzu kann eine verbesserte Kommunikation und ein intensiverer Meinungsaustausch zu strategischen und operativen Fragen zwischen den Geschäftsbereichen und Führungsebenen beitragen. Nur so ist sichergestellt, daß die wertsteigernden Maßnahmen von den leitenden Mitarbeitern mitgetragen und auch umgesetzt werden.

Wie aufgezeigt, steht das Management der Kreditinstitute von zwei Seiten unter Renditedruck. Zum einen fordern die Bankeigentümer verstärkt eine dem Risiko angemessene Verzinsung des investierten Kapitals sowie eine Erhöhung des Marktwertes. Zum anderen erfordert der zunehmende Wettbewerb auf den Bankenmärkten einen effizienteren Mitteleinsatz und damit eine stärker Rendite-/Risiko-orientierte Unternehmensführung. Diesem Druck wird sich kein Kreditinstitut – unabhängig von der Rechtsform und einer Börsennotierung – entziehen können. Um auch zukünftig wettbewerbsfähig zu bleiben, ist es daher notwendig, frühzeitig das bestehende Controlling-Instrumentarium um wertorientierte Steuerungsmethoden zu erweitern und entsprechende Ansätze zur strategischen Planung und operativen Steuerung im Kreditinstitut zu implementieren. Der Wertmanagement-Ansatz stellt daher auch keine kurzfristige Modeerscheinung dar, sondern wird sich als bedeutendes Steuerungsinstrument in der Unternehmensführung von Kreditinstituten etablieren.

Literaturverzeichnis

Adam, Dietrich/Hering, Thomas/Johannwille, Ulrich: Analyse der Prognosequalität
impliziter Terminzinssätze, in: Zeitschrift für Betriebswirtschaft, 65. Jg., 12/1995,
S. 1405-1422.

Adolf, Rüdiger/Cramer, Jürgen/Ollmann, Michael: Die Bewertung von Kreditinstituten, in: Die Bank, o. Jg., 9/1989, S. 485-492. (1989a)

Adolf, Rüdiger/Cramer, Jürgen/Ollmann, Michael: Die Bewertung von Kreditinstituten - ein Modell zur Ermittlung des Ertragswertes, in: Die Bank, o. Jg.,
10/1989, S. 546-554. (1989b)

Albrecht, Peter/Maurer, Raimond/Mayser, Jürgen: Multi-Faktorenmodelle: Grundlagen
und Einsatz im Management von Aktien-Portefeuilles, in: Zeitschrift für betriebswirtschaftliche Forschung, 48. Jg., 1/1996. S. 3-29.

Albrecht, Thomas: Was wissen wir über die Höhe der Marktrisikoprämie bei Aktien?,
in: Betriebswirtschaftliche Forschung und Praxis, 49. Jg., 5/1997, S. 567-579.

Albrecht, Thomas: Die Vereinbarkeit der Value-at-Risk-Methode in Banken mit anteils-
eignerorientierter Unternehmensführung, in: Zeitschrift für Betriebswirtschaft,
68. Jg., 3/1998, S. 259-273.

Alexander, Gordon J./Chervany, Norman L.: On the Estimation and Stability of Beta,
in: Journal of Financial and Quantitative Analysis, Vol. 15, 1/1980, S. 123-137.

Allen, W. Robert: Measuring Credit Risk Capital Requirements, in: Journal of
Lending & Credit Risk Management, Vol. 79, Dezember 1996, S. 67-80.

Amely, Tobias: Shareholder-value als strategisches Steuerungsinstrument?, in: Sparkasse,
114. Jg., 6/1997, S. 277-281.

Amihud, Yakov/Christensen, Bent Jesper/Mendelson, Haim: Further Evidence on the
Risk-Return Relationship, Working Paper S-93-11, Salomon Brothers Center for
the Study of Financial Institutions, Graduate School of Business Administration,
New York University 1992.

*Arbeitskreis „Finanzierung" der Schmalenbach-Gesellschaft Deutsche Gesellschaft
für Betriebswirtschaft e. V.:* Investitions-Controlling - Zum Problem der Informati-
onsverzerrung bei Investitionsentscheidungen in dezentralisierten Unternehmungen,
in: Zeitschrift für betriebswirtschaftliche Forschung, 46. Jg., 1994, S. 899-925.

*Arbeitskreis „Finanzierung" der Schmalenbach-Gesellschaft Deutsche Gesellschaft
für Betriebswirtschaft e. V.:* Wertorientierte Unternehmenssteuerung mit differenzierten Kapitalkosten, in: Zeitschrift für betriebswirtschaftliche Forschung, 48. Jg.,
6/1996, S. 543-578.

Ashton, D. J.: The Cost of Equity Capital and a Generalisation of the Dividend Growth Model, in: Accounting and Business Review, in: Vol. 26, 1/1995, S. 3-17.

Bacidore, Jeffrey M./Boquist, John A./Milbourn, Todd T./Thakor, Anjan V.: The Search for the Best Financial Performance Measure, in: Financial Analysts Journal, Vol. 53, 1997, S. 11-20.

Baetge, Jörg/Krause, Clemens: Die Berücksichtigung des Risikos bei der Unternehmensbewertung - Eine empirisch gestützte Betrachtung des Kalkulationszinses, in: Betriebswirtschaftliche Forschung und Praxis, 46. Jg., 5/1994, S. 433-456.

Ballwieser, Wolfgang: Unternehmensbewertung und Komplexitätsreduktion, 3. Aufl., Wiesbaden 1990.

Ballwieser, Wolfgang: Unternehmensbewertung mit Hilfe von Multiplikatoren, in: Rückle, Dieter (Hrsg.): Aktuelle Fragen der Finanzwirtschaft und der Unternehmensbesteuerung, Festschrift für Erich Loistlberger, Wien 1991, S. 47-66.

Ballwieser, Wolfgang: Methoden der Unternehmensbewertung, in: Gebhardt, Günther/ Gerke, Wolfgang/ Steiner, Manfred (Hrsg.): Handbuch des Finanzmanagements, München 1993, S. 151-176.

Ballwieser, Wolfgang: Adolf Moxter und der Shareholder Value-Ansatz, in: Ballwieser, Wolfgang./Böcking, H.-J./Drukarczyk, Jochen/Schmidt, R. H. (Hrsg.): Bilanzrecht und Kapitalmarkt, Festschrift zum 65. Geburtstag von Prof. Dr. Dr. h.c. Dr. h.c. Adolf Moxter, Düsseldorf 1994, S. 1377-1405.

Ballwieser, Wolfgang: Aktuelle Aspekte der Unternehmensbewertung, in: Die Wirtschaftsprüfung, 48. Jg., 4-5/1995, S. 119-129.

Ballwieser, Wolfgang: Unternehmensbewertung mit Discounted Cash Flow-Verfahren, in: Die Wirtschaftsprüfung, 51. Jg., 3/1998, S. 81-92.

Ballwieser, Wolfgang: Wertorientierte Unternehmensführung: Grundlagen, in: Zeitschrift für betriebswirtschaftliche Forschung, 52. Jg., 3/2000, S. 160-166.

Ballwieser, Wolfgang/Böcking, H.-J./Drukarczyk, Jochen/Schmidt, R. H. (Hrsg.): Bilanzrecht und Kapitalmarkt, Festschrift zum 65. Geburtstag von Prof. Dr. Dr. h.c. Dr. h.c. Adolf Moxter, Düsseldorf 1994.

Banz, Rolf W.: The Relationship between Return and Market Value of Common Stocks, in: Journal of Financial Economics, Vol. 9, 1981, S. 3-18.

Bao, Ben-Hsien/Bao, Da-Hsien: Usefullness of Value Added and Abnormal Economic Earnings: An Empirical Examination, in: Journal of Business Finance and Accounting, Vol. 25, 1/1998, S. 251-264.

Barclays Capital: Equity-Gilt Study, 43. Jg., o. O., Januar 1998.

Barclays de Zoete Wedd France: French Equity-Bond Study 1997, Oktober 1998.

Barclays de Zoete Wedd Niederlande: Dutch Equity-Bond Study 1997, Juli 1997.

Barfield, Richard: The True Test of Performance, in: The Banker, Vol. 148, Juli 1998, S. 26-27.

BARRA: The German Equity Model, o. O. 1992.

BARRA: Single Country Equity, o. O. 1998.

BARRA: Global Equity Model: Model Handbook, o. O. 1999.

Basle Committee on Banking Supervision: Supervisory Framework for the Use of „Backtesting" in Conjunction with the Internal Models Approach to Market Risk Capital Requirements, o. O., Januar 1996.

Basle Committee on Banking Supervision: Operational Risk Management, Basel 1998.

Basle Committee on Banking Supervision: Credit Risk Modelling: Current Practices and Applications, Basel April 1999.

Basler Bankenvereinigung (Hrsg.): Shareholder Value-Konzepte in Banken: Tagungsband zum 4. Basler Bankentag, 27. November 1996, Stuttgart/Wien 1997.

Bauch, Jürgen: Positive Erfahrungen mit Barwertkonzept, in: Betriebswirtschaftliche Blätter, 47. Jg., 9/1998, S. 447-453.

Bauer, Christoph: Das Risiko von Aktienanlagen - Eine fundamentale Analyse und Schätzung von Aktienrisiken, Köln 1992.

Baumol, William J.: Business Behaviour, Value and Growth, 2. Aufl., New York 1967.

Beaver, William/Kettler, Paul/Scholes, Myron: The Association Between Marked Determined and Accounting Determined Risk Measures, in: The Accounting Review, Vol. 45, 1970, S. 654-682.

Beaver, William/Manegold, James: The Association Between Marked-Determined and Accounting-Determined Measures of Systematic Risk: Some Further Evidence, in: JFQA, Vol. 10, 1975, S. 231-284.

Becker, G. M.: Shareholder Value Analysis als Instrument der strategischen Planung, in: Das Wirtschaftsstudium, 24. Jg., 2/1995, S. 122-124.

Behm, Ulrich: Shareholder-Value und Eigenkapital von Banken, Bern/Stuttgart/Wien 1994.

Bekaert, G./Harvey, C.: Time Varying World Market Integration, in: Journal of Finance, Vol. 50, 1995, S. 403-444.

Bellavite-Hövermann, Yvette/Löw, Edgar: Kapitalflußrechnung von Banken, in: DG Bank: Bankbilanzierung und -aufsicht, Frankfurt a. M. 1998, S. 75-132.

Bellavite-Hövermann, Yvette/Prahl, Reinhard: Bankbilanzierung nach IAS - Leitfaden für eine internationale Konzernrechnungslegung, Stuttgart 1997.

Berger, Philip G./Ofek, Eli: Diversification's Effect on Firm Value, in: Journal of Financial Economics, Vol. 37, 1995, S. 39-65.

Berry, Michael A./Burmeister, Edwin/McElroy, Marjorie B.: Sorting out Risks Using known APT Factors, in: Financial Analyst Journal, Vol. 44, 1988, S. 29-42.

BHF-Bank: Geschäftsbericht 1999, Frankfurt a. M. 2000.

Bieg, Hartmut/Kußmaul, Heinz: Investitions- und Finanzierungsmanagement, Band 1 Investition, München 2000.

Bildersee, J.: The Association Between a Marked-Determined Measures of Risk and Alternative Measures of Risk, in: Accounting Review, Vol. 50, 1975, S. 81-98.

Bimberg, Lothar H.: Langfristige Renditenberechnung zur Ermittlung von Risiko- prämien, Frankfurt 1991.

Bimberg, Lothar H.: Aktien schlagen Anleihen, in: Die Aktiengesellschaft, 37. Jg., 1992, S. R. 364-370.

Bimberg, Lothar H.: Langfristige Renditenberechnung zur Ermittlung von Risiko- prämien, 2. Aufl., Frankfurt 1993.

Bimberg, Lothar H.: Langfristige Renditeberechnung zur Ermittlung von Risikoprämien, in: Aktienkultur und BVH-News, o. Jg., 2/1997, S. 46-49.

Black, Fisher: Beta and Return, in: Journal of Portfolio Management, Vol. 20, Herbst 1993, S. 8-18.

Black, Fisher/Jensen, Michael C./Scholes, Myron: The Capital Asset Pricing Model: Some Empirical Tests, in: Jensen, Michael C.: Studies in the Theory of Capital Markets, New York 1972, S. 79-121.

Black, Fischer/Scholes Myron: The Effects of Dividend Yield and Dividend Policy on Common Stock Prices and Returns, in: Journal of Financial Economics, Vol. 1, 5/1974, S. 1-22.

Blume, Marshall E.: On the Assessment of Risk, in: Journal of Finance, Vol. 6, 1971, S. 1-10.

Blume, Marshall E.: Betas and their Regression Tendencies, in: Journal of Finance, Vol. 10, 1975, S. 785-795.

Bode, Otto/Fromme, Susanne: Forward Rates: Zur Zinsprognose geeignet?, in: Die Bank, o. Jg., 11/1996, S. 668-670.

Börsig, Clemens: Unternehmenswert und Unternehmensbewertung, in: Zeitschrift für betriebswirtschaftliche Forschung, 45. Jg., 1/1993, S. 79-91.

Börsig, Clemens: Wertorientierte Unternehmensführung bei RWE, in: Zeitschrift für betriebswirtschaftliche Forschung, 52. Jg., 3/2000, S. 167-175.

Boquist, John A./Moore, William T.: Estimating the Systematic Risk of an Industrial Segment, in: Financial Management, Winter 1983, S. 11-18.

Born, Kai: Überleitung von der Discounted-Cash-flow-Methode (DCF-Methode) zur Ertragswertmethode bei der Unternehmensbewertung, in: Der Betrieb, 49. Jg., 38/1996, S. 1885-1889.

Boston Consulting Group: Value Management in Banking, Manuskript einer Informationsveranstaltung im Januar 1999, Frankfurt a. M. 1999.

Bray, M.: The Arbitrage Pricing Theory is not Robust 1: Variance Matrices and Portfolio Theory in Pictures, Financial Markets Group Discussion Paper Series 178, London School of Economics, London 1994.

Brealy, Richard A./Myers, Stewart C.: Principles of Corporate Finance, 5. Aufl., New York u. a. 1996.

Breen, William J./Korajcyk, Robert A.: On Selection Biases in Book-to-Market Based Tests of Asset Pricing Models, Working Paper 167, Northwestern University, Evanston (IL) 1995.

Breen, William J./Lerner, Eugene: Corporate Financial Strategies and Market Measures of Risk and Return, in: Journal of Finance, Vol. 28, 1973, S. 339-351.

Brigham, Eugene F.: Fundamentals of Financial Management, New York u. a. 1977.

Bruhn, Manfred u. a. (Hrsg.): Wertorientierte Unternehmensführung: Perspektiven und Handlungsfelder für die Wertsteigerung von Unternehmen, Wiesbaden 1998.

Buck, Heiko: Die Anwendung des Shareholder Value-Konzeptes zur Steuerung von Versicherungsunternehmen, in: Versicherungswirtschaft, 52. Jg., 23/1997, S. 1660-1668.

Buddenbrock, Andreas: Wall Street verändert die deutsche Aktienkultur, in: Börsen-Zeitung Nr. 119, 1994, S. 23.

Bühler, Roger: Adjusted Present Value zur Messung von Shareholder Value: Darstellung des Bewertungsansatzes anhand einer Fallstudie, in: Bruhn, Manfred u. a. (Hrsg.): Wertorientierte Unternehmensführung: Perspektiven und Handlungsfelder für die Wertsteigerung von Unternehmen, Wiesbaden 1998, S. 413-429.

Bühler, Wolfgang/Hax, Herbert/Schmidt, Reinhardt (Hrsg.): Empirische Kapital-marktforschung, zfbf Sonderheft 31, Düsseldorf/Frankfurt a. M. 1993.

Bühner, Rolf: Das Management-Wert-Konzept: Strategien zur Schaffung von mehr Wert im Unternehmen, Stuttgart 1990.

Bühner, Rolf: Shareholder Value - Eine Analyse von 50 großen Aktiengesellschaften in der Bundesrepublik Deutschland, in: Die Betriebswirtschaft, 53. Jg., 6/1993, S. 749-769. (1993a)

Bühner, Rolf: Shareholder Value - Instrument der Unternehmensführung, Schriftliche Fassung des Vortrags vom 16.2.1993, zitiert nach *Hardtmann* (1996), S. 79. (1993b)

Bühner, Rolf (Hrsg.): Der Shareholder-Value-Report - Erfahrungen, Ergebnisse, Ent-wicklungen, Landsberg/Lech 1994.

Bühner, Rolf: Wertmanagement: Strategen zwischen Rendite und Risiko, in: absatzwirtschaft, 1/1996, S. 36-40.

Bühner, Rolf/Weinberger, Hans-Joachim: Cash-flow und Shareholder Value, in: Betriebswirtschaftliche Forschung und Praxis, 43. Jg., 3/1991, S. 187-208.

Büschgen, Hans E.: Risikomanagement im Geschäft mit Derivaten - Wesentliche Ergeb-nisse einer Umfrage, in: Österreichisches Bankarchiv, 44. Jg., 1/1996, S. 18-24.

Buhr, Reinhard: Messung von Betriebsrisiken - ein methodischer Ansatz, in: Die Bank, o. Jg., 3/2000, S. 202-206.

Burmeister, Edwin/Roll, Richard/Ross, Stephen A.: A Practitioner's Guide to Arbitrage Pricing Theory, in: Finanzmarkt und Portfoliomanagement, 8. Jg., 3/1994, S. 312-331.

Burmeister, Edwin/Wall, Kent D.: The Arbitrage Pricing Theory and Macroeconomic Factor Measures, in: Financial Review, Vol. 21, 1/1986, S. 1-20.

Busse von Colbe, Walther: Der Zukunftserfolg: Die Ermittlung des zukünftigen Unter-nehmenserfolges und seine Bedeutung für die Bewertung von Industrieunternehmen, Wiesbaden 1957.

Busse von Colbe, Walther: Gesamtwert der Unternehmung, in: Kosiol, Erich/Chmiele-wicz, Klaus/Schweitzer, Marcell (Hrsg.): Handwörterbuch des Rechnungswesens, 2. Aufl., Stuttgart 1981, Sp. 595-606.

Busse von Colbe, Walther: Das Rechnungswesen im Dienste einer kapitalmarktorien-tierten Unternehmensführung, in: Die Wirtschaftsprüfung, 48. Jg., 1995, S. 713-720.

C&L Deutsche Revision: Wertorientierte Unternehmensführung - Die Ergebnisse einer internationalen Studie, Frankfurt a. M. 1997.

Chen, Nai-Fu/Roll, Richard/Ross, Stephan A.: Economic Forces and Stock Market, in: Journal of Business, Vol. 59, 3/1986, S. 383-403.

Chen, Shimin/Dodd, James L.: Economic Value Added (EVA): An Empirical Examination of a New Corporate Performance Measure, in: Journal of Managerial Issues, Vol. 9, 3/1997, S. 318-333.

Christians, Uwe: Rentabilitätshierarchien im Bankensektor und ihre Entwicklung, in: Zeitschrift für das gesamte Kreditwesen, 51. Jg., 1998, S. 1128-1137.

Clare, A. D./Priestley, R./Thomas, S. H.: Reports of Beta's Death are Premature: Evidence from the UK, in: Journal of Banking and Finance, 2 Jg., 9/1998, S. 1207-1229.

Coenenberg, Adolf G./Sauter, Michael T.: Strategische und finanzielle Bewertung von Unternehmensakquisitionen, in: Die Betriebswirtschaft, 48. Jg., 6/1988, S. 691-710.

Commerzbank AG: Geschäftsbericht 1998, Frankfurt a. M. 1999.

Commerzbank AG: Geschäftsbericht 1999, Frankfurt a. M. 2000.

Conine, Thomas E./Tamarkin, Maurry: Divisional Cost of Capital Estimation: Adjusting for Leverage, in: Financial Management, Vol. 14, 1985, S. 54-58.

Connor, Gregory: Discussion: Notes on the Arbitrage Pricing Theory, in: Battachary, Sudipto/Constantinides, George M.: Theory of Valuation: Frontiers of Modern Financial Theory, Totowa/New York 1989, S. 298-308.

Connor, Gregory: The Three Types of Factor Models: A Comparison of Their Explanatory Power, in: Financial Analysts Journal, 51. Jg., May-June 1995, S. 42-46.

Connor, Gregory./Korajczyk, R.A.: Risk and Return in Equilibrium APT: Application of a New Test Methology, in: Journal of Financial Economics, Vol. 21, 1988, S. 255-289.

Copeland, Thomas E./Koller, Tim/Murrin, Jack: Cash is King, in: McKinsey Quarterly, o. Jg., 2/1990, S. 82-94.

Copeland, Thomas E./Koller, Tim/Murrin, Jack: Valuation Measuring and Managing the Value of Companies, New York u. a. 1990.

Copeland, Thomas E./Koller, Tim/Murrin, Jack: Valuation Measuring and Managing the Value of Companies, 2. Aufl., New York u. a. 1994.

Copeland, Thomas E./Koller, Tim/Murrin, Jack: Unternehmenswert: Methoden und Strategien für eine wertorientierte Unternehmensführung, Frankfurt a. M./New York 1993.

Copeland, Thomas E./Koller, Tim/Murrin, Jack: Unternehmenswert: Methoden und Strategien für eine wertorientierte Unternehmensführung, 2. Aufl., Frankfurt a. M./ New York 1998.

Copeland, Thomas E./Weston, Fred J.: Financial Theory and Corporate Policy, 3. Aufl., New York 1988.

Cornell, Bradford/Shapiro, Alan C.: Corporate Stakeholders and Corporate Finance, in: Financial Management, Vol. 15, 1/1987, S. 5-14.

Credit Suisse: CreditRisk+: A Credit Risk Management Framework, Credit Suisse Financial Products, Zürich 1997.

Crowther, D./Davies, M. L./Cooper, S. M.: Evaluating Corporate Performance: A Critique of Economic Value Added, präsentiert auf der Konferenz der British Accounting Association 1998.

Davis, Evan/Kay, John: Assessing Corporate Performance, in: Business Strategy Review, Summer 1990, S. 1-16.

Day, Georges S.: Market driven Strategy: Processes for Creating Value, 3. Aufl., New York 1990.

Day Georges S./Fahey, Liam: Valueing Market Strategies, in: Journal of Marketing, 52. Jg., Juli 1988, S. 45-57.

DeBono, James: Divisional Cost of Equity Capital, in: Management Accounting, Vol. 75, 10/1997, S. 40-41.

Denis, David J./Denis, Diane K./Sarin, Atulya: Managerial Incentives and Corporate Diversification Strategies, in: Journal of Applied Corporate Finance, Vol. 10, 2/1997, S. 72-80. (1997a)

Denis, David J./Denis, Diane K./Sarin, Atulya: Agency Problems, Equity Ownership, and Corporate Diversification, in: Journal of Finance, Vol. 52, 1/1997, S. 135-160. (1997b)

Dermine, Jean: Pitfalls in the Application of RAROC, with Referance to Loan Management, Working Paper 95/58/FIN, INSEAD, Fontainbleau 1995.

Deutsches Aktieninstitut: DAI-Factbook 1998, Frankfurt a. M. 1998.

Deutsches Aktieninstitut: DAI-Factbook 1999, Frankfurt a. M. 1999. (1999a)

Deutsches Aktieninstitut: DAI-Factbook 2000, Frankfurt a. M. 2000.

Deutsches Aktieninstitut: Aktie versus Rente: Langfristige Renditevergleiche von Aktien und festverzinslichen Wertpapieren, Studien des Deutschen Aktieninstituts, Heft 6, Frankfurt a. M. 1999. (1999b)

Deutsche Bank: Geschäftsbericht 1998, Frankfurt a. M. 1999.

Deutsche Bank: Geschäftsbericht 1999, Frankfurt a. M. 2000.

Deutsche Börse AG (Hrsg.): Fact Book 1996, Frankfurt a. M. 1997.

Deutsche Börse AG (Hrsg.): Fact Book 1997, Frankfurt a. M. 1998.

Deutsche Börse AG (Hrsg.): Fact Book 1998, Frankfurt a. M. 1999.

Deutsche Bundesbank (Hrsg.): Die Aktie als Finanzierungs- und Anlageinstrument, in: Monatsbericht Januar 1997, S. 27-41.

Deutsche Bundesbank: Der neue Grundsatz I, in: Monatsbericht Mai 1998, S. 67-76. (1998a)

Deutsche Bundesbank (Hrsg.): Bankinterne Risikosteuerungsmodelle und deren bankaufsichtsrechtliche Eignung, in: Monatsbericht Oktober 1998, S. 69-84. (1998b)

Deutsche Bundesbank: Die Ertragslage der deutschen Kreditinstitute im Jahr 1998, in: Monatsbericht Juli 1999, S. 27-57.

Deutsche Morgan Grenfell (Hrsg.): Shareholder Value in Deutschland - Revolution, Evolution oder Illusion?, Frankfurt a. M. 1996.

Diebold, Francis X./Suermann, Til/Stroughair, John D.: Pitfalls and Opportunities in the Use of Extreme Value Theory in Risk Management, Working Paper 98-10, Wharton School, University of Pennsylvania. Philadelphia 1998.

Dieckhöner, Bruno: Die Zinsstrukturkurve als Prognoseinstrument für die Zinsentwicklung, in: BankInformation, 23. Jg., 10/1996, S. 36-42.

Dieterich, T.: Mitbestimmung im Umbruch, in: Mitbestimmung, o. Jg., 12/1996, S. 56-57.

Dirrigl, Hans: Wertorientierung und Konvergenz in der Unternehmensrechnung, in: Betriebswirtschaftliche Forschung und Praxis, 50. Jg., 5/1998, S. 540-579.

Dörner, Wolfgang: Die Unternehmensbewertung, in: Institut der Wirtschaftsprüfer (IdW) (Hrsg.): Wirtschaftsprüfer-Handbuch 1992 - Handbuch für Rechnungslegung, Prüfung und Beratung, Bd. II, Düsseldorf 1992, S. 1-136.

Donaldson, Thomas/Preston, Lee E.: The Stakeholder Theory of the Corporation: Concepts, Evidence, and Implications, in: Academy of Management Review, Vol. 20, 1/1995, S. 65-91.

Dormann, J.: Shareholder-value als strategische Aufgabe, in: Börsen-Zeitung Nr. 174 vom 9.9.1995, S. 15.

Dow Jones & Company: Dow Jones Global Indexes, o. O. 1998.

Dowd, Kevin: Beyond Value of Risk - The New Science of Risk Management, Chichester u. a. 1998.

Dresdner Bank: Geschäftsbericht 1998, Frankfurt a. M. 1999.

Dresdner Bank: Geschäftsbericht 1999, Frankfurt a. M. 2000.

Drobetz, Wolfgang: Über die Integration des deutschen und schweizer Aktienmarktes mit dem Weltmarkt, in: Finanzmarkt und Portfoliomanagement, 12. Jg., 4/1998, 479-496.

Drukarczyk, Jochen: Was kosten betriebliche Altersversorgungszusagen?, in: Die Betriebswirtschaft, 50. Jg., 1990, S. 333-353.

Drukarczyk, Jochen: Theorie und Politik der Finanzierung, 2. Aufl., München 1993.

Drukarczyk, Jochen: DCF-Methode und Ertragswertmethode - einige klärenden Anmerkungen, in: Die Wirtschaftsprüfung, 48. Jg., 1995, S. 329-334.

Drukarczyk, Jochen/Richter, Frank: Unternehmensgesamtwert, anteilseignerorientierte Finanzentscheidungen und APV-Ansatz, in: Die Betriebswirtschaft, 55. Jg., 1995, S. 559-580.

Edwards, Franklin R./Mishkin, Frederic S.: The Decline of Traditional Banking: Implications for Financial Stability and Regulatory Policy, in: Federal Reserve Bank of New York: Economic Review, Juli 1995, S. 26-45.

Ehrhardt, Michael C./Bhagwat, Yatin N.: A Full-Information Approach for Estimating Divisional Betas, in: Financial Management, Vol. 20, Sommer 1991, S. 60-69.

Elschen, Rainer: Shareholder Value und Agency-Theorie - Anreiz- und Kontrollsysteme für Zielsetzungen der Anteilseigner, Betriebswirtschaftliche Forschung und Praxis, 43. Jg., 3/1991, S. 209-220.

Elton, Edwin. J./Gruber, Martin J.: Modern Portfolio Theory and Investment Analysis, 5. Aufl., New York u. a. 1995.

Embrechts, Paul/Resnick, Sidney/Samorodnitski, Gennady: Living on the Edge, in: Risk, Vol. 11, 1/1998, S. 96-100.

Englert, Joachim/Scholich, Martin: Unternehmensführung auf der Basis eines umfassenden Shareholder Value-Management-Konzeptes, in: Betriebs-Berater, 53. Jg., 13/1998, S. 684-689.

Erb, Claude B./Harvey, Campbell R./Viskanta, Tadas E.: Expected Returns and Volatility in 135 Countries, in: Journal of Portfolio Management, Vol. 23, Frühjahr 1996, S. 46-58.

Esser, Klaus: Wertorientierte Unternehmensführung bei Mannesmann, in: Zeitschrift für betriebswirtschaftliche Forschung, 52. Jg., 3/2000, S. 176-187.

Everling, Oliver: Credit Rating durch internationale Agenturen. Eine Untersuchung zu den Komponenten und instrumentalen Funktionen des Rating, Wiesbaden 1991.

Falkenstein, Eric: Integrating Quantitative Risk-Management through Economic Risk Capital, in: Bank Accounting and Finance, Vol. 12, 1/1998, S. 10-21.

Fama, Eugene F./French, Kenneth R.: The Cross-Section of Expected Stock Returns, in: Journal of Finance, Vol. 27, 2/1992, S. 427-465.

Fama, Eugene F./French, Kenneth R.: Common Risk Factors in the Returns on Stocks and Bonds, in: Journal of Financial Economics, Vol. 33, 1993, S. 3-56.

Fama, Eugene F./MacBeth, James D.: Risk, Return and Equilibrium: Empirical Tests, in: Journal of Political Economy, Vol. 81, 1973, S. 607-636.

Faust, Martin: Zur Übertragung von Wertsteigerungskonzepten auf die deutsche Kreditwirtschaft, in: Semesterbericht des Instituts für Kredit- und Finanzwirtschaft an der Ruhr-Universität Bochum Nr. 41, Bochum 1995, S. 34-47.

Faust, Martin/Richard, Jörg: Shareholder-value: neue Aspekte für die Privatisierung von öffentlich-rechtlichen Kreditinstituten?, in: Zeitschrift für das gesamte Kreditwesen, 51. Jg., 7/1998, S. 321-326.

Feri Trust: Historische Durchschnittsrenditen p. a., Manuskript, o. O. 1998; zitiert nach *Deutsches Aktieninstitut* (1999b), S. 55.

Feudner, Bernd W.: Zur arbeitsrechtlichen Wertigkeit des „Shareholder Value", in: Der Betrieb, 52. Jg., 14/1999, S. 742-745.

Fickert, Reiner: Shareholder Value-Ansatz zur Bewertung von Strategien, in: Weilemann, Paul/Fickert, Reiner (Hrsg.): Strategie-Controlling in Theorie und Praxis, Bern/Stuttgart 1992, S. 47-92.

Finegan, P. T.: Maximizing Shareholder Value at the Private Company, in: Journal of Applied Corporate Finance, Vol. 4, 1/1991, S. 30-45.

Finger, Christopher C.: Sticks and Stones, Working Paper RiskMetrics Group, o. O. 1999.

Flaßkühler, Alfred/Veltkamp, Jürgen: Der Ansatz von Eigenkapitalkosten in der Kalkulation, in: Betriebswirtschaftliche Blätter, 44. Jg., 4/1995, S.190-193.

Flesch, Johann Rudolf: Richtige Allokation von Risikokapital . . . im Rahmen des ertragsorientierten Bankmanagements, in: BankInformation, 23. Jg., 10/1996, S. 8-12.

Frantzmann, Hans-Jörg: Saisonalitäten und Bewertung am deutschen Aktien- und Rentenmarkt, Karlsruhe 1989.

Frantzmann, Hans-Jörg: Zur Messung des Marktrisikos deutscher Aktien, in: Zeitschrift für betriebswirtschaftliche Forschung, 42. Jg., 1/1990, S. 67-83.

Freygang, Winfried: Kapitalallokation in diversifizierten Unternehmen: Ermittlung divisionaler Eigenkapitalkosten, Wiesbaden 1993.

Friedlaender, Ernst/Stabernack, Marc G.: Betriebswirtschaftliche Ansätze zur wertorientierten Unternehmensführung, in: Müller, Michael/Leven, Franz-Josef (Hrsg.): Shareholder Value Reporting: Veränderte Anforderungen an die Berichterstattung börsennotierter Unternehmen, Wien 1998, S. 27-44.

Fritsch, Ulrich/Liener, Gerhard/Schmidt, Reinhart (Hrsg.): Die deutsche Aktie - Unternehmensfinanzierung und Vermögenspolitik vor neuen Herausforderungen, Stuttgart 1993.

Fruhan, William E.: Financial Strategy: Studies in Creation, Transfer and Destruction of Shareholder Value, Homewood 1979.

Fuller, Russel J./Kerr, Halbert S.: Estimating the Divisional Cost of Capital: An Analysis of the Pure Play Technique, in: Journal of Finance, Vol. 36, 1981, S. 997-1009.

Funk, Joachim: Aspekte der Unternehmensbewertung in der Praxis, in: Zeitschrift für betriebswirtschaftliche Forschung, 47. Jg., 5/1995, S. 491-514.

Gebhardt, Günther/Gerke, Wolfgang/Steiner, Manfred (Hrsg.): Handbuch des Finanzmanagements, München 1993.

Gebhardt, Günther: Marktwertorientiertes Beteiligungscontrolling im internationalen Konzern, in: Der Betrieb, 48. Jg., 45/1995, S. 2225-2231.

Geiger, Hans: Marktwertbilanz als Zukunftsrechnung, in: Basler Bankenvereinigung (Hrsg.): Shareholder Value-Konzepte in Banken, Stuttgart/Wien 1997, S. 49-77.

Geiger, Hans u. a. (Hrsg.): Schweizerisches Bankwesen im Umbruch, Bern/Stuttgart/ Wien 1996.

Gerke, Wolfgang/Garz, Hendrik/Oerke, Marc: Die Bewertung von Unternehmensübernahmen auf dem deutschen Aktienmarkt, in: Zeitschrift für betriebswirtschaftliche Forschung, 47. Jg., 9/1995, S. 805-820.

Gilles, Christian/LeRoy, Stephen F.: On the Arbitrage Pricing Theory, in: Economic Theory, Vol. 1, 1991, S. 213-229.

Goebel, Ralf: Einstieg in die Steuerung der Gesamtbank, in: Betriebswirtschaftliche Blätter, 47. Jg., 12/1998, S. 578-584.

Goebel, Ralf/Schumacher, Matthias/Sievi, Christian: Bilanzstrukturen mit Performance-Konzept steuern, in: Betriebswirtschaftliche Blätter, 47. Jg., 7/1998, S. 332-347.

Göppl, Hermann/Henn, R. (Hrsg.): Geld, Banken und Versicherungen, Bd. 1, Königstein/Taunus 1981.

Goldenberg, D. H./Robin, A. J.: The Arbitrage Pricing Theory and Cost-of-Capital Estimation: The Case of Electric Utilities, in: Journal of Financial Research, Vol. 14, 1991, S. 181-196.

Gomez, Peter: Wertorientierte Strategieplanung, in: Der Schweizer Treuhänder, 11/1990, o. Jg., S. 557-562.

Gomez, Peter: Wertmanagement: Vernetzte Strategien für Unternehmen im Wandel, Düsseldorf u. a. 1993.

Gomez, Peter/Ganz, Matthias: Diversifikation mit Konzept - den Unternehmenswert steigern, in: Harvard Manager, 14. Jg., 1/1992, S. 44-54.

Gomez, Peter/Weber, Bruno: Akquisitionsstrategie: Wertsteigerung durch Übernahme von Unternehmen, Stuttgart 1989.

Gonedes, Nicholas J.: Evidence on the Information Content of Accounting Numbers: Accounting-Based and Market-Based Estimates of Systematic Risk, in: Journal of Financial and Quantitative Analysis, Vol. 8, 1973, S. 407-443.

Gordon, Joseph R./Gordon, Myron J.: The Finite Horizon Expected Return Model, in: Financial Analysts Journal, Vol. 53, 1997, S. 52-61.

Gordon, Myron J./Halpern, Paul J.: Cost of Capital for a Division of a Firm, in: Journal of Finance, Vol. 29, 1974, S. 1153-1164.

Gordon, Myron J./Shapiro, Eli: Capital Equipement Analysis: The Required Rate of Profit, in: Management Science, Vol. 2, 3/1956, S. 102-110.

Gottstein, Thomas: Betriebliches Rechnungswesen als Controllinginstrument im Bankkonzern, Zürich 1996.

Groß, Hermann/Knippschild, Martin: Risikocontrolling in der Deutschen Bank, in: Rolfes, Bernd/Schierenbeck, Henner/Schüller, Stephan (Hrsg.): Risikomanagement in Kreditinstituten, Frankfurt a. M. 1995, S. 69-110.

Günther, Thomas: Unternehmenswertorientiertes Controlling, München 1997.

Hachmeister, Dirk: Der Discounted Cash Flow als Maßstab der Unternehmenswertsteigerung, Frankfurt a. M. 1995.

Hachmeister, Dirk: Die Abbildung der Finanzierung im Rahmen verschiedener Discounted Cash Flow-Verfahren, in: Zeitschrift für betriebswirtschaftliche Forschung, 48. Jg., 3/1996, S. 251-277.

Hachmeister, Dirk: Der Cash-Flow Return on Investment als Erfolgsgröße einer wertorientierten Unternehmensführung, in: Zeitschrift für betriebswirtschaftliche Forschung, 49. Jg., 6/1997, S. 556-579. (1997a)

Hachmeister, Dirk: Shareholder Value, in: Die Betriebswirtschaft, 57. Jg., 6/1997, S. 823-839. (1997b)

Haegert, Lutz/Schwab, Hartmut: Die Subventionierung direkter Pensionszusagen nach geltendem Recht im Vergleich zu einer neutralen Besteuerung, in: Die Betriebswirtschaft, 50. Jg., 1990, S. 85-102.

Hagemann, Helmut/Meyersieck, Dietmar: Deutsches Vorwort zu Copeland, Thomas E./ Koller, Tim/Murrin, Jack: Unternehmenswert: Methoden und Strategien für eine wertorientierte Unternehmensführung, Frankfurt a. M./New York 1993, S. 9-19.

Hamada, Robert S.: Portfolio Analysis, Market Equilibrium and Corperation Finance, in: Journal of Finance, Vol. 24, 1969, S. 13-61.

Hamao, Yasushi: Japanese Stocks, Bonds, Bills and Inflation,1973-1987, in: Journal of Portfolio Management, Vol. 16, Winter 1989, S. 20-26.

Hank, R.: Gewerkschaften haben Angst, in: FAZ vom 9.7.1996, Beilage „Die 100 größten Unternehmen", S. 24.

Hanssmann, Friedrich: Wertorientiertes strategisches Management - eine Revolution?, in: Strategische Planung, Band 4, 1988, S. 1-10.

Hardtmann, Guido: Die Wertsteigerungsanalyse im Managementprozeß, Wiesbaden 1996.

Harris, Robert S./O'Brien, Thomas J./Wakeman, Doug: Divisional Cost-of-Capital Estimation for Multi-Industry-firms, in: Financial Management, Vol. 18, 1989, S. 74-84.

Hartmann, Ulrich: Shareholder-value als unternehmerische Aufgabe, in: Börsen-Zeitung, Nr. 38 vom 24.2.1994, S. 19.

Hartmann-Wendels, Thomas: Möglichkeiten und Grenzen einer Marktbewertung von Krediten, in: Franke, Günther/Laux, Helmut (Hrsg.): Unternehmensführung und Kapitalmarkt, Festschrift für Herbert Hax, Berlin u. a. 1998, S. 97-131.

Haugen, Robert A.: Modern Investment Theory, 2. Aufl., Englewood Cliffs 1990.

Häusermann, Kurt: Shareholder value-Ansatz in der Planung, Bern/Stuttgart/Wien 1994.

Hax, Arnoldo C./Majluf, Nicolas S.: Strategisches Management: Ein integriertes Konzept aus dem MIT, Frankfurt a. M./New York, 1988, S. 272.

Helbling, Carl: Unternehmensbewertung auf der Basis von Einnahmen, Ausschüttungen, Cash Flows oder Gewinnen?, in: Der Schweizer Treuhänder, o. Jg., 11/1990, S. 533-538.

Helbling, Carl: Unternehmensbewertung und Steuern, 8. Aufl., Düsseldorf/Zürich 1998.

Henry, Andreas/Spiegel, Hubert: Mit Thermoskanne und Henkelmann, in: Wirtschaftswoche, 17/1998, S. 210-219.

Hergert, M.: Strategic Ressource Allocation Using Divisional Hurdle Rates, in: Planning Review, Vol. 15, 1987, S. 28-32.

Herter, Ronald N.: Wertsteigerungsanalyse, in: Controlling, 4. Jg., 6/1991, S. 336-337.

Herter, Ronald N.: Unternehmenswertorientiertes Management, München 1994.

Heston, S./Rouwenhorst, G./Wessels R.: The Structure of International Stock Returns and the Integration of Capital Markets, in: Journal of Empirical Finance, Vol. 2, 1995, S. 173-197.

Hille, Christian T./Burmeister, Christoph/Otto, Matthias: Modelle zur risikoadjustierten Kapitalallokation, in: Die Bank, o. Jg., 3/1999, S. 190-195.

Höfer, Max A.: US-Wahl '96, in: Capital, 35. Jg., 4/1996, S. 170-178.

Höfner, Klaus/Pohl, Andreas (Hrsg.): Wertsteigerungs-Management, Frankfurt a. M./New York 1994.

Höhmann, Kai: Shareholder Value von Banken, Wiesbaden 1998.

Hoppenstedt: Banken-Jahrbuch 1997 - Kreditinstitute und Finanzierungsgesellschaften in der Bundesrepublik Deutschland, 16. Aufl., Darmstadt 1996.

Hostettler, Stephan: Das Konzept des Economic Value Added (EVA) - Maßstab für die finanzielle Performance und Bewertungsinstrument im Zeichen des Shareholder Value - Darstellung und Anwendung auf schweizer Aktiengesellschaften, Bern/Stuttgart/Wien 1997.

Houpt, James V.: Portfoliomanagement and Regulatory Capital Standards, in: Journal of Lending & Credit Risk, Vol. 80, 10/1998, S. 58-60.

Hupe, Michael/Ritter, Gerd: Der Einsatz risikoadjustierter Kalkulationszinsfüße bei Investitionsentscheidungen - theoretische Grundlagen und empirische Untersuchung, in: Zeitschrift für betriebswirtschaftliche Forschung, 49. Jg., 6/1997, S. 593-612.

HypoVereinsbank AG: Geschäftsbericht 1999, München 2000.

Ibbotson Associates: Stocks, Bonds, Bills and Inflation: 1989 Yearbook, Market Results from 1926-1988, Chicago 1989.

Ibbotson, Roger G./Sinquefield, R. A.: Stock, Bonds, Bills and Inflation, updated in SBBI 1988 Quarterly Market Reports, Chicago 1988.

IDW Standard: Grundsätze zur Durchführung von Unternehmensbewertungen (IDW S 1), in: Die Wirtschaftsprüfung, 53. Jg., 2000, S. 825ff.

IKB Deutsche Industriebank: Geschäftsbericht 1997/98, Düsseldorf 1998.

IKB Deutsche Industriebank: Geschäftsbericht 1998/99, Düsseldorf 1999.

Indro, Daniel C./Lee, Wayne Y.: Biases in Arithmetic and Geometric Averages as Estimates of Long-Run Expected Returns and Risk Premia, in: Financial Management, Vol. 26, 4/1997, S. 81-90.

Instituts der Wirtschaftsprüfer e.V.: Stellungnahme HFA 2/1983: Grundsätze zur Durchführung von Unternehmensbewertungen, in: Die Wirtschaftsprüfung, 36. Jg., 1983, S. 468-480.

Institut der Wirtschaftsprüfer e.V. (Hrsg.): Wirtschaftsprüfer-Handbuch 1992 - Handbuch für Rechnungslegung, Prüfung und Beratung, Band II, Düsseldorf 1992.

J.P. Morgan: Credit Metrics^{TM} - Technical Document, New York 1997.

Jagannathan, Ravi/McGrattan, Ellen R.: The CAPM Debate, in: Federal Reserve Bank of Minneapolis: Quarterly Review, 19. Jg., 4/1995, S. 2-17.

Jagannathan, Ravi/Wang, Zhenyu: The CAPM is Alive and Well, Research Departement Stuff Report, Federal Reserve Bank of Minneapolis 1993.

James, Christopher: RAROC Based Capital Budgeting and Performance Evaluation: A Case Study of Bank Capital Allocation, Working Paper 96-40, Wharton School, University of Pennsylvania, Philadelphia 1996.

Janisch, Monika: Das strategische Anspruchsgruppenmanagement: vom Shareholder Value zum Stakeholder Value, Bern/Stuttgart/Wien 1993.

Jansen, Sven/Wittrock, Carsten: Risikomanagement auf Gesamtbankebene, in: Der langfristige Kredit, 47. Jg., 20/1996, S. 627-633.

Jensen, Michael C.: Studies in the Theory of Capital Markets, New York 1972.

Jensen, Michael C.: Agency Costs of Free Cash Flow, Corporate Finance, and Takeovers, in: American Economic Review (Supplement), Vol. 76, 1986, S. 323-329.

Johnson, W. Bruce/Natarajan, Ashok/Rappaport, Alfred: Shareholder Returns and Corporate Excellence, in: Journal of Business Strategy, Vol. 5, 1985, S. 52-62.

Jonas, Martin: Unternehmensbewertung: Zur Anwendung der Discounted-Cash-flow-Methode in Deutschland, in: Betriebswirtschaftliche Forschung und Praxis, 47. Jg., 1/1995, S. 83-98.

Jorion, Philippe: Value at Risk, The New Benchmark for Controlling Market Risk, Chicago u. a. 1997.

Kässer, Wolfgang/Oestreicher, Werner/Schröder, Achim: Wertmanagement im VEW-Konzern - trotz oder wegen einer kommunalen Mehrheit, in: Zeitschrift für betriebswirtschaftliche Forschung, 52. Jg., 8/2000, S. 495-504.

Kaplan, Steven N.: The Market Pricing of Cash Flow Forecasts: Discounted Cash Flow vs. the Methode of "Comparables", in: Journal of Applied Corporate Finance, Vol. 8, 4/1996, S. 45-60.

Kaplan, Steven N./Ruback, Richard S.: The Valuation of Cash Flow Forecasts: An Empirical Analysis, in: Journal of Finance, Vol. 50, 4/1995, S. 1059-1093.

Kennedy, Christopher: Shareholder Value in europäischen Banken, in: Die Bank, o. Jg., 4/1999, S. 224-227.

Kimball, Ralph C.: Innovations in Performance Measurement in Banking, in: Federal Reserve Bank of Boston (Hrsg.): New England Economical Review, o. Jg., Mai/Juni 1997, S. 23-38. (1997a)

Kimball, Ralph C.: Spezialization, Risk, and Capital in Banking, in: Federal Reserve Bank of Boston (Hrsg.): New England Economical Review, o. Jg., November/Dezember 1997, S. 51-73. (1997b)

King, Mervyn/Sentana, Enrique/Wadhwani, Sushil: Volatility and Links between National Stock Markets, in: Econometrica, Vol. 62, 4/1994, S. 901-933.

Kirsch, Hans-Jürgen/Krause, Clemens: Kritische Überlegungen zur Discounted Cash Flow-Methode, in: Zeitschrift für Betriebswirtschaft, 66. Jg., 7/1996, S. 793-812.

Kirsten, Dirk W.: Value-based-Management - Schlüssel zum strategischen Erfolg, in: Die Bank, o. Jg., 11/1995, S. 672-676.

Kleeberg, Jochen M.: Der Einsatz von fundamentalen betas im modernen Portfoliomanagement, in: Die Bank, o. Jg., 1992, S. 474-478.

Kleinschnittger, Ulrich: Beteiligungs-Controlling, München 1993.

Klien, Wolfgang: Wertsteigerungsanalyse und Messung von Managementleistungen - Technik, Logik und Anwendung, Wiesbaden 1995.

Knyphausen, Dodo zu: Wertorientiertes strategisches Management, in: Zeitschrift für Planung, 3. Jg., 4/1992, S. 331-352.

Kohl, Torsten/Schulte, Jörn: Ertragswertverfahren und DCF-Verfahren - Ein Überblick vor dem Hintergrund des IDW S 1, in : Wirtschaftsprüfung, 53. Jg, 23-24/2000, S. 1147 - 1164.

Kolbeck, Rosemarie (Hrsg.): Bank-Controlling als Managementaufgabe, Frankfurt a. M. 1987.

Kon, Stanley J./Lau, W. Patrick: Specification Tests for Portfolio Regression Parameter Stationarity and the Implications for Empirical Research, in: Journal of Finance, Vol. 34, 2/1979, S. 451-465.

Kosfeld, Reinhold: Kapitalmarktmodelle und Aktienbewertung - Eine statistisch-ökonometrische Analyse, Wiesbaden 1996.

Kothari, S. P./Shanken, Jay/Sloan, Richard G.: Another Look at the Cross-section of Expected Stock Returns, in: Journal of Finance, Vol. 50, März 1995, S. 185-224.

KPMG (Hrsg.): Financial Instruments - Einsatzmöglichkeiten, Risikomanagement und Risikocontrolling, Rechnungslegung, Besteuerung, Frankfurt a. M. 1995.

Kritzman, Mark: What Practioners Need To Know About Return and Risk, in: Financial Analysts Journal, Vol. 49, Mai/Juni 1993, S. 14-17.

Krueger, Mark K./Linke, Charles M.: A Spanning Approach for Estimating Divisional Cost of Capital, in: Financial Management, Vol. 23, 1994, S. 64-70.

Krüger, Wilfried: Beteiligungscontrolling, in: Schulte, Christoph: Lexikon des Controlling, München 1996, S. 74-79.

Krumnow, Jürgen et. al.: Rechnungslegung der Kreditinstitute Kommentar zum Bank-bilanzrichtlinien-Gesetz und zur RechKredV, Stuttgart 1994.

Kruschwitz, Lutz/Löffler, Andreas: Ross' APT ist gescheitert. Was nun?, in: Zeitschrift für betriebswirtschaftliche Forschung, 49. Jg., 7-8/1997, S. 644-651.

Kümmel, Axel Tibor: Bewertung von Kreditinstituten nach dem Shareholder Value-Ansatz, Ludwigsburg/Berlin 1994.

Küting, Karlheinz/Lorson, Peter: Erfolgs(potential)orientiertes Konzernmanagement - Eine Analyse erfolgszielorientierter Controlling-Konzepte und -Instrumente in globalen Konzernen, in: Betriebs-Berater, Beilage 8 zu Heft 20/1997, S. 1-31.

Kulkarni, Mukund S./Powers, Marian/Shannon, Donald S.: The Estimation of Product Line Betas as Surrogats of Divisional Risk Measures, in: Financial Management, Vol. 18, Frühjahr 1989, S. 6-7.

Kulkarni, Mukund S./Powers, Marian/Shannon, Donald S.: The Use of Segment Earnings Betas in the Formation Divisional Hurdle Rates, in: Journal of Business Finance & Accounting, Vol. 18, 1991, S. 497-512.

Lang, Larry H.-P./Strulz, René M.: Tobin's q, Coporate Diversification and Firm Performance, in: Journal of Political Economy, Vol. 102, 6/1994, S. 1248-1280.

Lange, Diedrich: Shareholder Value - ein Thema im Verbund?, in: BankInformation, 26. Jg, 11/1999, S. 70-72.

Lauk, Kurt J.: Steuerung des Unternehmens nach Kapitalrentabilität und Cash Flows, in: Schmalenbach-Gesellschaft - Deutsche Gesellschaft für Betriebswirtschaft e.V. (Hrsg.): Globale Finanzmärkte - Konsequenzen für Finanzierung und Unternehmensrechnung, Stuttgart 1996, S. 163-179.

Leber, Hendrik/Oberhausberg, Utz: Wertorientiertes Konzernmanagement - Konzernrollen und Steuerungsinstrumente, in: Höfner, Klaus/Pohl, Andreas (Hrsg.): Wertsteigerungs-Management, Frankfurt a. M./New York 1994, S. 150-174.

Lehar, Alfred/Welt, Franz/Wiesmayer Christoph/Zechner, Josef: Risikoadjustierte Performancemessung in Banken, in: Österreichisches Bankarchiv, 46. Jg., 11/1998, S. 857-862 und 12/1998, S. 949-955.

Lehmann, B. N./Modest, D. M.: The Empirical Foundations of the Arbitrage Pricing Theory, in: Journal of Financial Economics, Vol. 21, 1988, S. 213-254.

Lehmann, Steffen: Neue Wege in der Bewertung börsennotierter Aktiengesellschaften: ein Cash-flow-orientiertes Ertragswertmodell, Wiesbaden 1994.

Lehrbaß, Frank B.: Risikomessung für ein Kreditportfolio - ein Methodenvergleich, in: Die Bank, o. Jg., 2/1999, S. 131-134.

Lewis, Thomas G.: Steigerung des Unternehmenswertes, Landsberg/Lech 1994.

Lewis, Thomas G./Lehmann, Steffen: Überlegene Investitionsentscheidung durch CFROI, in: Betriebswirtschaftliche Forschung und Praxis, 44. Jg., 1/1992, S. 1-13.

Lewis, Thomas G./Stelter, Daniel: Mehrwert schaffen mit finanziellen Ressourcen, in: Harvard Business Manager, 15. Jg., 1993, S. 107-114.

Lins, Karl/Servaes, Henri: International Evidence on the Corporate Diversfication, Working Paper, o. O., November 1998.

Lintner, John: The Valuation of Risk Assets and the Selection of Risky Investments in Stock Portfolios and Capital Budgets, in: Review of Economics, Vol. 47, 1965, S. 13-37.

Lister, Michael: Risikoadjustierte Ergebnismessung und Risikokapitalallokation, Frankfurt a. M. 1997.

Lockert, Gerd: Kapitalmarkttheoretische Ansätze zur Bewertung von Aktien: Entwicklung und Stand der Arbitrage Pricing Theory, in: ZfB-Ergänzungsheft 2/1998, Wiesbaden 1998, S. 75-99.

Löw, Edgar: Deutsche Bankabschlüsse nach IAS: Synoptische Gegenüberstellung der veröffentlichten Konzernabschlüsse, Stuttgart 2000.

Logue, Dennis/Merville, Larry: Financial Policy and Market Expectations, in: Financial Management, Vol. 1, Sommer 1972, S. 37-44.

Longin, François/Solnik, Bruno: Is the Correlation in International Equity Returns Constant: 1960-1990?, in: Journal of International Money and Finance, Vol. 14, 1/1995, S. 3-26.

Luber, Thomas: Bedrohte Spezies, in: Capital, 35. Jg., 4/1996, S. 66-71.

Mandelker, Gershon N./Rhee, S. Ghon: The Impact of Degrees of Operating and Financial Leverage on Systematic Risk of Common Stock, in: Journal of Financial and Quantitative Analysis, Vol. 19, 1/1984, S. 45-57.

Markowitz, Harry M.: Portfolio Selection, in: Journal of Finance, Vol. 7, 1952, S. 77-91.

Markowitz, Harry M.: Portfolio Selection - Efficient Diversification of Investments, New York 1959.

Marusev, Alfred W./Siewert, Klaus-Jürgen: Engpaßbezogene Bonus-/Malus-System im Marktzinsmodell, in: Die Bank, o. Jg., 4/1990, S. 217-224.

Matten, Chris: The Capital Allocation Challange for the Banks, in: Economic and Financial Prospects, 4-5/1995, S. 2-5. (1995a)

Matten, Chris: Earnings Volatility as an Alternative Risk Capital Measure, in: Economic and Financial Prospects, 6/1995, S. 2-5. (1995b)

Matzke, Dirk/Seifert, Eckhard: Die Eigenmittelausstattung von Kreditinstituten gemäß § 10 KWG, in: Zeitschrift für Bankrecht und Bankwirtschaft, 10. Jg., 3/1998, S. 152-165.

McElroy, Marjorie B./Burmeister, Edwin: Abitrage Pricing Theory as a Restricted Nonlinear Multivariate Regression Model, in: Journal of Business and Economic Statistics, Vol. 6, Januar 1988, S. 29-42.

McTaggart, James M./Kontes, Peter W./Mankins, Michael C.: The Value Imperative: Managing for Superior Shareholder Returns, New York u. a. 1994.

Meister, Edgar: „Die adäquate Bemessung und Kapitalunterlegung des Kreditrisikos ist das zentrale Thema", in: Zeitschrift für das gesamte Kreditwesen, 52. Jg., 3/1999, S. 148-151. (1999a)

Meister, Edgar: Kreditrisiken und deren bankaufsichtsrechtliche Eigenkapitalunterlegung vor dem Hintergrund des Strukturwandels auf dem Bankensektor, in: Bankinformation, 26. Jg., 4/1999, S. 6-10. (1999b)

Melicher, Ronald W.: Financial Factors which Influence Beta Variations within an Homogeneous Industry Environment, in: Journal of Financial and Quantitative Analysis, Vol. 9, 2/1974, S. 231-241.

Merbecks, Andreas: Zur Organisation des Risikomanagements in Kreditinstituten, Wiesbaden 1996.

Meyer, Christoph: Value at Risk für Banken, Wiesbaden 1999.

Meyer, Conrad: Moderne Controlling-Ansätze aus der Sicht einer ertragsorientierten Steuerung der Bank, in: Seicht, Gerhard: Jahrbuch für Controlling und Rechnungs-wesen 1995, Wien 1995, S. 141-168.

Meyersieck, Dietmar: Unternehmenswert und Branchendynamik, in: Betriebswirtschaft-liche Forschung und Praxis, 43. Jg., 1991, S. 233-240.

Mills, Roger/Print, Carole: Strategic Value Analysis, in: Management Accounting-London, Vol. 73, 2/1995, S. 35-37.

Mirow, Michael: Shareholder Value als Instrument der internen Unternehmensführung, in: Bühner, Rolf (Hrsg.): Der Shareholder-Value-Report - Erfahrungen, Ergebnisse, Entwicklungen, Landsberg/Lech 1994, S. 91-105.

Modigliani, Franco/Modigliani, Leah: Risk-adjusted Performance, in: Journal of Portfolio Management, Vol. 23, 2/1997, S. 45-54.

Möller, Hans Peter: Bilanzkennzahlen und Ertragsrisiken des Kapitalmarkts, Stuttgart 1986.

Möller, Hans Peter: Die Bewertung risikobehafteter Anlagen an deutschen Wertpapier-börsen, in: Zeitschrift für betriebswirtschaftliche Forschung, 40. Jg., 9/1988, S. 779-797.

Mohr, Rosanne M.: The Operating Beta of a US Multi-Activity Firm: An Empirical Investigation, in: Journal of Business Finance and Accounting, Vol. 12, 4/1985, S. 575-593.

Morin, R. A.: Utilities' Cost of Capital, Arlington 1984.

Mossin, Jan: Equilibrium in a Capital Asset Market, in: Econometrica, Vol. 34, 1966, S. 768-783.

Moxter, Adolf: Grundsätze ordnungsgemäßer Unternehmensbewertung, 2. Aufl., Wiesbaden 1983.

Müller, Eberhard: Praktische Probleme der Integration eines ausländischen Unterneh-men in einen internationalen Konzern im Finanzbereich, in: Moxter, Adolf u. a. (Hrsg.): Rechnungslegung - Entwicklungen bei der Bilanzierung und Prüfung von Kapitalgesellschaften, Festschrift für Karl-Heinz Forster, Düsseldorf 1992, S. 441ff.

Müller, Eberhard: Controlling in der internationalen Unternehmung, in: Die Betriebswirtschaft, 56. Jg., 1/1996, S. 111-122.

Müller, Michael/Leven, Franz-Josef (Hrsg.): Shareholder Value Reporting: Veränderte
Anforderungen an die Berichterstattung börsennotierter Unternehmen, Wien 1998.

Müller, W.: Bilanzinformation und Aktienbewertung, Frankfurt a. M. 1992.

Muffler, Jürg: Consulting Banking - Rahmenbedingungen, Wertsteigerungspotential
und Ansätze zur Implementierung, Bern/Stuttgart/Wien 1995.

Myers, Stewart C.: Interactions of Corporate Financing and Investement Decisions
- Implications for Capital Budgeting, in: Journal of Finance, Vol. 29, 1/1974, S. 1-25.

Nesbitt, Stephen L.: Long-term Rewards from Shareholder Activism: A Study of the
„CalPERS Effect", in: Journal of Applied Corporate Finance, Vol. 6, 1994, S. 75-80.

Neubürger, Heinz-Joachim: Wertorientierte Unternehmensführung bei Siemens, in:
Zeitschrift für betriebswirtschaftliche Forschung, 52. Jg., 3/2000, S. 160-166.

Neumann, Oliver: Shareholder Value - Wertorientierte Steuerung auch für Versicherungsunternehmen?, in: Versicherungswirtschaft, 53. Jg., 24/1998, S. 1708-1711.

Nielsen, Lars: Quantifizierung von Investitionsrisiken auf den deutschen Aktienmarkt,
in: Die Bank, o. Jg., 1992, S. 228-230.

Nölting, Andreas: Hebelwirkung, in: Manager Magazin, 28. Jg., Mai 1998, S. 114-125.

O. V.: Calpers attakiert Bankeneinfluß, in: Börsen-Zeitung Nr. 188 vom 29.09.1994,
S. 3. (1994a)

O.V.: Stern Stewart EVA Roundtable, in: Journal of Applied Corporate Finance, Vol. 7,
2/1994, S. 46-70. (1994b)

O.V.: Werte-Wandel - Was Manager von Shareholder Value halten, in: manager
magazin, 24. Jg., 3/1994, S. 181f. (1994c)

O.V.: Interview: Commerzbank-Chef Kohlhaussen über seine Ziele in London, das Recht
der Aktionäre und die Zukunft der Bank, in: Capital, 34. Jg., 8/1995, S. 170-172.

O. V.: Shareholder Value und Aktienkultur - eine Umfrage bei den DAX-Werten, in:
Zeitschrift für das gesamte Kreditwesen, 49. Jg., 10/1996, S. 481-495. (1996a)

O. V.: Großbanken, Erfolgserlebnisse im Ausland - Einbrüche im operativen Geschäft,
in: Zeitschrift für das gesamte Kreditwesen, 49. Jg., 8/1996, S. 345-348. (1996b)

O. V.: Redaktionsgespräch mit Günter Haas: „Die Stammkapitalbildung öffnet neue
Horizonte - was daraus wird, muß man sehen", in: Zeitschrift für das gesamte Kreditwesen, 52. Jg., 15/1999, S. 770-775. (1999a)

O. V.: Stammkapital für Sparkassen - eine Vorbereitung der Trennung von Kommune und Sparkasse?, in: Zeitschrift für das gesamte Kreditwesen, 52. Jg., 15/1999, S. 776-777. (1999b)

O'Byrne, Stephen F.: EVA and Market Value, in: Journal of Applied Corporate Finance, Vol. 9, 1/1996, S. 116-125.

Odier, P./Solnik, Bruno/Mivelaz, J.: International Diversification for Swiss Pension Funds, in: Finanzmarkt und Portfolio Management, 5. Jg., 1991.

Olsen, E./Thomas, R.: Stock Price Performance: Corporate Agenda for the 1980's, in: Journal of Corporate Finance, Vol. 2, 1/1987, S. 3-15.

Palmen, Hans-Richard: Zwischen öffentlichem Auftrag und Wettbewerb, in: Zeitschrift für das gesamte Kreditwesen, 52. Jg., 15/1999, S. 778-781.

Parsley, Mark: The Rorac Revolution, in: Euromoney, Oktober 1995, S. 36-42.

Paul, Stephan: Bankenintermediation und Verbriefung - Neue Chancen und Risiken für Kreditinstitute durch Asset Backed Securities?, Wiesbaden 1994.

Payant, Randall: Ways of Assigning Capital to Lines of Business, in: Bank Accounting and Finance, Vol. 9, 4/1996, S. 25-30.

PCW Deutsche Revision: IAS für Banken, Frankfurt a. M. 1999.

Peemöller, Volker H./Bömelburg, Peter/Denkmann, Andreas: Unternehmensbewertung in Deutschland - Eine empirische Erhebung, in: Die Wirtschaftsprüfung, 47. Jg., 22/1994, S. 741-749.

Pellens, Bernhard: Unternehmenswertorientierte Entlohnungssysteme, Stuttgart 1998.

Pellens, Bernhard/Tomaszewski, Claude/Weber, Nicolas: Wertorientierte Unternehmensführung in Deutschland - Eine empirische Untersuchung der DAX 100-Unternehmen, in: Der Betrieb, 53. Jg., 37/2000, S. 1825-1833.

Pellens, Bernhard/Rockholtz, Carsten/Stienemann, Marc: Marktwertorientiertes Konzerncontrolling in Deutschland - eine empirische Untersuchung, in: Der Betrieb, 50. Jg., 39/1997, S. 1933-1939.

Perridon, Louis/Steiner, Manfred: Finanzwirtschaft der Unternehmung, 9. Aufl., München 1997.

Peters, Hans-Walter: Kapitalmarkttheorie und Aktienanalyse, Frankfurt a. M. 1987.

Pfaff, Dieter: Wertorientierte Unternehmenssteuerung, Investitionsentscheidungen und Anreizprobleme, in: Betriebswirtschaftliche Forschung und Praxis, 50. Jg., 5/1998, S. 491-516.

Pictet & Cie Banquiers: Die Performance von Aktien und Obligationen in der Schweiz: Eine empirische Untersuchung seit 1925, Genf 1988 (und Aufdatierung Ende 1997).

Pitman, Brian: Shareholder Value in Action in Banking, in: Irish Banking Review, Winter 1993, S. 3-8.

Poppensiecker, Thomas: Strategischs Risikomanagement in deutschen Großbanken, Wiesbaden 1997.

Price Waterhouse (Hrsg.): Risk Adjusted Profitability Measurement in Banks - Concepts and Applications, London 1991. (1991a)

Price Waterhouse (Hrsg.): Risk Adjusted Profitability Measurement in Banks - An Industry Survey of London Banks, London 1991. (1991b)

PriceWaterhouse: Shareholder Value und Corporate Governance - Bedeutung im Wettbewerb um institutionelles Kapital, Frankfurt 1998.

Rappaport, Alfred: Selecting Strategies that Creat Shareholder Value, in: Harvard Business Review, Vol. 59, 1981, S. 139-149.

Rappaport, Alfred: Creating Shareholder Value, The New Standard for Business Performance, New York 1986.

Rappaport, Alfred: Shareholder Value: Wertsteigerung als Maßstab für die Unternehmensführung, Stuttgart 1995. (1995a)

Rappaport, Alfred: Ziele und Entscheidungsmaßstäbe führender deutscher Unternehmen, Veröffentlichung der LEK Unternehmensberatung GmbH, o. O. 1995. (1995b)

Raster, Max: Shareholder-Value-Management, Wiesbaden 1995.

Reimann, Bernard C.: Managing for Value: A Guide to Value Based Strategic Management, 2. Aufl., Oxford/Cambridge 1990.

Richter, Frank: Konzeption eines marktwertorientierten Steuerungs- und Monitoringsystems, Frankfurt a. M. 1996.

Richter, Frank/Simon-Keuenhof, Kai: Bestimmung durchschnittlicher Kapitalkostensätze deutscher Industrieunternehmen - eine empirische Untersuchung, in: Betriebswirtschaftliche Forschung und Praxis, 48. Jg., 6/1996, S. 698-708.

Richter, Frank/Stiglbrunner, Konrad: Anwendung des Unternehmenswertkonzeptes in Deutschland, in: Anhang C der deutschen Ausgabe von Copeland, Thomas E./ Koller, Tim/Murrin, Jack: Unternehmenswert: Methoden und Strategien für eine wertorientierte Unternehmensführung, Frankfurt a. M./New York, 1993, S. 409-424.

Rolfes, Bernd: Das Konzept des Gesamtbankmanagements, in: Rolfes, Bernd/ Schierenbeck, Henner/Schüller, Stephan (Hrsg.): Gesamtbankmanagement - Integrierte Risiko-/Ertragsteuerung in Kreditinstituten, Frankfurt a. M. 1998, S. 1-35.

Rolfes, Bernd: Gesamtbanksteuerung, Stuttgart 1999.

Rolfes, Bernd/Schierenbeck, Henner/Schüller, Stephan(Hrsg.): Gesamtbankmanagement - Integrierte Risiko-/Ertragsteuerung in Kreditinstituten, Frankfurt a. M. 1998.

Roll, Richard: A Critique of the Asset Pricing Theory's Tests, in: Journal of Financial Economics, Vol. 4, 1977, S. 129-176.

Roll, Richard/Ross, Stephen A.: An Empirical Investigation of the Arbitrage Pricing Theory, in: Journal of Finance, Vol. 35, 1980, S. 1073-1103.

Roll, Richard/Ross, Stephan A.: Regulation, the Capital Asset Pricing Model and the Arbitrage Pricing Theory, in: Public Utilities Fortnightly, 1983, S. 22-28.

Roll, Richard/Ross, Stephan A.: The Arbitrage Pricing Theory Approach to Strategic Portfolio Planning, in: Financial Analyst Journal, Vol. 40, 1984, S. 14-28.

Rosenberg, Barr/Guy, James: Prediction of Beta from Investment Fundamentals: Part Two Alternative Prediction Methods, in: Financial Analysts Journal, Vol. 32, 4/1976, S. 62-70.

Rosenberg, Barr/Marathe, V.: The Prediction of Investment Risk: Systematic and Residual Risk, Reprint No. 21 of Institute of Business and Economic Research of the University of California, Berkeley, from Proceedings of Seminar on the Analysis of Security Prices, University of Chicago, November 1975, S. 85-225.

Rosenberg, Barr/McKibben, Walt: The Prediction of Systematic and Specific Risk in Common Stocks, in: Journal of Financial and Quantitative Analysis, Vol. 8, 1973, S. 317-333.

Rosenberg, Barr/Rudd, Andrew: The Corporate Uses of Beta, in: Stern, J. M./Chew, D. H. (Hrsg.): The Revolution in Corporate Finance, Oxford/New York 1986, S. 58-68.

Ross, Stephen A.: The Economic Theory of Agency: The Principal's Problem, in: American Economic Review, Vol. 63, 5/1973, S. 134-139.

Ross, Stephen A.: The Arbitrage Pricing Theory of Capital Asset Pricing, in: Journal of Economic Theory, Vol. 13, 1976, S. 341-360.

Rothschild, Michael: Asset Pricing Theories, in: Heller, W. P./Starrett, D. A. (Hrsg.): Uncertainty, Information and Communication: Essays in Honor of Kenneth J. Arrow, Vol. III. Cambridge University Press, Cambridge 1986, S. 97-128.

Röttger, Bernhard: Das Konzept des Added Value als Maßstab für finanzielle Performance, Kiel 1994.

Roventa, Peter: Shareholder Value aus Sicht der Holding - Einsatzmöglichkeiten, Fallstricke und Anwendererfahrungen, in: Höfner, Klaus/Pohl, Andreas (Hrsg.): Wertsteigerungs-Management, Frankfurt a. M./New York 1994, S. 175-196.

Rudolph, Bernd: Zur Theorie des Kapitalmarktes - Grundlagen, Erweiterungen und Anwendungsbereiche des Capital Asset Pricing Model (CAPM), in: Zeitschrift für Betriebswirtschaft, 49. Jg., 11/1979, S. 1034-1067.

Rudolph, Bernd: Klassische Kapitalkostenkonzepte zur Bestimmung des Kalkulations- zinsfußes für die Investitionsrechnung, in: Zeitschrift für betriebswirtschaftliche Forschung, 38. Jg., 7-8/1986, S. 608-617.

Rudolph, Bernd: Ansätze zur Kreditnehmerbeurteilung: Theoretische Analyse und Würdigung, in: Zeitschrift für das gesamte Kreditwesen, 52. Jg., 3/1999, S. 112-117.

Rückle, Dieter (Hrsg.): Aktuelle Fragen der Finanzwirtschaft und der Unternehmensbe- steuerung, Festschrift für Erich Loistlberger, Wien 1991.

Rüegsegger, Urs: Prozesskostenrechnung in Banken unter besonderer Berücksichtigung der Eigenkapitalkosten - Instrumente zur Umsetzung wertorientierter Führungskon- zepte, Bern/Stuttgart/Wien 1996.

Rüegsegger, Urs: Risikomanagement und Managerial Accounting, in: Popp, Werner/ Zimmermann, Theo (Hrsg.): Strategie und Innovation in Universalbanken: Erfahrungen und Perspektiven, Bern/Stuttgart/Wien 1998, S. 33-49.

Rüsberg, Lars: Banken-Rating: Rendite, Risiko und Wachstum von Kreditinstituten, Wiesbaden 1992.

Rust, Erich-Alfred: Shareholder-Value versus Customer-Value?, in: BankInformation, 26. Jg., 7/1999, S. 40-41.

Sach, Anke: Kapitalkosten der Unternehmung und ihre Erfolgsfaktoren, Hallstadt 1993.

Schell, Gerhard R.: Die Ertragsermittlung für Bankbewertungen, Frankfurt a. M. u. a. 1988.

Schierenbeck, Henner: Ertragsorientiertes Bankmanagement - Controlling in Kreditinstituten, 5. Aufl., Band I und II, Wiesbaden 1997. (1997 I, II)

Schierenbeck, Henner: Ertragsorientiertes Bankmanagement - Controlling in Kreditinstituten, 6. Aufl., Band I und II, Wiesbaden 1999. (1999 I, II)

Schierenbeck, Henner: Shareholder Value-Management im Konzept Ertragsorientierter Banksteuerung, in: Die Bank, o. Jg., 1/1998, S. 13-17.

Schierenbeck, Henner/Lister, Michael: Finanz-Controlling und Wertorientierte Unternehmensführung, in: Bruhn, Manfred u. a. (Hrsg.): Wertorientierte Unternehmensführung: Perspektiven und Handlungsfelder für die Wertsteigerung von Unternehmen, Wiesbaden 1998, S. 13-55.

Schierenbeck, Henner/Rolfes, Bernd: Die Planung des strukturellen Gewinnbedarfs eines Kreditinstitutes, in: Zeitschrift für betriebswirtschaftliche Forschung, 36. Jg., 11/1984, S. 887-902. (1984a)

Schierenbeck, Henner/Rolfes, Bernd: Der strukturelle Gewinnbedarf als Existenzgrundlage von Sparkassen, in: Betriebswirtschaftliche Blätter, 33. Jg., 12/1984, S. 483-490. (1984b)

Schmalenbach-Gesellschaft - Deutsche Gesellschaft für Betriebswirtschaft e.V. (Hrsg.): Globale Finanzmärkte - Konsequenzen für Finanzierung und Unternehmensrechnung, Stuttgart 1996.

Schmidt, Johannes G.: Die Discounted Cash-flow-Methode - nur eine kleine Abwandlung der Ertragswertmethode?, in: Zeitschrift für betriebswirtschaftliche Forschung, 47. Jg., 12/1995, S. 1088-1117.

Schmidt, Reinhart: Das Shareholder Value-Konzept, in: Fritsch, Ulrich/Liener, Gerhard/Schmidt, Reinhart (Hrsg.): Die deutsche Aktie - Unternehmensfinanzierung und Vermögenspolitik vor neuen Herausforderungen, Stuttgart 1993, S. 277-296.

Schmittmann, Stefan/Penzel, Hans-Gert/Gehrke, Norman: Integration des Shareholder Value in die Gesamtbanksteuerung, in: Die Bank, o. Jg., 11/96, S. 648-653.

Schmitz, Ronaldo H.: Going Public von Tochtergesellschaften deutscher Konzerne, in: Zeitschrift für das gesamte Kreditwesen, 46 Jg., 18/1993, S. 842-844.

Schneider, Dieter: Investition, Finanzierung und Besteuerung, 7. Aufl., Wiesbaden 1992.

Schneider, Dieter: Marktwertorientierte Unternehmensrechnung: Pegasus mit Klumpfuß, in: Der Betrieb, 51. Jg., 30/1998, S. 1473-1478.

Schröck, Gerhard: Risiko- und Wertmanagement in Banken: Der Einsatz risikobereinigter Rentabilitätskennzahlen, Wiesbaden 1997.

Schröder Münchmeyer Hengst & Co: Beta-Analyse deutscher Aktien - Hebelfaktoren und Chance/Risiko-Maße, in: Focus Juli 1988.

Schröder Münchmeyer Hengst & Co: Risikoanalyse deutscher Aktien - Das BARRA/SMH-Modell, in: Focus quantitativ Juli 1990.

Schröder Münchmeyer Hengst & Co: Das Beta-Konzept - Tauglich für die Analyse deutscher Aktien?, in: Focus quantitativ Februar 1991.

315

Schüller, Stephan: Risikomanagement im Kundengeschäft, in: Rolfes, Bernd/ Schierenbeck, Henner/Schüller, Stephan: Gesamtbankmanagement - Integrierte Risiko-/Ertragsteuerung in Kreditinstituten, Frankfurt a. M. 1998, S. 95-112.

Schulte, Michael: Integration der Betriebskosten in das Risikomanagement von Kreditinstituten, Wiesbaden 1994.

Schultz, Jörg/Zimmermann, Heinz: Risikoanalyse schweizer Aktien: Stabilität und Prognose von Betas, in: Finanzmarkt und Portfoliomanagement, 3. Jg., 1989, S. 196-206.

Schwicht, Peter/Neske, Christian: CreditMetrics - neues System zur Risikoanalyse, in: Die Bank, o. Jg., 8/1997, S. 470-473.

Seicht, Gerhard: Jahrbuch für Controlling und Rechnungswesen 1995, Wien 1995.

Serfling, Klaus/Marx, Marta: Capital Asset Pricing-Modell: Kapitalkosten und Investitionsentscheidung, in: Das Wirtschaftsstudium, 19. Jg., 6-7/1990, S. 364-369 und S. 425- 429.

Serfling, Klaus/Pape, Ulrich: Der Einsatz spartenspezifischer Beta-Faktoren zur Bestimmung spartenbezogener Kapitalkosten, in: Das Wirtschaftsstudium, 23. Jg., 6/1994, S. 519-526.

SGZ-Bank (Hrsg.): Die Umsetzung des Shareholder-value-Konzeptes durch die DAX-Unternehmen, Studie Februar 1997, Frankfurt a. M./Karlsruhe 1997.

SGZ-Bank (Hrsg.): Shareholder-Value in Europa - Bewertung ausgewählter Aktiengesellschaften mittels EVA und MVA, Studie April 1998, Frankfurt a. M./ Karlsruhe 1998.

Sharpe, William F.: Capital Asset Prices: A Theory of Market Equilibrium under Conditions of Risk, in: Journal of Finance, Vol. 19, 1964, S. 425-442.

Sharpe, William F.: Factors in New York Stock Exchange Security Returns, 1931-1979, in: Journal of Portfoliomanagement, Vol. 8, Sommer 1982, S. 5-19.

Sharpe, William F.: Factor Models, CAPM and APT, in: Journal of Portfolio Management, Vol. 11, 1984, S. 21-24.

Shireff, David: Models get a Trashing, in: Euromoney, Oktober 1998, S. 31-32.

Sieger, Jürgen J./Hasselbach, Kai: „Tracking Stock" im deutschen Aktienrecht, in: Betriebs-Berater, 54. Jg., 26/1999, S. 1277-1284.

Siegert, Theo: Strategische Führung: Die finanzielle Dimension, in: Siegwart, H./Mahari, J./Abresch, M. (Hrsg.): Finanzielle Führung, Finanzinnovationen & Financial Engineering, Teilband 1: Finanzielle Führung, Stuttgart 1994, S. 61-79.

Siegert, Theo: Shareholder-Value als Lenkungsinstrument, in: Zeitschrift für betriebswirtschaftliche Forschung, 47. Jg., 6/1995, S. 580-607.

Siegwart, Hans: Der Cash-flow als finanz- und ertragswirtschaftliche Lenkungsgröße, 3. Aufl., Stuttgart/Zürich 1994.

Siegwart, Hans/Mahari, J./Abresch, M. (Hrsg.): Finanzielle Führung, Finanzinnovationen & Financial Engineering, Teilband 1: Finanzielle Führung, Stuttgart 1994.

Siener, Friedrich: Der Cash-Flow als Instrument der Bilanzanalyse: praktische Bedeutung für die Beurteilung von Einzel- und Konzernabschluß, Stuttgart 1991.

Siepe, Günter: Kapitalisierungszinssatz und Unternehmensbewertung, in: Die Wirtschaftsprüfung, 51. Jg., 7/1998, S. 325-338.

Siepe, Günter/Dörschell, Andreas/Schulte, Jörn: Der neue IDW Standard: Grundsätze zur Durchführung von Unternehmensbewertungen (IDW S 1), in: Die Wirtschaftsprüfung, 53. Jg., 19/2000, S. 946-960.

Solnik, Bruno/Boucrelle, Cyril/Le Fur, Yann: International Market Correlation and Volatility, in: Financial Analysts Journal, Vol. 52, 1996, S. 17-34.

Solomon, Ezra.: Return on Investment: The Relation of Book-Yield to True Yield, in: Jaedicke, R. K./Ijiri, Y./Nelson, O. (Hrsg.): Research in Accounting Measurement, American Accounting Association, Chicago 1966, S. 232-244.

Spiegel-Verlag: Soll und Haben, 4. Aufl., 1996.

Spremann, Klaus: Projekt-Denken versus Perioden-Denken, in: Spremann, Klaus/Zur, Eberhard (Hrsg.): Controlling, Wiesbaden 1992, S. 363-380.

Spremann, Klaus: Hammer und Amboss, Schweizer Bank, 9. Jg., 5/1994, S. 23-29.

Spremann, Klaus: Eigenkapitalkosten für die Fristentransformation, in: Schweizer Bank, 9. Jg., 10/1994, S. 89-93.

Spremann, Klaus/Zur, Eberhard (Hrsg.): Controlling, Wiesbaden 1992.

Stehle, Richard: Der Size-Effekt am deutschen Aktienmarkt, in: Zeitschrift für Bankrecht und Bankwirtschaft, 9. Jg., 3/1997, S. 237-260.

Stehle, Richard/Hartmond, A.: Durchschnittsrenditen deutscher Aktien 1954-1988, in: Kredit und Kapital, 24. Jg., 3/1991, S. 371-411.

Steiner, Manfred/Beiker, Hartmut/Bauer, Christoph: Theoretische Erklärungen unterschiedlicher Aktienrisiken und empirische Überprüfungen, in: Bühler, Wolfgang/ Hax, Herbert/Schmidt, Reinhardt (Hrsg.): Empirische Kapitalmarktforschung, zfbf Sonderheft 31, Düsseldorf/Frankfurt a. M 1993, S. 99-129.

Steiner, Manfred/Kleeberg, Jochen: Zum Problem der Indexauswahl im Rahmen der wissenschaftlich-empirischen Anwendung des Capital Asset Pricing Model, in: Die Betriebswirtschaft, 51. Jg., 2/1991, S. 171-182.

Steiner, Manfred/Nowak, Thomas: Zur Bestimmung von Risikofaktoren am deutschen Aktienmarkt auf Basis der Arbitrage Pricing Theory, in: Die Betriebswirtschaft, 54. Jg., 3/1994, S. 347-362.

Stern, J. M./Chew, D. H. (Hrsg.): The Revolution in Corporate Finance, Oxford/New York 1986

Stewart, G. Bennett: The Quest for Value, New York 1991.

Stewart, G. Bennett: EVA: Fact and Fantasy, in: Journal of Applied Corporate Finance, Vol. 7, 2/1994, S. 71-84.

Strenger, Christian: Die Interessen der Anteilsinhaber aktiver vertreten, in: Börsen-Zeitung Nr. 140 vom 23.7.1994, S. 21.

Strutz, Eric: Wertmanagement von Banken, Bern/Stuttgart/Wien 1993.

Stückler, Ralf/Beck, Andreas: Cash-flow orientierte Banksteuerung, in: Betriebswirtschaftliche Blätter, 47. Jg., 4/1998, S. 196-200.

Studer, Tobias: Die Eigenkapitalkosten - Schwachstelle aller Führungsinstrumente der Wertorientierten Unternehmensführung, in: Bruhn, Manfred u. a. (Hrsg.): Wertorientierte Unternehmensführung: Perspektiven und Handlungsfelder für die Wertsteigerung von Unternehmen, Wiesbaden 1998, S. 365-390.

Stulz, René M.: Globalization of Capital Markets and the Cost of Capital: The Case of Nestlé, in: Journal of Applied Corporate Finance, Vol. 8, 3/1995, S. 30-38.

Stulz, René M.: Rethinking Risk Management, in: Journal of Applied Corporate Finance, Vol. 9, 3/1996, S. 8-24.

Süchting, Joachim: Die Bankloyalität als Grundlage zum Verständnis der Absatzbeziehungen von Kreditinstituten, in: Kredit und Kapital, 5. Jg., 1972, S. 269-300.

Süchting, Joachim: Die aktuelle Eigenkapitalproblematik der Kreditinstitute, in: Das Eigenkapital der Kreditinstitute als historisches und aktuelles Problem, Bankhistorisches Archiv - Zeitschrift zur Bankgeschichte, Beiheft 5, Frankfurt a. M. 1981, S. 31-48.

Süchting, Joachim: Finanzmanagement - Theorie und Politik der Unternehmensfinanzierung, 6. Aufl., Wiesbaden 1995.

Süchting, Joachim: Unternehmenssteuerung in Aktienbanken nach dem Shareholder-Value-Konzept, in: International Bankers Forum e.V. (Hrsg.): Die Banken auf dem Weg ins 21. Jahrhundert: Strategien und Konzepte, Wiesbaden 1996, S. 407-418.

Süchting, Joachim: Die Theorie der Bankloyalität - (immer noch) eine Basis zum Verständnis der Absatzbeziehungen von Kreditinstituten?, in: Süchting, Joachim, Heitmüller, Hans-Michael (Hrsg.): Handbuch des Bankmarketing, 3. Aufl., Wiesbaden 1998, S. 1-25.

Süchting, Joachim: Shareholder Value - und lauter Mißverständnisse, in: Betriebs-Berater, 54. Jg., 32/1999, S. 1.

Süchting, Joachim: Eine Bonitätsanalyse der deutschen Kreditwirtschaft - Teil II, in: Semesterbericht des Instituts für Kredit- und Finanzwirtschaft an der Ruhr-Universität Bochum Nr. 51, Bochum 2000, S. 61-83.

Süchting, Joachim/Heitmüller, Hans-Michael (Hrsg.): Handbuch des Bankmarketing, 3. Aufl., Wiesbaden 1998.

Süchting, Joachim/Paul, Stephan: Bankmanagement, 4. Aufl., Stuttgart 1998.

Thomas, R./Lipson, M.: Linking Corporate Return Measures to Stock Prices, Holt Planning Associates, St. Charles, III.1985.

Thompson, Donald J.: Sources of Systematic Risk in Common Stocks, in: Journal of Business, Vol. 49, 4/1976, S. 173-188.

Tobin, James: Liquidity Preference as Behavior Towards Risk, in: Review of Economic Studies, Vol. 25, 1958, S. 65-86.

Uhlir, Helmut/Aussenegg, Wolfgang: Value-at-Risk (VaR) - Einführung und Methodenüberblick, in: Österreichisches Bankarchiv, 44. Jg., 11/1996, S. 831-836.

Uhlir, Helmut/Steiner, Peter: Wertpapieranalyse, 2. Aufl., Heidelberg 1991.

Unzeitig, Eduard/Köthner, Dietmar: Shareholder Value Analyse, Stuttgart 1995.

Uyemura, Dennis G./Kantor, Charles C./Pettit, Justin M.: EVA for Banks: Value Creation, Risk Management, and Profitability Measurement, in: Journal of Applied Corporate Finance, Vol. 9, 2/1996, S. 94-113.

Uyemura, Dennis G.: EVA: A Top-Down Approach to Risk Management, in: Journal of Lending and Credit Risk Management, Vol. 79, Nr. 6/1997, S. 40-47.

Van Horne, James C.: Financial Management and Policy, 4. Aufl., New York 1977.

Van Horne, James C.: Financial Management and Policy, 8. Aufl., New York 1989.

Vasicek, O. A.: A Note on Using Cross-Sectional Information in Bayesian Estimates of Security Betas, in: Journal of Finance, Vol. 28, 1973, S. 1233-1239.

Vettiger, Thomas: Wertorientiertes Bankcontrolling, Bern/Stuttgart/Wien 1996.

Vettiger, Thomas/Volkart, Rudolf: Zur Shareholder Value-Orientierung schweizerischer Grossunternehmen - Interessante Ergebnisse einer aktuellen Unternehmensbefragung, in: Schweizer Treuhänder, 71. Jg., 1-2/1997, S. 25-34.

Villiers, Johann de: The Distortions in Economic Value Added (EVA) Caused by Inflation, in: Journal of Economics and Business, Vol. 49, 1997, S. 285-300.

Vogel, Jochen: Marktwertorientiertes Beteiligungscontrolling - Shareholder Value als Maß der Konzernsteuerung, Wiesbaden 1998.

Vogelsang, Christoph: Die Bestimmung „echter Eigenkapitalkosten" im Marktzinsmodell - Eine kritische Anmerkung, in: Österreichisches Bank-Archiv, 46. Jg., 6/1998, S. 439-445.

Voss, Bernd W.: Aufgliederung der EK-Rentabilität in einem internationalen Bank-Konzern, in: Kolbeck, Rosemarie (Hrsg.): Bank-Controlling als Managementaufgabe, Frankfurt am Main 1987, S. 121-138.

Walter, Ingo: Universal Banking: A Shareholder Value Perspective, in: Finanzmarkt und Portfolio Management, 11. Jg., 1/1997, S. 14-34.

Weber, Martin/Schiereck, Dirk: Marktbezogene Bestimmung der Kapitalkosten, in: Gebhardt, Günther/Gerke, Wolfgang/Steiner, Manfred (Hrsg.): Handbuch des Finanzmanagements, München 1993, S. 131-150.

Weilemann, Paul/Fickert, Reiner (Hrsg.): Strategie-Controlling in Theorie und Praxis, Bern/Stuttgart 1992.

Weizsäcker, Carl-Friedrich von: Alle Macht den Aktionären, in: Frankfurter Allgemeine Zeitung, 49. Jg., Nr. 145 vom 26. Juni 1998, S. 15f.

Werner, Patricia: Aktionärsrechte - Auf Trab bringen, in: Wirtschaftswoche, 6/1994, S. 88-92.

WestCapital: WestLB-Index - Deutscher Aktienindex (DAX), Dezember 1993.

WestLB Panmure: Deutsche Aktien/German Equities, verschiedene Ausgaben.

Weston, J. Fred/Lee, Wayne Y.: Cost of Capital for a Division of a Firm: Comment, in: Journal of Finance, Vol. 32, 1977, S. 1779-1780.

Wills, Simon: Rewards on Offer from a new Discipline, in: Risk, Vol. 12, 11/1999, S. 52-54.

Wilson, Thomas: RAROC Remodelled, in: Risk, Vol. 5, 8/1992, S. 112-119.

Winkelmann, Michael: Indexauswahl und Performance-Messung, in: Göppl, H./Henn, R. (Hrsg.): Geld, Banken und Versicherungen, Bd. 1, Königstein/Taunus 1981, S. 475-487.

Winkelmann, Michael: Aktienbewertung in Deutschland, Königstein/Taunus 1984.

Wittrock, Carsten/Jansen, Sven: Gesamtbankrisikosteuerung auf Basis von Value at Risk-Ansätzen, in: Österreichisches Bankarchiv, 44. Jg., 1996, S. 909-918.

Wydler, Daniel: Swiss Stocks, Bonds, and Inflation, 1925-1987, in: Journal of Portfoliomanagement, Vol. 16, Winter 1989, S. 27-32.

Zaik, Edward/Walter, John/Kelling, Gabriela: RAROC at Bank of America: From Theory to Practice, in: Journal of Applied Corporate Finance, Vol. 9, 2/1996, S. 83-93.

Zaß, Manfred/Schäfer, Hans-Jürgen: Portefeuillemanagement: Zweifel am „Beta-Faktor" - Eine Planungsmethode wird in Frage gestellt, in: Sparkasse, 109. Jg., 8/1992, S. 391-392.

Zens, Nikolaus H./Rehnen, Antonius: Die Bewertung von Unternehmen und strategischen Geschäftseinheiten mit Hilfe des Shareholder-Value-Konzeptes, in: Höfner, Klaus/Pohl, Andreas (Hrsg.): Wertsteigerungs-Management, Frankfurt a. M./New York 1994, S. 85-115.

Zessin, Axel: Unternehmensbewertung von Kreditinstituten, Göttingen 1982.

Zimmermann, Heinz/Oertmann, Peter: Über die Kapitalkosten von Großbanken bei integrierten Kapitalmärkten, in: Geiger, Hans u. a. (Hrsg.): Schweizerisches Bankwesen im Umbruch, Bern/Stuttgart/Wien 1996, S. 273-287.

www.ingramcontent.com/pod-product-compliance
Lightning Source LLC
Chambersburg PA
CBHW020912210326
41598CB00018B/1837